U0878776

2020上海房地产年鉴

华　伟　主编
《上海房地产年鉴》编纂委员会　编

线装书局

图书在版编目（CIP）数据

上海房地产年鉴. 2020 / 华伟主编 ; 《上海房地产年鉴》编纂委员会编. -- 北京 : 线装书局, 2021.8
ISBN 978-7-5120-4583-5

Ⅰ. ①上… Ⅱ. ①华… ②上… Ⅲ. ①房地产业—上海—2020—年鉴 Ⅳ. ①F299.275.1-54

中国版本图书馆CIP数据核字(2021)第167883号

上海房地产年鉴（2020）

主　　编：华　伟
编　　者：《上海房地产年鉴》编纂委员会
责任编辑：程俊蓉
出版发行：线装书局
　　地址：北京市丰台区方庄日月天地大厦B座17层（100078）
　　电话：010-58077126（发行部）010-58076938（总编室）
　　网址：www.zgxzsj.com
经　　销：新华书店
印　　刷：上海长鹰印刷厂
开　　本：890mm×1240mm　1/16
印　　张：19
字　　数：490千字
版　　次：2021年8月第1版　第1次印刷
印　　数：0001-3000册

线装书局官方微信

定　　价：680.00元

《上海房地产年鉴》编纂委员会

顾　　问：陈华文
主　　任：尹伯成
执行主任：华　伟
副 主 任：皋玉凤　金桂明
编　　委：（姓氏按汉语拼音顺序）

陈志华	陈耀铨	陈　升	方啸虎	方菁菁
皋玉凤	葛弘俊	顾欣华	侯欣华	候抗胜
华允弟	胡曜平	华　伟	黄　涛	胡亚东
金桂明	陆纬武	李昇辉	林峻岭	刘原君
倪　杰	彭　飞	沈建良	施建刚	屠梅珍
唐　豪	陶天海	夏晓民	辛利军	王　旨
王惠琪	许玉彪	尹伯成	俞诚恳	姚有德
杨细初	朱林兴	周　强	周　松	张文华
张永岳	朱忠明	张　明	张国艺	朱长斌

协办单位：复旦大学房地产研究中心
华东师范大学东方房地产学院
上海市土地学会

《上海房地产年鉴》编辑部

主　　编：华　伟
常务主编：金桂明
副 主 编：徐列文
主　　任：程　凯
编　　辑：

赵　明	顾俊杰	倪　萍	王莉莉	刘伟民
高　科	马　燕	张建民	黄泽宪	顾　珏
李　斌	沈　珺	陈乐平	唐海涛	项金宇
杨历贤	张明雪			

统　　筹：金桂明
封面设计：有唯文化

上海市住房和城乡建设管理委员会领导（最新）

姚　凯　上海市住房和城乡建设管理委员会主任
裴　晓　上海市住房和城乡建设管理委员会副主任
王　桢　上海市住房城乡建设管理委副主任
　　　　市房屋管理局局长、党组书记
张　政　上海市住房和城乡建设管理委员会副主任
马　韧　上海市住房和城乡建设管理委员会副主任
金　晨　上海市住房和城乡建设管理委员会副主任
朱剑豪　上海市住房和城乡建设管理委员会副主任
刘千伟　上海市住房和城乡建设管理委员会总工程师

上海市房屋管理局领导（最新）

王　桢　上海市住房城乡建设管理委副主任
　　　　市房屋管理局局长、党组书记
冷玉英　上海市房屋管理局党组成员、副局长
张立新　上海市房屋管理局党组成员、副局长
季祖坚　上海市房屋管理局党组成员、机关党委书记

上海市规划和自然资源局领导（最新）

徐毅松　上海市规划和自然资源局局长
韩志强　上海市规划和自然资源局局党组书记、副局长
王训国　上海市规划和自然资源局副局长
许　健　上海市规划和自然资源局局党组成员、副局长
白雪茹　上海市规划和自然资源局局党组成员、副局长
郑佐利　市纪委监委驻市规划和自然资源局纪检监察组组长、局党组成员
韦　冬　上海市规划和自然资源局局总工程师

上海实用房产指南

厉无畏

全国政协原副主席　厉无畏

蓝天绿水楼市旺
安居乐业奔小康

庄晓天
二〇〇四年六月

上海市原副市长　庄晓天

安居樂業

上海市房地产经济学会原会长　桑荣林

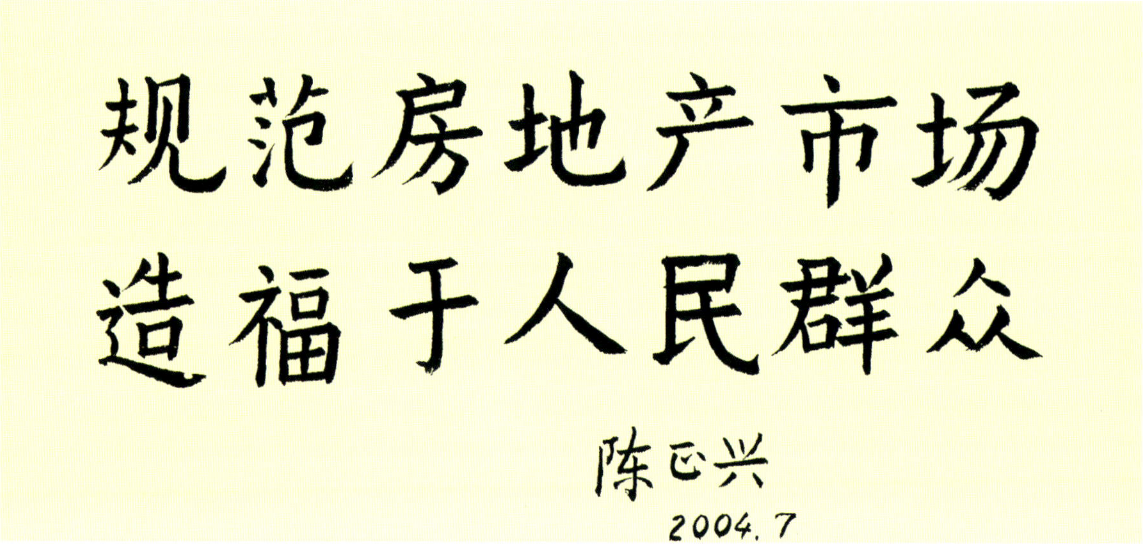
规范房地产市场
造福于人民群众
陈正兴
2004.7

上海市政协原副主席　陈正兴

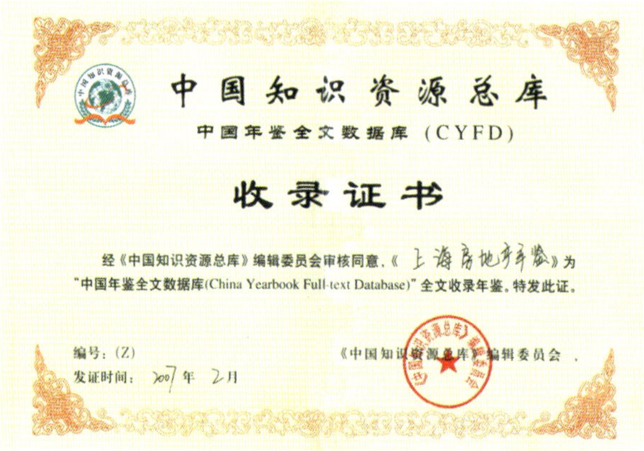
中国知识资源总库
中国年鉴全文数据库（CYFD）
收录证书
经《中国知识资源总库》编辑委员会审核同意，《上海房地产年鉴》为“中国年鉴全文数据库(China Yearbook Full-text Database)”全文收录年鉴，特发此证。
编号：(Z)
发证时间：2007年2月
《中国知识资源总库》编辑委员会

《上海房地产年鉴》被收录进“中国知识资源总库”

荣誉证书
授予上海房产地年鉴“中国年鉴资源全文数据库核心年鉴称号”，特发此证。
中国版协年鉴工作委员会
2008年11月18日

《上海房地产年鉴》被中国版协年鉴工作委员会
授予“中国年鉴资源全文数据库核心年鉴称号”

1 2019年2月，上海市住房城乡建设管理工作会议召开。

2 2019年5月，联合国副秘书长调研世界城市日事务协调中心。

1 2019年1月，武康大楼彻底告别“蛛网”。

2 2019年3月，市规划资源局调研黄浦区旧改工作。

3 2019年11月，四平路幸福村完成改造。

1　2019年11月，2019上海国际城市与建筑博览会亮相国家会展中心。

2　2019年10月，2019全球城市论坛在上海交通大学徐汇校区举办。

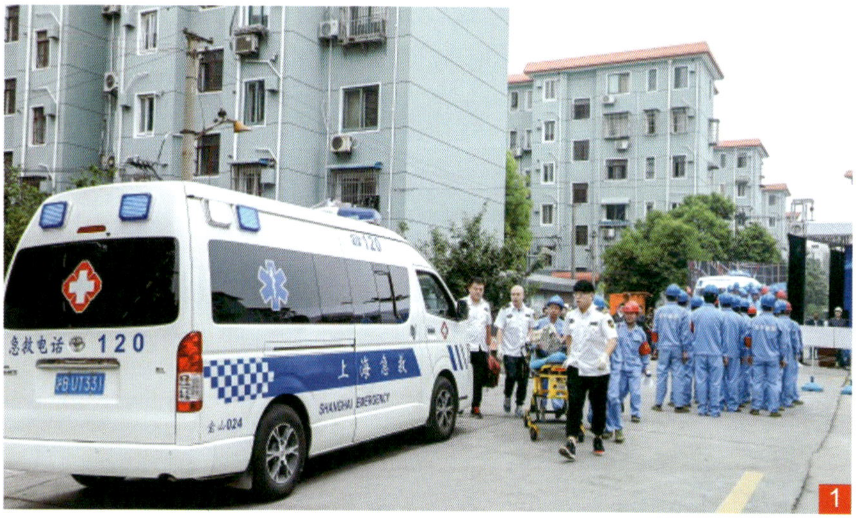

1

2019年5月，住宅修缮工程防台防汛消防应急演练。

2

2019年7月，2019年上海市物业行业职业技能竞赛总结表彰大会召开。

3

2019年7月，2019年住宅小区房屋维修应急暨防汛防台演练。

高新科教环境 书香文韵之脉

位于上海市闵行区东南部的紫竹国家高新技术产业开发区，由大学校区、研发基地和紫竹配套区三部分组成。从2002年奠基至今，已成功发展为集教育、科研、人才、资本、产业等优势于一体的新型高科技产业园区，为世界500强等高精尖企业提供全方位优质服务。

实景图

滨水原生态 有氧舒居

紫竹半岛位于高新区东南角，总规划面积约324万方。社区外270° 黄浦江湾绵延近7公里原生态滨江绿地；社区景观以约40万方竹湖（规划中，暂定名）为核心，盈盈水间，让紫竹半岛的业主愉悦领略四季美景，创造健康有氧润泽的舒居生活。

实景图

优教氛围 梦想起飞

紫江集团携手闵行教育局及华东师范大学，共建包含幼儿园、小学、中学在内的紫竹基础教育园区，毗邻百年名校交大和华师大，文脉书香，伴您成长。与国内外知名高校签约合作共建紫竹国际教育园区，着重在文化创意管理、影视创作、工商管理、生态与科技等学科领域积极引进学位教育项目， 打造多领域、多层次、多学制的中外合作办学项目。

示意图

示意图

示意图

精彩纷呈 时尚生活配套

规划打造集休闲购物、生活便利、运动健身为一体的休闲商业街，目前H3健身会所、上岛咖啡、象王洗衣以及罗森便利店等商家已经入驻，为紫竹居民提供五彩斑斓的生活选择。

实景图

示意图

示意图

多维交通 便捷归家之路

毗邻轨交5号线、15号线（在建）、23号线（规划中），紧靠S4沪金高速、虹梅南路隧道和高架快速干道，连通中环、内环，快速抵达上海主要区域。

上海市卢湾公房资产经营管理有限公司

LU WAN GONG FANG ZI CHAN JING YING

公房公司是上海永业企业（集团）有限公司的全资子公司，注册资本5000万元，公司及所属公司员工近500人，部分员工拥有中高级专业技术职称，承担了原卢湾区域近240万平方米直管公房、售后公房、代管产等产业的物业管理任务。

公房公司在落实政府每年10万平方米政府实事项目的基础上，建立了房屋专业查抢险队伍，每年对区域内8000余幢房屋安全普查二次，对旧里房屋及区房管局委托的805幢私房安全检查，确保公房和受委托私房不发生责任性坍塌事故。通过完善物业社区共建机

制，全面推进“卢湾公房物业”微信管理平台建设，逐步形成集投诉处理、违章查询、查抢险、保安保洁保绿保修“四保”巡视、公房租金收缴等公房信息一体化管理平台，不断提升公房信息化管理水平。

改造前

改造后

公房公司始终以解决直管公房居民最关心、最直接、最现实的问题，以不断满足居民日益增长的美好生活需要为出发点，开展创建“美丽家园”工作，让老旧小区居民有了更多的获得感。多年来，先后获得市、区重大工程、市住宅建设实事立功竞赛先进集体，黄浦区文明单位、上海市和谐劳动关系达标企业等荣誉称号。

2018年，公房管辖内的金谷村小区、振华里小区作为全市直管公房唯有的老旧住宅项目，获评“上海市物业管理优秀示范项目”，打造了全市直管公房精细化管理新标杆。

改造前

改造后

改造前

改造后

中骏 筑您的感动 | SUN享幸福

中骏集团创立于1987年，总部位于上海，32年精耕细作，战略布局全国43座城市。2015-2019中骏集团连续五年荣获中国上市房企50强，致力于成为卓越的美好生活引领者。

中骏上海公司2013年成立，六年深耕五大城市：上海、苏州、无锡、嘉兴、南通，三大产品体系，共开发超二十七个项目，年销售额超百亿。中骏上海与城市共成长，以全局战略发展眼光，深耕环沪，为更多的城市筑入中骏式感动。

骏领未来

JUN LING WEI LAI

FUN享幸福

上海民盈城投物业管理有限公司

民盈城投物业

上海民盈城投物业管理有限公司前身为上海城投物业管理有限公司，成立于1998年初，由上海城投总公司及上海城投置业公司投资组建。2002年公司根据市建委批复成功改制。2015年公司变更为自然人独资，注册资金5000万。总部位于“申达大楼”，该大楼为上海市第四批优秀历史建筑。

公司物业管理面积从1998年的5万平方米发展到2020年近120万平方米。公司已跻身于上海大中型物业公司之列，成为物业行业的生力军。2017年公司排名上海物业企业第83位。

管理理念

不言最好 才有更好
服务别无选择 服务永无止境
苦中有乐 苦得其所
肯吃苦 能吃苦

服务宗旨

心系物业，
提供人性化服务是唯一也是一切
怀牵业主，
满足个性化要求是出发也是终结

资质证书

上海众众房地产开发有限公司

上海众众房地产开发有限公司于1998年联合行业同仁共同组建，注册资金2000万元，房地产开发二级资质，是上海众众实业发展有限公司在房地产领域子公司。

公司成立以来，先后开发“众众家园”一期、二期、三期，建造小高层达6.8万平方米，获上海市最佳优秀房型奖、工程质量优质奖，并获建设系统“闵行杯”奖杯；开发“众众德尚世嘉”住宅小区，建筑面积达16多万平方米，总投资约10亿人民币，获上海“四高小区”等称号；开发“众昌金城”酒店公寓约3.6万平方米，上海市莘庄工业区“众众工业园”。2014年完成 “众众德尚世嘉”小区东区都市府邸的项目；奉贤区南桥镇光明工业区10万平方米项目，首期已完成2万平方米工业标准厂房的建设。

经过十多年的发展，公司不断发展，总资产达3亿元。现有员工29人，大专及以上学历占80% 其中中高级人才占53%。公司荣获上海市工商局2002-2012年首批认定的企业合同信用等级A级单位；2003年被推荐为上海市房地产行业协会理事单位；2004年获国家工商行政管理总局、商标局批准公司司标和开发、资本投资二个商标注册证，并获批续展至2024年；2005年成为中国工商业联合会会员单位，2005年被行业确认为上海市首批诚信守诺120家企业之一；2009年中国房地产诚信品牌企业；2010年“百强”地产杰出贡献企业；2011年11月-2015年12月诚信创建“五星”级企业，2015年上海市房地产开发企业诚信承诺先进单位。

上海宏阳物业有限公司

宏阳物业

公司是一家由上海虹房（集团）有限公司国有资本注入参股的混合型综合企业，成立于1995年，注册资金600万元，建设部核批的原一级物业资质企业。不仅是虹房集团内第一家引入质量、环境、职业健康等三管理体系的物业企业，也是建设部核批的原一级物业资质企业。2006年起已成为中国物业管上海物业管理行业协会常务理事单位、上海市物业管理行业诚信承诺AAA级企业、上海市物业服务企业综合能力四星级企业、上海市百强物业企业之一，2019年4月荣获上海市文明单位。

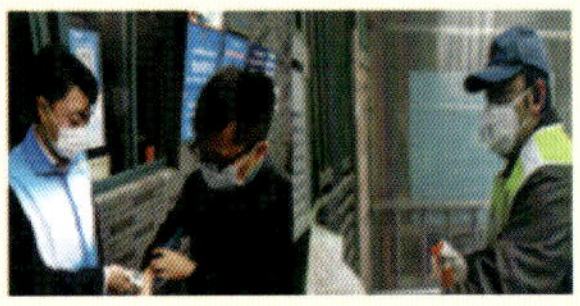

在宏阳物业公司发展过程中始终围绕“创新管理、降本增效、稳固发展”的总体要求，以民生发展需求和治理问题为导向，近年来不断夯实基础服务，聚焦“红色物业”，围绕疫情防控、垃圾分类、虹口“创文”、“美丽家园”建设等重点保障工作，从“管理型”到“服务型”转型，物业范围从当初单一的住宅物业扩展至如今拥有住宅、别墅、学校、商业商办综合楼、工业厂房等物业项目，管理面积达222.49万平方米。

公司秉承“执着、追求、诚信、责任”的企业精神在现代化管理进程中不断追求完美，完善品牌，力求管理一流，服务一流，员工素质一流，社会效益一流。

公司荣誉

品　牌： 宏阳物业，满意的服务。

理　念： 精诚致远，绳子理论，弹性理论，时间观，人才观，市场观。

精　神： 合力奋进，勇于超越。

目　标： 为客户提供物有所值/物超其值的物业管理服务，创造客户满意的品牌物业。

金茂再掀上海传奇　打造上海住宅新地标

从1999年的金茂大厦到今日的大宁金茂府，16年来，金茂品牌始终是上海建筑封面与中国时代地标的代名词。今天，金茂带着对“终极人居”的思考，缔造传奇意义的上海新地标——上海大宁金茂府。

大宁金茂府　上海住宅地标　终极科技人居

欧盟人居标准，上海仅此一府

上海传奇新地标——大宁金茂府，作为中国首座获得英国BREEAM认证的住宅，拥有同步欧盟的十二大顶尖科技系统，达到空气、温度、湿度、声音、光线、水洁净度等全生命周期的极致舒适，从而告别传统住宅的一切困扰。

内环市心王座，上海仅此一府

大宁金茂府傲居上海近5年、内环旁唯一出让超20万方体量的住宅用地——坐拥100万方生态公园、150万方国际商业、13所全国名校。居于市心繁华地，出门享百万公园，入门便是东方布查特的13万方私家花园！

高级定制样板，上海仅此一府

不仅于此，金茂府钦定全球室内设计大师梁志天，悉心打造香奈儿、BV、宾利主题样板，95平方米～192平方米全欧奢装户型，尽镶五星级酒店御用品牌，尽享沪上唯一金茂国礼物业！

做正直人
造[正]牌漆

正欧系列企业集研发、生产、施工服务于一体，总注册资金为1.3亿元，建有先进的生产基地和设施完备的实验中心，是上海市高新技术企业。在国家十多年的质量检验中，从无不达标产品。公司投入1亿多元，优化了设施，采用电脑控制的自动化流水线生产设备，大大改善了工作环境，提高了产品质量和可靠性，同时遏制了污染和“跑冒滴漏”现象的产生，树立了良好的社会责任形象。

从发展之初的产品同质化，无核心竞争力到如今产品的品质可以达到国际先进水平，我们克服了许多困难，在激烈的市场竞争中脱颖而出，在努力做好自有品牌的同时，并为多家世界知名企业代加工地坪漆。公司生产的地坪材料性能优异，产品齐全。施工设备先进，经验丰富，尤擅长大项目突击作业。现已积累2亿多平方米各类地坪的施工指导经验，广受客户好评。

公司会不断增加研发投入，坚持创新发展，并一如既往地与客户保持密切联系，了解实际工程中碰到的疑难和新需求，努力使“正欧”成为国际品质商标的象征。

WWW.[正].中国

上海正欧实业有限公司
上海正欧涂料有限公司
上海正欧化工有限公司

上海公惠置业有限公司

公司成立于2007年12月26日，位于虹口区中山北二路1800号，是上海市总工会海鸥控股（集团）有限公司所属的全资子公司，承担上海市总工会委托的相关资产经营、机关大楼和商业管理的物业管理工作。公司管辖上海市总工会机关大楼、上海工会管理职业学院干部培训中心、劳动报社、上海市工人疗养院、海鸥商务大厦、银发大厦等楼宇物业项目，管理总面积近10万平方米。

2013年5月，公司成为上海市物业管理行业协会会员。

2014年8月，公司获得《上海市物业管理企业三级资质证书》。

2015年6月，公司所管辖的海鸥商务大厦被上海市物业管理行业协会选定为上海市65家“优秀大厦物业管理示范交流点”之一。

2016年10月，经上海市物业管理行业协会专家考评组复审通过，公司所管辖的海鸥商务大厦再次保持“上海市物业管理优秀大厦”荣誉称号。

2017年2月，公司成为上海市物业管理行业协会理事单位。

2018年8月，海鸥商务大厦荣获2018年度“上海市物业管理优秀示范项目”称号。

2018年8月，公司获得“上海市治安安全合格单位”荣誉称号。

公司通过多年物业管理工作的实践与历练，培养了一个具备“专业、高效、规范”的物业和资产经营团队，成了机关单位、商业客户心目中的优秀大管家。

公司将进一步聚焦做强做大物业板块的战略思路，秉承“同舟共济、心系客户、保值增值、打造品牌”的企业文化，秉承绿色、环保、高效的工作理念，推进现代企业制度改革，提高管理效率和服务质量，为广大客户提供优质的服务。

延吉物业
YANJI PROPERT

上海延吉物业管理有限公司

上海延吉物业管理有限公司是中国物业管理协会理事单位（原建设部一级资质物业管理企业）、上海市物业管理协会副会长单位。公司成立于1993年，2004 年转制为混合制民营企业，目前公司管理面积643万平方米，员工2653人；经过27年全体员工的共同努力奋斗，延吉物业呈现出多元化、集团化发展趋势。

公司多次荣登中国物业管理行业综合实力百强企业；2020年荣获全国住房和城乡建设系统抗击新冠肺炎疫情先进集体，2017年荣获“全国文明单位”称号，连续10届荣获“上海市文明单位”称号；蝉联上海市和谐劳动关系达标企业；上海市平安示范单位、上海市守合同重信用企业、上海市房屋管理实事立功竞赛优秀公司、上海市志愿服务先进集体、上海市物业管理行业职业技能竞赛优秀组织奖、上海市物业服务综合能力“五星级”企业，上海市和谐劳动关系达标企业；上海市质量管理奖获得者；上海市物业管理行业诚信承诺“AAA”级企业、上海市“五星级诚信创建单位”、“杨浦区高技能人才培养基地”。

公司党支部连续多年荣获市物业行业“先进基层党组织”，2020年被评为“上海市物业行业首批党建品牌”，2019 年被评为上海市建交系统“建设先锋” 党组织示范点荣誉称号。党支部充分发挥劳模联盟的示范作用，组成以上海市劳模、市十佳技术能手、市建交工匠、行业最美物业人（标兵）、优秀共产党员等先进典型为主体的创建中坚力量，充分展现延吉物业人“敢于创新、甘于奉献”的“精、气、神”。通过内外宣传，加大党建品牌的辐射深度和广度，赋予企业使命、愿景、价值观新的内涵，践行关爱和服务业主的理念；树立劳模创新工作室等先进集体。

延吉物业致力于将互联网、云计算、大数据、人工智能技术自觉运用于物业管理，涵盖售后房、商品房、公租房、保障房、商务办公、政府办公、园区、文化场馆、科研楼、院校、养老院、高速公路等服务类型。打造智慧生活新模式，为业主提供智能化的物业服务，建设“绿色环保”新家园，拥抱“智慧物业”新时代。尤其在今年疫情下，坚持以数字化、绿色化、智能化引领企业创新驱动、转型发展，努力提高远程服务、精准管理的水平，推动物业管理智能化升级，助力城市更新，助推绿色运营，为实现跨越式发展夯实基础。

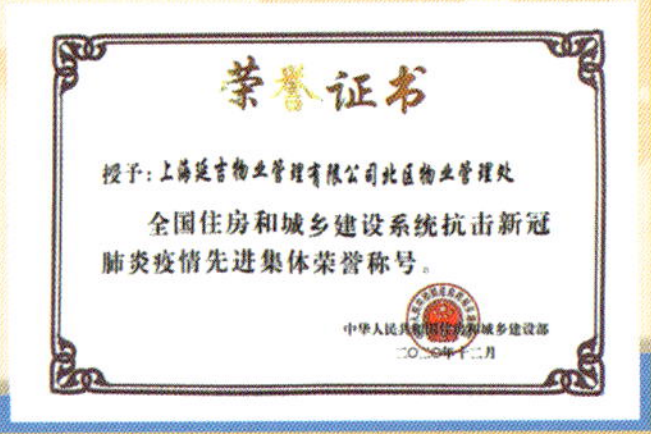

上海新松江置业公司

上海新松江置业（集团）有限公司为区管重点国有企业，公司于1997年3月成立，是原松江县房管局与原松江县土地局合并后，将上述两局中的企业及未合并单位整合而成。根据区委区政府有关指示精神，2006年11月上海新松江置业（集团）有限公司迎来了第一次重组与和上海城凯置业有限公司合并（合署办公）归属于建交委。

2008年12月上海新松江置业（集团）有限公司第二次重组，将上海城凯置业有限公司、上海广源房地产开发有限公司、上海松江茸城动拆迁有限公司划归集团。

2014年经区国资委批准为经营性公司。

2016年12月，上海松江公共租赁住房投资运营有限公司股权划入集团，2017年3月集团重组并经区国资委批准为功能性公司，并迎来第三次重组。

目前集团公司下属共有3家二级公司，上海松江公共租赁住房投资运营有限公司、上海市松江第一房屋征收服务事务所有限公司（上海松江茸城动拆迁有限公司），上海广源房地产开发有限公司，其中集团总部具有房地产开发二级资质。

上海公司成立于1995年，是招商局物业管理有限公司旗下重要的大型全资子公司，国家物业管理一级资质，在行业内率先通过了ISO9001、ISO14001、OHSAS18001国际质量标准认证，是上海市物业管理协会常任理事单位。在管项目40余个，管理面积超650万平方米，服务范围辐射上海、苏州、杭州、宁波、太仓、桐乡、南通等长三角经济发达区域。

招商局上海中心

上海公司拥有专业的服务团队及丰富的人才储备，服务覆盖“智能化楼宇”“产业、工业、物流园区”“中高档住宅”“豪华别墅群”“城市综合体”等多个产品线；业务涉及FMC设施设备管理、安全服务、环境服务、会务服务及房产经纪等。历经二十余年的发展，上海公司集优秀的经营管理与实践经验，获得了各方肯定，先后荣获上海名牌、上海市巾帼文明岗、上海市标准化示范单位、虹口区区长质量奖等30余项省市级荣誉。其中在管的“招商局大厦”和“招商局广场”先后被评为“全国物业示范大厦项目”。

物业管理中心

“百年诚信成就金花绽放，至尊服务赢得市场先机”。上海公司在招商物业总部的带领下，持续践行“人本文明 ”“绿色文明”的双文明特色基础服务，打造“标准化”“招商通”双工具，立志成为房地产价值链全程综合服务商。

招商局轮船总局

仪仗队

匠心铸造海派建筑 非凡开启水岸生活

上海建工海玥瑄邸绽放申城

作为上海建工房产"海玥"品牌在上海的开篇之作，上海建工房产周康航区域公司团队始终秉承上海建工的工匠精神，以最人性化的设计理念、最先进的施工技术献礼海玥瑄邸，展现出一份难得的社会责任，更是不负城市建造者的一份匠心。

海玥瑄邸项目位于浦东新区宣桥镇，东至宣乐路，西至南六公路，北至项文路，总建筑面积为31.4万平方米，包含16栋高层、9栋多层、31栋别墅以及1栋综合楼等57栋单体。其中，4号楼为钢结构形式住宅单体，这是上海建工集团投资、开发、设计、建造的第一栋装配式钢结构住宅，地上14层，高43.6米。

淳熟生活配套 未来发展可期

海玥瑄邸紧邻5A景区——上海野生动物园，野生动物园不仅为区域丰富了自然生态资源，其大量的绿化更有净化周边空气，提升空气质量，过滤尘埃的作用，营造了从呼吸上就能感受到区别的清新居住体验。另一方面，通过野生动物园与迪士尼国际旅游度假区、海昌海洋动物园、上海天文馆、冰雪之星等稀缺大型旅游资源的强化组团式发展，该区域形成了亚洲最大的旅游目的地集群，未来发展可期，潜力无限。

同时，该项目坐落于传统别墅区内，距离轨交16号线上海野生动物园站仅约1.5公里；2公里内有欧尚超市、禹洲商业广场、茂德广场等商业配套，可满足基本生活所需；三灶实验小学、三灶实验中学、南汇大学城、三灶学校等优质教育资源环绕；医疗方面，也有上海浦东医院、上海市浦东新区光明中医医院、上海市浦东新区南华医院等医疗机构入驻，板块生活配套成熟，生活所需皆近在咫尺。

此外，项目所处的宣桥板块受迪士尼旅游度假区、浦东大飞机制造基地和张江高科等产业辐射，在这三大产业的带动下，伴随着大量人口的外溢，对支撑宣桥板块的发展和推动楼盘价值有着重要的意义。除了现有的三大产业的助力，上海东站的规划和重磅级自贸区临港新片区的规划让宣桥未来发展更有巨大的空间。

融入自主创新 技术优势明显

精装修住宅是未来发展的趋势，质量控制就显得尤为重要。项目团队发扬上海建工工匠精神，采用了多项由上海建工集团自主研发的创新建筑施工体系，力求打造出更为卓越的品质。

国内首创PCTF装配式体系。该项目采用预制叠合保温外挂墙板技术，实现夹心无机保温与结构同寿命，彻底解决传统外墙保温易脱易燃弊病。采用门窗工厂预埋技术，预制板连接处施加三道防水，杜绝住宅外墙渗漏的通病。

国内首创高层建筑无外脚手施工技术。该项目实现了无外模板、无外粉刷施工，让室外总体可与主体结构同步施工，打造了真正意义上的花园式工地。

国内首创预制剪力墙螺栓连接技术。该技术安全可靠、安装快捷、易于检测，并获得国家发明专利。

此外，上海建工缔造的"海玥"品牌蕴含海纳百川、兼容并蓄的大家风范，整体建筑立面采用石材、仿砖涂料、真石漆，经久耐用。

原创海派风格 尊享理想人居

上海建工房产秉承先锋创新精神，将旧上海的复古摩登与新上海的魔幻迷离相结合，构建原创海派建筑风格，以极具辨识度的原创作品，翻开属于上海新时代的海派建筑的崭新篇章，彰显海派传承，描绘"海玥"蓝图。

同时，作为在上海为数不多的滨河生态社区，该项目利用景观河道这一天然优势，着重进行了水系景观的规划设计，通过亲水平台、游园小品、绿化组团的形成，让居住于此的业主更多地亲近大自然，提供社区邻里交流的良好平台，同时充分利用中心绿化景观，辅以组团绿化，形成自由形态的绿化空间，让建筑与绿化相得益彰。在集中绿地进行细部设计，使得建筑的美感在人造环境中得以延伸，充满情趣，整体呈现出以滨河为主题景观的海派生活社区。

海玥瑄邸规划涵盖高层、花园洋房、叠加、联排四大类产品。其户型设计均从居者视角出发，真正做到以人为本，优越布局让每一平方米空间承载起多重功能定位；科学合理的收纳系统预留位置，全面释放居住空间，让生活井井有条；动静分离，客、餐、厨一体化设计，南北通透，一年四季洒满阳光；并有卧室飘窗，观景阳台等高附加值产品细节打造；臻选国际大牌，汇聚高仪、柏丽、科勒、西门子、斯米克、新晃、新多、莱茵阳光等国际一线品牌阵容，轻奢全装交付，礼赞美好生活。

居住改变生活。海玥瑄邸由获得詹天佑大奖的上海建工房产周康航区域公司团队精心打造，依托上海建工全产业链优势，采用上海建工自主研发的长效节能装配式建筑体系，融入卓越工艺，造就极具辨识度的崭新产品，将多元的文化及更多创新工艺细节融入作品，独特的原创"新海派风格建筑"让业主在体验上海风情的同时尊享理想人居。

营销中心联系电话：021-61657588。地址：浦东新区项文路339号。

北外滩

上海北外滩物业管理有限公司

SHANGHAI BEI WAITAN
WUYE GUANLI YOUXIAN GONGSI

公司成立于1995年11月，是房管转制物业管理企业，上海市物业管理协会会员单位、国家二级资质物业管理企业。ISO9001质量管理体系、ISO14001环境管理体系、OHSAS18001职业健康安全管理体系认证企业。

北外滩，约3.66平方公里，是上海也是中国最早向世界开放的地区之一，海派文化的重要发源地，北外滩丰厚的历史文化底蕴，深深地影响和激励着北外滩物业人。北外滩物业共管理过各类物业总面积1307803.35平方米，其中多层住宅898934.28平方米，高层住宅229264.05平方米，办公楼、工业厂房及其他物业179605.02平方米。目前现有员工135人，拥有一批经验丰富的物业管理人员及专业技术娴熟的维修人员，提供24小时专业、快捷的服务。作为地区性的物业管理公司，虽然多年来接受上级委托管理着七十多万平方的公房，但为适应北外滩开发的需求，领先一步，从九十年代末起就开始商品房的管理服务，二十多年来承接了荣胜公寓、宏惠花苑、紫虹嘉苑、东方都市景苑、鸿旭豪苑、名江七星城、浏河锦绣天城、南通晏园南岸等项目，商品房管理面积曾经达到330716.84平方米，多次被评为虹口区文明单位。

不断前进中的北外滩物业，在董事长朱长斌同志的带领下从未因曾经取得的荣誉而停滞，“抓住机遇，迎接挑战，勇于改革，敢为人先”永远是北外滩人的风格和气度！

创全工作清清除乱停车

雪雨现场居民接待工作

风貌保护街坊改造项目

直管公房面积测量

目 录

第一篇 专论

第二篇 环境

第三篇 行业

第四篇 类型

第五篇 区域

第六篇 附录

第一篇　专论

第一章　综述

第一节　房地产市场必须突出民生第一精神

衣食住行，都是民生头等大事，人一天都不能不吃饭、不穿衣、不住房、不出门。

关于住房，新中国成立以来相当长一段时间实行计划分配，事实证明这不能解决百姓住房问题。改革开放后，住房实行商品化改革，房价一路持续上涨。这有多种因素，其中重要一条是，土地是国家控制的，房价是市场放开的。有些人看到房价一路上涨，就开始炒房赚钱，使房价如脱缰野马，国家多次调控也难以奏效。

应当看到，房价上涨促使房地产业快速发展，有效改善了许多城镇居民住房条件，也大大改变了城市面貌，对我国经济高速增长立下汗马功劳。房地产业不仅与上下游 60 多个行业相关联，而且还为各地政府的土地财政带来了大量收入，对发展各地交通等事业大有好处，所有这些都是应当肯定。然而，如果听任房价再一路上涨，那后患也将无穷，不仅进一步吹大房地产泡沫，扩大金融风险，更主要是严重影响我国经济高质量发展。为什么？因为我国经济高质量发展要靠创新，创新要靠人才，而现在房价这么高，人才怎么在大城市安家？而且房价高了，住房租金也要水涨船高，工人工资也必然上升，否则工人怎么生活下去，但是这样，企业怎么受得了。正因为如此，习近平同志前几年就发出警告："房子是用来住的，不是用来炒的。"目的就是要抑制房价进一步上涨。

我国现在房价总的说是太高了，与老百姓收入特别是住房有困难居民收入相比，是太高了。怎么办？能不能出台非常严厉措施，把房价大幅度打下来？不能。这样会引起金融风险，许多人用银行贷款买了房，房价如果大跌，他们怎么办？银行怎么办？而且开发商也有银行贷款。房价过分波动，会引起社会震荡，不利于社会稳定安定。房价还是要基本稳定。在这种情况下，怎么解决住房有困难的人群特别是年轻人住房问题呢？看来一个好办法是大力发展保障性租赁住房。

近日，国务院办公厅发布《关于加快发展保障性租赁住房的意见》，明确给予保障性租赁住房土地、财税、金融等政策支持，引导多主体投资、多渠道供给。这次《意见》首次提出对保障性租赁住房"多主体投资、多渠道供给"，更强调房源多渠道去满足市场需求。同时，《意见》明确住房用地主要来源为集建地，真正促进了农地入市和租赁市场发展的结合。对于各地近期房贷收紧、停贷等现象，建议地方有关部门应对此类情况仔细分析和研究，真正促进贷款政策的稳定。《意见》还明确，保障性租赁住房主要解决符合条件的新市民、青年人等群体的住房困难问题，以建筑面积不超过 70 平方米的小户型为主，租金低于同地段同品质市场租赁住房租金，准入和退出的具体条件、小户型的具体面积由城市人民政府按照保基本的原则合理确定。《意见》提出，保障性租赁住房由政府给予土地、财税、金融等政策支持，充分发挥市场机制作用，引导多主体投资、多渠道供给，坚持"谁投资、谁所有"，主要利用集体经营性建设用地、企事业单位自有闲置土地、产业园区配套用地和存量闲置房屋建设，适当利用新供应国有建设用地建设，并合理配套商业服务设施。

对于人口净流入的大城市和省级人民政府确定的城市，《意见》在进一步完善土地支持政策上提出了五项内容：

1. 可探索利用集体经营性建设用地建设保障性租赁住房；应支持利用城区、靠近产业园区或交通便利区域的集体经营性建设用地建设保障性租赁住房；建设保障性租赁住房的集体经营性建设用地使用权可以办理抵押贷款。

2. 对企事业单位依法取得使用权的土地，允许用于建设保障性租赁住房，并变更土地用途，不补缴土地价款，原划拨的土地可继续保留划拨方式；允许土地使用权人自建或与其他市场主体合作建设运营保障性租赁住房。

3. 可将产业园区中工业项目配套建设行政办公及生活服务设施的用地面积占项目总用地面积的比例上限由7%提高到15%，建筑面积占比上限相应提高，提高部分主要用于建设宿舍型保障性租赁住房，严禁建设成套商品住宅；鼓励将产业园区中各工业项目的配套比例对应的用地面积或建筑面积集中起来，统一建设宿舍型保障性租赁住房。

4. 对闲置和低效利用的商业办公、旅馆、厂房、仓储、科研教育等非居住存量房屋，允许改建为保障性租赁住房；用作保障性租赁住房期间，不变更土地使用性质，不补缴土地价款。

5. 应按照职住平衡原则，提高住宅用地中保障性租赁住房用地供应比例，在编制年度住宅用地供应计划时，单列租赁住房用地计划、优先安排、应保尽保，主要安排在产业园区及周边、轨道交通站点附近和城市建设重点片区等区域，引导产城人融合、人地房联动。

应当怎样理解这次《意见》的重大意义？

首先，也许能破除许多人一直存在的租房不如购房的传统老观念。几千年来中国人一直有“有恒产才有恒心”观念，认为自己有了产权房才是真正解决了住房问题。否则，从市场上租房住，一则房东说不定要你搬就要搬，二则租金老是要跟房价上涨而上涨。总之，生活难以稳定。现在国家有了保障性租赁住房，这些问题就可基本解决。既不会有租金年年上涨，也不会有房东要你搬就要搬的问题。保障性租赁住房是有保障性的。住房住房，关键在于一个“住”字。只要能解决住问题，租房和购房都一样。在劳动力和人才可以流动的市场经济发达国家，租房和购房从来是两种通行解决住房的方式，而且租房是更多的方式。

第二，这次《意见》首次提出对保障性租赁住房“多主体投资、多渠道供给”，意义重大。过去的表述比较强调产品的供给，但忽视了市场化的导向，而且对于分配的概念提及较少。而此次有两个重要变化，一是强调“投资”，其含义是希望积极导入市场化元素，遵循“谁投资、谁所有”的模式，真正以市场化的力量鼓励投资。二是提出“多渠道供给”，这就不是简单的供给概念，而是分配的概念。当前保障性租赁住房要更强调房源多渠道去满足市场需求。

第三，《意见》另一个重点就是明确住房的用地主要来源为集建地。过去在农村集体经营性建设用地和国有建设用地的供给方面，定位不太清晰。新政能够进一步和农村集体经营性建设用地入市政策挂钩，真正促进农地入市和租赁市场发展的结合。

第四，《意见》还在审批流程、资金支持、税费优惠等方面提出了一系列支持政策。在简化审批流程方面有，不涉及土地权属变化的项目，可用已有用地手续等材料作为土地证明文件，不再办理用地手续；在资金支持方面有，要加大对保障性租赁住房建设运营的信贷支持力度，支持银行业金融机构以市场化方式向保障性租赁住房自持主体提供长期贷款，支持银行业金融机构发行金融债券，募集资金用于保障性租赁住房贷款投放，支持企业发行企业债券、公司债券、非金融企业债务融资工具等公司信用类债券，用于保障性租赁住房建设运营，企业持有运营的保障性租赁住房具有持续稳定现金流的，可将物业抵押作为信用增进，发行住房租赁担保债券，从而可打消银行对保障性租赁住房在信贷支持方面上的顾虑。《意见》还支持商业保险资金按照市场化原则参与保障性租赁住房建设，按照依法合规、风险可控、商业可持续原则，向改建、改造存量房屋形成非自有产权保障性租赁住房的住房租赁企业提供贷款，这些都能促进企业发展保障性住房的积极性，减少后顾之忧。在降低税费负担方面有，利用非居住存量土地和非居住存量房屋建设保障性租赁住房，取得保障性租赁住房项目认定书后，比照适用住房租赁增值税、房产税等税收优惠政策。对保障性租赁住房项目免收城市基础设施配套费；利用非居住存量土地和非居住存量房屋建设保障性租赁住房，取得保障性租赁住房项目认定书后，用水、用电、用气价格按照居民标准执行。

所有这些说明，这次国务院办公厅发布的《关于加快发展保障性租赁住房的意见》，确实体现了党对房地产市场须突出民生第一的精神。

第二节 房地产市场回顾

2019 年，上海市继续坚持“房子是用来住的、不是用来炒的”这一定位，按照“稳地价、稳房价、稳预期”要求，保持政策连续性和稳定性，落实“一城一策”、差别调控的综合措施，完善房地产长效管理机制，楼市预期进一步回归理性，市场运行总体平稳。房地产市场呈现开发投资平稳增长，建设规模基本稳定，住宅销售回升的态势。

一、房地产开发投资状况分析

全年房地产开发投资平稳增长，完成投资 4 231.38 亿元，比上年增长 4.9%(见图 1-1)，增速比 2018 年提高 0.3 个百分点。从房屋类型看，住宅投资 2 318.13 亿元，比上年增长 4.1%;办公楼投资 689.36 亿元，下降 0.5%;商业用房投资 457.23 亿元，下降 0.9%。从投资结构看，土地购置费 1 963.51 亿元，增长 6.4%，增速比上年回落 14.8 个百分点;建安工程投资 2 021.19 亿元，增长 2.5%。

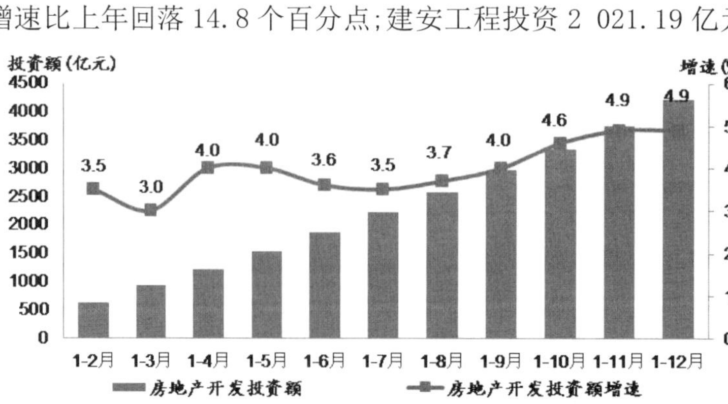

图 1-1 2019 年上海市房地产开发投资情况

二、房地产建设状况分析

上海市房屋在建规模基本稳定，房屋施工面积 14 802.97 万平方米，比上年增长 0.9%。其中，住宅施工面积 7 446.43 万平方米，下降 1.0%。在商办项目开工量低位回升的带动下，上海市房屋新开工面积较快增长。全部房屋新开工面积 3 063.44 万平方米 ，比上年增长 14.0%。其中 ，住宅新开工面积 1 572.90 万平方米，增长 6.8%;商办新开工面积 675.70 万平方米，增长 30.5%（见表 1-1）。

表 1-1　上海房地产开发投资情况　　单位：亿元、万平方米

年份	房地产开发投资		住宅开发投资		商品房新开工面积		住宅新开工面积	
	数值	同比（%）	数值	同比（%）	数值	同比（%）	数值	同比（%）
2019	4 231	4.9	2 318	4.1	3 063	14.0	1 573	6.8
2018	4 033	4.6	2 226	3.4	2 687	2.6	1 473	5.0
2017	3 857	4.0	2 152	9.5	2 618	-7.8	1 403	-2.3
2016	3 709	6.9	1 965	8.4	2 841	9.1	1 436	-8.0
2015	3 469	8.2	1 813	5.1	2 605	-6.4	1 560	0.8

注：2018 年以来，国家统计局规定各省市固定资产投资统计对外只发布增速数据，本篇章涉及固定资产投资的指标均为增速（%）数据。

上海市房屋竣工面积 2 669.67 万平方米，比上年下降 14.3%。其中，住宅竣工面积 1 453.28 万平方米，下降 16.0%;商办竣工面积 583.92 万平方米，下降 22.6%（见表 1-2）。

表 1-2　2019 年上海市房屋新开工及竣工情况

指 标	新开工面积		竣工面积	
	（万平方米）	增速（%）	（万平方米）	增速（%）
全部房屋	3 063.44	14.0	2 669.67	-14.3
#住宅	1 572.90	6.8	1 453.28	-16.0
商办用房	675.70	30.5	583.92	-22.6

三、上海房地产市场交易状况分析

受保障性住宅和商办销售持续下行影响，上海市新建房屋销售面积小幅下降。全部房屋销售面积 1 696.34 万平方米，比上年下降 4.0%。其中，住宅销售面积 1 353.70 万平方米，增长 1.5%;办公楼销售面积 100.83 万平方米，下降 31.4%;商业营业用房销售面积 88.48 万平方米，下降 13.0%。从近十年数据看，新建商品房销售面积仍处于历史低位，为 2010 年以来的次低值，仅略高于 2017 年销售水平。

据上海市房地产交易中心统计，上海市存量房网签面积 2 080.44 万平方米，比上年增长 37.5%。其中，存量住宅网签面积 1 806.07 万平方米，增长 46.9%。经过 2017 年、2018 年连续两年的低位运行后，2019 年二手住房在积压需求和旧改动拆迁需求的释放下，成交明显放量，且持续较快增长。全年成交规模处于近十年平均水平，仅低于 2013 年、2015 年和 2016 年（见图 1-2）。

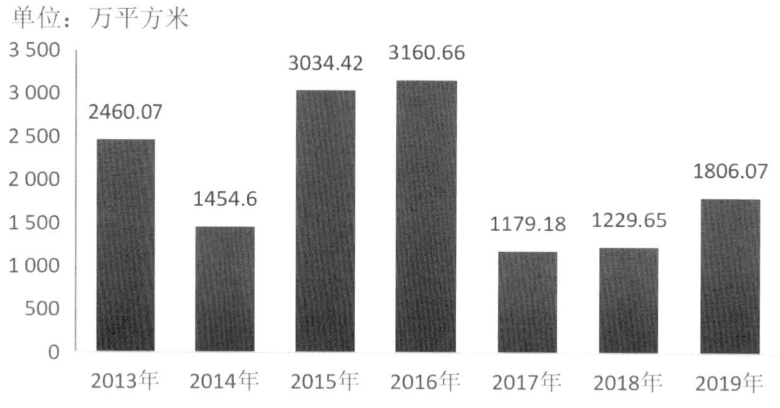

图 1-2　2013～2019 年本市存量住宅网签成交情况

四、商品住宅价格分析

上海市新建住宅销售均价 32 926 元/平方米。从区域均价看：内环线以内 110 479 元/平方米，内外环线之间 56 322 元/平方米，外环线以外 23 988 元/平方米。

剔除征收安置住房和共有产权保障住房等保障性住房后的市场化新建住宅的区域均价分别为内环线以内 111 307 元/平方米，内外环线之间 75 796 元/平方米，外环线以外 40 462 元/平方米。

五、房地产资金到位情况分析

2019 年，房企融资环境持续收紧，重点涉及信托、外债、开发贷等多个领域。全市中资商业银行自营性人民币房地产贷款余额 22 160.71 亿元，同比增长 9.07%，增幅同比上升 1.87 个百分点。其中个人住房贷款余额 14 119.85 亿元，同比增长 8%；人民币房地产开发贷款余额 6 441.55 亿元，增长 11.51%，房地产开发项目到位资金 5 444.69 亿元，比上年增长 2.1%（见表 1-3）。

表 1-3　2019 年上海市房地产开发项目本年到位资金情况

指　标	资金（亿元）	比上年增长（%）	比重（%）
本年到位资金	5 444.69	2.1	100
#国内贷款	1 386.19	4.5	25.5
#利用外资	6.35	57.7 倍	0.1
自筹资金	1 787.10	-5.8	32.8
其他资金	2 265.05	7.5	41.6

截至 2019 年底，上海市本到位资金 5 444.69 亿元，比上年增长 2.1%。其中，国内贷款 1 386.19 亿元，增长 4.5%；自筹资金 1 787.10 亿元，下降 5.8%；其他资金 2 265.05 亿元，增长 7.5%；全年利用外资翻倍增长 57.7 倍。

六、土地供应与成交分析

2019 年上海共成交各类土地 298 宗，规划建筑面积合计 2 443.98 万平方米，较 2018 年全年增长 5.0%。从土地成交结构来看，商品住宅用地成交面积占比最高，为 27%，较 2018 年占比上涨 11 个百分点；动迁房用地成交占比小幅提升 1 个百分点至 23%，租赁住房成交占比下降 3 个百分点至 6%。涉宅用地因商品住宅用地成交大幅提升，占比也从上一年的 47%提升至 56%。受宏观经济下行和商办库存压力较大的综合影响，商办用地供地节奏放缓，成交规模较上一年减半，成交占比也下降 7 个百分点至 9%。另外，工业用地成交规模及占比也较上一年有较大幅度下降。

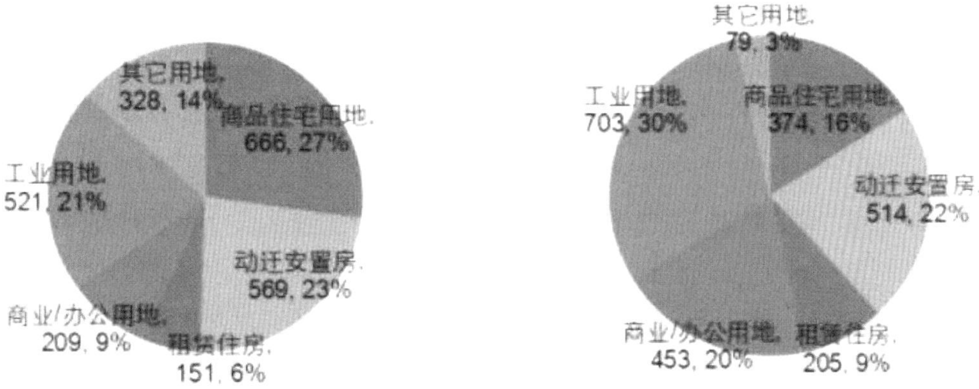

图 1-3　2019 年土地成交结构分布图

上海土地成交价格总体保持平稳，住宅用地楼面均价 11 115 元/平方米，同比上涨 4.45%，其中商品住宅用地成交楼面均价为 18 645 元/平方米，同比下降 30.55%。价格下降主要是郊区仍是商品住宅用地的主力成交区域，宝山、奉贤和青浦商品住宅用地成交活跃，成交建面均超过 75 万平方米；崇明、金山两区成交建面也均超过 60 万平方米，嘉定、松江则超过 40 万平方米，7 个区成交建面占上海全市的比例达到 83%。

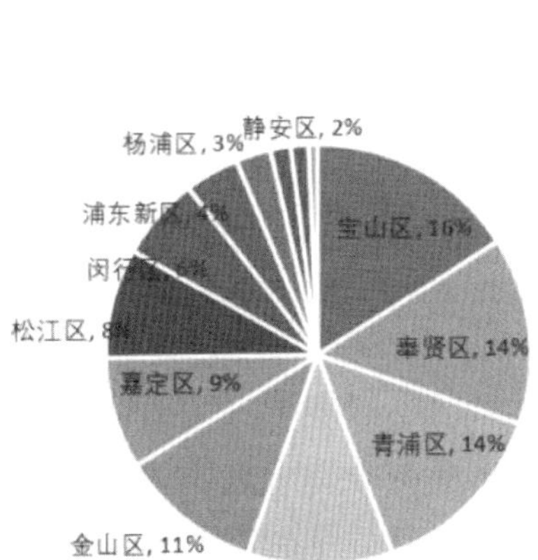

图 1-4　2019 年上海商品住宅用地成交区域分布

第二章　2019 年上海市国民经济和社会发展统计公报

2019 年，全市在以习近平同志为核心的党中央坚强领导下，以习近平新时代中国特色社会主义思想为指导，全面贯彻落实党的十九大和十九届二中、三中、四中全会精神，深入贯彻落实习近平总书记考察上海重要讲话精神，坚决贯彻落实党中央、国务院和中共上海市委、市政府的决策部署，当好新时代全国改革开放排头兵、创新发展先行者，坚持稳中求进工作总基调，坚持新发展理念，坚持以供给侧结构性改革为主线，推动高质量发展，继续打好三大攻坚战，着力提升城市能级和核心竞争力，全市经济社会延续了总体平稳、稳中有进、进中固稳的发展态势，改革开放全面深化，社会民生持续改善。

一、综　合

初步核算，全年实现上海市生产总值(GDP) 38 155.32 亿元，比上年增长 6.0%（见图 2-1）。其中，第一产业增加值 103.88 亿元，下降 5.0%；第二产业增加值 10 299.16 亿元，增长 0.5%；第三产业增加值 27 752.28 亿元，增长 8.2%。第三产业增加值占上海市生产总值的比重为 72.7%，比上年提高 1.8 个百分点。按常住人口计算的上海市人均生产总值为 15.73 万元。

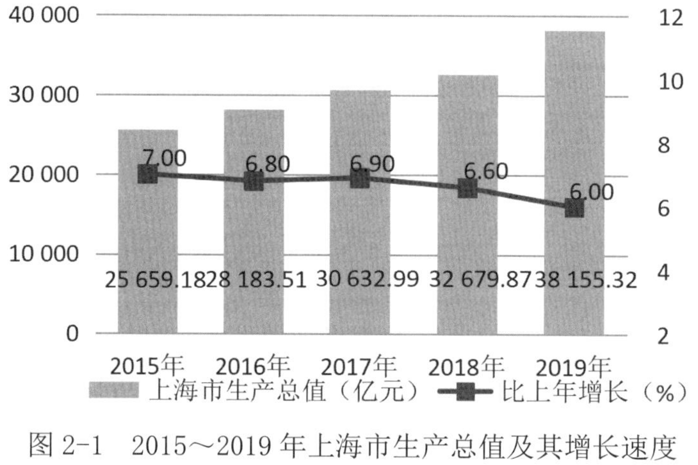

图 2-1　2015～2019 年上海市生产总值及其增长速度

在上海市生产总值中，公有制经济增加值 18 328.67 亿元，比上年增长 6.1%；非公有制经济增加值 19 826.64 亿元，增长 5.8%。非公有制经济增加值占上海市生产总值的比重为 52.0%。

全年战略性新兴产业增加值 6 133.22 亿元，比上年增长 8.5%。其中，工业增加值 2 710.43 亿元，增长 3.3%；服务业增加值 3 422.79 亿元，增长 13.3%(见表 2-1）。战略性新兴产业增加值占上海市生产总值的比重为 16.1%，比上年提高 0.4 个百分点。

表 2-1　2019 年战略性新兴产业增加值及其增长速度

指　标	绝对值（亿元）	比上年增长（%）
战略性新兴产业增加值	**6 133.22**	**8.5**
工　业	2 710.43	3.3
服务业	3 422.79	13.3

全年新设立各类市场主体 43.15 万户，比上年增长 7.9%。其中，新设企业 36.76 万户，增长 11.6%；新设个体工商户 6.35 万户，减少 9.2%；新设农民专业合作社 349 户，减少 15.1%。日均新设企业 1 476 户，增长 12.0%。至年末，上海市共有各类市场主体 270.43 万户，比上年末增长 5.8%。其中，企业 220.77 万户，增长 6.5%；个体工商户 48.59 万户，增长 2.9%；农民专业合作社 1.07 万户，减少 2.4%。

全年地方一般公共预算收入 7 165.10 亿元，比上年增长 0.8%；非税收入占全市一般公共预算收入比重为 13.2%。地方一般公共预算支出 8 179.28 亿元，下降 2.1%(见表 2-2)。全年税务部门组织的税收收入完成 13 697.99 亿元(不含关税及海关代征税)，下降 0.9%。

表 2-2　2019 年地方一般公共预算收支及其增长速度

指　标	绝对值（亿元）	比上年增长（%）
地方一般公共预算收入	**7 165.10**	**0.8**
#增值税	2 766.85	5.4
个人所得税	603.73	-21.6
企业所得税	1 452.11	-4.4
契　税	315.18	10.6
地方一般公共预算支出	**8 179.28**	**-2.1**
#一般公共服务支出	365.08	-2.6
公共安全支出	413.34	5.0
教育支出	995.70	8.5
社会保障和就业支出	997.77	7.4
医疗卫生与计划生育支出	493.44	6.0
节能环保支出	184.07	-21.1
城乡社区支出	1 634.92	-21.7

全年全社会固定资产投资总额比上年增长 5.1%。其中，第二产业投资增长 11.6%；非国有经济投资增长 3.9%(见表 2-3)。

表 2-3　2019 年全社会固定资产投资及其增长速度

指　标	比上年增长（%）
全社会固定资产投资总额	5.1

按经济类型分	
国有经济	7.9
非国有经济	3.9
#私营经济	-17.3
股份制经济	9.2
外商及港澳台经济	20.8
按产业分	
第一产业	90.4
第二产业	11.6
第三产业	3.8
按行业分	
#工　业	11.3
交通运输、仓储和邮政业	-10.7
信息传输、软件和信息技术服务业	14.8
金融业	20.9
教育	-16.4
卫生和社会工作	4.6
文化、体育和娱乐业	32.5

以上年价格为100，全年居民消费价格指数为102.5。其中，食品烟酒类价格指数为105.0，居住类价格指数为101.9，医疗保健类价格指数为103.3(见表2-4)；固定资产投资价格指数为101.4；工业生产者出厂价格指数为98.8，工业生产者购进价格指数为98.7。

以上年12月价格为100，新建商品住宅销售价格指数为102.3，二手住宅销售价格指数为101.3；以上年价格为100，全年新建商品住宅销售价格指数为102.0，二手住宅销售价格指数为99.7。

表2-4　2019年居民消费价格指数

指　标	指　数（以上年价格为100）
居民消费价格指数	**102.5**
食品烟酒	105.0
衣　着	103.2
居　住	101.9
生活用品及服务	100.9
交通和通信	97.8
教育文化和娱乐	101.2
医疗保健	103.3
其他用品和服务	103.3

二、农 业

全年全市实现农业总产值280.74亿元，比上年下降4.8%。其中，种植业143.48亿元，下降4.9%；林业18.06亿元，增长17.1%；牧业48.42亿元，下降17.5%；渔业53.89亿元，下降0.2%；农林牧渔专业及辅助性活动16.90亿元，增长9.6%。

全年全市农作物播种面积26.43万公顷，比上年减少7.4%。其中，粮食播种面积11.74万公顷，减少9.6%。粮食产量95.90万吨，比上年下降7.6%；生牛奶产量29.74万吨，下降11.1%；水产品产量32.47万吨，增长5.3%(见表2-5)。

至年末，全市有效期内绿色食品企业数共654家，产品1 132个，全年获证产量104.78万吨，地产农产品绿色食品认证率达到20%；农产品地理标志14个。

至年末，全市累计建成市级蔬菜标准园 198 家；纳入统计范围的农民专业合作社

2 757家，其中市级农民合作社示范社124家，国家级农民合作社示范社86家；农业产业化重点龙头企业269家，其中市级以上龙头企业88家，国家级龙头企业24家；经农业农村部门认定的家庭农场4 347家，其中市级示范家庭农场76家。

表2-5 2019年主要农副产品产量

产品名称	单 位	全市产量	比上年增长（%）
粮 食	万吨	95.9	-7.6
蔬 菜	万吨	259.15	-9.0
生猪出栏	万头	117.82	-20.9
生牛奶	万吨	29.74	-11.1
家禽出栏	万羽	844.46	-14.2
水产品	万吨	32.47	5.3

三、工业和建筑业

全年实现工业增加值9 670.68亿元，比上年增长0.4%。全年完成工业总产值35 487.05亿元，下降0.3%。其中，规模以上工业总产值34 427.17亿元，下降0.3%。在规模以上工业总产值中，国有控股企业总产值13 501.66亿元，增长1.3%。

全年节能环保、新一代信息技术、生物、高端装备、新能源、新能源汽车、新材料等工业战略性新兴产业完成工业总产值11 163.86亿元，比上年增长3.3%，占全市规模以上工业总产值比重达到32.4%。

全年六个重点工业行业完成工业总产值23 279.15亿元，比上年增长0.1%，占全市规模以上工业总产值的比重为67.6%(见表2-6)。

表2-6 2019年六个重点行业工业总产值及其增长速度

指 标	绝对值（亿元）	比上年增长（%）

六个重点行业工业总产值	**23 279.15**	**0.1**
电子信息产品制造业	6 140.93	-2.1
汽车制造业	6 409.57	-4.4
石油化工及精细化工制造业	3 923.83	8.6
精品钢材制造业	1 169.87	-2.5
成套设备制造业	4 315.06	1.3
生物医药制造业	1 319.88	7.3

全年规模以上工业产品销售率为99.9%。全年燃料油产量360 448吨，比上年增长84.0%；新能源汽车产量8.30万辆，增长29.6%；3D打印设备产量780台，增长34.9%(见表2-7)。

表2-7 2019年主要工业产品产量及其增长速度

产品名称	单 位	产 量	比上年增长（%）
燃料油	吨	360 448	84.0
钢 材	万吨	1 819.69	-4.3
商品混凝土	万立方米	4 651.35	11.7
合成纤维单体	万吨	207.95	2.1
汽 车	万辆	274.90	-7.7
#新能源汽车	万辆	8.30	29.6
运动型多用途乘用车(SUV)	万辆	94.51	14.2
3D打印设备	台	780	34.9
电力电缆	万千米	268.55	-3.4
智能手机	万台	4 173.06	-11.4
服务器	万台	19.93	4.9
智能电视	万台	134.09	-2.6

全年规模以上工业企业实现利润总额2 906.25亿元，比上年下降13.7%；实现税金总额2 253.73亿元，下降8.1%。规模以上工业企业亏损面为21.1%。

全年实现建筑业总产值7 812.65亿元，比上年增长10.5%；房屋建筑施工面积50 918.88万平方米，增长7.0%；竣工面积9 231.95万平方米，增长16.0%。

四、批发和零售业

全年实现批发和零售业增加值5 023.23亿元，比上年增长2.4%。

全年实现商品销售总额12.08万亿元，比上年增长1.1%。其中，批发销售额10.85万亿元，增长0.5%。

全年实现社会消费品零售总额13 497.21亿元，比上年增长6.5%(见表2-8)。其中，无店铺零售额 2 403.19 亿元，增长 13.0%。网上商店零售额 1 896.51 亿元，增长 15.8%，占社会消费品零售总额的比重为 14.1%。

表 2-8　2019 年社会消费品零售总额及其增长速度

指　标	绝对值（亿元）	比上年增长（%）
社会消费品零售总额	**13 497.21**	**6.5**
#批发零售贸易业	12 306.97	6.8
住宿餐饮业	1 190.25	4.3
#国　有	57.05	12.5
私　营	2 555.94	2.3
股份有限公司	896.36	1.6
港澳台商投资	2 665.47	12.8
外商投资	3 024.41	13.7
#无店铺零售额	2 403.19	13.0
#网上商店零售额	1 896.51	15.8

全年完成电子商务交易额 33 186.10 亿元，比上年增长 14.7%。其中，B2B 交易额 19 997.6 亿元，增长 7.8%，占电子商务交易额的比重为 60.3%；网络购物交易额(含服务类交易)13 188.50 亿元，增长 27.0%，占电子商务交易额的比重为 39.7%。

至年末，全市已开业城市商业综合体达 277 家。其中，商场商业建筑面积 10 万平方米以上的有 69 家。全年全市城市商业综合体实现营业额 1 972 亿元，比上年增长 14.6%。

全年全市新集聚商业零售品牌首店 986 家，其中全球首店及亚洲首店、全国首店及大陆首店、华东区域首店、全市首店占比分别为 2%、22%、13%和 63%。

五、交通、邮电和旅游

全年实现交通运输、仓储和邮政业增加值 1 650.44 亿元，比上年增长 3.6%。

全年各种运输方式完成货物运输量 109 608.51 万吨，比上年增长 2.1%。旅客发送量 22 237.84 万人次，增长 3.4%(见表 2-9)。

表 2-9　2019 年货物运输量与旅客发送量及其增长速度

指　标	单　位	绝对值	比上年增长（%）
货物运输量	**万吨**	**109 608.51**	**2.1**
铁　路	万吨	471.79	0.7
水　运	万吨	69 980.95	4.6
公　路	万吨	38 750.00	-2.1
机　场	万吨	405.78	-2.8

旅客发送量	**万人次**	**22 237.84**	**3.4**
铁　路	万人次	12 833.85	4.6
水　运	万人次	115.04	-27.2
公　路	万人次	3 167.07	0.5
机　场	万人次	6 120.85	3.4

全年上海港口货物吞吐量达到72 031.32万吨 ，比上年下降1.4%；集装箱吞吐量4 330.26万国际标准箱，增长3.1%。集装箱水水中转比例达48.3%，其中国际中转比例10.8%，分别比上年提高1.5和2.0个百分点。上海浦东、虹桥两大国际机场全年共起降航班78.5万架次，增长1.7%；进出港旅客达到12 179.14万人次，增长3.5%。其中，国内航线进出港旅客7 985.70万人次，增长4.2%；国际及地区航线进出港旅客4 193.44万人次，增长2.3%。

全年上海港接待国际邮轮靠泊259艘次。其中，以上海为母港的邮轮226艘次。邮轮旅客吞吐量189.35万人次，比上年下降31.2%。邮轮母港旅客吞吐量占95.6%。

有序推进10号线二期、14号线、15号线、18号线等4条地铁项目建设。至年末，全市轨道交通运营线路17条，长度达到704.91公里，运营车站415个。至年末，地面公交运营车辆达1.79万辆。其中，国Ⅴ及以上和零排放公交车13 614辆，占全部公交运营车辆的76.1%。公交运营线路达1 575条，线网长度8 997公里；运营出租车4.0万辆，客运量5.63亿人次。全年公共交通客运总量60.12亿人次，日均1 647万人次，比上年增长2.7%。其中，轨道交通客运量38.84亿人次，增长4.7%；公共汽电车客运量20.85亿人次，下降0.8%。

至年末，全市拥有各类民用汽车441.55万辆，比上年末增长12.2%。其中，私人汽车339.90万辆，增长12.5%。

全年完成邮政业务总量770.04亿元，比上年下降6.2%；电信业务总量2 244.05亿元，增长56.7%。邮政业全年完成邮政函件业务4.57亿件、包裹业务210.94万件、快递业务31.33亿件；快递业务收入1 288.84亿元。

全年实现旅游产业增加值2 309.43亿元，比上年增长7.6%。

至年末，全市已有星级宾馆195家，旅行社1 758家，A级旅游景区(点)113个，红色旅游基地34个(见表2-10)。

表2-10　2019年旅游设施情况

指　标	单位	绝对值
星级宾馆	**家**	**195**
#五星级	家	71
四星级	家	61
旅行社	**家**	**1 758**
#经营出境旅游业务的旅行社	家	297
A级旅游景区（点）	**个**	**113**

#5A 级景区（点）	个	3
4A 级景区（点）	个	62
红色旅游基地	个	34
#全国红色旅游基地	个	12
旅游咨询服务中心	个	63
旅游集散中心站点	个	9

全年接待国际旅游入境者 897.23 万人次，比上年增长 0.4%（见图 2-2）。其中，入境外国人 692.12 万人次，增长 0.9%；港、澳、台同胞 205.11 万人次，减少 1.3%。在国际旅游入境者中，过夜旅游者 734.69 万人次，减少 1.0%。全年接待国内旅游者 36 140.51 万人次，增长 6.4%，其中外省市来沪旅游者 17 186.41 万人次，增长 6.0%。全年入境旅游外汇收入 83.76 亿美元，增长 13.6%；国内旅游收入 4 789.30 亿元，增长 7.0%。

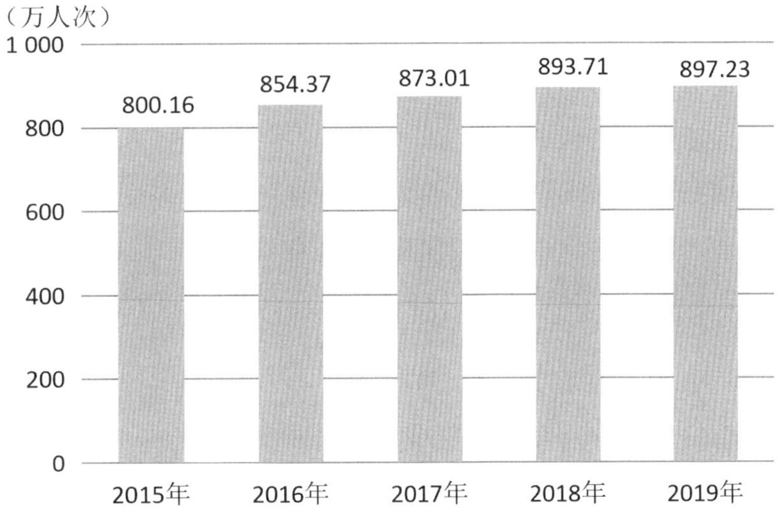

图 2-2　2015～2019 年国际旅游入境人数

六、金融业

全年实现金融业增加值 6 600.60 亿元，比上年增长 11.6%。

金融中心开放创新深入推进。全年持牌金融机构新增 54 家，“沪伦通”、沪深 300ETF 期权及股指期权、长三角一体化 ETF、天然橡胶期权等金融创新产品成功推出。

至年末，全市中外资金融机构本外币各项存款余额 132 820.27 亿元，比年初增加 11 679.94 亿元；贷款余额 79 843.01 亿元，比年初增加 5 609.84 亿元（见表 2-11）。

表 2-11　2019 年中外资金融机构本外币存贷款情况

指　标	绝对值（亿元）	比年初增减额（亿元）
各项存款余额	132 820.27	11 679.94

#住户存款	33 295.40	4 712.03
非金融企业存款	56 339.73	2 708.56
财政性存款	2 774.37	267.99
机关团体存款	14 111.15	731.10
非银行业金融机构存款	19 695.91	2 599.70
各项贷款余额	**79 843.01**	**5 609.84**
#住户贷款	25 280.22	2 059.18
非金融企业及机关团体贷款	50 030.78	3 361.87
非银行业金融机构贷款	427.18	81.77
#人民币个人消费贷款	22 393.43	1 486.73
#住房贷款	14 351.73	1 037.72
汽车消费贷款	4 227.64	101.23

全年金融市场交易总额达到1 934.31万亿元，比上年增长16.6%。上海证券交易所总成交额283.48万亿元，增长7.1%。其中，股票成交额54.38万亿元，增长35.3%；债券成交额6.41万亿元，增长25.0%。全年通过上海证券市场股票筹资5 145.33亿元，比上年减少15.8%；发行公司债34 986.49亿元，增长37.9%。至年末，上海证券市场上市证券17 623只，比上年末增加3 554只。其中，股票1 615只，增加121只。

全年上海期货交易所总成交金额112.52万亿元，比上年增长19.3%。中国金融期货交易所总成交金额69.62万亿元，增长1.7倍。银行间市场总成交金额1 454.31万亿元，增长15.2%。上海黄金交易所总成交金额14.38万亿元，增长33.2%。

全年保险公司原保险保费收入1 720.01亿元，比上年增长22.4%。其中，财产险公司原保险保费收入643.39亿元，增长10.5%；人身险公司原保险保费收入1 076.62亿元，增长30.7%。全年保险赔付支出654.90亿元，增长12.6%。其中，财产险业务原保险赔款支出306.12亿元，增长12.7%；寿险业务原保险给付225.15亿元，增长8.3%；健康险业务原保险赔款给付100.77亿元，增长22.6%；意外险业务原保险赔款支出22.87亿元，增长15.5%。

七、对外经济

全年上海口岸货物进出口总额84 267.90亿元，比上年下降1.2%，继续位居世界城市首位。其中，进口35 453.00亿元，下降2.6%；出口48 814.90亿元，下降0.2%。全年上海关区货物进出口总额63 457.78亿元，比上年下降0.9%。其中，进口26 221.24亿元，下降2.8%；出口37 236.54亿元，增长0.4%。

全年上海市货物进出口总额34 046.82亿元，比上年增长0.1%。其中，进口20 325.91亿元，下降0.1%；出口13 720.91亿元，增长0.4%(见表2-12)。高新技术产品出口占全市比重为41.2%。按市场分，对欧盟进口4 905.14亿元，增长5.8%；出口2 370.55亿元，下降2.6%；对美国进口1 735.37亿元，下降10.3%；出口2 793.71亿元，下降10.9%；对东盟进口2 893.38亿元，增长14.5%；出口

1 808.00 亿元，增长 6.7%；对日本进口 2 351.38 亿元，下降 1.1%；出口 1 357.95 亿元，下降 4.2%(见表 2-13)。与“一带一路”沿线国家和重要节点城市货物贸易额占全市比重达到 22.4%。

表 2-12　2019 年上海市货物进出口总额及其增长速度

指　标	绝对值（亿元）	比上年增长（%）
上海市货物进出口总额	**34 046.82**	**0.1**
上海市货物进口总额	**20 325.91**	**-0.1**
#国有企业	2 981.21	-17.1
外商投资企业	13 307.76	1.8
私营企业	3 862.24	9.5
#一般贸易	11 481.21	1.5
加工贸易	2 242.62	-0.9
#机电产品	9 705.41	1.7
#高新技术产品	6 315.68	8.5
上海市货物出口总额	**13 720.91**	**0.4**
#国有企业	1 565.02	2.1
外商投资企业	8 530.16	-3.8
私营企业	3 471.90	10.0
#一般贸易	6 396.12	1.0
加工贸易	4 798.34	-8.4
#机电产品	9 488.11	0.1
#高新技术产品	5 647.20	-1.7

表 2-13　2019 年上海对主要国家和地区货物进、出口总额及其增长速度

国家和地区	出口额（亿元）	比上年增长（%）	进口额（亿元）	比上年增长（%）
美　国	2 793.71	-10.9	1 735.37	-10.3
欧　盟	2 370.55	-2.6	4 905.14	5.8
东　盟	1 808.00	6.7	2 893.38	14.5
日　本	1 357.95	-4.2	2 351.38	-1.1
中国香港	1 411.56	6.8	107.31	-4.8
韩　国	485.82	7.1	1 236.93	-5.5
中国台湾	700.64	37.4	1 435.28	11.3
俄罗斯	187.56	0.1	159.28	4.8
“一带一路”沿线国家	3 330.00	5.9	4 312.80	12.1

全年新设外商直接投资项目 6 800 项，比上年增长 21.5%；合同金额 502.53 亿美元，增长 7.1%；全年外商直接投资实际到位金额 190.48 亿美元，增长 10.1%。全年制造业外商直接投资实际到位金额 17.12 亿美元，下降 2.0%，占全市实际利用外资比重为 9.0%；第三产业外商直接投资实际到位金额

172.86 亿美元，增长 11.6%，占比为 90.7%。“一带一路”沿线国家在沪投资合同金额占全市比重达 8.2%。至年末，在上海投资的国家和地区达 188 个，在上海落户的跨国公司地区总部累计达到 720 家。其中，亚太区总部 116 家;外资研发中心 461 家。年内新增跨国公司地区总部 50 家。其中，亚太区总部 28 家；外资研发中心 20 家。

全年备案和核准对外直接投资项目 845 项，比上年增长 6.7%；对外直接投资中方投资额 139.94 亿美元，下降 17.1%。签订对外承包工程合同金额 125.44 亿美元，增长 5.4%；实际完成营业额 94.01 亿美元，增长 24.7%；派出人员 9 226 人次，增长 5.3%。对外劳务合作派出人员 19 843 人次，增长 102.3%。

全年全市共举办各类展会及活动 1 043 个，总面积 1 941.67 万平方米，比上年增长 3.3%。其中，举办国际展 310 个，展览面积 1 502.65 万平方米，增长 7%；举办国内展 496 个，展览面积 272.71 万平方米，增长 7.2%；举办活动 237 个，活动面积 166.31 万平方米，下降 24.8%。

成功举办第二届中国国际进口博览会。共有 181 个国家、地区和国际组织参会，3 800 多家企业参展，展览总面积达 36 万平方米，比首届增加 6 万平方米。按一年计累计意向成交 711.3 亿美元，比首届增长 23%。

八、中国(上海)自由贸易试验区建设

上海自贸试验区临港新片区正式设立，落实国务院批准的总体方案，出台管理办法，完善体制机制，制定实施特殊支持政策，推动重大改革优先在新片区试点、重大项目优先在新片区布局、重大政策优先在新片区适用。新片区新设企业 4 025 家，签约重点项目 168 个、总投资 821.9 亿元。

投资环境进一步优化。市场准入管理新体制不断完善。《市场准入负面清单(2019 年版)》正式印发实施，共列入事项 131 项，相比 2018 年版减少了 20 项，放开一批有含金量的措施，移出部分不符合清单定位的措施，持续推动缩短负面清单长度。服务“一带一路”的桥头堡作用持续发挥。目前，浦东企业在新加坡、捷克等 32 个“一带一路”沿线国家投资近 454 个项目，中方投资额达 74.2 亿美元。

金融市场体系日益完备。自由贸易账户功能不断拓展，实现本外币一体化管理，成为境外融资、结售汇便利化等许多重要金融改革的基础。截止 12 月底，累计开立 FT 账户 13.1 万个，全年跨境人民币结算总额 38 112 亿元，比上年增长 49.4%，占全市 39.0%；跨境人民币境外借款总额 42.63 亿元，增长 6.9 倍。

政务服务更加高效透明。商事登记制度改革不断深化，在超市、药店、便利店等 14 个行业全覆盖实现“一业一证”改革，平均办理时间缩短约 90%。注重放管结合，建立健全事中事后监管机制，加强协同监管、集约监管、信用监管，目前发出《行业综合许可证》40 张，确保行业健康发展。

表 2-14 2019 年中国(上海)自由贸易试验区主要经济指标及其增长速度

指 标	单位	绝对值	比上年增长（%）
一般公共预算收入	亿元	588.60	-9.2
外商直接投资实际到位金额	亿美元	79.63	17.6

全社会固定资产投资总额	亿元	725.68	13.7
规模以上工业总产值	亿元	4 652.35	-2.5
社会消费品零售额	亿元	1 602.90	5.8
商品销售总额	亿元	43 008.39	4.5
服务业营业收入	亿元	5 787.30	9.9
外贸进出口总额	亿元	14 841.80	4.4
#出口额	亿元	4 493.50	3.8
期末监管类金融机构数	个	921	3.8

九、城市基础设施和房地产

全年城市基础设施建设投资比上年下降 2.6%。其中，电力建设投资下降 21.2%；交通运输投资下降 13.5%；公用事业投资下降 14.6%；邮电通信投资增长 33.9%；市政建设投资增长 23.9%(见表 2-15)。

表 2-15　2019 年城市基础设施投资增长速度

指 标	比上年增长（%）
城市基础设施投资	**-2.6**
电力建设	-21.2
交通运输	-13.5
邮电通信	33.9
公用事业	-14.6
市政建设	23.9

至年末，全市公交专用道路长度 395.8 公里。完成黄浦江两岸 45 公里岸线景观灯光提升改造。完成 120.5 公里架空线入地及合杆整治。完成 126.3 公里燃气隐患管网改造及 15.8 万户立管改造。

全市自来水供水能力为 1 250 万立方米/日，与上年持平。全年供水总量为 29.79 亿立方米，比上年下降 2.5%；售水总量为 23.99 亿立方米，下降 1.5%。其中，工业用水量、生活用水量分别为 4.04 亿立方米、19.95 亿立方米，分别下降 6.7%和 0.4%。全年全市用电量 1 568.58 亿千瓦时，增长 0.1%(见表 2-16)。至年末，全市家庭液化气用户 215 万户，下降 10.3%；家庭天然气用户 733 万户，增长 4.8%。

表 2-16　2019 年公用事业主要指标及其增长速度

指　　标	单 位	绝对值	比上年增长(%)
自来水日供水能力	万立方米	1 250	平
自来水供水总量	亿立方米	29.79	-2.5
自来水售水总量	亿立方米	23.99	-1.5
#工业用水	亿立方米	4.04	-6.7
用电量	亿千瓦时	1 568.58	0.1

#城乡居民生活用电	亿千瓦时	245.04	0.6
液化气销售总量	万　吨	33	4.7
天然气销售总量	亿立方米	94	10.3

全年完成房地产开发投资额比上年增长 4.9%。其中，住宅投资增长 4.1%；办公楼投资下降 0.5%；商业营业用房投资下降 0.9%。商品房施工面积 14 802.97 万平方米，增长 0.9%；竣工面积 2 669.67 万平方米，下降 14.3%。商品房销售面积 1 696.34 万平方米，下降 4.0%。其中，住宅销售面积 1 353.70 万平方米，增长 1.5%。全年商品房销售额 5 203.82 亿元，增长 9.5%。其中，住宅销售额 4 457.16 亿元，增长 15.4%。全年二手存量房买卖登记面积 2 099.00 万平方米，增长 36%。

大力推进旧区改造，完成中心城区成片二级旧里以下房屋改造 55.3 万平方米、受益居民 2.9 万户；完成 1 184 万平方米三类旧住房综合改造，受益居民约 20 万户；完成 104 万平方米各类里弄房屋修缮改造;完成 624 幢既有多层住宅加装电梯计划立项,完工运行 131 台。新建和转化租赁房源 10.1 万套，新增代理经租房源 12.8 万套。全年新增供应各类保障房 6.3 万套。

十、城市信息化

全年实现信息产业增加值 4 094.60 亿元，比上年增长 10.1%。其中，信息服务业增加值 2 863.12 亿元，增长 15%。

至年末，千兆接入能力覆盖家庭数达到 959 万户，比上年末增加 59 万户。光纤到户能力覆盖家庭数达 959 万户，比上年末增加 3 万户。家庭宽带用户平均接入带宽达 181M，比上年末增加 42M。4G 用户数达 3 583 万户，比上年末增加 331 万户。城域网出口带宽 21 860GB，比上年末增加 5 768GB；互联网国际出口带宽 4 777GB，比上年末增加 1 213GB。IPTV 用户数达 557 万户，比上年末增加 159 万户。全国首次跨省 5G 视频通话实现互联，年内完成建设 16 672 个 5G 宏基站，14 614 个 5G 室内小站，实现 5G 网络中心城区和郊区重点区域全覆盖。以行业示范应用带动 5G 产业链、业务链、创新链融合发展，在智能制造、健康医疗、智慧教育等十大领域推进 234 项 5G 应用项目。加快部署新型城域物联专网，至年末，智能传感终端累计超过 50 万个。

政务服务“一网通办”实现新突破。“一网通办”总门户接入事项达到 2 261 个，线上办事 651 万件。审批事项提交材料和办理时限分别平均减少 52.9%和 59.8%，全市通办事项和业务流程再造事项分别新增 177 个和 105 个。

十一、教育和科学技术

至 2019 学年末，全市共有普通高等学校 64 所，普通中等学校 929 所，普通小学 698 所，特殊教育学校 31 所。普通高等学校在校生数有所增加，毕业生数有所减少(见表 2-17)。全市共有 49 家机构培养研究生，全年招收全日制研究生 5.60 万人，在校全日制研究生 16.49 万人，毕业全日制研究生 4.52 万人。九年义务教育入学率保持在 99.9%以上，高中阶段新生入学率达 99.7%。

至 2019 学年末，全市共有民办普通高校 19 所，在校学生 11.62 万人；民办普通中学 133 所，在校学生 8.68 万人；民办小学 111 所，在校学生 10.56 万人。全市共有成人中高等学历教育学校 24 所，成人职业技术培训机构 726 所，老年教育机构 287 所。全市共有校外教育机构 23 所。其中，青少年活动中心(含少年宫)19 所，少年科技站 3 所，少年之家 1 所。

表 2-17　2019 学年各级各类学校学生情况及其增长速度

类 别	在校学生数(万人)	比上学年增长(%)	毕业学生数(万人)	比上学年增长(%)
普通高等学校	52.63	1.6	13.17	-0.6
普通中等学校	69.70	2.5	16.67	0.6
普通中学	61.04	3.5	13.82	1.5
高　中	15.94	-0.4	5.16	-0.6
初　中	45.10	5.1	8.66	2.7
中等专业学校	5.70	-4.6	1.95	-6.0
职业学校	1.97	-1.1	0.64	4.4
技工学校	0.99	6.4	0.26	-5.6
普通小学	82.63	3.3	14.54	-3.2
特殊教育学校	0.48	10.3	0.07	0.6

全年研究与试验发展(R&D)经费支出约 1 500 亿元，相当于上海市生产总值的 4.00%左右(见图 2-3)。

图 2-3　2015～2019 年 R&D 经费支出相当于上海市生产总值的比例

全市科技小巨人和小巨人培育企业共 2 155 家，技术先进型服务企业 216 家。年内新认定高新技术企业 5 950 家，有效期内高新技术企业数累计达 12 848 家。全年共落实高新技术企业减免所得税额 167.24 亿元，享受企业数 3 339 家。落实技术先进型企业减免所得税额 6.60 亿元，享受企业数 169 家。全年共认定高新技术成果转化项目 822 项，比上年增长 25.3%，认定数量创历史新高。其中，电子信息、生物医药、新材料、先进制造与自动化等重点领域项目占 86.0%。全年末，共认定高新技术成果转化项目 12 940 项。

全年专利申请量 17.36 万件，比上年增长 15.5%。其中，发明专利 7.14 万件，增长 13.8%；实用新型专利 8.06 万件，增长 15.9%；外观设计专利 2.16 万件，增长 20.5%。全年专利授权量为 10.06 万件，比上年增长 8.8%。其中，发明专利 2.27 万件，增长 6.6%；实用新型专利 6.16 万件，增长 10.9%；

外观设计专利 1.62 万件，增长 4.3%。全年 PCT 国际专利申请量为 0.32 万件，比上年增长 28.0%。至年末，全市有效发明专利达 12.98 万件，比上年增长 12.9%，有效发明专利五年以上维持率为 80.9%，位于全国第三；每万人口发明专利拥有量达 53.5 件，增长 12.7%。

全年商标申请量为 43.88 件，比上年增长 7.3%，位于全国第六；商标注册量为 36.10 万件，同比增长 23.8%，位于全国第六。至 2019 年末，商标有效注册量达 147.26 万件，增长 28.1%，位于全国第五；商标活跃度(每新增 1 户市场主体同时新增注册商标)达到 0.84 件，增长 15.1%；商标集聚度(每万户市场主体等的平均有效注册商标拥有量)达到 5 450 件，增长 21.3%。全年经认定登记的各类技术交易合同 36 324 件，比上年增长 67.9%；合同金额 1 522.21 亿元，增长 16.8%。

科创板在上海证券交易所成功开板运行，受理 205 家企业上市申请，70 家企业成功上市，筹资额达到 824 亿元。

长三角科技资源共享服务平台正式开通，集聚了 2 422 家服务机构 31 165 台(套)大型科学仪器设施。

十二、文化、卫生和体育

年内成功举办第十二届中国艺术节、第二十二届国际电影节等重大文化活动。第二十一届中国上海国际艺术节推出 7 大板块 350 余项活动，42 台 96 场参演剧目中全球首演 7 台、亚洲首演 6 台、上海原创 8 台；500 余个演艺项目达成交易意向。

现代公共文化服务体系率先基本建成。“文化进地铁”推出 19 列地铁文化列车、20 余场文化长廊、100 场音乐角演出；“文化进机场”在浦东和虹桥机场艺术馆推出 4 场展览。深化“建筑可阅读”等品牌，黄浦、静安等 6 个中心城区开放历史建筑 1237 处，设置建筑二维码 1 827 处，推出 327 种建筑可阅读文创产品和 87 条建筑微旅行线路，全年接待游客 1 830 万人次。建成程十发美术馆、上音歌剧院等文化设施，完成隧道调频广播工程、市级广播电视发射塔基础设施运维工程。全年共出版报纸 7.84 亿份、各类期刊 0.74 亿册、图书 5.33 亿册；摄制完成 102 部影片。

至年末，全市共有医疗卫生机构 5 610 所，卫生技术人员 21.33 万人(见表 2-18)。全年全市医疗机构共完成诊疗人次 2.82 亿人次；上海地区婴儿死亡率 3.06‰；上海地区孕产妇死亡率 3.51/10 万，其中户籍人口孕产妇死亡率 2.25/10 万。

表 2-18　2019 年卫生机构基本情况

指标	单位	绝对值
卫生机构数	**所**	**5 610**
#医院	所	387
门诊部	所	1 067
社区卫生服务中心(不含分支机构)	所	246
疾病预防控制中心	所	19
卫生监督所	所	17
卫生技术人员数	**万人**	21.33

#执业（助理）医生	万人	7.77
#医院执业（助理）医生	万人	4.88
注册护士	万人	9.71

注：卫生机构数中含部队医院、医疗卫生机构的分支机构。

“量质并举”推进家庭医生“1+1+1”签约服务，签约居民756万人，常住居民签约率超过30%，签约居民年内门诊就诊70%在签约医疗机构组合内，55%在社区卫生服务中心内，签约社区就诊率46%，比上年提高1个百分点。

儿科医疗服务能力进一步增强，全市提供儿科诊疗服务的医疗机构增加到276家，其中提供儿童常见病、多发病诊疗服务的社区卫生服务中心增加到125家。首批28家综合医院儿科门急诊建设基本完成。上海儿童医学中心新增500张儿科床位投入使用。全年累计抢救危重孕产妇652例、危重新生儿4 638例，抢救成功率分别为99.2%和90.3%。

顺利完成市政府实事项目“新建10个医疗急救分站”，全市急救分站增至174个，急救平均反应时间缩短至12.4分钟。超额完成市政府实事项目，建成85家智慧健康驿站。大力推动医疗机构间医学影像检查资料和医学检验结果互联互通互认，37家市级医院之间率先实现35项医学检验和9项医学影像检查项目互联互通互认，并逐步向区级公立医疗机构扩展。医保异地门诊费用直接结算覆盖三省一市主要医疗机构，长三角全部41个城市实现医保“一卡通”，覆盖医疗机构超过5 000家。

年内成功举办国际国内重大赛事163场。成功举办F1第1 000站、国际篮联篮球世界杯上海赛区比赛和第十五届世界武术锦标赛。上海城市业余联赛共开展赛事活动近6 000场，参赛市民330万余人次。在第四届全国智力运动会上共获得12枚金牌、9枚银牌、6枚铜牌，实现金牌数与奖牌数双料第一，连续四届蝉联金牌榜第一;在全国第二届青运会上获得73枚金牌、72枚银牌、76枚铜牌;上海男排实现联赛五连冠;上海绿地申花足球俱乐部获得中国足协杯冠军。完善崇明体育训练基地功能，建成市民体育公园一期(足球公园)。在公园、绿地和社区中新建改建112条市民健身步道、76个市民球场、345个市民益智健身苑点。

十三、人口和就业

至年末，全市常住人口总数为2 428.14万人。其中，户籍常住人口1 450.43万人，外来常住人口977.71万人。全年常住人口出生16.9万人，出生率为7.0‰；死亡13.3万人，死亡率为5.5‰；常住人口自然增长率为1.5‰；常住人口出生性别比为105。全年户籍常住人口出生9.2万人，出生率为6.3‰；死亡12.5万人，死亡率为8.6‰；户籍常住人口自然增长率为-2.3‰。

全市户籍人口平均期望寿命达到83.66岁。其中，男性81.27岁，女性86.14岁。

全年新增就业岗位58.91万个(见图2-4)(其中战略性新兴产业16.84万个)。全年新安置就业困难人员53 579人，新消除零就业家庭391户。全年帮扶引领成功创业11 339人，其中，青年大学生6 966人；帮助8 698名长期失业青年实现就业创业。全年共完成职业培训106.64万人。其中，农民工职业培训44.67万人。高技能人才占技能劳动者比例达到34.18%。至年末，全市城镇登记失业人员

19.34 万人，城镇登记失业率为 3.6%，城镇调查失业率稳定在 4.3%以内。

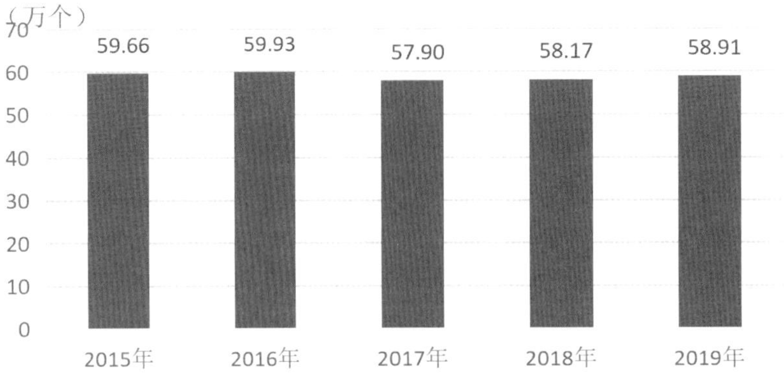

图 2-4 2015～2019 年新增就业岗位情况

十四、人民生活和社会保障

据抽样调查，全年全市居民人均可支配收入 69 442 元，比上年增长 8.2%，扣除价格因素，实际增长 5.6%。其中，城镇常住居民人均可支配收入 73 615 元，增长 8.2%，扣除价格因素，实际增长 5.6%；农村常住居民人均可支配收入 33 195 元，增长 9.3%，扣除价格因素，实际增长 6.6%。全市居民人均消费支出 45 605 元，比上年增长 5.2%。其中，城镇常住居民人均消费支出 48 272 元，增长 4.9%；农村常住居民人均消费支出 22 449 元，增长 12.4%。

至年末，城镇居民人均住房建筑面积 37.2 平方米。

至年末，全市共有 1 589.57 万人(包括离退休人员)参加城镇职工基本养老保险，有 77.10 万人参加城乡居民基本养老保险。月最低工资标准从 2 420 元提高到 2 480 元，小时最低工资标准从 21 元提高到 22 元。

至年末，全市共有 1 540.69 万人(包括离退休人员)参加职工基本医疗保险，有 349.83 万人参加城乡居民基本医疗保险。

加快建设社区嵌入式养老设施，实现综合为老服务中心街镇全覆盖。年内新增社区综合为老服务中心 88 家、老年人日间服务中心 83 家和社区老年助餐场所 217 个。新建养老床位 7 202 张，改建 1 485 张老年认知障碍照护床位，改造 89 家郊区农村薄弱养老机构。长期护理保险服务惠及 49.3 万老年人。至年末，全市部门共有养老机构 724 家，床位 15.16 万张。其中，由社会投资开办 359 家，床位 6.65 万张。全市建有社区老年人日间服务中心 720 家，社区老年人助餐服务场所 1 020 个。

落实残疾人集中就业企业社会保险费补贴政策，对 648 家企业发放 1.12 亿元社保补贴，惠及残疾职工 1.3 万人。全年发放残疾人两项补贴 8.15 亿元。其中，困难残疾人生活补贴 2.96 亿元，惠及 9.03 万残疾人；重度残疾人护理补贴 5.19 亿元，惠及 21.81 万残疾人。

全年各级政府支出城镇居民最低生活保障金 19.18 亿元、农村居民最低生活保障金 3.3 亿元、特困供养金 0.8 亿元、粮油帮困 0.81 亿元。

十五、环境保护

全年全社会用于环境保护的资金投入 1 079.25 亿元，相当于上海市生产总值的比例为 2.8%。

全年环境空气质量(AQI)优良率为84.7%;二氧化硫年日均值7微克/立方米,可吸入颗粒物(PM10)年日均值45微克/立方米,细颗粒物(PM2.5)年日均值35微克/立方米,二氧化氮年日均值42微克/立方米,一氧化碳年日均值0.7毫克/立方米,臭氧日最大8小时滑动平均值达标率92.9%。年末,城市污水处理厂日处理能力达834.3万立方米,比上年末提高2.6%。全市生活垃圾末端处理能力达40 200吨/日,其中焚烧19 300吨/日、填埋15 350吨/日、湿垃圾处理能力5 550吨/日。全年干垃圾清运量647.18万吨,下降17.5%;湿垃圾处理量272.03万吨,增长88.8%;可回收物收运量147.79万吨,增长4.3倍;有害垃圾处理量219吨,增长5.0倍;生活垃圾无害化处理率达100%。大力推进生活垃圾全程分类,建成两网融合回收点1.5万个、两网融合回收站201个、两网融合回收场10个,建成8个垃圾资源化利用设施。

全年完成新建绿地1 321.02公顷,新建林地11.3万亩,新建城市绿道210.14公里,新建立体绿化40.63万平方米。黄浦江滨江绿道45公里核心段贯通,外环绿道浦西段基本贯通,持续推进建设市级重点生态廊道17条(片)。全市森林覆盖率达17.6%。至年末,人均公园绿地面积达到8.4平方米,城市公园数达352座,林荫道达245条,湿地保有量46.46万公顷。

十六、生产安全和食品药品安全

全年共发生生产安全死亡事故427起、死亡452人,分别比上年下降22.6%和26.3%。其中,工矿商贸事故185起,死亡200人;生产经营性道路交通死亡事故228起,死亡234人;生产经营性火灾死亡事故7起,死亡11人;水上交通死亡事故5起、死亡5人;农业机械死亡事故1起,死亡1人;渔业船舶死亡事故1起,死亡1人。全年亿元生产总值生产安全事故死亡人数为0.014人,工矿商贸企业从业人员10万人死亡率为1.498/10万。

全市食品监测总体合格率为98.1%。市民食品安全知识知晓率得分为86.2分,市民食品安全满意度得分为83.9分。全年共接到集体性食物中毒报告3起,中毒人数65人(无死亡),中毒发生率为0.27例/10万人,未发生重大食品安全事故。全年共收到食品类投(申)诉、举报和咨询71 915件,比上年减少41.5%。共查处食品安全违法案件7 981起,罚没金额1.34亿元。

上海市统计局

国家统计局上海调查总队

2020年3月9日

说明:

1.本公报数据为初步统计数。

2.根据第四次全国经济普查后国家统计局对各地区2018年生产总值初步核算数的修订结果,2018年全市生产总值修订为36 011.82亿元,比初步核算数增加3 331.95亿元,增加幅度为10.2%。根据国家统计局反馈的统一核算数据,以修订后数据为基数,2019年全市生产总值38 155.32亿元,按可比价格计算,比上年增长6.0%。本公报中涉及2019年增加值增幅的数据均以上述修订后数据为基数。

3.上海市生产总值、各产业增加值和总产值绝对数按当年价格计算，增长速度按可比价格计算。2019年上海市生产总值数据执行国家统计局2012年制定的《三次产业划分规定》。

4.公有制经济增加值按国有经济、集体经济以及国有或集体控股的混合所有制经济口径计算。

5.战略性新兴产业包含工业战略性新兴产业和服务业战略性新兴产业两个部分，是本市根据国家制定的战略性新兴产品目录进行的行业划分。其中，工业战略性新兴产业增加值和总产值均为规模以上口径。

6.城市商业综合体是指以区域为中心、以购物中心为主导，融合了商业零售、餐饮、休闲养生、娱乐、文化、教育等多项城市主要功能活动，面向各类消费人群，提供综合性服务的大型建筑综合体。城市商业综合体(购物中心)需同时满足以下条件：(1)由企业有计划地管理运营，有统一的名称，如XX中心、XX广场、XX城等;(2)涵盖超市、百货店、专业店、专卖店等商品零售业态，以及餐饮、文化、娱乐、健身、游艺、培训等两项及以上主要服务业态;(3)营业面积一般不少于1万平方米、独立开展经营活动的商户一般不少于50个。

7.自2019年起，上海证券交易所单列的股票、债券成交金额仅指现货，不再包含回购;公司债发行金额包含资产支持证券。

8. 电信业务总量按2015年不变价格计算。

9. 旅游产业和信息产业的增加值是依据若干行业的有关资料进行跨行业核算的，不能将其与上海市生产总值中其他行业的增加值进行简单加总，否则会造成重复计算。

10. 银行间市场成交额包括银行间本币市场和外汇市场成交额。自2017年起，各市场成交额按单边计算(2016年统计公报中上海黄金交易所成交额按双边计算，为17.44万亿元)。

11. 学年是指教育年度，即从一年的9月1日(学年初)至第二年的8月31日(学年末)。

12. 2012年四季度，国家统计局实施了城乡一体化住户调查改革，统一了城乡居民收入名称、分类和统计标准，在上海选取6 000宅(户)城乡居民家庭，直接开展调查。2015年起，发布城乡可比的新口径全市居民人均可支配收入以及城乡常住居民人均可支配收入。

13. 环境空气质量(AQI)优良率是国家发布的环境空气质量评价标准。AQI监测体系包括二氧化硫、二氧化氮、可吸入颗粒物(PM10)、细颗粒物(PM2.5)、一氧化碳和臭氧六项污染物指标。2019年起，环境空气质量监测状态执行《环境空气质量标准》(GB3095-2012)修改单，监测数据与历年已发布数据不具有可比性。

数据来源：

本公报中新设企业数据来自上海市市场监督管理局;财政数据来自上海市财政局;农业企业和农产品认证、设施粮田、市级蔬菜标准园、龙头企业、农民专业合作社和家庭农场数据来自上海市农业农村委员会;邮政数据来自上海市邮政公司和上海市邮政管理局;星级宾馆、旅行社、A级旅游景点、红色旅游基地、接待国内外游客和旅游收入、文化活动、公共图书馆、文化馆、博物馆、艺术表演团体、广播电视电影数据来自上海市文化和旅游局(上海市广播电视局、上海市文物局);电影数据来自上海市电影局;存贷款数据来自中国人民银行上海总部;证券数据来自上海证券交易所;期货数据来自上海期货交易所;金融期货数据来自上海金融期货交易所;银行间市场数据来自中国外汇交易中心暨全国银行间同业拆借市场;黄金数据来自上海黄金交易所;保险数据来自中国保险监督管理委员会上海监管局;货物进出口数据来自上海海关;电子商务、城市商业综合体、外商直接投资、跨国公司、对外直接投资、国际经济合作、对外承包工程、派遣劳务和展览会数据来自上海市商务委员会;中国(上海)自由贸易区数据来自浦东新区统计局;航运、轨道交通、民用汽车数据来自上海市交通委员会;黄浦江两岸岸线、商品房开发、销售、存量房交易、规范房地产市场、居民居住、旧区改造、燃气数据来自市住房和城乡建设管理委员会;自来水数据来自上海市水务局;城市信息化数据来自上海市经济和信息化委员会和上海市人民政府办公厅;教育数据来自上海市教育委员会;科技数据来自上海市科学技术委员会;专利和商标数据来自上海市知识产权局;档案馆数据来自上海市档案局;出版数据来自上海市新闻出版局;医疗卫生数据来自上海市卫生和健康委员会;体育数据来自上海市体育局;就业、养老保险、最低工资数据来自上海市人力资源和社会保障局;医疗保险数据来自上海市医疗保障局;收养性社会服务机构、养老机构、低保数据来自上海市民政局;环保投入、空气质量数据来自上海市生态环境局;城市污水处理数据来自上海市水务局;城市绿化建设、市容管理、生活垃圾处理数据来自上海市绿化和市容管理局;生产安全和食品药品安全数据来自上海市应急管理局和上海市市场监督管理局;其他数据来自上海市统计局、国家统计局上海调查总队。

第二篇　环境

第一章　政策制度环境

第一节　房地产市场政策制度环境

2019 年，全国房地产调控政策继续坚持“房住不炒”的定位。房地产市场运行的政策环境整体偏紧，强调“以稳为主，因城施策”，重点聚焦房地产金融风险，坚持住房居住属性。中央层面保持调控定力：4 月份政治局会议重申“房住不炒”；7 月份政治局会议首次提出“不将房地产作为短期刺激经济的手段”。同时，住建部、银保监会等多部门协同合作聚焦房地产金融风险，构建房地产市场风险防范机制，房地产行业资金定向监管全年保持从紧态势。各城市则根据自身不同的情况“因城施策”，紧盯市场变化，持续优化政策措施，保持房地产市场稳定。市场热度较高的城市，调控关注房价红线，如西安、苏州、海口等城市相继升级调控。另一方面，也有部分城市优化了公积金政策、四限政策以更好满足部分自住群体的购房需求。特别是 8 月以后，多地人才新政接连出台，“四限”调控在局部城市出现放松，但调控政策并没有实质性转向。货币政策方面，全年保持中性偏积极的基调，总量宽松，央行接连三次降准，累计释放长期资金约 1.98 万亿元。企业融资政策前松后紧，5 月份之后，房企融资环境持续收紧，各渠道融资均受限制。此外，10 月 8 日后，央行调整房贷利率定价机制，按揭贷款“换锚”，参照贷款市场报价利率（LPR）。

上海维持原有的调控措施不放松，继续严格执行各项调控政策。全年政策以微调为主，稳定市场走向。11 月 19 日，公示《关于调整本市普通住房标准的通知》，将原标准有效期继续延长 5 年；11 月 20 日，发布《中国（上海）自由贸易试验区临港新片区支持人才发展若干措施》，对临港自贸新片区限购政策进行了微调；12 月 1 日，施行《上海市公有住房差价交换办法》，对上海户籍购买使用权房进行了限制。

一、土地政策制度

土地政策制度一般是指：中央或地方政府、行政机构，为调整土地关系（包括人地关系与人与人之间的利益关系），实现土地的合理利用及其所代表的社会阶级集团的经济利益而制定的行为准则。

2019 年，中央一号文件继续深化农村土地征收、集体经营性建设用地入市和宅基地制度改革，加快建立城乡统一的建设用地市场。人大审议通过了《中华人民共和国土地管理法》修正案，集体经营性建设用地入市是这次土地管理法修改的最大的亮点，修正案自 2020 年 1 月 1 日起施行。国务院发布《关于建立国土空间规划体系并监督实施的若干意见》，到 2020 年，基本建立国土空间规划体系，逐步建立“多规合一”的规划编制审批体系、实施监督体系、法规政策体系和技术标准体系，基本完成市县以上各级国土空间总体规划编制，初步形成全国国土空间开发保护“一张图”。农业部发布《关于积极稳妥开展农村闲置宅基地和闲置住宅盘活利用工作的通知》，确保盘活利用的农村闲置宅基地和闲置住宅依法取得、权属清晰。具体政策详见下表（见表 3-1）。

表 3-1　2019 年国家土地方面的主要政策制度

土地政策制度	颁布日期	颁布机构
中共中央国务院关于坚持农业农村优先发展做好“三农”工作的若干意见	2019～01～03	国务院
制定实施 2019 年住宅用地“五类”调控目标	2019～04～17	自然资源部
关于建立国土空间规划体系并监督实施的若干意见	2019～05～23	国务院
关于印发《划拨国有建设用地使用权地价评估指导意见（试行）》的通知	2019～05～31	自然资源部办公厅
关于完善建设用地使用权转让、出租、抵押二级市场的指导意见	2019～07～19	国务院办公厅
中华人民共和国城市房地产管理法	2019～09～06	全国人大常委会
关于积极稳妥开展农村闲置宅基地和闲置住宅盘活利用工作的通知	2019～10～15	农业部
关于保持土地承包关系稳定并长久不变的意见	2019～11～26	国务院
关于加强规划和用地保障支持养老服务发展的指导意见	2019～12～05	自然资源部

2019 年，上海继续推进农村改革发展，实现城乡一体化发展。继续推进租赁住宅土地的入市。先后出台《上海市征收集体土地房屋补偿评估管理规定》、《关于加快培育和发展本市住房租赁市场的规划土地管理细则》。具体参见上海市最近五年来相关的土地政策制度表(见表 3-2)。

表 3-2　上海市现行的主要土地政策制度

土地政策制度	颁布日期	颁布机构
关于印发《上海市征收集体土地房屋补偿评估管理规定》的通知	2019～05～09	上海市规划和自然资源局
关于印发《关于加快培育和发展本市住房租赁市场的规划土地管理细则》的通知	2019～10～31	上海市规划和自然资源局
上海市人民政府关于印发本市全面推进土地资源高质量利用若干意见的通知	2018～11～15	上海市人民政府
上海市人民政府办公厅转发市规划国土资源局关于推进本市乡村振兴做好规划土地管理工作实施意见（试行）的通知	2018～11～01	上海市人民政府办公厅
关于印发《上海市国土资源违法案件查处办法》的通知	2018～08～31	上海市规划和国土资源管理局
关于印发《上海市土地违法案件查处现场勘测工作规定》的通知	2018～08～31	上海市规划和国土资源管理局
关于优化本市营商环境进一步完善土地出让前征询工作的通知	2018～04～27	上海市规划和国土资源管理局
上海市社会投资项目审批改革工作领导小组关于印发《进一步深化本市社会投资项目竣工验收改革实施办法》的通知	2018～03～19	上海市社会投资项目审批改革工作领导小组
关于印发《在签订〈国有土地使用权出让合同〉时同步领取〈建设用地规划许可证〉的操作办法》的通知	2018～03～01	上海市规划和国土资源管理局
上海市人民政府办公厅转发市水务局（市海洋局）等四部门关于本市滩涂有偿使用若干意见的通知	2018～01～03	上海市人民政府办公厅

关于支持本市休闲农业和乡村旅游产业发展的规划土地政策实施意见	2017～11～29	上海市规划和国土资源管理局
上海市城市更新规划土地实施细则	2017～11～17	上海市规划和国土资源管理局
关于加快培育和发展本市住房租赁市场的规划土地管理细则（试行）	2017～11～01	上海市规划和国土资源管理局
关于贯彻实施《上海市征收集体土地房屋补偿暂行规定》的若干意见的通知	2017～07～29	上海市规划和国土资源管理局
上海市征地房屋补偿争议协调和处理试行办法	2017～09～29	上海市住房和城乡建设管理委员会、上海市物价局
上海市土地调查实施办法	2017～06～29	上海市规划和国土资源管理局
关于加强本市经营性用地出让管理的若干规定	2017～03～31	上海市规划和国土资源管理局
关于全面开展2017年违法用地综合整治行动的通知	2016～12～29	上海市规划和国土资源管理局
国土资源部关于修改《建设项目用地预审管理办法》的决定	2016～11～29	国土资源部
市政府批转市国资委等七部门关于推进市属国有企业改制重组和清理调整中划拨土地使用权处置意见的通知	2016～08～01	上海市人民政府
关于进一步完善设施农用地管理支持设施农业健康发展的通知	2016～04～01	上海市规划和国土资源管理局、上海市农业委员会、上海市林业局
上海市人民政府办公厅转发市规划国土资源局制订的《关于加强本市工业用地出让管理的若干规定》的通知	2016～03～30	上海市人民政府办公厅
上海市人民政府办公厅转发市规划国土资源局制订的《关于本市盘活存量工业用地的实施办法》的通知	2016～03～30	上海市人民政府办公厅
上海市市级土地整治项目和资金管理办法	2015～11～30	上海市规划和国土资源管理局
上海市土地交易市场监督管理办	2015～11～23	上海市规划和国土资源管理局
上海市国有建设用地使用权出让预申请管理办法	2015～11～23	上海市规划和国土资源管理局
上海市征地房屋补偿争议协调和处理试行办法	2015～09～30	上海市规划和国土资源管理局
关于遏制“投机种植”牟取法外高额征地补偿问题的若干意见	2015～06～01	上海市规划和国土资源管理局
上海市国有建设用地土地核验管理规定	2015～05～07	上海市规划和国土资源管理局
上海市农用地转用、土地征收、使用集体土地和土地供应报批程序	2015～04～30	上海市规划和国土资源管理局
关于国有建设用地使用权招标拍卖挂牌出让投标竞买保证金专户管理有关问题的通知	2015～04～29	上海市规划和国土资源管理局
上海市外商投资企业土地使用管理办法实施中若干问题的说明与规定	2015～04～29	上海市规划和国土资源管理局

二、房地产税费政策

房地产税费政策是调节房地产各经济利益主体经济利益的主要手段，主要包括房地产各阶段需要发生的各种税收及费用。

2019年，国家税收法定工作加速推进。年初全国人大财经委建议尽快提出将增值税法、房地产税法等提请全国人大常委会审议的时间安排，按时提交审议，确保完成中央确定的2020年实现税收法定的任务。具体来看，房地产税立法方面，两会政府工作报告提出，健全地方税体系，稳步推进房地产税立法。全国人大常委会委员长在作全国人大常委会工作报告时也强调，要集中力量制定房地产税法等立法调研、起草，确保如期完成。土地增值税立法方面，财政部、国家税务总局联合印发《中华人民共和国土地增值税法（征求意见稿）》，拟规定转让土地使用权、地上建筑物及其附着物，出让集体土地使用权、地上建筑物及其附着物，或以集体土地使用权、地上建筑物及其附着物作价出资、入股，应依照税法规定缴纳土地增值税。增值税立法方面，财政部公布《中华人民共和国增值税法（征求意见稿）》，将销售不动产租赁服务、不动产，转让土地使用权的适用税率调整为9%。详建下表（见表3-3）。

表3-3　国家房地产税费方面的主要政策制度

房地产税费政策制度	颁布日期	颁布机构
关于公共租赁住房税收优惠政策的公告2019年第61号	2019～04～15	财政部 税务总局
国家税务总局关于优化房地产交易办税方式的公告2019年第19号	2019～04～24	国家税务总局
国家税务总局关于城镇土地使用税等“六税一费”优惠事项资料留存备查的公告2019年第21号	2019～05～28	国家税务总局
关于个人取得有关收入适用个人所得税应税所得项目的公告	2019～06～13	财政部、税务总局
国家税务总局关于耕地占用税征收管理有关事项的公告2019年第30号	2019～08～30	国家税务总局
国家税务总局关于修订城镇土地使用税和房产税申报表单的公告2019年第32号	2019～09～23	国家税务总局

2019年，上海市继续进一步完善房产税制度，落实国家税费政策，合理调节居民收入分配，正确引导住房消费，有效配置房地产资源，推进税费改革。1月19日，上海市人民政府发布《关于调整本市房产税房产原值减除比例的通知》（沪府规〔2019〕5号），自2019年1月1日起，将本市房产税原值减除比例由20%提高至30%，从而进一步降低企业用地成本，实质性减轻企业负担。上海市最近五年来相关的房地产税费政策制度根据时间顺序可归纳为（见表3-4）。

表3-4　上海市现行的有关房地产税费政策方面的相关政策制度

房地产税费政策制度	颁布日期	颁布机构
关于本市耕地占用税有关适用税额标准的通知	2019～08～13	上海市财政局 国家税务总局上海市税务局
关于调整本市房产税房产原值减除比例的通知	2019～01～19	上海市人民政府
关于转发《财政部 税务总局关于去产能和调结构房产税城镇土地使用税政策的通知》的通知	2018～12～11	上海市财政局 国家税务总局上海市税务局
关于《上海市人民政府关于印发<上海市开展对部分个人住房征收房产税试点的暂行办法>的通知》继续有效的通知	2018～11～28	上海市人民政府

关于转发《财政部 国家税务总局关于大型客机和大型客机发动机整机设计制造企业房产税城镇土地使用税政策的通知》的通知	2017～03～15	上海市财政局、上海市地方税务局
关于印发《上海市开展对部分个人住房征收房产税试点的暂行办法》的通知	2017～01～03	上海市人民政府
关于转发《财政部 国家税务总局和住房城乡建设部关于调整房地产交易环节契税 营业税优惠政策的通知》的通知	2016～03～17	上海市财政局 上海市地方税务局 上海市住房和城乡建设管理委员会
关于调整个人住房转让营业税政策的通知	2015～03～30	上海市财政局、上海市地方税务局

三、开发政策制度

房地产开发是相当复杂的管理过程，涉及规划、计划、建筑等方面的各种管理政策制度。

2019 年，国家坚持房子是用来住的、不是用来炒的定位，全面落实因城施策，稳地价、稳房价、稳预期的长效管理调控机制，促进房地产市场平稳健康发展；加大城市困难群众住房保障工作，加强城市更新和存量住房改造提升，做好城镇老旧小区改造，大力发展租赁住房；以供给侧结构性改革为主线，把城市作为“有机生命体”，统筹考虑、系统谋划，推动城市可持续发展，以新型城镇化促进农业农村现代化。1 月，习近平主席在省部级主要领导干部坚持底线思维着力防范化解重大风险专题研讨班开班式上提出，稳妥实施房地产市场平稳健康发展长效机制方案。3 月，两会政府工作报告提到更好解决群众住房问题，落实城市主体责任，改革完善住房市场体系和保障体系，促进房地产市场平稳健康发展。韩正到住建部调研时强调，始终坚持房住不炒定位要求，紧紧围绕稳地价、稳房价、稳预期的调控目标，夯实城市主体责任，坚决防范化解房地产市场风险。住建部部长也表示，4 月，政治局会议重申坚持房子是用来住的、不是用来炒的定位，落实好一城一策、因城施策、城市政府主体责任的长效调控机制。自然资源部要求各地根据商品住房库存消化周期，制定实施 2019 年住宅用地“五类”调控目标。5 月，住建部在此前对六个城市进行预警提示的基础上，又对新建商品住宅、二手住宅价格指数累计涨幅较大的佛山、苏州、大连、南宁四个城市进行预警提示。7 月，政治局会议进一步明确，坚持房子是用来住的、不是用来炒的定位，落实房地产长效管理机制，不将房地产作为短期刺激经济的手段。12 月，中央经济工作会议明确要坚持房子是用来住的、不是用来炒的定位，全面落实因城施策，稳地价、稳房价、稳预期的长效管理调控机制，促进房地产市场平稳健康发展。韩正在住建部召开座谈会时也强调要坚持房住不炒定位，保持定力，不将房地产作为短期刺激经济的手段。要坚持因城施策，落实城市政府主体责任，紧紧围绕稳地价、稳房价、稳预期的目标，完善长效管理调控机制，做好重点区域房地产市场调控工作。（见表 3-5）。

表 3-5 近五年国家房地产开发方面的主要政策制度

房地产开发政策制度	颁布日期	颁布机构
住建部《住宅项目规范（征求意见稿）》	2019～02～23	住房城乡建设部
2019 年新型城镇化建设重点任务	2019～04～08	国家发展改革委
国务院办公厅转发住房城乡建设部关于完善质量保障体系提升建筑工程品质指导意见的通知	2019～09～15	国务院办公厅、住房城乡建设部

住房城乡建设部关于进一步做好房地产市场调控工作有关问题的通知	2018～05～19	住房城乡建设部
关于进一步引导和规范境外投资方向的指导意见	2017～08～18	国家发展改革委、商务部、人民银行、外交部
利用集体建设用地建设租赁住房试点方案	2017～08～28	国土资源部、住房城乡建设部
关于规范推进特色小镇和特色小城镇建设的若干意见	2017～12～04	国家发展改革委、国土资源部、环境保护部、住房城乡建设部
国务院关于深入推进新型城镇化建设的若干意见	2016～02～06	国务院
国务院办公厅关于加快培育和发展住房租赁市场的若干意见	2016～06～03	国务院办公厅

2019 年，上海维持原有的调控措施不放松，继续严格执行各项调控政策。全年政策以微调为主，稳定市场走向。最近 5 年来上海市相关的房地产开发政策制度根据时间顺序可归纳为（见表 3-6）。

表 3-6　上海市现行的有关房地产开发方面的相关政策制度

房地产开发政策制度	颁布时间	颁布机构
关于印发《上海市新建住宅市政（公建）配套工程 咨询评估管理办法》的通知	2019～12～18	上海市房屋管理局
关于延长《关于印发（上海市政府投资房屋建筑、市政基础设施和公路工程建设项目检测收费管理规定）的通知》	2018～03～05	上海市住房和城乡建设管委员会
关于印发《上海市普通地下室使用备案 管理实施细则》的通知	2018～06～27	上海市住房和城乡建设管委员会
关于印发《上海市住宅工程质量分户验收管理办法》的通知	2018～07～04	上海市住房和城乡建设管委员会
关于印发修订后的《上海市新建住宅交付使用许可规定实施细则》的通知	2018～07～11	上海市房屋管理局
关于开展商业办公项目清理整顿工作的意见	2017～05～17	上海市住房和城乡建设管委员会
坚决稳妥推进商业办公项目清理整顿工作，依法督促开发商整改，切实维护购房人权益	2017～06～12	上海市住房和城乡建设管委员会
上海市住房发展“十三五”规划	2017～07～06	上海市人民政府
关于加强商品住宅及其附属地下车库(位)等设施销售监管的通知》	2017～07～21	上海市住房和城乡建设管委员会、上海市物价局
上海市共有产权保障住房管理办法	2016～03～16	上海市人民政府
市住房城乡建设管理委、市规划国土资源局关于进一步加强本市房地产市场监管促进房地产市场平稳健康发展的意见	2016～10～08	上海市住房和城乡建设管委员会、上海市规划和国土资源管理局
市物价局等关于开展上海市商品房销售明码标价专项检查的通知	2016～11～14	上海市物价局、上海市住房和城乡建设管理委员会
上海市人民政府关于印发《上海市城乡建设和管理“十三五”规划》的通知	2016～10～17	上海市人民政府

四、拆迁与租赁政策制度

拆迁与租赁政策制度主要涉及房屋拆迁的管理、租赁管理、廉租房相关政策。

2019 年，中央继续大力发展房屋租赁市场，积极推动已在城镇就业的农业转移人口落户。14 月 16 日，自然资源部、住建部：同意 5 城集体建设用地建设租赁住房试点。为增加租赁住房供应，缓解住房供需矛盾，构建购租并举的住房体系，建立健全房地产平稳健康发展长效机制，全国 18 城—北京、上海、沈阳、南京、杭州、合肥、厦门、郑州、武汉、广州、佛山、肇庆、成都+福州、南昌、青岛、海口、贵阳。5 月 7 日，住房和城乡建设部、国家发展改革委、财政部、自然资源部四部门印发《关于进一步规范发展公租房的意见》（见表 3-7）。

表 3-7　2019 年国家有关房屋拆迁与租赁方面的主要政策制度

拆迁与租赁政策制度	颁布时间	颁布机构
关于进一步规范发展公租房的意见	2019～05～17	住房和城乡建设部、国家发展改革委、财政部、自然资源部
关于公共租赁住房税收优惠政策的公告	2019～04～15	财政部、税务总局
2019 年新型城镇化建设重点任务	2019～04～08	国家发展改革委
关于推进住房租赁资产证券化相关工作的通知	2018～04～24	中国证券监督管理委员会、住房和城乡建设部

2019 年，上海市继续加快培育和发展本市住房租赁市场，建立租购并举的住房制度。10 月 31 日，发布《关于印发<关于加快培育和发展本市住房租赁市场的规划土地管理细则>的通知》，对《关于加快培育和发展本市住房租赁市场的规划土地管理细则（试行）》）（沪规土资规〔2017〕3 号）作了部分修改，有效期延长至 2024 年 10 月 31 日（见表 3-8）。

表 3-8　上海市现行的有关房屋拆迁与租赁的相关政策制度

拆迁与租赁政策制度	颁布时间	颁布机构
关于印发《关于加快培育和发展本市住房租赁市场的规划土地管理细则》的通知	2019～10～31	上海市规划和自然资源局
关于进一步规范本市代理经租企业及个人“租金贷”相关业务的通知	2018～09～29	上海市住房城乡建设管理委，市房屋管理局，市金融办，人民银行上海分行，上海银监局
关于公共租赁住房租赁总年限期满退出相关政策口径的通知	2018～03～16	上海市房屋管理局
关于印发《上海市旧住房拆除重建项目实施管理办法》的通知	2018～01～10	上海市房屋管理局
关于调整本市廉租住房部分政策标准的通知	2017～12～20	上海市人民政府
关于坚持留改拆并举深化城市有机更新进一步改善市民群众居住条件的若干意见	2017～11～28	上海市人民政府
关于明确本市自持租赁住房建设规范和相关管理要求的通知	2017～11～01	市住房城乡建设管理委、市规划国土资源局、市房屋管理局

关于加快培育和发展本市住房租赁市场的实施意见	2017～09～15	上海市人民政府办公厅
上海市廉租住房申请审核实施细则	2016～12～16	上海市住房保障和房屋管理局、上海市民政局
上海市廉租住房保障家庭复核管理试行办法	2016～12～16	上海市住房保障和房屋管理局
上海市公共租赁住房房地产登记技术规定	2015～01～08	上海市住房保障和房屋管理局、上海市规划和国土资源管理局

五、交易政策制度

房地产交易政策制度主要以下两个部分：房地产登记制度与政策及房地产销售管理政策制度。

2019 年，住建部将稳妥实施房地产市场平稳健康发展长效机制的工作方案，坚持房住不炒，坚持落实城市主体责任，因城施策、分类指导，特别是要把稳地价、稳房价、稳预期的责任落到实处，保持政策的连续性和稳定性，防止楼市大起大落，发布《住宅项目规范（征求意见稿）》，住宅建筑应以套内面积进行交易，四层及以上住宅、入口距地面大于 9 米的应设电梯。自然资源部要求各地根据商品住房库存消化周期，制定实施 2019 年住宅用地“五类”调控目标。（见表 3-9）。

表 3-9 最近五年国家房地产交易方面的主要政策制度

房地产交易政策制度	颁布日期	颁布机构
《住宅项目规范（征求意见稿）》	2019～02～15	住房城乡建设部
关于在部分城市先行开展打击侵害群众利益违法违规行为治理房地产市场乱象专项行动的通知	2018～06～25	中华人民共和国住房和城乡建设部、中国共产党中央委员会宣传部、中华人民共和国公安部、中华人民共和国司法部、国家税务总局、国家市场监督管理总局、中国银行保险监督管理委员会
关于对房地产领域相关失信责任主体实施联合惩戒的合作备忘录	2017～06～23	国家发展改革委、人民银行、住房城乡建设部、中央组织部、中央宣传部、国土资源部等 31 部
关于房屋交易与不动产登记衔接有关问题的通知	2017～09～11	国土资源部、住房城乡建设部
关于开展商品房销售价格行为联合检查的通知	2017～10～25	国家发展改革委、住房城乡建设部
关于加强房地产中介管理促进行业健康发展的意见	2016～08～16	住房城乡建设部、国家发改委、工业和信息化部、人民银行、税务总局、工商总局、银监会
建立和实施不动产统一登记制度专项督查方案	2016～06～14	国土资源部
不动产登记暂行条例实施细则	2016～01～20	国土资源部
关于规范房地产市场外资准入和管理的意见	2015～08～19	中华人民共和国住房和城乡建设部和国家发展和改革委员会
关于做好不动产登记信息管理基础平台建设工作的通知	2015～08～06	国土资源部

2019 年 10 月 8 日，上海市人民政府关于印发《上海市公有住房差价交换办法》的通知（沪府发

〔2019〕19 号），明确本市户籍家庭拥有 2 户（套）及以上住房（包括公有住房承租权和住房产权）的，不得再通过差价换房方式，取得公有住房承租权；本市户籍单身且年满 18 周岁个人拥有 1 户（套）及以上住房（包括公有住房承租权和住房产权）的，不得再通过差价换房方式，取得公有住房承租权；本市非同一户籍家庭成员的 2 名及以上个人，不得通过差价换房取得同一户公有住房承租权。（见表 3-10）。

表 3-10　上海市最近五年颁布的有关房地产交易的相关政策制度

房地产交易政策制度	颁布时间	颁布者
上海市公有住房差价交换办法	2019～10～08	上海市人民政府
关于贯彻《住房城乡建设部关于进一步规范房地产估价机构管理工作的通知》的实施意见	2018～12～29	上海市房屋管理局
关于印发《上海市国有土地上房屋征收评估报告鉴定若干规定》的通知	2018～12～29	上海市房屋管理局
关于印发修订后的《<上海市新建住宅交付使用许可规定>实施细则》的通知	2018～07～11	上海市房屋管理局
关于印发《上海市国有土地上房屋征收评估技术规范》的通知	2018～07～04	上海市房屋管理局
关于印发《上海市住宅工程质量分户验收管理办法》的通知	2018～07～04	上海市住房和城乡建设管理委员会
关于印发《关于规范企业购买商品住房的暂行规定》的通知	2018～07～02	上海市住房和城乡建设管理委员会、上海市房屋管理局
关于开展 2018 年房地产市场秩序专项整治的通知	2018～09～10	上海市住房城乡建设管理委、市房屋管理局、市委宣传部、市公安局、市司法局、市税务局、市工商局市物价局、银监局
关于进一步加强本市房地产市场监管规范商品住房预销售行为的通知	2017～05～04	上海市住房和城乡建设管委员会
关于贯彻商品住房项目销售采取公证摇号排序有关问题的实施意见	2017～06～29	上海市住房和城乡建设管委员会
关于加强商品住宅及其附属地下车库(位)等设施销售监管的通知	2017～07～21	上海市住房和城乡建设管委员会
关于建立上海市促进房地产市场健康发展联席会议制度的通知	2017～09～20	上海市人民政府办公厅
上海市人民政府办公厅转发市住房城乡建设管理委等四部门关于进一步完善本市住房市场体系和保障体系促进房地产市场平稳健康发展若干意见的通知	2016～03～24	上海市人民政府办公厅
关于开展房地产估价管理工作检查的通知	2015～09～21	上海市住房保障和房屋管理局
关于区县年度房屋征收计划上报备案的通知	2015～03～12	上海市住房保障和房屋管理局

六、物业管理政策制度

物业管理政策制度是指为规范物业管理活动，维护业主和物业服务企业的合法权益，改善人民群众的生活和工作环境而制定的相关政策制度。

上海市最近五年来相关的物业管理政策制度根据时间顺序可归纳为(见表 3-11)。

表 3-11　上海市近五年颁布的有关物业管理的相关政策制度

物业管理政策制度	颁布日期	颁布机构
关于开展住宅物业服务价格评估工作的通知	2019～03～08	上海市房屋管理局
关于印发《上海市物业服务企业和项目经理失信行为记分规则》的通知	2018～09～18	上海市房屋管理局
关于印发《上海市住宅物业服务规范》的通知	2018～03～30	上海市房屋管理局
关于加强本市住宅物业管理监督检查工作的通知	2018～03～09	上海市房屋管理局
上海市住宅物业消防安全管理办法	2017～07～18	上海市人民政府
关于加强商品住宅及其附属地下车库(位)等设施销售监管的通知	2017～07～21	上海市住建委、上海市物价局
关于延长《上海市住宅物业保修金管理暂行办法》有效期的通知	2017～12～30	上海市人民政府办公厅
市政府批转市住房城乡建设管理委关于进一步贯彻实施《上海市住宅物业管理规定》若干意见的通知	2016～11～24	上海市发展和改革委员会
关于推进本市住宅物业使用领域信用信息管理工作若干问题的通知	2015～04～24	上海市住房保障和房屋管理局上海市征信管理办公室
关于加强住宅小区烟花爆竹燃放管控的紧急通知	2015～02～17	上海市住房保障和房屋管理局

七、住房保障政策制度

住房保障政策，是指有关社会保障性质的住房相关政策制度，保障性住房主要包括两限商品住房、经济适用住房、政策性租赁住房以及廉租房等方面。

2019 年，逐步扩大住房保障范围，加快推动住房保障立法。1 月份国家发改委等十部门印发《进一步优化供给推动消费平稳增长促进形成强大国内市场的实施方案（2019 年）》，将符合条件的农业转移人口纳入住房保障范围，进一步满足农业转移人口市民化住房消费需求；2 月份国家发改委发布《关于培育发展现代化都市圈的指导意见》，推动公共租赁住房保障范围常住人口全覆盖；5 月份国务院公布《关于印发国务院 2019 年立法工作计划的通知》，2019 年将提请全国人大常委会制定城镇住房保障条例、住房租赁条例；8 月份住建部表示将加快推动住房保障立法，明确国家层面住房保障顶层设计和基本制度框架，夯实各级政府住房保障工作责任，同时为规范保障房准入使用和退出提供法律依据。

大力发展住房租赁市场，深入整治住房租赁市场乱象。1 月份自然资源部、住建部同意福州、南昌、青岛、海口、贵阳 5 城利用集体建设用地建设租赁住房试点方案，国家发改委等十部门印发《进一步优化供给推动消费平稳增长促进形成强大国内市场的实施方案（2019 年）》，将加快发展住房租赁市场，支持人口净流入、房价高、租赁需求大的大中小城市多渠道筹集公租房和市场租赁的住房房源，将集体土地建设租赁住房作为重点支持的内容。3 月份韩正副总理到住建部调研时强调，完善住房租赁市场体系，建立健全住房租赁相关法律法规，完善金融财税政策，实现住房租赁市场健康稳定发展。住建部部长强调坚持调结构、转方式，特别是要大力培育和发展住房租赁市场，重点解决新市民的住房问题。5 月份住房城乡建设部、发改委、财政部、自然资源部发布《关于进一步规范发展公租房的意见》，对公租房市场进行整治。6 月份中央国家机关住房资金管理中心发布通知，将加大租房消费支持力度（见表 3-12）。

表 3-12 近五年国家住房保障方面的主要政策制度

住房保障政策制度	颁布日期	颁布机构
2019 年中央财政支持住房租赁市场发展试点入围城市名单公示	2019～07～18	财政部、住房城乡建设部
关于进一步规范发展公租房的意见	2019～05～07	住房城乡建设部、发改委、财政部、自然资源部
进一步优化供给推动消费平稳增长促进形成强大国内市场的实施方案（2019 年）	2019～01～28	国家发展改革委、住房城乡建设部等
关于印发推行政府购买公租房运营管理服务试点方案的通知	2018～09～14	住房和城乡建设部、财政部
关于提前下达 2018 年中央财政农村危房改造补助预算指标的通知	2017～12～09	财政部
关于支持北京市、上海市开展共有产权住房试点的意见	2017～09～14	住房和城乡建设部
住房城乡建设部 财政部关于做好城镇住房保障家庭租赁补贴工作的指导意见	2016～12～08	住房和城乡建设部、财政部
住房城乡建设部办公厅 国家发展改革委办公厅 财政部办公厅关于印发《棚户区改造工作激励措施实施办法（试行）》的通知	2016～12～19	住房和城乡建设部办公厅、发展和改革委员会办公厅、财政部办公厅
国务院关于进一步做好城镇棚户区和城乡危房改造及配套基础设施建设有关工作的意见	2015～06～25	国务院
关于运用政府和社会资本合作模式推进公共租赁住房投资建设和运营管理的通知	2015～04～21	财政部、国土资源部、住房和城乡建设部中国人民银行、国家税务总局、中国银行业监督管理委员会

上海继续加快租赁房建设，进一步规范住房租赁市场发展。新建和转化租赁房源 10 万套，新增代理经租房源 9 万套。出台《中国（上海）自由贸易试验区临港新片区支持人才发展若干措施》，在临港片区落户人才“居转户”年限由 7 年缩短为 5 年。相关的住房保障政策制度根据时间顺序可归纳为（见表 3-13）。

表 3-13　上海市近五年颁布的有关住房保障的相关政策制度

住房保障政策制度	颁布时间	颁布者
中国（上海）自由贸易试验区临港新片区支持人才发展若干措施	2019～01～20	上海市临港新片区管委会
转发市住房城乡建设管理委等九部门《关于进一步完善本市共有产权保障住房工作的实施意见》的通知	2018～09～26	上海市人民政府办公厅
关于延长《关于公有居住房屋承租人户口迁离本市或死亡的确定房屋征收补偿协议签订主体的通知》有效期的通知	2018～06～29	上海市房屋管理局
关于印发《上海市住房租赁合同网签备案试行办法》的通知	2018～03～30	上海市住房城乡建设管理委、市房屋管理局
关于印发《上海市共有产权保障住房申请户选房工作规则》的通知	2018～01～18	上海市房屋管理局
关于延长《上海市共有产权保障住房（经济适用住房）和廉租住房申请家庭经济状况核对实施细则》有效期的通知	2017～12～26	上海市民政局、上海市住房保障和房屋管理局
上海市共有产权保障住房管理办法	2016～04～11	上海市人民政府
关于调整本市住房公积金个人贷款政策的通知	2016～11～28	上海市住房公积金管理委员会
关于大型居住社区商业配套用房房地产交易与登记相关问题的通知	2015～07～28	上海市住房保障和房屋管理局
关于公有住宅售后维修资金列支物业服务费有关问题的通知	2015～07～27	上海市住房保障和房屋管理局、上海市公积金管理中心
关于做好提取住房公积金支付房屋租赁费用 申请人房屋状况查询比对的通知	2015～04～27	上海市住房保障和房屋管理局、上海市公积金管理中心

八、　金融政策制度

房地产金融政策制度是指为调节房地产市场健康发展，降低金融风险，中央或地方政府所采取的包括银行信贷、信托、证券、债券、保险等政策制度。

2019 年，金融部门继续坚持“房子是用来住的、不是用来炒的”定位，统筹做好房地产金融调控，加强房地产金融风险防范。2 月份银保监会副主席表示要继续紧盯房地产金融风险，对房地产开发贷款、个人按揭贷款继续实行审慎的贷款标准。央行召开的金融市场工作会议也强调加强房地产金融审慎管理。5 月份银保监会公布 2019 年银行机构“巩固治乱象成果 促进合规建设”工作要点，要求严查房地产违规融资。银保监会统信部副主任表示，坚持房地产融资审慎监管制度，严控银行保险资金违规进入房地产市场。7 月份银保监会为加强房地产信托领域风险防控，针对部分房地产信托业务增速过快、增量过大的信托公司，开展约谈警示，要求这些信托公司控制业务增速，提高风险管控水平，并表示将会对信托公司的警示指导作为一项常态化工作。国家发改委发布《关于对房地产企业发行外债申请备案登记有关要求的通知》，规定房地产企业发行外债只能用于置换未来一年内到期的中长期境外债务。同时央行加强对银行理财、委托贷款等渠道流入房地产的资金管理，严禁消费贷款违规用于购房。8 月份央行发布公告决定改革完善贷款市场报价利率（LPR）形成机制，推动降低实体经济融资成本。住房贷款利率方面，央行副行长在政策吹风会上表示，对于房地产市场，要坚决贯彻落实7月30日中央政治局会议的要求，坚持房住不炒定位，确保差别化住房信贷政策有效实施，保持个人住房贷款利率基本稳定。银保监会发布《关于对部分地方中小银行机构现场检查情况的通报》，指出有的机构违规为“四证”不齐房地产项目提供融资，下一步，各级监管机构将把握好力度和节奏，全面加强地方中小银行机构监管。9月份银保监会首席风险官在解读当前银行业热点话题时明确，对违法违规、扰乱市场秩序行为的严监管不会放松。12月份央行就存量浮动利率贷款的定价基准转换为LPR有关事宜发布公告，明确自2020年3月1日起，金融机构应与存量浮动利率贷款客户就定价基准转换条款进行协商，转换工作原则上应于2020年8月31日前完成。（见表3-14）。

表3-14 近五年国家房地产金融方面的主要政策制度

房地产金融政策制度	颁布日期	颁布机构
存量浮动利率贷款的定价基准转换为LPR	2019～12～10	中国人民银行
关于对部分地方中小银行机构现场检查情况的通报	2019～08～30	中国银保监会
关于对房地产企业发行外债申请备案登记有关要求的通知	2019～07～09	国家发展改革委办公厅
加强房地产信托领域风险防控	2019～07～06	中国银保监会
关于开展“巩固治乱象成果 促进合规建设”工作的通知	2019～05～17	中国银保监会
关于完善市场约束机制严格防范外债风险和地方债务风险的通知	2018～05～11	国家发展改革委、财政部
关于支持优质企业直接融资进一步增强企业债券服务实体经济能力的通知	2018～12～05	国家发展改革委
关于维护住房公积金缴存职工购房贷款权益的通知	2017～12～26	住房和城乡建设部、财政部、中国人民银行、国土资源部
国务院关于印发降低实体经济企业成本工作方案的通知	2016～08～22	国务院
关于调整个人住房贷款政策有关问题的通知	2016～02～01	中国人民银行、中国银行业监督管理委员
关于进一步发挥住宅专项维修资金在老旧小区和电梯更新改造中支持作用的通知	2015～10～17	住房和城乡建设部办公厅财政部办公厅
关于个人住房贷款政策有关问题的通知	2015～03～30	中国人民银行、住房城乡建设部、中国银行业监督管理委员会

2019年，上海房落实中央调控政策，坚持“房子是用来住的、不是用来炒的”，紧紧围绕稳地价、稳房价、稳预期的目标，完善长效管理调控机制，促进房地产市场平稳健康发展。严格审查违规向“四证”不全的房地产开发项目提供融资；个人综合消费贷款、经营性贷款、信用卡透支等资金挪用于购房；资金通过影子银行渠道违规流入房地产市场；并购贷款、经营性物业贷款等贷款管理不审慎，资金被挪用于房地产开发。严格执行房地产市场调控政策和现行房地产信托监管要求；提高风险管控水平，确保业务规模及复杂程度与自身资本实力、资产管理水平、风险防控能力相匹配；提高合规意识，加强合规建设，确保房地产信托业务稳健发展；控制业务增速，将房地产信托业务增量和增速控制在合理水平；提升受托管理能力，积极优化房地产信托服务方式，为房地产企业提供专业化、特色化金融服务。具体政策见表3-15。

表 3-15　上海市近年颁布的有关房地产金融的政策制度

房地产金融政策制度	颁布日期	颁布机构
关于 2019 年度上海市调整住房公积金缴存基数、比例以及月缴存额上下限的通知	2019～01～30	上海市住房公积金管理委员会
上海市住房公积金异地个人住房贷款管理暂行办法	2018～09～01	上海市公积金管理中心
关于印发《上海市降低住房公积金缴存比例或缓缴住房公积金管理办法》的通知	2018～06～26	上海市公积金管理中心
关于调整 2018 年度上海市住房公积金缴存比例的补充通知	2018～06～20	上海市公积金管理中心
关于 2018 年度上海市调整住房公积金缴存基数、比例以及月缴存额上下限的通知	2018～04～13	上海市公积金管理中心
关于本市提取住房公积金支付房租通过住房租赁公共服务平台核验租赁信息的通知	2018～04～01	上海市公积金管理中心
关于进一步加强住房公积金提取审核工作的通知	2017～02～09	上海市公积金管理中心
上海市城镇个体工商户及其雇用人员、自由职业者缴存、提取和使用住房公积金实施办法	2016～09～21	上海市公积金管理中心
关于 2016 年度上海市调整住房公积金缴存基数、比例以及月缴存额上下限的通知	2016～06～24	上海市公积金管理中心
关于印发《上海市降低住房公积金缴存比例或缓缴住房公积金操作细则》的通知	2016～07～15	上海市公积金管理中心
关于在沪工作的外籍人员、获得境外永久（长期）居留权人员和台湾香港澳门居民参加住房公积金制度若干问题的通知	2015～09～24	上海市公积金管理中心
关于开展 2015 年度全市住房公积金缴存情况执法检查的通知	2015～04～08	上海市公积金管理中心
关于试行上海住房公积金网上缴存跨行支付业务的通知	2015～03～20	上海市公积金管理中心

第二节　上海房地产市场法律环境构成

根据宪法规定，省、自治区、直辖市的人民代表大会及其常务委员会，在不同宪法、法律、行政法规相抵触的前提下，可以制定地方性法规，报全国人民代表大会常务委员会和国务院备案。地方性法规是地方人民代表大会及其常务委员会制定和发布的规范性文件。地方性法规只能在本地方范围内有效，其法律效力低于宪法、法律和行政法规。

行政法规是指最高国家行政机关国务院根据宪法和法律制定的有关行政管理活动的规范性文件。国务院所属的各部委在各部门权限内，发布具有规范性的规章，指示和命令等，属于广义的行政管理法规，其地位低于国务院的行政法规和其他规范性文件，但高于地方性法规。

对与房地产有关的法律和行政法规的归纳如下。

一、国家法规

房地产相关的国家法规按时间顺序可归纳为（见表 3-16）。

表 3-16　近些年来有关房地产市场的国家法规

时间	名称
2018～12～22	国务院发布《个人所得税专项附加扣除暂行办法》
2017～02～04	国务院印发《全国国土规划纲要（2016-2030 年）》
2016～04～12	国务院办公厅关于印发互联网金融风险专项整治工作实施方案的通知
2015～08～19	关于调整房地产市场外资准入和管理有关政策的通知
2014～11～24	不动产登记暂行条例
2013～02～26	关于继续做好房地产市场调控工作的通知
2012～11～28	中华人民共和国土地管理法修正案（草案）
2011～01～21	国有土地上房屋征收与补偿条例
2010～12～25	中华人民共和国水土保持法

二、部门法规及其他相关法规

（一）住房和城乡建设部

根据第十一届全国人民代表大会第一次会议批准的国务院机构改革方案和《国务院关于机构设置的通知》（国发[2008]11 号），设立住房和城乡建设部，为国务院组成部门。将原建设部的职责划入住房和城乡建设部。

1．住房和城乡建设部的主要职责

住房和城乡建设部的职责主要包括：

（1）承担保障城镇低收入家庭住房的责任。拟订住房保障相关政策并指导实施。拟订廉租住房规划及政策，会同有关部门做好中央有关廉租住房资金安排，监督地方组织实施。编制住房保障发展规划和年度计划并监督实施。

（2）承担推进住房制度改革的责任。拟订适合国情的住房政策，指导住房建设和住房制度改革，拟订全国住房建设规划并指导实施，研究提出住房和城乡建设重大问题的政策建议。

（3）承担规范住房和城乡建设管理秩序的责任。起草住房和城乡建设的法律法规草案，制定部门规章。依法组织编制和实施城乡规划，拟订城乡规划的政策和规章制度，会同有关部门组织编制全国城镇体系规划，负责国务院交办的城市总体规划、省域城镇体系规划的审查报批和监督实施，参与土地利用总体规划纲要的审查，拟订住房和城乡建设的科技发展规划和经济政策。

（4）承担建立科学规范的工程建设标准体系的责任。组织制定工程建设实施阶段的国家标准，制定和发布工程建设全国统一定额和行业标准，拟订建设项目可行性研究评价方法、经济参数、建设标准和工程造价的管理制度，拟订公共服务设施（不含通信设施）建设标准并监督执行，指导监督各类工程建设标准定额的实施和工程造价计价，组织发布工程造价信息。

（5）承担规范房地产市场秩序、监督管理房地产市场的责任。会同或配合有关部门组织拟订房地产市场监管政策并监督执行，指导城镇土地使用权有偿转让和开发利用工作，提出房地产业的行业发展规划和产业政策，制定房地产开发、房屋权属管理、房屋租赁、房屋面积管理、房地产估价与经纪管理、物业管理、房屋征收拆迁的规章制度并监督执行。

（6）监督管理建筑市场、规范市场各方主体行为。指导全国建筑活动，组织实施房屋和市政工程项目招投标活动的监督执法，拟订勘察设计、施工、建设监理的法规和规章并监督和指导实施，拟订工程建设、建筑业、勘察设计的行业发展战略、中长期规划、改革方案、产业政策、规章制度并监督执行，拟订规范建筑市场各方主体行为的规章制度并监督执行，组织协调建筑企业参与国际工程承包、建筑劳务合作。

（7）研究拟订城市建设的政策、规划并指导实施，指导城市市政公用设施建设、安全和应急管理，拟订全国风景名胜区的发展规划、政策并指导实施，负责国家级风景名胜区的审查报批和监督管理，组织审核世界自然遗产的申报，会同文物等有关主管部门审核世界自然与文化双重遗产的申报，会同文物主管部门负责历史文化名城（镇、村）的保护和监督管理工作。

（8）承担规范村镇建设、指导全国村镇建设的责任。拟订村庄和小城镇建设政策并指导实施，指导村镇规划编制、农村住房建设和安全及危房改造，指导小城镇和村庄人居生态环境的改善工作，指导全国重点镇的建设。

（9）承担建筑工程质量安全监管的责任。拟订建筑工程质量、建筑安全生产和竣工验收备案的政策、规章制度并监督执行，组织或参与工程重大质量、安全事故的调查处理，拟订建筑业、工程勘察设计咨询业的技术政策并指导实施。

（10）承担推进建筑节能、城镇减排的责任。会同有关部门拟订建筑节能的政策、规划并监督实施，组织实施重大建筑节能项目，推进城镇减排。

（11）负责住房公积金监督管理，确保公积金的有效使用和安全。会同有关部门拟订住房公积金政策、发展规划并组织实施，制定住房公积金缴存、使用、管理和监督制度，监督全国住房公积金和其他住房资金的管理、使用和安全，管理住房公积金信息系统。

（12）开展住房和城乡建设方面的国际交流与合作。

（13）承办国务院交办的其他事项。

2. 住房和城乡建设部颁发的与房地产相关的法规（见表3-17）。

表3-17　住房和城乡建设部（包括原建设部）近年来颁发的与房地产相关的法规

时间	名称
2019～02～18	住宅项目规范（征求意见稿）
2018～06～25	关于在部分城市先行开展打击侵害群众利益违法违规行为治理房地产市场乱象专项行动的通知
2018～05～19	住房城乡建设部关于进一步做好房地产市场调控工作有关问题的通知
2017～05～19	住房租赁和销售管理条例（征求意见稿）
2017～05～17	关于开展商业办公项目清理整顿工作的意见
2016～12～19	关于印发《棚户区改造工作激励措施实施办法（试行）》的通知
2015～03～27	关于优化2015年住房及用地供应结构促进房地产市场平稳健康发展的通知

2014～04～09	关于印发《商品房买卖合同示范文本》的通知
2013～12～02	关于公共租赁住房和廉租住房并轨运行的通知
2012～07～19	关于进一步严格房地产用地管理巩固房地产市场调控成果的紧急通知
2011～01～20	房地产经纪管理办法

（二）自然资源部

1. 自然资源部的职责

根据党的十九届三中全会审议通过的《中共中央关于深化党和国家机构改革的决定》、《深化党和国家机构改革方案》和第十三届全国人民代表大会第一次会议批准的《国务院机构改革方案》，制定本规定。自然资源部是国务院组成部门，为正部级，对外保留国家海洋局牌子。自然资源部贯彻落实党中央关于自然资源工作的方针政策和决策部署，在履行职责过程中坚持和加强党对自然资源工作的集中统一领导。主要职责是：

（1）履行全民所有土地、矿产、森林、草原、湿地、水、海洋等自然资源资产所有者职责和所有国土空间用途管制职责。拟订自然资源和国土空间规划及测绘、极地、深海等法律法规草案，制定部门规章并监督检查执行情况。

（2）负责自然资源调查监测评价。制定自然资源调查监测评价的指标体系和统计标准，建立统一规范的自然资源调查监测评价制度。实施自然资源基础调查、专项调查和监测。负责自然资源调查监测评价成果的监督管理和信息发布。指导地方自然资源调查监测评价工作。

（3）负责自然资源统一确权登记工作。制定各类自然资源和不动产统一确权登记、权籍调查、不动产测绘、争议调处、成果应用的制度、标准、规范。建立健全全国自然资源和不动产登记信息管理基础平台。负责自然资源和不动产登记资料收集、整理、共享、汇交管理等。指导监督全国自然资源和不动产确权登记工作。

（4）负责自然资源资产有偿使用工作。建立全民所有自然资源资产统计制度，负责全民所有自然资源资产核算。编制全民所有自然资源资产负债表，拟订考核标准。制定全民所有自然资源资产划拨、出让、租赁、作价出资和土地储备政策，合理配置全民所有自然资源资产。负责自然资源资产价值评估管理，依法收缴相关资产收益。

（5）负责自然资源的合理开发利用。组织拟订自然资源发展规划和战略，制定自然资源开发利用标准并组织实施，建立政府公示自然资源价格体系，组织开展自然资源分等定级价格评估，开展自然资源利用评价考核，指导节约集约利用。负责自然资源市场监管。组织研究自然资源管理涉及宏观调控、区域协调和城乡统筹的政策措施。

（6）负责建立空间规划体系并监督实施。推进主体功能区战略和制度，组织编制并监督实施国土空间规划和相关专项规划。开展国土空间开发适宜性评价，建立国土空间规划实施监测、评估和预警体系。组织划定生态保护红线、永久基本农田、城镇开发边界等控制线，构建节约资源和保护环境的生产、生活、生态空间布局。建立健全国土空间用途管制制度，研究拟订城乡规划政策并监督实施。组织拟订并实施土地、海洋等自然资源年度利用计划。负责土地、海域、海岛等国土空间用途转用工作。负责土地征收征用管理。

（7）负责统筹国土空间生态修复。牵头组织编制国土空间生态修复规划并实施有关生态修复重大工程。负责国土空间综合整治、土地整理复垦、矿山地质环境恢复治理、海洋生态、海域海岸线和海岛修复等工作。牵头建立和实施生态保护补偿制度，制定合理利用社会资金进行生态修复的政策措施，提出重大备选项目。

（8）负责组织实施最严格的耕地保护制度。牵头拟订并实施耕地保护政策，负责耕地数量、质量、生态保护。组织实施耕地保护责任目标考核和永久基本农田特殊保护。完善耕地占补平衡制度，监督占用耕地补偿制度执行情况。

（9）负责管理地质勘查行业和全国地质工作。编制地质勘查规划并监督检查执行情况。管理中央级地质勘查项目。组织实施国家重大地质矿产勘查专项。负责地质灾害预防和治理，监督管理地下水过量开采及引发的地面沉降等地质问题。负责古生物化石的监督管理。

（10）负责落实综合防灾减灾规划相关要求，组织编制地质灾害防治规划和防护标准并指导实施。组织指导协调和监督地质灾害调查评价及隐患的普查、详查、排查。指导开展群测群防、专业监测和预报预警等工作，指导开展地质灾害工程治理工作。承担地质灾害应急救援的技术支撑工作。

（11）负责矿产资源管理工作。负责矿产资源储量管理及压覆矿产资源审批。负责矿业权管理。会同有关部门承担保护性开采的特定矿种、优势矿产的调控及相关管理工作。监督指导矿产资源合理利用和保护。

（12）负责监督实施海洋战略规划和发展海洋经济。研究提出海洋强国建设重大战略建议。组织制定海洋发展、深海、极地等战略并监督实施。会同有关部门拟订海洋经济发展、海岸带综合保护利用等规划和政策并监督实施。负责海洋经济运行监测评估工作。

（13）负责海洋开发利用和保护的监督管理工作。负责海域使用和海岛保护利用管理。制定海域海岛保护利用规划并监督实施。负责无居民海岛、海域、海底地形地名管理工作，制定领海基点等特殊用途海岛保护管理办法并监督实施。负责海洋观测预报、预警监测和减灾工作，参与重大海洋灾害应急处置。

（14）负责测绘地理信息管理工作。负责基础测绘和测绘行业管理。负责测绘资质资格与信用管理，监督管理国家地理信息安全和市场秩序。负责地理信息公共服务管理。负责测量标志保护。

（15）推动自然资源领域科技发展。制定并实施自然资源领域科技创新发展和人才培养战略、规划和计划。组织制定技术标准、规程规范并监督实施。组织实施重大科技工程及创新能力建设，推进自然资源信息化和信息资料的公共服务。

（16）开展自然资源国际合作。组织开展自然资源领域对外交流合作，组织履行有关国际公约、条约和协定。配合开展维护国家海洋权益工作，参与相关谈判与磋商。负责极地、公海和国际海底相关事务。

（17）根据中央授权，对地方政府落实党中央、国务院关于自然资源和国土空间规划的重大方针政策、决策部署及法律法规执行情况进行督察。查处自然资源开发利用和国土空间规划及测绘重大违法案件。指导地方有关行政执法工作。

（18）管理国家林业和草原局。

（19）管理中国地质调查局。

（20）完成党中央、国务院交办的其他任务。

（21）职能转变。自然资源部要落实中央关于统一行使全民所有自然资源资产所有者职责，统一行使所有国土空间用途管制和生态保护修复职责的要求，强化顶层设计，发挥国土空间规划的管控作用，为保护和合理开发利用自然资源提供科学指引。进一步加强自然资源的保护和合理开发利用，建立健全源头保护和全过程修复治理相结合的工作机制，实现整体保护、系统修复、综合治理。创新激励约束并举的制度措施，推进自然资源节约集约利用。进一步精简下放有关行政审批事项、强化监管力度，充分发挥市场对资源配置的决定性作用，更好发挥政府作用，强化自然资源管理规则、标准、制度的约束性作用，推进自然资源确权登记和评估的便民高效。

2.自然资源部近年颁布的与房地产相关的法规（见表3-18）。

表3-18　自然资源部颁发的与房地产相关的法规

时间	名称
2019～04～17	2019年住宅用地“五类”调控目标
2018～03～23	国土资源部关于全面实行永久基本农田特殊保护的通知
2018～03～09	国土资源部办公厅关于印发《国有建设用地使用权出让地价评估技术规范》的通知
2018～01～17	关于印发《土地储备资金财务管理办法》的通知
2017～05～08	土地利用总体规划管理办法
2017～02～28	关于修改《建设项目用地预审管理办法》的决定
2016～11～16	关于印发《国土资源部立案查处国土资源违法行为工作规范（试行）》的通知
2015～07～10	关于做好不动产统一登记与房屋交易管理衔接的指导意见
2014～05～07	国土资源行政处罚办法
2012～12～27	土地复垦条例实施办法
2012～06～01	闲置土地处置办法
2011～12～21	闲置土地处置办法（修订草案）
2011～06～03	国有土地上房屋征收评估办法

（三）财政部

1. 财政部的主要职责

财政部是中华人民共和国国务院的组成部门，是国家主管财政收支、财税政策、国有资本金基础工作的宏观调控部门.其在房地产方面的调控职责有：

（1）拟订财税发展战略、规划、政策和改革方案并组织实施，分析预测宏观经济形势，参与制定各项宏观经济政策，提出运用财税政策实施宏观调控和综合平衡社会财力的建议，拟订中央与地方、国家与企业的分配政策，完善鼓励公益事业发展的财税政策。

（2）起草财政、财务、会计管理的法律、行政法规草案，制定部门规章，组织涉外财政、债务等的国际谈判并草签有关协议、协定。

（3）承担中央各项财政收支管理的责任。负责编制年度中央预决算草案并组织执行。受国务院委托，向全国人民代表大会报告中央、地方预算及其执行情况，向全国人大常委会报告决算。组织制订经费开支标准、定额，负责审核批复部门(单位)的年度预决算。完善转移支付制度。

(4）负责政府非税收入管理，负责政府性基金管理，按规定管理行政事业性收费。管理财政票据。制定彩票管理政策和有关办法，管理彩票市场，按规定管理彩票资金。

(5）组织制定国库管理制度、国库集中收付制度，指导和监督中央国库业务，按规定开展国库现金管理工作。负责制定政府采购制度并监督管理。

(6）负责组织起草税收法律、行政法规草案及实施细则和税收政策调整方案，参加涉外税收谈判，签订涉外税收协议、协定草案，制定国际税收协议和协定范本，研究提出关税和进口税收政策，拟订关税谈判方案，参加有关关税谈判，研究提出征收特别关税的建议，承担国务院关税税则委员会的具体工作。

(7）负责制定行政事业单位国有资产管理规章制度，按规定管理行政事业单位国有资产，制定需要全国统一规定的开支标准和支出政策，负责财政预算内行政机构、事业单位和社会团体的非贸易外汇和财政预算内的国际收支管理。

(8)负责审核和汇总编制全国国有资本经营预决算草案，制定国有资本经营预算的制度和办法，收取中央本级企业国有资本收益，制定并组织实施企业财务制度，按规定管理金融类企业国有资产，参与拟订企业国有资产管理相关制度，按规定管理资产评估工作。

(9）负责办理和监督中央财政的经济发展支出、中央政府性投资项目的财政拨款，参与拟订中央建设投资的有关政策，制定基本建设财务制度，负责有关政策性补贴和专项储备资金财政管理工作。负责农业综合开发管理工作。

(10）会同有关部门管理中央财政社会保障和就业及医疗卫生支出，会同有关部门拟订社会保障资金(基金)的财务管理制度，编制中央社会保障预决算草案。

(11）拟订和执行政府国内债务管理的制度和政策，编制国债余额限额计划，依法制定地方政府性债务管理制度和办法，防范财政风险。负责统一管理政府外债，制定基本管理制度。代表我国政府参加有关的国际财经组织，开展财税领域的国际交流与合作。

(12）负责管理全国的会计工作，监督和规范会计行为，制定并组织实施国家统一的会计制度，指导和监督注册会计师和会计师事务所的业务，指导和管理社会审计。

(13）监督检查财税法规、政策的执行情况，反映财政收支管理中的重大问题，负责管理财政监察专员办事处。

(14）承办国务院交办的其他事项。

2．财政部颁发的与房地产相关的法规（见表 3-19）。

表 3-19　财政部颁发的与房地产相关的法规

时间	名称
2019～06～13	关于个人取得有关收入适用个人所得税应税所得项目的公告》
2018～09～14	关于印发推行政府购买公租房运营管理服务试点方案的通知
2017～06～22	关于支持农村集体产权制度改革有关税收政策的通知
2016～06～18	关于进一步明确全面推开营改增试点有关再保险、不动产租赁和非学历教育等政策的通知

2015～01～28	关于放宽提取住房公积金支付房租条件的通知
2014～10～17	城镇保障性安居工程贷款贴息办法
2013～12～02	关于棚户区改造有关税收政策的通知
2012～09～03	关于农产品批发市场农贸市场房产税城镇土地使用税政策的通知
2011～05～04	关于进一步推进公共建筑节能工作的通知
2011～04～26	关于购房人办理退房有关契税问题的通知

（四）国家税务总局

1．国家税务总局的职责

国家税务总局的主要职责主要包括：

（1）具体起草税收法律法规草案及实施细则并提出税收政策建议，与财政部共同上报和下发，制订贯彻落实的措施。负责对税收法律法规执行过程中的征管和一般性税政问题进行解释，事后向财政部备案。

（2）承担组织实施中央税、共享税及法律法规规定的基金（费）的征收管理责任，力争税款应收尽收。

（3）参与研究宏观经济政策、中央与地方的税权划分并提出完善分税制的建议，研究税负总水平并提出运用税收手段进行宏观调控的建议。

（4）负责组织实施税收征收管理体制改革，起草税收征收管理法律法规草案并制定实施细则，制定和监督执行税收业务、征收管理的规章制度，监督检查税收法律法规、政策的贯彻执行，指导和监督地方税务工作。

（5）负责规划和组织实施纳税服务体系建设，制定纳税服务管理制度，规范纳税服务行为，制定和监督执行纳税人权益保障制度，保护纳税人合法权益，履行提供便捷、优质、高效纳税服务的义务，组织实施税收宣传，拟订注册税务师管理政策并监督实施。

（6）组织实施对纳税人进行分类管理和专业化服务，组织实施对大型企业的纳税服务和税源管理。

（7）负责编报税收收入中长期规划和年度计划，开展税源调查，加强税收收入的分析预测，组织办理税收减免等具体事项。

（8）负责制定税收管理信息化制度，拟订税收管理信息化建设中长期规划，组织实施金税工程建设。

（9）开展税收领域的国际交流与合作，参加国家（地区）间税收关系谈判，草签和执行有关的协议、协定。

（10）办理进出口商品的税收及出口退税业务。

（11）对全国国税系统实行垂直管理，协同省级人民政府对省级地方税务局实行双重领导，对省级地方税务局局长任免提出意见。

（12）承办国务院交办的其他事项。

2．国家税务总局颁发的与房地产相关的法规（见表3-20）。

表 3-20 国家税务总局颁发的与房地产相关的法规

时间	名称
2019～06～13	关于个人取得有关收入适用个人所得税应税所得项目的公告
2018～11～29	关于易地扶贫搬迁税收优惠政策的通知
2018～09～30	关于去产能和调结构房产税 城镇土地使用税政策的通知
2017～11～26	关于简化建筑服务增值税简易计税方法备案事项的公告
2017～07～11	关于建筑服务等营改增试点政策的通知
2016～11～24	关于纳税人转让不动产缴纳增值税差额扣除有关问题的公告
2015～03～30	关于调整个人住房转让营业税政策的通知
2014～08～11	关于促进公共租赁住房发展有关税收优惠政策的通知
2014～06～16	关于房地产开发企业成本对象管理问题的公告
2013～08～02	关于房改房用地未办理土地使用权过户期间城镇土地使用税政策的通知
2013～06～20	关于进一步做好土地增值税征管工作的通知
2012～01～20	于物流企业大宗商品仓储设施用地城镇土地使用税政策的通知
2011～08～30	关于房屋 土地权属由夫妻一方所有变更为夫妻双方共有契税政策的通知
2011～08～17	关于纳税人转让土地使用权或者销售不动产同时一并销售附着于土地或者不动产上的固定
2011～04～26	关于购房人办理退房有关契税问题的通知
2011～01～27	关于调整个人住房转让营业税政策的通知

（五）中国人民银行

1．中国人民银行的职责

（1）拟订金融业改革和发展战略规划，承担综合研究并协调解决金融运行中的重大问题、促进金融业协调健康发展的责任，参与评估重大金融并购活动对国家金融安全的影响并提出政策建议，促进金融业有序开放。

（2）起草有关法律和行政法规草案，完善有关金融机构运行规则，发布与履行职责有关的命令和规章。

（3）依法制定和执行货币政策；制定和实施宏观信贷指导政策。

（4）完善金融宏观调控体系，负责防范、化解系统性金融风险，维护国家金融稳定与安全。

（5）负责制定和实施人民币汇率政策，不断完善汇率形成机制，维护国际收支平衡，实施外汇管理，负责对国际金融市场的跟踪监测和风险预警，监测和管理跨境资本流动，持有、管理和经营国家外汇储备和黄金储备。

（6）监督管理银行间同业拆借市场、银行间债券市场、银行间票据市场、银行间外汇市场和黄金市场及上述市场的有关衍生产品交易。

（7）负责会同金融监管部门制定金融控股公司的监管规则和交叉性金融业务的标准、规范，负责金融控股公司和交叉性金融工具的监测。

（8）承担最后贷款人的责任，负责对因化解金融风险而使用中央银行资金机构的行为进行检查监督。

（9）制定和组织实施金融业综合统计制度，负责数据汇总和宏观经济分析与预测，统一编制全国金融统计数据、报表，并按国家有关规定予以公布。

（10）组织制定金融业信息化发展规划，负责金融标准化的组织管理协调工作，指导金融业信息安全工作。

（11）发行人民币，管理人民币流通。

（12）制定全国支付体系发展规划，统筹协调全国支付体系建设，会同有关部门制定支付结算规则，负责全国支付、清算系统的正常运行。

（13）经理国库。

（14）承担全国反洗钱工作的组织协调和监督管理的责任，负责涉嫌洗钱及恐怖活动的资金监测。

（15）管理征信业，推动建立社会信用体系。

（16）从事与中国人民银行业务有关的国际金融活动。

（17）按照有关规定从事金融业务活动。

（18）承办国务院交办的其他事项。

2. 中国人民银行颁发的与房地产相关的法规（见表 3-21）。

表 3-21 中国人民银行颁发的与房地产相关的法规

时间	名称
2019～12～28	中国人民银行公告〔2019〕第 30 号
2017～12～26	关于维护住房公积金缴存职工购房贷款权益的通知
2016～02～02	关于调整个人住房贷款政策有关问题的通知
2012～06～20	关于鼓励民间资本参与保障性安居工程建设有关问题的通知
2008～12～08	廉租住房建设贷款管理办法
2004～09～02	商业银行房地产贷款风险管理指引
2002～04～01	中国农业银行住房按揭贷款流程
2002～04～01	中国农业银行个人住房抵押贷款流程
2002～04～01	中国农业银行个人营业用房贷款流程
2002～04～01	中国农业银行公积金贷款流程

第二章　经济社会环境[1]

第一节　经济运行情况

一、总体经济状况

2019 年，上海市全年实现生产总值(GDP)38 155.32 亿元，比上年增长 6.0%。其中，第一产业增加值 103.88 亿元，较上年下降 5.0%；第二产业增加值 10 299.16 亿元，较上年增长 0.5%；第三产业增加值 27 752.28 亿元，较上年增长 8.2%。第三产业增加值占上海市生产总值的比重为 72.7%，比上年提高 1.8 个百分点。按常住人口计算的上海市人均生产总值为 15.73 万元。（见表 4-1）。

表 4-1　2019 年上海市经济状况表

指　标	2018 年	2019 年	2019 年比 2018 年增长（%）
上海市生产总值(亿元)	32 679.87	38 155.32	6.0
第一产业增加值	104.37	103.88	-5.0
第二产业增加值	9 732.54	10 299.16	0.5
第三产业增加值	22 842.96	27 752.28	8.2
新增固定资产（亿元）	3 599.51	3 834.26	6.5
地方财政收入(亿元)	7 108.15	7 165.10	0.8
工业总产值(亿元)	8 694.95	8 434.10	-0.3
外贸进出口总额（亿美元）	5 156.49	4 938.03	-4.2
社会消费品零售总额(亿元)	12 668.69	15 847.55	6.5

二、上海社会经济主要指标占全国比重

表 4-2　2019 年上海社会经济主要指标占全国比重

指　标	全　国	上　海	上海占全国比重(%)
生产总值（亿元）	990 865	38 155.32	3.9
第一产业增加值	70 467	103.88	0.1
第二产业增加值	386 165	10 299.16	2.7
第三产业增加值	534 233	27 752.28	5.2
港口货物吞吐量（亿吨）	139.51	7.2	5.2

[1]本章所有数据均来自：2020 年《上海统计年鉴》，2019 年《上海统计公报》，2019 年《国家统计公报》。

社会消费品零售总额（亿元）	408 017.20	15 847.55	3.9
外商直接投资实际到位金额（亿美元）	1 381.40	190.48	13.8

三、上海市生产总值增长情况

表 4-3 主要年份上海市生产总值比上年增长（按三次产业分）

指　标	2018 年	2019 年	2019 年比 2018 年增长（%）
上海市生产总值（亿元）	**36 011.82**	**38 155.32**	**6.0**
第一产业	104.78	103.88	-5.0
第二产业	10 360.78	10 299.16	0.5
工　业	9 763.48	9 670.68	0.4
建筑业	685.70	716.16	2.1
第三产业	25 546.26	27 752.28	8.2
交通运输、仓储和邮政业	1 616.47	1 650.44	3.6
信息传输、计算机服务和软件业	2 107.35	2 405.12	16.2
批发和零售业	4 884.81	5 023.23	2.4
住宿和餐饮业	451.63	458.86	-0.5
金融业	5 901.90	6 600.60	11.6
房地产业	3 185.32	3 300.72	5.1

四、吸收外资

2019 年，新设外商直接投资项目 6 800 项，比上年增长 21.5%；合同金额 502.53 亿美元，增长 7.1%；全年外商直接投资实际到位金额 190.48 亿美元，增长 10.1%。全年制造业外商直接投资实际到位金额 17.12 亿美元，下降 2.0%，占全市实际利用外资比重为 9.0%；第三产业外商直接投资实际到位金额 172.86 亿美元，增长 11.6%，占比为 90.7%。“一带一路”沿线国家在沪投资合同金额占全市比重达 8.2%。至年末，在上海投资的国家和地区达 188 个，在上海落户的跨国公司地区总部累计达到 720 家。其中，亚太区总部 116 家；外资研发中心 461 家。年内新增跨国公司地区总部 50 家。其中，亚太区总部 28 家；外资研发中心 20 家。

第二节　居民收入与消费水平结构

2019 年全市居民人均可支配收入 69 442 元，比上年增长 8.2%，扣除价格因素，实际增长 5.6%。其中，城镇常住居民人均可支配收入 73 615 元，增长 8.2%，扣除价格因素，实际增长 5.6%；农村常住居民人均可支配收入 33 195 元，增长 9.3%，扣除价格因素，实际增长 6.6%。全市居民人均消费支出 45 605 元，比上年增长 5.2%。其中，城镇常住居民人均消费支出 48 272 元，增长 4.9%；农村常住居民人均消费支出 22 449 元，增长 12.4%。

一、从业人员收入

表 4-4　2019 年上海市城镇单位就业人员平均工资　单位：元

指　标	2018 年	2019 年
城镇非私营单位就业人员平均工资	140 270	149 377
城镇私营单位就业人员平均工资	57 056	64 226
城镇单位就业人员平均工资	105 176	114 962

二、城市居民家庭活基本情况

表 4-5　2019 年上海城市居民家庭生活基本情况表

项　目	年　份	
	2018 年	2019 年
调查户数(户)	1 000	1 000
平均每户家庭人口(人)	2.53	2.55
平均每一就业者负担人数　(人)	2.13	2.15
平均每人可支配收入(元)	64 183	69 442
平均每人消费支出(元)	43 351	45 605
可支配收入比上年增长 (%) (按当年价格)	8.9	5.2

三、城市居民家庭消费支出及其构成

表 4-6　2018～2019 年上海城市居民家庭消费支出及其构成　单位：元

指　标	2018 年	百分比 (%)	2019 年	百分比 (%)
消费支出	**43 351**	**100**	**45 605**	**100**
食品烟酒	10 728	24.7	10 952	24.0
衣着	2 037	4.7	2 072	4.5
生活用品及服务	2 096	4.8	2 123	4.7
医疗保健	3 070	7.1	3 205	7.0
交通和通信	4 881	11.3	5 356	11.7
教育文化娱乐服务	5 049	11.6	5 495	12.1

居住	14 209	32.8	15 046	33.0
其他商品和服务	1 281	3.0	1 356	3.0

四、农村居民家庭生活基本情况

表 4-7　2018 年上海农村居民家庭生活基本情况

项　目	2018 年	2019 年
平均每人可支配收入(元)	30 375	33 195
平均每人生活消费总支出(元)	19 965	22 449

五、居民消费水平

表 4-8　2018 年上海城乡居民人均消费支出

居民消费支出（元/人）	2018 年	2019 年
农村居民	19 965	22 449
城镇居民	46 015	48 272

第三节　固定资产投资

一、固定资产投资概况

全年全社会固定资产投资总额比上年增长 5.1%。其中，第二产业投资增长 11.6%；非国有经济投资增长 3.9%。

表 4-9　2018～2019 年上海市固定资产投资比上年增长概况

指　标	2018 年（%）	2019 年（%）
从产业投向看		
第一产业	209.1	90.4
第二产业	17.2	11.6
第三产业	3.2	3.8
#房地产业（亿元）	4 033.18	4 231.38
从投资主体看		
国有经济	1	7.9

非国有经济	7	3.9
集体经济	-73.9	-27.6
私营经济	26.7	-17.3
联营经济	9.9	-91.4
股份制经济	7.2	9.2
港澳台经济	-16.1	7.5
外商经济	-1.7	40.7
其他经济	22.1	4.5

二、固定资产投资构成

2019 年上海市固定资产投资结构发生略有变化，全社会固定资产投资总额比上年增长 5.1%。一、二、三产业投资继续保持增长势头，第一产业投资较 2018 年相比减少幅度较大，下降 118.7 个百分点。新增固定资产投资 3 834.26 亿元，较上年增长 6.5%； 房地产方面，房屋施工、竣工面积均呈下降趋势，分别下降 3.9%和 22.6%，其中，住宅施工面积下降 1.3%，住宅竣工面积下降 15.6%。

表 4-10　2018～2019 年上海市固定资产投资主要指标比上年增长

指　标	2018 年（%）	2019 年（%）
投资总额	**5.2**	**5.1**
按隶属关系分		
中央项目	38.8	-12.7
地方项目	1.5	7.7
按构成分		
建筑安装工程	-3	6.2
设备、工具、器具购置	36.3	-1.1
其他费用	7.3	6.3
按建设性质分		
# 新　建	-7.2	10.8
扩　建	8.9	-1.6
改建和技术改造	29	1.1
单纯购置	47	-4.9
按产业分		
第一产业	209.1	90.4
第二产业	17.2	11.6
第三产业	3.2	3.8
按经济类型分		

国有经济	1	7.9
非国有经济	7	3.9
集体经济	-73.9	-27.6
私营经济	26.7	-17.3
联营经济	9.9	-91.4
股份制经济	7.2	9.2
港澳台经济	-16.1	7.5
外商经济	-1.7	40.7
其他经济	22.1	4.5
新增固定资产（亿元）	**3 599.51**	**3 834.26**
固定资产交付使用率	47.2	47.9
房屋建筑面积　（万平方米）		
施工面积	18 757.71	18 032.16
# 住　宅	7 615.04	7 513.16
竣工面积	3 790.92	2 934.85
# 住　宅	1 765.79	1 489.73

注：按建设性质分中不包括房地产开发投资和农户投资。

2018 年以来，国家统计局规定各省市固定资产投资统计对外只发布增速数据，本篇章涉及固定资产投资的指标均为增速（%）数据。

第四节　人口总量与结构

至 2019 年末，全市常住人口总数为 2 428.14 万人。其中，户籍常住人口 1 450.43 万人，外来常住人口 977.71 万人。全年常住人口出生 16.9 万人，出生率为 7.0‰；死亡 13.3 万人，死亡率为 5.5‰；常住人口自然增长率为 1.5‰；常住人口出生性别比为 105。全年户籍常住人口出生 9.2 万人，出生率为 6.3‰；死亡 12.5 万人，死亡率为 8.6‰；户籍常住人口自然增长率为-2.3‰。

一、人口主要构成情况

表 4-11　2019 年上海市户籍人口主要构成情况

指　标	年末数（万人）	比重（%）
全市总人口	1 469.30	100.0
其中：男性	726.75	49.5

女性	742.55	50.5
其中：0-17 岁	180	12.3
18-34 岁	238.13	16.2
35-59 岁	534.61	36.4
60 岁及以上	516.55	35.1

二、家庭户规模及户籍人口期望寿命

2019 年，全市共有家庭户 556.23 万户，呈持续增长趋势。平均每个家庭的人口为 2.64 人，户籍人口期望寿命 83.66 岁，男性为 81.27 岁，女性为 86.14 岁，略有提升。

三、在校学生数

表 4-12　2019 年上海市在校学生数　　单位：万人

指　标	2018 年	2019 年	2019 年比 2018 年增加（%）
普通高等学校	51.78	52.63	1.64
普通中等学校	67.97	69.7	2.55
其中：中等专业学校	5.98	5.7	-4.68
普通中学	59.07	61.04	3.34
职业学校	1.99	1.97	-1.0
技工学校	0.93	0.99	6.45
普通小学	80.02	82.63	3.26
特殊教育学校	0.44	0.48	9.09

四、人口迁移

表 4-13　2019 年上海市户籍人口迁移情况

年　份	迁　入		迁　出		机械增长	
	人　口（万人）	迁入率（‰）	人　口（万人）	迁出率（‰）	人　口（万人）	增长率（‰）
2018 年	13.75	9.43	3.92	2.69	9.83	6.74
2019 年	13.69	9.34	3.41	2.33	10.28	7.01

五、各区县人口数和人口密度

表 4-14　2019 年上海各区县人口数和人口密度

地　区	土地面积（平方公里）	年末常住人口（万人）	其　中	人口密度（人/平方公里）
			外来人口	
全　市	6 340.50	2 428.14	977.71	3 830
浦东新区	1 210.41	556.7	234.22	4 599
黄浦区	20.46	65.08	17.83	31 808
徐汇区	54.76	109.46	27.45	19 989
长宁区	38.3	69.36	17.96	18 110
静安区	36.88	105.77	26.83	28 680
普陀区	54.83	127.58	34.03	23 268
虹口区	23.48	79.4	15.46	33 816
杨浦区	60.73	130.49	27.63	21 487
闵行区	370.75	254.93	125.14	6 876
宝山区	270.99	204.43	83.78	7 544
嘉定区	464.2	159.6	90.48	3 438
金山区	586.05	80.50	27.22	1 374
松江区	605.64	176.22	106.11	2 910
青浦区	670.14	121.90	71.27	1 819
奉贤区	687.39	115.20	57.68	1 676
崇明区	1 185.49	68.81	13.92	580

第五节　建筑业主要指标

一、建筑业宏观情况

表 4-15　2019 年上海建筑业宏观主要指标

类　别	企业数（个）	年末从业人员（万人）	竣工产值（亿元）	总产值（亿元）	其　中		房屋建筑面积（万平方米）	
					# 建筑工程	# 安装工程	施工面积	竣工面积
总　计	2 698	52.64	4 146.99	7 812.65	6 613.02	985.52	50 918.88	9 231.95
按登记注册类型分								

内　资	2 594	51.13	4 062.71	7 638.20	6 503.85	929.4	50 607.98	9 134.79
#国　有	6	0.07	5.6	6.27	6.27	—	—	—
集　体	16	0.81	12.04	17.65	11.78	5.86	69.38	37.19
股份合作	13	0.05	4.67	4.93	4.53	0.4	—	—
联　营	2	0.04	0.62	0.62	0.62	-	2.67	1.98
有限责任公司	583	21.15	2 728.74	5 368.51	4 675.44	552.22	38 780.95	6 574.81
股份有限公司	48	2.92	303.18	392.96	311.25	76.04	4 589.59	816.74
私　营	1 926	26.09	1 007.86	1 847.25	1 493.95	294.88	7 165.38	1 704.08
港澳台商投资	55	0.6	35.03	81.86	50.5	26.33	207.01	56.99
外商投资	49	0.91	49.24	92.59	58.67	29.79	103.89	40.18
按行业分								
房屋建筑业	786	27.23	2 734.21	4 240.63	3 850.18	244.86	49 614.27	8 982.16
土木工程建筑业	618	11.48	690.02	2 143.44	1 902.24	200.51	1 069.49	144.98
建筑安装业	639	6.68	333.94	618.43	123.3	476.19	198.11	72.49
建筑装饰和其他建筑业	655	7.25	388.81	810.15	737.29	63.95	37.01	32.32
按资质标准分								
施工总承包	1 450	42.44	3 620.04	6 819.99	5 887.67	731.6	50 430.89	8 975.98
专业承包	1 248	10.2	526.94	992.65	725.35	253.92	487.99	255.98

表 4-16　上海建筑业主要指标(2010～2019 年)

年　份	年末从业人员（万人）	总产值（亿元）	房屋竣工面积（万平方米）	平均每个职工房屋竣工面积（平方米/人）	全员劳动生产率（按总产值计算）（元/人）
2010年	96.09	4 300.19	6 217.15	64.70	344 720
2011年	96.86	4 586.28	5 984.74	61.79	359 232
2012年	88.08	4 843.44	6 476.07	73.52	451 564
2013年	81.54	5 102.84	6 274.25	76.95	417 313
2014年	77.65	5 499.94	7 580.77	97.63	416 002
2015年	69.19	5 652.47	7 258.69	104.91	445 768
2016年	65.45	6 046.19	7 481.15	114.30	477 994
2017年	60.07	6 426.42	8 066.54	134.29	531 442
2018年	58.28	7 112.32	7 886.31	135.36	577 007
2019年	52.64	7 812.65	9 231.95	175.37	617 090

二、建筑业区县情况

表 4-17　2019 年上海各区、县建筑业主要指标

地　区	企业数（个）	年末从业人员（万人）	总产值（亿元）	房屋施工面积（万平方米）	房屋竣工面积（万平方米）	其　中 # 住宅房屋
总　计	**2 698**	**52.64**	**7 812.65**	**50 918.88**	**9 231.95**	**4 201.30**
浦东新区	508	11.76	2 096.03	17 397.56	2 816.34	646.94
黄浦区	112	1.39	246.18	264.69	77.7	52.39
徐汇区	170	4.15	805.8	679.76	197.76	164.89
长宁区	114	1.37	262.68	4 024.98	552.9	333.7
静安区	152	5.6	801.31	1 803.92	357.64	271.66
普陀区	179	3.62	463.99	4 320.46	1 106.37	838.63
虹口区	106	2.66	550.17	3 871.92	717.3	446.57
杨浦区	171	2.9	276.92	595.04	172.25	115.91
闵行区	192	3.38	627.39	8 078.34	1 217.15	639.21
宝山区	226	5.3	900.47	6 416.57	1 158.78	289.35
嘉定区	165	1.85	142.57	1 003.73	287.09	227.01
金山区	121	1.83	111.18	326.44	32.37	16.25
松江区	181	2.65	204.33	852.19	348.08	92.5
青浦区	61	1.14	116.01	222.93	76.49	5.97
奉贤区	157	2.43	159.26	995.63	95.14	55.88
崇明区	83	0.63	48.36	64.74	18.61	4.47

三、建筑业签订合同、承包工程完成情况

表 4-18　2019 年上海建筑业签订合同情况　　单位：亿元

类　别	签订的合同额	上年结转合同额	本年新签合同额
总　计	**26 514.66**	**13 949.72**	**12 564.94**
按经济类型分			
内　资	25 884.31	13 689.52	12 194.79
# 国　有	20.32	6.08	14.25
集　体	34.23	13.6	20.63
股份合作	5.24	1.58	3.66
联　营	1	0.26	0.74
有限责任公司	20 271.35	10 897.53	9 373.82

股份有限公司	2 276.00	1 304.86	971.14
私　营	3 276.17	1 465.62	1 810.54
港澳台商投资	331.11	109.6	221.51
外商投资	299.24	150.6	148.64
按隶属关系分			
# 中央属	11 510.61	6 203.14	5 307.47
地方属	8 285.22	4 712.04	3 573.18
其他属	6 718.83	3 034.54	3 684.30
按资质等级分			
# 特　级	16 713.35	9 281.85	7 431.49
一　级	6 924.99	3 415.84	3 509.16
二　级	1 983.03	955.42	1 027.61
三　级	875.73	286.66	589.08
按行业类别分			
房屋建筑业	16 214.22	8 760.91	7 453.31
土木工程建筑业	7 529.86	4 134.25	3 395.61
建筑安装业	1 479.02	603.83	875.2
建筑装饰和其他建筑业	1 291.56	450.73	840.83
按资质标准分			
施工总承包	24 902.03	13 341.22	11 560.80
专业承包	1 612.63	608.49	1 004.14

表 4-19　2019 年上海建筑业承包工程完成情况

类　别	直接从建设单位承揽工程完成产值	自行完成施工产值	分包出去工程的产值	从建设单位外承揽工程完成产值
总　计	**8 136.07**	**6 916.53**	**1 219.54**	**896.12**
按经济类型分				
内　资	7 916.76	6 762.84	1 153.93	875.36
# 国　有	9.83	5.25	4.58	1.02
集　体	18.45	17.2	1.25	0.46
股份合作	4.8	4.8	-	0.14
联　营	0.79	0.62	0.17	-
有限责任公司	5 623.12	4 852.7	770.43	515.83
股份有限公司	575.34	276.87	298.5	116.09
私　营	1 684.43	1 605.41	79.02	241.8

港澳台商投资	81.23	73.95	7.28	7.9
外商投资	138.07	79.74	58.33	12.86
按隶属关系分				
# 中 央 属	2 954.50	2 876.48	78.02	75.56
市　属	2 524.38	1 608.20	916.18	348.88
区（县）属	2 657.19	2 431.85	225.34	471.67
按资质等级分				
# 特　级	3 959.18	3 158.05	801.13	403.45
一　级	2 753.92	2 481.05	272.87	229.84
二　级	929.52	827.13	102.39	182.27
三　级	484.11	441.02	43.09	76.78
按行业类别分				
房屋建筑业	4 568.44	3 678.27	890.17	562.35
土木工程建筑业	2 238.07	2 031.02	207.04	112.42
建筑安装业	654.77	557.5	97.27	60.94
建筑装饰和其他建筑业	674.78	649.74	25.05	160.41
按资质标准分				
施工总承包	7 268.61	6 093.69	1 174.93	726.31
专业承包	867.45	822.84	44.61	169.81

第六节　金融业主要指标

一、个人贷款总额

表 4-20　个人消费贷款及公积金贷款年末余额（2017～2019 年）　单位：亿元

指　标	2017 年	2018 年	2019 年
中外金融机构人民币个人消费贷款余额	**18 159.18**	**19 962.69**	**22 393.43**
# 个人住房贷款	12 720.89	13 314.01	14 351.73
汽车消费贷款	3 633.34	4 139.05	4 227.64
个人住房贷款占金融机构人民币个人消费贷款额比重（%）	70.1	66.7	64.1
公积金贷款余额	**3 531.01**	**3 921.96**	**4 450.05**

二、金融机构贷款年末余额

表 4-21　中外金融机构贷款年末余额　　单位：亿元

指　标	2019 年	比 2019 年初增加
各项贷款余额	**79 843.01**	**5 609.84**
境内贷款	75 738.18	5 502.83
住户贷款	25 280.22	2 059.18
短期贷款	3 562.69	230.43
中长期贷款	21 717.52	1 828.75
非金融企业及机关团体贷款	50 030.78	3 361.87
# 短期贷款	15 559.50	89.89
中长期贷款	25 868.74	2 360.13
票据融资	4 176.08	605.91
非银行业金融机构贷款	427.18	81.77
境外贷款	4 104.83	107.01

三、主要年份主要要素市场交易情况和资金拆借情况

表 4-22　主要金融市场成交概况（2017～2019 年）　　单位：亿元

指　标	2017 年	2018 年	2019 年
上海证券交易所成交额	3 063 862.43	2 646 248.80	2 834 818.77
上海期货交易所成交额	899 310.35	815 417.14	1 125 219.99
中国金融期货交易所成交额	245 921.99	261 222.97	696 210.17
银行间市场成交额	9 977 729.01	12 628 336.81	14 543 054.67
上海黄金交易所成交额	97 608.46	106 587.70	143 775.38

注:银行间市场成交额包括银行间本币市场和外汇市场成交额。本表数据中 2016 年上海黄金交易所成交额按双向计算，其他成交额数据均按单向计算。

第三章　土地市场

第一节　城市空间布局规划

上海市城市规划落实国家战略，突出区域协同，以城市群为主体构建大中小城市和小城镇协调发展的城镇格局。优化城乡体系，形成“网络化、多中心、组团式、集约型”的空间结构。明确分类、分层、分级的空间指引策略，夯实“规土融合”的空间政策平台。

一、区域协同发展

（一）协同发展要求

1. 发挥上海在“一带一路”建设和长江经济带发展中的先导作用　提升上海国际枢纽地位，强化上海在金融、贸易、航运、文化和科技创新等方面的功能引领性，增强上海对区域的辐射带动，推动在环境保护、产业布局、人文交流、信息共享、海外市场拓展等方面的协作，充分发挥长江经济带龙头城市和“一带一路”建设桥头堡作用。

2. 强化上海对长三角城市群的引领作用　共守生态安全，共享基础设施，创新治理模式，推动长三角城市群成为具经济活力的资源配置中心、具有全球影响力的科技创新高地、全球重要的现代服务业和先进制造业中心、亚太地区重要国际门户和美丽中国建设示范区。

3. 以都市圈承载国家战略和要求　发挥上海作为都市圈中心城市的辐射带动作用，依托交通运输网络推动 90 分钟通勤范围内，与上海在产业分工、文化认同等方面关系紧密的近沪地区及周边协同形成同城化都市圈格局。完善区域功能网络，加强基础设施统筹，推动生态环境共建共治，形成多维度的区域协同治理模式。

（二）区域生态环境

共同维护区域生态基底，共同完善长江口、东海海域、环太湖、环淀山湖、环杭州湾等生态区域的保护，严格控制滨江沿海及杭州湾沿岸的产业岸线，严格限制沿江新增钢铁、重化等高耗能与污染型工业，完善污染企业的退出机制；加强长江生态廊道、滨海生态保护带、黄浦江生态廊道、吴淞江生态廊道等区域生态廊道的相互衔接；推动区域（流域）大气、水环境、土壤污染与地面沉降的联防联治，协调长江、太湖流域水污染防治政策，共享区域、流域环境和污染源监测数据，推进船舶排放联合控制，建立区域资源与环境保护合作平台。

（三）区域交通设施

区域航空机场群联动：推动无锡硕放、南通兴东、嘉兴等周边机场共同支撑以浦东国际机场、虹桥国际机场为核心的上海国际航空枢纽建设。扩展集疏运通道容量，构建空铁联运体系，建设北沿江城际、沪杭城际等机场群联络通道。加强通用机场的统一布局。

区域港口功能布局：加强上海港与宁波至舟山港、苏州港、南通港、嘉兴港等长江下游及杭州湾地区港口的分工合作，提升国际枢纽功能，成为支撑“一带一路”和长江经济带战略的国际航运中心。强化上海港与沿海、沿江港口的水水中转，发展江海联运与沿海近洋中转。加强以长江黄金水道为骨架的区域内河航运系统建设，提升苏申、杭申线等高等级航道和外高桥等重要内河港区支撑作用，培育内河支流集疏运体系，构筑区域航运联动格局。

国家综合运输通道布局：强化南京、杭州、南通、宁波、湖州等5个主要联系方向上国家铁路干线与高速公路通道的布局；提升沪宁、沪杭、沿江、沪通、沪湖、沿湾、沪甬等7条区域综合运输走廊的服务效率、能级和安全可靠性，构建以高速铁路、城际铁路和高速公路为骨干，多种方式综合支撑的区域城际交通网络。

（四）区域市政基础设施

区域水资源统筹：提升长江与太湖流域水质及水量供给水平，协同保护各长江口与环太湖水源保护区，扩大长江流域水源地供水能力。建设沿长江与太湖地区清水走廊，协同推进太浦河后续工程建设，合理布局排水口与取水口，严格控制入河湖污染物总量，改善供水水质，统筹区域水资源分配，研究流域跨境引水方案。

区域市政廊道衔接：统筹上海电网衔接华北、华东、华中（三华）特高压电网、西南水电东送、华东500千伏电网的高压电力走廊布局；统筹上海天然气管网衔接西气东输、川气东输、LNG二期、中俄东线等天然气管网，以及东海气田的天然气走廊布局。统筹以上海为核心的区域高速信息廊道布局。

区域基础设施协调：重点协调垃圾处理厂、污水处理厂、变电站、危险品仓库等基础设施布局。

区域信息通讯协作：搭建信息资源共享交换平台和公益性服务平台，探索数据中心服务的跨省市合作途径。

区域综合防灾体系共建：统筹流域防洪工程和重点水系布局，加快吴淞江工程等重大水利工程建设，提升防洪除涝减灾能力，完善现代区域防汛保障体系；协调区域救援通道、疏散通道、避难场所等疏散救援空间建设，以及区域应急交通、供水、供电、医疗、物资储备等应急保障基础设施布局。

（五）区域文化网络

推进环淀山湖地区古镇和环太湖古镇群联动开发，打造世界级水乡古镇文化休闲区和生态旅游度假区，适时申请世界文化遗产，共同促进江南地方文化和中国历史文化的传承与创新，提升区域文化交流水平与文化软实力。

（六）重点战略协同区

1.东部沿海战略协同区　以中国（上海）自由贸易试验区为引领，充分发挥区域组合港的集聚效应，提升国际航运枢纽、贸易服务功能，形成沿海全面开放的国际门户。促进临港、舟山等滨海地区分工协作发展，积极引入战略性新兴产业，发展现代远洋渔业，并加强生态环境治理，整体保护长江口、近海生态型岛屿、滩涂湿地等，合理利用滨水岸线和水土资源。

2.杭州湾北岸战略协同区　推进奉贤、金山、平湖等沿湾地区协作发展，形成集产业、城镇和休闲功能于一体的战略空间。重点推动重化工产业布局优化和转型升级，强化战略性产业和创新型产业集聚，推进杭州湾海洋环境修复，统筹协调沿湾各城市共同保护生态岸线以及生活岸线。

3.长江口战略协同区　推动崇明世界级生态岛建设。促进宝山、崇明、海门、启东，嘉定、昆山、太仓等跨界地区的协作发展。优化长江口地区产业布局，严格保护沿江各城市水源地，推进沿江自然保护区与生态廊道建设。

4. 环淀山湖战略协同区　促进青浦、昆山等环淀山湖地区协同发展，保护生态环境和江南水乡历史文化与自然风貌，以建设世界级湖区为目标，加强水乡古镇等文化旅游资源的整体开发利用，形成融合文化、生态、休闲等功能的战略空间。

二、市域空间格局

（一）空间布局原则

1. 强化生态基底硬约束　构筑“双环、九廊、十区”多层次、成网络、功能复合的生态空间格局。

双环：外环绿带和近郊绿环。在市域双环之间通过生态间隔带实现中心城与外围以及主城片区之间生态空间互联互通。

九廊：宽度 1 000 米以上的嘉宝、嘉青、青松、黄浦江、大治河、金奉、浦奉、金汇港、崇明等 9 条生态走廊，构建市域生态骨架。

十区：宝山、嘉定、青浦、黄浦江上游、金山、奉贤西、奉贤东、奉贤至临港、浦东、崇明等 10 片生态保育区，形成市域生态基底。

2. 突出交通骨架引导　形成“枢纽型功能引领、网络化设施支撑、多方式紧密衔接”的交通网络，引导城镇空间布局。

以区域交通廊道引导空间布局：沿沪宁、沪杭、沪湖廊道，提升嘉定、松江、青浦等地区城镇的综合性服务功能和对近沪地区的辐射服务能力；沿沪通、沿江、沿湾、沪甬廊道，优化外高桥、空港、临港等地区的产业功能，增强奉贤新城、南汇新城的综合性功能和门户作用。

以公共交通提升空间组织效能：构建城际线、市区线、局域线等多层次的轨道交通网络，以公共交通为主导，实现上海市域 1 小时交通出行可达。10 万人以上新市镇轨道交通站点的覆盖率达到 95% 左右，轨道交通站点 600 米用地覆盖率主城区达到 40%，新城达到 30%。

构建三级对外交通枢纽体系：提升浦东、虹桥和洋山枢纽等国际（国家）级枢纽功能，结合浦东国际机场新增铁路东站（祝桥）。完善沪宁、沪杭、沿江等交通廊道上的区域级枢纽，突出长距离客货交通联系功能。依托区域城际铁路、市域轨道快线，设置城市级客运枢纽。沿沪通、沿湾和沪宁、沪杭廊道设置城市级货运枢纽。

（二）空间布局结构　形成“一主、两轴、四翼；多廊、多核、多圈”的市域总体空间结构。

1. “一主、两轴、四翼”　以中心城为主体，强化黄浦江、延安路至世纪大道“十字形”功能轴引导，形成以虹桥、川沙、宝山、闵行 4 个主城片区为支撑的主城区，承载上海全球城市的核心功能。

2. “多廊、多核、多圈”　强化沿江、沿湾、沪宁、沪杭、沪湖等重点发展廊道，培育功能集聚的重点发展城镇，构建公共服务设施共享的城镇圈，实现区域协同、空间优化和城乡统筹。

（三）市域城乡体系　形成“主城区-新城-新市镇-乡村”的市域城乡体系。

1. 主城区　主城区包括中心城、主城片区，以及高桥镇和高东镇紧邻中心城的地区，范围面积约 1 161 平方公里，规划常住人口规模约 1 400 万人。

中心城：为外环线以内区域，范围面积约 664 平方公里，规划常住人口规模约 1 100 万人。强化上海全球城市功能能级，推进城市有机更新，增加公共空间和公共绿地，提升公共服务水平、地区就业水平和城市空间品质。

主城片区：规划虹桥、川沙、宝山、闵行等 4 个主城片区，范围面积约 466 平方公里，规划常住人口规模约 300 万人。主城片区与中心城共同发挥全球城市功能作用，以强化生态安全、促进组团发展为空间优化的基本导向，围绕轨道交通枢纽促进空间紧凑发展，完善公共服务设施。加快产业转型和空间调整，适当增加就业岗位，促进产城融合。

2. 新城　重点建设嘉定、松江、青浦、奉贤、南汇等新城，培育成为在长三角城市群中具有辐射带动能力的综合性节点城市，按照大城市标准进行设施建设和服务配置，规划常住人口约 385 万人。

嘉定新城：沪宁廊道上的节点城市，以汽车研发及制造为主导产业，具有独特人文魅力和科技创新力，辐射服务长三角的现代化生态园林城市。规划人口约 70 万人。

松江新城：沪杭廊道上的节点城市，以科教和创新为动力，以服务经济、战略性新兴产业和文化创意产业为支撑的现代化宜居城市，具有上海历史文化底蕴、自然山水特色的休闲旅游度假胜地和区域高等教育基地。规划人口约 110 万人。

青浦新城：沪湖廊道上的节点城市，以创新研发、商务贸易、旅游休闲功能为支撑，具有江南历史文化底蕴的生态型水乡都市和现代化湖滨城市。规划人口约 65 万人。

奉贤新城：滨江沿海发展廊道上的节点城市，杭州湾北岸辐射长三角的综合性服务型核心城市，具有独特生态禀赋、科技创新能力的智慧、宜居、低碳、健康城市。规划人口约 75 万人。

南汇新城：滨江沿海发展廊道上的节点城市，以先进制造、航运贸易、海洋产业为支撑的滨海城市，以自贸区制度创新、产业科技创新、智慧文化创新为动力的改革开放先行试验区。规划人口约 65 万人。

金山滨海地区、崇明城桥地区，提升地方性服务功能，发展形成功能完善、产城融合、用地集约、生态良好的门户型节点城市。

3. 新市镇 突出新市镇统筹镇区、集镇和周边乡村地区的作用，根据功能特点和职能差异，分为核心镇、中心镇和一般镇。

核心镇：主要指位于金山滨海地区的金山卫镇和山阳镇，以及崇明城桥地区的城桥镇。强化联动发展和区域带动能力，规划高等级文化、教育、体育、医疗等设施，按照不低于中等城市标准进行建设和服务配置，加强对长三角区域以及周边镇乡地区的服务。

中心镇：主要指郊区位于发展廊道，且发展基础良好的城镇。包括罗店、安亭、南翔、江桥、朱家角、浦江、佘山、九亭、枫泾、朱泾、亭林、海湾、奉城、周浦、康桥、唐镇、曹路、惠南、祝桥、长兴、陈家镇等。中心镇按照中等城市标准进行设施建设和服务配置，强化综合服务、特色产业功能，突出公共交通对城镇发展的引导作用，强化土地节约集约利用和紧凑布局，提升对区域的带动能力。其中，中心城周边的中心镇重点完善公共服务与交通设施配置，提升建成区环境品质，强化空间管控，维护生态底线，控制人口增长，形成组团化的城镇空间格局。

一般镇：包括城镇化水平较低的独立型城镇。满足周边城乡居民的基本公共服务和就业需求，按照小城市标准进行设施建设和服务配置。

4. 乡村　建设美丽乡村，引导农村居民集中居住。加强村庄发展的分类引导，改善农村人居环境，保护传统风貌和自然生态格局，全面完善农村骨干基础设施和公共服务设施，完善乡村供水、排水、垃圾处理、道路交通、电力、通讯等设施，合理配置乡村教育、医疗、商业服务等设施网点。

保护村庄：重点保护 40 个以上具有历史文化底蕴和风貌特色的村庄。明确核心资源要素，加强村庄特色风貌保护，合理布局公共服务设施。适度发展休闲旅游、创意等产业，提高农民收入。

保留村庄：保留整体空间格局、资源、环境、规模、产业、历史文化要素等综合评价较高的村庄。适当引导紧凑组团式发展，优化生产生活布局，就近依托城镇配套公共服务设施，提升基本公共设施和市政基础设施服务水平，开展农村人居环境整治行动。

按照节约集约用地导向，引导农民进城入镇。有序迁并环境差、规模小、分布散的村庄。优先安排受环境影响严重的村庄居民迁移，包括位于生态敏感区、水源保护地内以及受高压线、高速公路和高速铁路影响严重的村庄。

（四）公共活动中心体系　构建“城市主中心（中央活动区）-城市副中心-地区中心-社区中心”的公共活动中心体系。

1. 城市主中心（中央活动区）　规划范围约 75 平方公里，包括小陆家嘴、外滩、人民广场、南京路、淮海中路、西藏中路、四川北路、豫园商城、上海不夜城、世博—前滩-徐汇滨江地区、徐家汇、衡山路-复兴路地区、中山公园、虹桥开发区、苏河湾、北外滩、杨浦滨江（内环以内）、张杨路等区域，作为全球城市核心功能的重要承载区，重点发展金融服务、总部经济、商务办公、文化娱乐、创新创意、旅游观光等功能，加强历史城区内文化遗产和风貌的整体保护。

2. 城市副中心　规划 9 个主城副中心、5 个新城中心和 2 个核心镇中心，作为面向市域的综合服务中心，兼有全球城市的专业中心职能。中心城内提升江湾-五角场、真如、花木-龙阳路 3 个主城副中心的功能，新增金桥、张江 2 个主城副中心。在虹桥、川沙、宝山、闵行 4 个主城片区内分别设置虹桥、川沙、吴淞、莘庄主城副中心。嘉定、松江、青浦、奉贤、南汇等 5 个新城内分别设置新城中心，在金山滨海地区和崇明城桥地区设置核心镇中心，强化面向长三角和市域的综合服务功能，承载全球城市部分功能。

3. 地区中心　结合地区人口规模与发展需求，实现公共服务与就业岗位均衡化布局，在主城区、新城以及部分新市镇结合轨道交通站点和枢纽设置地区中心。

4. 社区中心　将生活圈作为社区公共资源配置和社会治理的基本单元。在每个生活圈内，规划形成社区服务中心，实现基本服务设施 15 分钟步行可达，保障市民享有便捷舒适的社区级公共服务设施，提升生活品质。

三、空间分区管制

（一）生态空间　全市生态空间总面积不小于 5 465 平方公里（规划范围内 3 739 平方公里），其中长江口及近海海域面积 2 432 平方公里（规划范围内 706 平方公里），陆域面积 3 033 平方公里。生态空间分四类进行差异化管控，建立健全建设引导、生态补偿和动态调整机制。

1. 一类、二类生态空间　以改善生态环境质量为核心，以保障和维护生态功能为主线，划定并严守生态保护红线。一类生态空间包括崇明东滩鸟类国家级自然保护区、九段沙湿地国家级自然保护区的核心范围，总面积 626 平方公里（均为长江口及近海海域面积，其中规划范围内 256 平方公里）；

二类生态空间包括国家级自然保护区非核心范围、市级自然保护区、饮用水水源一级保护区、森林公园核心区、地质公园核心区、山体和重要湿地，总面积 639 平方公里（其中规划范围内长江口及近海海域面积 155 平方公里，陆域面积 71 平方公里）。将一类和二类生态空间作为禁止建设区，总面积 1 265 平方公里（其中规划范围内长江口及近海海域面积 411 平方公里，陆域面积 71 平方公里），禁止影响生态功能的开发建设活动。

将其中具有特殊重要生态功能、必须强制性严格保护的区域，包括生态功能重要区域和生态环境敏感脆弱区域划入生态保护红线，实现一条红线管控重要生态空间。

2. 其他生态空间　将城市开发边界外除一类、二类生态空间外的其他重要结构性生态空间划定为三类生态空间，包括永久基本农田、林地、湿地、湖泊河道、野生动物栖息地等生态保护区域，以及饮用水水源二级保护区、近郊绿环、生态间隔带、生态走廊等生态修复区域，总面积不小于 4 096 平方公里（其中规划范围内长江口及近海海域面积 295 平方公里，陆域面积 2 858 平方公里）；将三类生态空间划入限制建设区予以管控，禁止对主导生态功能产生影响的开发建设活动，控制线性工程、市政基础设施和独立型特殊建设项目用地。

将城市开发边界内结构性生态空间划定为四类生态空间，包括外环绿带、城市公园绿地、水系、楔形绿地等，面积不小于 104 平方公里（均为陆域面积），严格保护并提升生态功能。

（二）农业空间　农业空间内坚持永久基本农田保护，促进永久基本农田集中成片，以农用地多功能利用促进都市现代农业发展，推进低效工业用地和农村宅基地减量。在严守建设用地总规模的前提下，安排其他建设用地仅用于交通市政设施、特殊用地、农村民生项目和旷地型旅游设施。其他建设用地区内不得新增居住和工业项目，以旷野型开发为导向，严格控制开发建设强度和高度。

1. 划定永久基本农田保护红线　将布局集中、用途稳定、具有良好水利设施的高产、稳产、优质耕地划定为永久基本农田保护红线。优先划入城镇周边易被占用的耕地，并将位于生态间隔带、近郊绿环及生态走廊内具有重要生态功能的耕地划定为永久基本农田。2020 年，全市永久基本农田保护任务为 249 万亩。2035 年，全市永久基本农田保护任务为 150 万亩。将永久基本农田保护红线纳入三类生态空间。

对划定的永久基本农田实行管控性保护、建设性保护和激励性保护。任何单位和个人不得擅自占用永久基本农田或改变其用途。通过土地综合整治、高标准永久基本农田建设和耕作层土壤剥离再利用等措施，实现永久基本农田“数量、质量、生态”三位一体提升。

2. 促进永久基本农田集中成片　按照市-区-镇三级，建立永久基本农田集中区-保护区-保护地块管理体系，促进永久基本农田集中成片，逐层落实耕地保护任务，实现永久基本农田精细化管理和刚性管控。

全市层面，划定永久基本农田集中区 15 片，促进永久基本农田集中成片，区内永久基本农田保护面积不低于全市总量的 60%；区级层面，划定永久基本农田保护区，作为永久基本农田特殊保护和管理的区域，区内永久基本农田保护面积不低于全市总量的 80%，探索保护区内永久基本农田增加与保护区外永久基本农田调整挂钩联动的机制；镇乡级层面，划定永久基本农田保护地块，完善永久基本农田保护责任机制。

3. 大力发展多功能都市现代农业　稳固都市现代农业的生产功能、凸显生态功能、丰富生活文化功能，推进都市现代农业与二三产业融合发展。坚持主要农产品低保有量制度，保障城市蔬菜自给率，确保供应安全。以崇明三岛、黄浦江上游、杭州湾北岸和城市周边地区为主体，优化农业生产布局。在划定永久基本农田的基础上，建设80万亩粮食生产功能区，控制重要农产品生产保护区，成为高效、生态都市现代农业示范基地。加强农业空间复合利用，推广立体种养模式。全面加强农业面源污染防控，建立全程可追溯、互联共享的农产品质量信息平台，加强农产品质量安全分类、分级管理。推进农村环境综合治理，构建乡村新型功能体系，保护传承农村传统文化。

（三）城镇空间

1. 城市开发边界　以规划建设用地总量锁定为前提，根据全市城乡空间格局划示城市开发边界，其范围涵盖建成区和规划期内拟拓展的建设用地，包括主城区、新城、新市镇镇区、集镇社区、产业园区和特定大型公共设施等规划城市集中建设区。在全市层面，规划城市开发边界范围面积控制在2 800平方公里以内（其中建设用地约2 600平方公里）；在各区、镇乡层面，深化城市开发边界，落实规划建设用地规模控制，优化建设用地布局，明确管控要求。

引导城市建设集中布局，集约紧凑发展。至2035年，城市开发边界内建设用地在全市建设用地总规模中的比例达到80%以上；城市开发边界外建设用地由现状868平方公里减少到600平方公里。

2. 限制建设区　在禁止建设区外，将长江口及近海海域、城市开发边界外的市域陆域空间以及城市开发边界内的规划非建设用地，划入限制建设区，总面积约5 438平方公里（其中规划范围内长江口及近海海域面积约295平方公里，陆域面积约4 162平方公里）。严格限制除市政、交通、水利基础设施以外的其他新增建设用地。

（四）文化保护控制线

1. 分类划定文化保护控制线　包括历史文化遗产、自然（文化）景观和公共文化服务设施等要素的保护和控制范围。建立文化保护控制线的定期评估与更新机制。根据文化发展要求，逐步增补保护对象，拓展文化保护范围。历史文化遗产：根据相关法律法规和保护规划，划定城乡各类历史文化遗产的保护和控制范围，严格保护历史文化遗产及其环境。

自然（文化）景观：包括历史公园、古树名木等带有人文要素的自然景观的保护和控制范围，重点保护自然地形地貌、景观环境、生态系统与文化遗存。

公共文化服务设施：涵盖城市中公共文化体育设施较为集聚、对城市文化发展具有重要作用的区域，确保以公共文化服务为主导功能，不得擅自改变用地性质，严格控制文体功能空间规模占比下限，强化对公共服务空间的保护和管控。

2. 实施严格的文化保护制度　严格按照相关法律法规，对文化保护控制线实施分级管控，将历史文化遗产的保护范围划入紫线，实施严格的保护制度。

四、空间发展策略

（一）中心城

1. 打造高品质的中央活动区　以外滩-陆家嘴地区为核心，进一步集聚国际金融、贸易、航运和总部商务等全球城市功能。重点打造世博-前滩-徐汇滨江地区的文化功能核心区，引领创新、创意、文化等全球城市功能集聚。促进黄浦江、苏州河沿线用地转型，打通滨江、滨河公共空间通道，彰显世界级滨水区品质和活力。

2.促进功能提升和布局优化 在提升江湾-五角场、真如、花木-龙阳路3个主城副中心功能的基础上，在浦东新区促进金桥、张江2个主城副中心的规划建设。中心城北部强化大宁、桃浦、共康、控江路等地区中心，浦东新区培育森兰、金杨、金科、御桥、高青路等地区中心，中心城西部强化真北、古北、南站-漕河泾等地区中心。推进张江、金桥、外高桥、市北、漕河泾等地区产业功能转型升级。

3.提高公共交通服务水平 中心城确立公共交通在机动化出行中的主导地位，至2035年，公共交通占全方式出行的比例达到50%以上，绿色交通出行比例达到85%。其中，中央活动区作为低碳出行实践区，公共交通出行比例达到60%以上，个体机动化交通出行比例降低至15%以下。加强轨道交通网络支撑，确保主城副中心均有至少2条轨道交通线路直接服务。研究新增线路预留快慢线功能的可行性。至2035年，中心城轨道交通站点600米用地覆盖率达到60%。

4.改善居住和公共服务品质 对于就业岗位集聚的地区，鼓励存量住房改造、企业投资建设、政府回购等多种方式，进一步提高租赁住房比例。控制规划新增住宅用地规模，提高新增住房中的租赁性和中小套型住房比例。推进各类高等级公共服务设施布局，重点在杨浦、虹口、普陀、静安的苏州河以北地区以及浦东新区东部地区，结合公共活动中心体系，增加市级与地区级体育、医疗、文化等公共服务设施。结合15分钟社区生活圈的优化完善，推进基本公共服务的均等化，提高社区级文化、体育、医疗等设施的服务效率和水平。

5.织密绿地网络 加快实施桃浦、三岔港、东沟、张家浜、北蔡、三林、吴中路等7片楔形绿地，拓展大场楔形绿地，在吴淞江沿线及吴淞工业区新增2片楔形绿地。结合重要转型地区，增加若干个面积100公顷以上的城市公园；按照地区公园（不小于4公顷）2公里、社区公园（不小于0.3公顷）500米的服务半径推进公园建设，构建完善的绿地系统。沿骨干河道两侧20米构筑连续开放的公共空间，形成以黄浦江、苏州河、川杨河、淀浦河、蕰藻浜等为骨架的13条滨水廊道。至2035年，中心城新增公园绿地30平方公里以上，人均公园绿地面积从3.8平方米提高到7.6平方米。

（二）主城片区

1.虹桥片区 东至外环路，南至G50沪渝高速，西至G15沈海高速，北至G2京沪高速，即虹桥商务区范围，片区面积86平方公里，规划人口规模约50万人。

培育虹桥主城副中心，聚焦枢纽、会展、商贸功能。形成虹桥商务区主功能区（核心区）总部经济、东虹桥临空地区航空服务、西虹桥徐泾地区贸易会展、南虹桥华漕地区医疗教育、北虹桥江桥地区电子商务文体创意等功能组团。控制和建设G15沈海高速、G50沪渝高速两侧绿带，加快推进吴淞江两侧的生态空间建设。拓展虹桥枢纽交通疏解通道，增设机场联络线、嘉闵线等，增加南北向轨道交通线路，提高轨道交通站点600米用地覆盖率至40%左右。打造新虹桥医学中心、会展、文化等高等级公共服务集聚区，适度新增高等级文体和教育设施。新增中小套型住房占比约80%，大幅度提高租赁性住房比例。

2.川沙片区 东至浦东运河，南至下盐公路，西至S3沪奉高速，北至川杨河，包括川沙老镇区、上海国际旅游度假区、张江科学城及其周边地区，片区面积97平方公里，规划人口规模约50万人。

培育川沙主城副中心，促进张江、川沙、上海国际旅游度假区各板块的联动发展，强化科技创新、文化、旅游等功能。推进张江科学城建设成为综合性国家科学中心，加快创新产业高端化和集群化发展，进一步集聚高校、科研机构和科技企业。结合外环绿带建设形成大型绿地空间。规划控制机场联络线和迪士尼枢纽，优化迪士尼接驳线，新增轨道交通线，加强片区与中心城、浦东枢纽的交通衔接，提高轨道交通站点600米用地覆盖率至30%左右。提高路网密度，加强南北向道路交通联系。依托张江科学城、川沙镇区和上海国际旅游度假区，适度增加高等级教育、医疗卫生和文体设施数量。多途径提供多样化住宅产品，重点在张江科学城增加租赁性住房。

3.宝山片区　外环路至G1501绕城高速之间的宝山南部地区，片区面积84平方公里，规划人口规模约65万人。

打造吴淞主城副中心，重点培育航运、商贸、科教研发等核心功能，预留大型文化体育设施空间。促进顾村工业区转型升级，加强顾村、杨行、吴淞组团间的南北向绿化隔离，完善长江滨江绿地建设。适当增加跨外环路通道，提高慢行交通的连通性，增加南何支线、宝嘉线等轨道城际线，沿客流走廊增加轨道交通线路。完善组团内部轨道接驳系统，提高轨道交通站点600米用地覆盖率至40%左右。重点新增高等级医疗卫生和文体设施，严格控制规划新增住宅用地，新增中小套型住房占比约80%，增加租赁性住房的规模。

4.闵行片区　外环路以外闵行南部地区，片区面积199平方公里，规划人口规模约135万人。

强化莘庄主城副中心建设，结合轨道交通枢纽提升商贸综合服务功能。促进闵行经济技术开发区、莘庄工业区产业转型提升，与紫竹国家高新技术产业开发区共同形成产业创新单元，强化科技创新的核心功能，培育颛桥、江川等地区中心。推动吴泾地区产业转型和空间留白，预留大型文化体育设施空间。新增黄浦江滨江生态空间，建设吴泾、沪宁、申嘉湖等多条生态间隔带。新增轨道交通线路，加强闵行南部与中心城的联系，构建片区内部中运量轨道交通网络，提高轨道交通站点600米用地覆盖率至40%左右。适当新增医疗卫生等高等级公共服务设施。严格控制规划新增住宅用地，新增中小套型住房占比约80%。对于颛桥和江川路等就业岗位较为集中的产业园区，适度增加租赁性住房的规模。

（三）城镇圈

以城镇圈作为郊区空间组织和资源配置的基本单元，强化交通网络支撑，共享公共服务设施，城镇圈内通勤出行时间控制在30-40分钟。规划形成24个城镇圈，包括16个综合发展型城镇圈、4个整合提升型城镇圈和4个生态主导型城镇圈。针对跨行政区的城镇圈，促进区域协同发展。

1.综合发展型城镇圈　由新城、核心镇和中心镇引领，重点加强公共服务和资源配置，促进产城融合，引导人口向新城、核心镇和中心镇集中。推进跨区域综合交通设施对接和公共服务设施共享。

嘉定、青浦、松江、奉贤、南汇等新城引领的城镇圈，加强人口集聚，着力导入市级公共服务设施，提升产业科技创新能力，培育区域性就业和服务中心，构建城镇圈快速路系统。金山滨海地区和崇明城桥地区的城镇圈，促进人口集聚，完善高等级公共服务设施，强化对外交通建设，形成区域性特色产业。

长兴、枫泾、朱泾、安亭、亭林、奉城、海湾、惠南、罗店等中心镇引领的城镇圈，适当集聚人口，在城镇圈内各新市镇间统筹配置高等级公共服务设施。

2.整合提升型城镇圈　由中心城周边新市镇组成的城镇圈，着重体现生态宜居功能。包括南翔-

江桥、九亭-泗泾-洞泾-新桥、浦江-周浦-康桥-航头、唐镇曹路-合庆等城镇圈。严格控制规划新增住宅用地，完善地区级公共服务设施，合理配置高等级服务资源。推动存量工业用地转型升级，形成区域性的就业核心。结合生态间隔带与近郊绿环建设大型公园，构建组团开敞的空间格局。构建组团内部轨道接驳系统，提高慢行连通性。

3.生态主导型城镇圈　由生态功能主导的新市镇组成的城镇圈，着重体现城乡服务、生态保育、休闲游憩功能。包括陈家镇、东平、新海、朱家角等城镇圈，加强整体生态基底保护，培育生态农业与旅游度假产业，加快郊野公园与休闲旅游度假区建设。严格控制规划新增住宅用地，提升地区公共交通网络和慢行交通环境。

4.跨行政区协调机制　临近上海市域边界城镇圈（嘉定安亭-青浦白鹤-江苏昆山花桥、金山枫泾-松江新浜-浙江嘉善-浙江平湖新埭、崇明东平-江苏海门海永-江苏启东启隆），促进规划共同研究编制，建立生态环境共保共治机制，加强基础设施对接，实现功能布局融合、基础设施统筹、公共服务资源共享，推动上海和近沪地区一体化发展。

市域范围内跨行政区的城镇圈（浦江-周浦-康桥-航头、亭林-叶榭、朱泾-泖港-吕巷-廊下等），重点完善跨行政区的高等级公共服务设施配置、交通衔接和生态保护等机制，实现公共服务高效供给和出行低碳便捷。

（四）战略预留区

1.预控战略留白空间　在城市开发边界内划示战略留白空间，预控总规模约200平方公里。留白空间主要包括规划市级重点功能区及周边拓展地区、现状低效利用待转型的成片工业区以及规划交通区位条件发生重大改善的地区等。重点聚焦可能面临重大转型机遇的战略空间地区，主要用于重大事件、重大功能项目建设。

2.预控城市重大事件的用地选址　预留大型综合性国际赛事场馆选址，带动城市更新和地区发展。结合战略留白空间，对其他专业性国际体育赛事场馆在空间上进行预控。

第二节　上海市土地资源利用和保护“十三五”规划

一、指导思想和基本原则

（一）指导思想

全面贯彻党的十八大和十八届三中、四中、五中、六中全会和中央城市工作会议精神，统筹推进“五位一体”总体布局和协调推进“四个全面”战略布局，牢固树立创新、协调、绿色、开放、共享的发展理念，坚守人口、土地、生态、安全四条底线，积极服务供给侧结构性改革，以提高资源配置的质量和效益为中心，大力推进低效建设用地转型增效，实现土地利用方式改革创新，为2020年形成具有全球影响力的科技创新中心基本框架，基本建成“四个中心”和社会主义现代化国际大都市提供有力的用地保障。

（二）基本原则

1. 坚持底线思维。严格控制人口规模，到2020年，常住人口控制在2 500万人以内。突出“生态优先”，落实规划建设用地“负增长”，划定永久基本农田保护红线、生态保护红线和城市开发边界（后简称“新三线”），加强郊野公园、水环境综合整治等重点领域的生态建设和修复，强化农地复合利用，完善田、林、水协调建设政策，锚固城市生态基底，优化土地利用空间结构。

2. 聚焦结构优化。突出广域、立体、复合、有机的土地利用新理念，按照扩大生态用地、优化生活用地、控制生产用地的要求，优化“三生”用地结构，保障生产空间集约高效、生活空间宜居适度、生态空间水绿交融目标实现。新增建设用地着力保障基础设施用地和民生、公益类项目用地，重点加强优化存量建设用地的布局、结构和功能，确保“十三五”期间土地供应流量不减少。

3. 注重功能提升。以提高城市功能、活力和品质为目标，积极探索渐进式、可持续的城市有机更新，主要以存量用地的更新利用来满足城市未来发展的空间需求，倒逼土地利用方式由外延粗放式扩张向内涵增长效益提升转变。强化土地利用综合功能和绩效，将土地的经济、社会、环境等功能指标和要求纳入全生命周期管理。

4. 强化实施机制。把握存量规划特征，充分注重各方利益主体诉求，综合考虑利益平衡和引导，围绕规划落地实施，创新土地收储、土地出让等各个环节的利益平衡政策机制，强化市场决定性作用和政策调控保障作用。在具体政策设计上，强调土地利用绩效提升和利益共享，建立起兼顾国家、集体、个人的土地增值收益分配机制。

二、主要目标和指标

“十三五”期间，土地资源利用和保护的总体目标是：主动适应经济发展新常态，坚持实施“五量调控”土地利用基本策略，更加注重生态环境保护、更加注重资源节约集约、更加注重利益统筹平衡，科学合理配置生产、生活、生态用地，构建空间资源配置合理、利用效能综合全面、运行机制有序高效的土地管理“三位一体”新格局。具体目标包括：

（一）土地利用结构布局不断优化

到“十三五”期末，全市建设用地总规模不突破3 185平方公里，其中工业用地比重降低到17%左右，优化住房供应结构，增加中小套型商品住房供应，建立完善购租并举的住房体系；耕地保有量不低于282万亩，永久基本农田不低于249万亩。

（二）土地节约集约利用水平持续提高

推进低效建设用地减量化，倒逼城市发展转型，“十三五”期间，实现低效建设用地减量50平方公里，其中工业用地40平方公里；不断完善节约集约用地制度建设，促进土地利用绩效水平不断提高，单位GDP建设用地使用面积比“十二五”期末下降20%。

（三）生态环境建设不断加强

坚持绿色发展，突出底线约束。到“十三五”期末，生态用地面积达到3 500平方公里，占全市陆域面积不低于50%，全市森林覆盖率不低于18%，维持自然湿地面积不减少，耕地质量稳中有升；推进水环境综合治理，河湖水面率不低于10.1%；全市年平均地面沉降量持续控制在6毫米以下。

三、重点任务

（一）优化整合——深化“两规合一”的规划引领

结合新一轮总规编制工作，实现区、镇乡层面城乡规划和土地利用总体规划成果合一，并以“新三线”作为“两规合一、多规融合”的空间管控载体予以锁定，优化全市用地结构，锚固市域空间布局。

1. 划定永久基本农田保护红线，保障城市粮食和生态安全　锁定和聚焦上海的粮食、蔬菜生产空间，落实 249 万亩永久基本农田保护任务，将布局集中、用途稳定、具有良好水利和水土保持设施的粮田、菜地划定为永久基本农田，实行最严格保护。划定基本农田保护区，探索实施保护区内基本农田增加与保护区外基本农田调整挂钩的联动机制，实现“数量确保、质量可靠、用途稳定、集中成片”的基本农田保护目标。强化永久基本农田生态维护功能，对标国际标准，大力调整减少化肥农药使用量，实施基本农田休耕轮作制度，提高农业生产的可持续性。

对永久基本农田以外的其他农用地，积极推进农林水复合利用，提高综合生态价值，提升农用地生态休闲、观光旅游价值。进一步完善设施农用地管理，支持设施农业健康有序发展，促进农业现代化建设、适度规模经营和产业结构调整。编制完成全市养殖业布局规划，统筹全市养殖业发展，实现全市养殖业总量减少、布局优化、转型提质；进一步加大对不规范和不符合规划的养殖场的整治力度，落实整治措施，确保规划目标实现，为“十三五”期间上海整建制建设国家现代农业示范区奠定规划基础。

2. 划定生态保护红线，锚固城市生态空间　在全面评估全市现状各类生态要素基础上，划定多层次、成网络、功能复合的生态空间。形成以生态保育区、生态走廊等生态战略保障空间为基底，以市域双环、生态间隔带为锚固，以楔形绿地和大型公园为主体的市域环形放射状生态空间格局，确保耕地、园林地、水面、公共绿地等生态用地占全市陆域面积达到 50%以上。实施生态空间分级分类管控。将市级层面严格控制和管理的空间划定为全市生态保护红线范围，并作为禁止建设区予以管控，包括一类、二类生态空间；将城市开发边界外除一类、二类生态空间外的其他重要结构性生态空间划定为三类生态空间，作为限制建设区予以管控，禁止对主导生态功能产生影响的开发建设活动，控制线性工程、市政基础设施和独立型特殊建设项目用地；将城市开发边界内结构性生态空间划定为四类生态空间，严格保护并提升生态功能。

加快推进“十三五”造林任务空间落地，优先考虑“十三五”期间全市重点生态环境综合治理地区和“十三五”重点滨水沿路两侧各 50 米的生态廊道空间，实现 2020 年森林覆盖率不低于 18%的目标。“十三五”期间，继续推进首批 6 个郊野公园的二期建设，新增启动 7-8 个规划郊野公园建设，推进滨水沿路生态廊道和大型林地建设。切实保护河道水系，推进水环境综合治理，河湖水面率不低于 10.1%。

3. 划定城市开发边界，优化完善城乡空间格局　在生态基底硬约束的基础上划定城市开发边界，确保全市建设用地规模控制在 3185 平方公里以内。以“严控总量、优化结构，突出民生、保障发展”为导向，合理使用有限的新增建设用地计划。40 平方公里建设用地增量空间中，预留约 25 平方公里作为市统筹新增建设用地，优先保障三类项目，一是轨道交通、保障性住房等市重大基础设施和社会事业工程；二是由市级部门共同认定的市级重大产业项目；三是特定地区基础设施建设，包括临港、长兴、化工区、虹桥商务区和国际旅游度假区等地区。此外，预留约15平方公里用于保障区级市政公益等民生项目建设。加强立体空间开发利用的规划引导，以轨道交通换乘枢纽、公共活动中心等区域为重点，强化地上地下开发联动，形成功能适宜、布局合理的地下空间总体结构，积极推进地下空间有效利用。

（二）管护宜耕——强化耕地和基本农田保护

深化耕地资源保护，全面树立空间、质量、资源、生态、景观“五位一体”耕地综合保护新理念，确立耕地空间和资源并重的管护方式，推动农用地复合利用水平显著提升。

1.加强耕地保护责任落实制度建设　强化耕地责任目标考核，切实落实政府责任；完善本市生态补偿机制，加大市级财政对耕地和永久基本农田的补偿力度，提高区政府积极性；通过调整征地补偿标准等措施，显化耕地资源价值，提高占用耕地成本，加大对农村地区资金投入；健全、完善全社会耕地保护共同责任机制。

2.加强耕地质量建设，提高耕地保护水平　优化耕地质量等别更新与监测工作机制，建立和完善土地整治新增耕地质量等别评定制度。做好低效建设用地减量后复垦耕地质量评价，探索耕地质量等别评定成果应用路径。完善耕地质量监测网络，优化监测指标，按照耕地环境质量实施分类管理，探索土壤修复和治理新方法。对于耕地的土壤环境风险应突出预防为主，重点聚焦“四旁”（工业区、大型市政基础设施、骨干河道和交通干道）耕地的土壤环境风险，对耕地面积和范围进行预控调整，优先转化为生态用地。落实建设占用耕地耕作层剥离和再利用制度，探索耕地质量等级折算，推动耕地保护由数量保护向数量、质量并重转变，由空间保护向土壤资源、空间保护并重的内涵式保护转变。

3.推进基本农田建档、立册、入库　通过建档、立册、入库，实现划定后的永久基本农田落地到户，明确保护责任。做好日常管理维护工作，完善“新三线”管控机制，严防永久基本农田随意被建设占用，确保划定的永久基本农田实现永久保护、永续利用。

（三）集约高效——强化土地节约集约利用

在坚持发挥市场配置资源决定性作用的同时，完善政府引导机制。以资源、效能、机制“三位一体”的土地全生命周期管理体系为依托，全面加强土地市场管理，创新土地复合利用政策，构建紧凑型节约型用地标准，深化完善具有上海特色的土地节约集约利用制度体系。

1.全面深化土地全生命周期管理　落实土地全生命周期监管。建立全市统一的土地全生命周期管理信息平台，通过多部门信息共享、动态监测，切实按“谁提出、谁负责、谁监管”的原则，落实合同履约情况监管。优化提升全覆盖、全要素、全过程的土地全生命周期管理要求。根据土地节约集约利用和城市发展方式转变要求的明确和深化，以土地出让合同为平台，从资源规模和强度控制、社区开放共享、生态环境改善、智慧绿色城市建设、城市文化提升等方面，进一步优化全生命周期管理要求。

2.进一步推进土地供给侧结构性改革　完善优化土地储备机制，增强土地市场政府调控能力。以实施土地全生命周期管理为抓手，进一步优化土地和住房供应结构。在增加商品住房用地供应规模的同时，明确商品住房用地的中小套型住房比例和商品住宅物业持有要求，进一步增加中小套型商品住房供应比例，促进购租并举的住房体系建设；鼓励开发企业持有部分商业办公物业用于持续经营，促进建筑品质和运营管理水平的提升，引导开发企业成为城市共建、共治、共享的责任主体。同时，加强土地出让规划评估工作，结合经营性用地供应逐步完善公共开放空间、公益性配套服务设施，增强城市活力，构建 15 分钟社区生活圈。

3. 推进土地复合利用和立体开发　在自贸试验区开展综合用地规划和土地管理试点的基础上，全面推开全市土地复合利用，建立弹性、协调、绿色、开放、共享的土地复合利用理念，促进本市“四新”经济发展，完善区域功能和配套设施，推进产城融合发展和城市有机更新。进一步鼓励综合开发利用地下空间，继续全面实施经营性地下建设用地使用权有偿使用制度，引导综合开发利用地下空间建设市政基础设施。大力推进轨道交通场站及周边土地综合开发，建立符合上海发展实际的轨道交通场站及周边地区综合开发利用模式。

4. 建立节约紧凑建设用地标准　按照“规土融合、土地复合、产城融合”的原则，完善覆盖城乡和各类产（行）业的上海建设用地节约集约标准体系，进一步发挥建设用地标准在规划编制、用地预审和土地利用管理中的控制引导作用。同时，形成用地标准实施评估、定期更新工作机制。

（四）挖潜活力——推进城市有机更新

以存量建设用地作为城市发展空间的主要来源，在城市建成区，通过城市有机更新，不断促进功能完善、环境改善、品质提升，积极探索渐进式、可持续的有机更新模式，更新规模不少于 50 平方公里。重点结合中心城“多心、开敞”布局优化导向，推进桃浦地区、三林地区、吴淞地区、南大地区、高化地区、吴泾地区等重点转型地区的功能更新和调整升级。

1. 创新“四个一”的城市更新推进机制　制定一套完善的标准规范。根据《上海市城市更新实施办法》，制定印发《上海市城市更新规划土地实施细则》等配套文件。探索一套成熟的工作机制。研究城市更新工作中市级部门、区级部门、市场主体、技术支持团体“四位一体”相互协作的工作机制。创新一批有效的实施政策。以规划土地政策创新推进政策资源整合，加强土地、财政、税收等城市有机更新多元政策机制衔接，实现多策并举。规划和土地管理率先结合更新需求，针对不同地区、不同情形，制定适度的规划土地鼓励政策，激发市场动力，切实保障项目操作落地。推广一批具有示范意义的更新试点案例。以更新试点项目为基础，市、区联动，共同探索，形成一批具有示范作用的优秀更新实施案例，以点带面，在更大范围内推广借鉴运用，全面推进城市更新工作。

2. 积极推动“四大行动计划”　分别针对社区服务、创新经济、历史传承、慢行生活等市民关注焦点和城市功能短板，以项目为依托，由市、区两级共同推进共享社区计划、创新园区计划、魅力风貌计划和休闲网络计划等城市更新“四大行动计划”实施。“十三五”期间，积极推动城市更新进入全口径、全市域、全社会参与的工作阶段，把城市更新理念有机融入规划管理、土地管理和其他城市管理等各个层面。

（五）提质增效——实施低效建设用地减量化与土地整治

重点聚焦低效工业仓储用地和农村宅基地，作为“十三五”期间土地资源利用和转型的主要对象。

创新土地整治模式，以郊野单元规划为统筹平台，发挥农地综合效益，引导郊野地区有序、内生发展。稳步推进农村土地整治和滩涂围垦工作，预计实现补充耕地总量10万亩。

1. 推进工业用地转型升级，促进低效工业用地减量化　到2020年，全市工业用地总规模控制在550平方公里左右（占建设用地17%左右）。优化“104”工业区块、“195”区域和“198”区域工业发展空间转型升级路径和差别化管理策略。在新增工业用地供应和存量工业用地盘活过程中，开展对土壤和地下水地质环境质量监测和评估，强化合理利用土地约束机制，确保土地资源绿色、可持续利用。

“104”工业区块，以空间优化、结构调整、绩效提高和能级提升为主，着力构建战略性新兴产业引领、先进制造业支撑、生产性服务业协同的新型工业体系，巩固提升工业园区产业集聚优势，增强城市综合功能。“195”区域，推进存量工业用地整体转型，转型方向以研发用地、住宅用地、公共服务用地和公共绿地为主，或开展零星开发试点工作，促进存量工业用地盘活利用。建立和完善低效工业用地认定标准，进行全面调查和分类评价，推进低效用地的再开发利用。“198”区域，大力推进现状低效工业用地减量化。到2020年，减量40平方公里，优先考虑二级水源保护区、生态廊道和永久基本农田内的工业用地；通过土地节约集约利用评价，对“三高一低”（高耗能、高污染、高危险、低效益）工业用地进行减量，减量化后的土地根据水土质量情况作为生态用地或耕地。

2. 有序推进农村宅基地撤并退出，优化用地结构和布局　根据各区村庄布点规划，编制农民集中居住专项规划，有序推进村庄撤并，鼓励引导农民进城进镇集中居住。稳妥推进农村宅基地减量，重点聚焦“三高”沿线、生态敏感地区、水源保护区、环境整治地区以及纯农地区的宅基地。对于位于纯农地区10户以下自然村的宅基地，按照农民意愿，有序推进农民集中居住。

3. 创新土地整治模式，发挥农地综合效益　推进低效建设用地减量化和农用地集中连片整治，完善土地整治管理，形成政府主导、多方参与的土地整治资金保障体系和产业化土地整治模式，建立健全行业管理基本制度。开展郊野公园建设，按照“宜耕则耕、宜林则林”的原则，促进农业生产与观光、休闲、旅游功能相结合，进一步拓展城市休闲游憩空间。结合郊野公园建设、滩涂造地和生态造林消纳无害渣土物质，同时加大渣土资源化利用力度，减少渣土处置量。

加大市级整治资金投入力度，在基本农田保护区、经济薄弱村等重点地区，安排示范性的市级土地综合整治项目。结合“198”区域减量化、基本农田保护、水源保护区治理、郊野公园建设和重点区域生态环境综合整治，推进土地综合整治项目实施，预计新增耕地7-10万亩。推进滩涂围垦成陆土地开发，预计新增耕地3-4万亩。通过市、区两级的土地整治工作，确保满足本市新增建设用地的耕地占补平衡需求。

（六）科学精细——有效保障城市地质安全

强化地质环境监测网络，提升综合监测能力。落实《土壤污染防治行动计划》（“土十条”），全面提高土地质量调查精度与监测水平，土壤环境质量总体保持稳定。深化地面沉降防治综合研究与应用，提升地面沉降和地下水资源综合管理能力，确保全市年平均地面沉降量控制在6毫米以下，重点减少差异地面沉降。构建海陆一体地质资源环境基础数据云平台，不断提高信息化建设水平，全面提升城市安全保障综合能力。

1. 完善地质环境监测网络，强化日常监测，全面提升地质环境监控能力　完善优化地面沉降、土壤质量和地下水监测网络，初步建成海岸带地质环境、浅层地温能等监测网络，初步形成海陆一体的地质环境监测体系，开展全市土壤质量和地下水环境质量状况分级监测，提高地质环境监测综合能力。加强地面沉降及地质环境日常监测，掌握动态变化规律，全面提升区域地面沉降及重大基础设施沿线地面沉降监测综合能力。开展海岸带地质环境监测工作，综合评价滩涂资源潜力，为后备土地资源储备提供技术依据。

2. 深化地面沉降调查研究，强化研究成果应用，提升地面沉降防治综合能力　加强全市中大比例尺地面沉降精细化调查，开展江浙沪省界区域和浦东沿江沿海、崇明东滩、横沙东滩等新成陆地区地面沉降调查及沉降机理研究。强化地面沉降和地下水采灌分区管控研究成果的应用，深化深基坑工程性地面沉降防治研究与应用，建立地面沉降分区管控综合体系；提升地面沉降防治综合能力。到“十三五”期末，地下水开采量持续控制在 800 万立方米/年以内，地下水回灌量保持在 2 300 万立方米/年以上，进一步优化地下水开采和人工回灌格局；进一步完善重大市政工程沿线地面沉降监测预警机制，持续提高地面沉降防治工作服务于重大市政工程安全预警的基础保障能力。进一步健全地质环境监测与地面沉降防治技术标准体系，为城市地质安全提供技术保障与决策依据。

3. 构建海陆一体地质资源环境基础数据云平台，全面提升地质信息保障城市发展、维护城市安全的服务能力　基于“地质大数据”理念，建成城市地质资源环境数据中心；建设海陆一体、多应用服务支持的地质资源环境信息分析评价平台，整体提升地质资源环境信息的采集与管理、分析与预警、决策与处置能力；研究建立跨部门、跨行业的信息共享机制，构建地质资源环境信息一体化综合服务平台，提升对政府决策支持、专业科学研究和社会公众需求的全方位服务能力。

（七）创新长效——稳妥推进土地制度改革

完善“三挂钩”土地供应机制，倒逼城市发展转型；全面实施不动产统一登记，推进农村地籍更新调查工作；谋划开展本市第三次全国土地调查，进一步夯实国土资源管理基础。创新农村土地管理制度，盘活集体建设用地资源，优化农村地区土地利用，全面提升城乡土地管理水平。

1. 实施“三挂钩”土地供应机制　完善新增建设用地计划与减量化指标的挂钩机制。“十三五”期间，按照“以拆定增”的原则，全面实现新增经营性用地和减量化指标挂钩，区经营性用地和一般工业用地新增的建设用地必须挂钩使用规划集中建设区外低效建设用地减量化形成的指标。建立经营性用地出让与公共绿地、应急避难场所等基础设施（各类公共产品）建设的挂钩机制。结合城市更新，不断完善土地供应机制，优化土地利用结构，提升城市品质和功能。坚持新增用地出让和闲置土地处置的挂钩机制。切实加大闲置土地处置力度，强化区政府主体责任，坚持闲置土地处置和新增用地出让挂钩的机制。

2. 全面实施不动产统一登记　全面完成市、区两级不动产登记职责和机构整合，深化完善不动产登记信息系统。整合房屋、土地、农地、林地、海洋等各类不动产登记业务，完成不动产登记资料移交；印发配套工作文件，建立完善的不动产统一登记政策文件体系；优化登记工作流程，提升对外服务质量；建设规格一致、标识统一的不动产登记受理窗口，打造一支高素质的不动产登记队伍，全面稳妥实施不动产统一登记。有计划、有步骤、分阶段全面完成浦东新区和各郊区的农村地籍更新调查工作，逐步建立和完善城乡一体的地籍调查成果动态更新机制，为不动产统一登记奠定坚实基础。

3.推进农村土地制度改革　有序推进集体经营性建设用地入市试点。根据国土资源部要求，按照“封闭运行、风险可控”的原则，按程序、分步骤审慎稳妥推进松江区集体经营性建设用地入市试点工作。在符合规划和用途管制的前提下，探索完善出让、租赁、入股等多种形式的农村集体经营性建设用地入市试点，形成兼顾国家、集体经济组织、农民的土地增值收益分配机制和公共利益平衡制度，逐步建立城乡统一的建设用地市场。完善全市农村宅基地管理。修订《上海市农村村民住房建设管理办法》，切实加强建房管理，促进农村村民居住向城镇集中、个人建房向集体建房转变。积极引导存量宅基地自愿和有偿退出，对历史原因形成的超标准占用宅基地和“一户多宅”，以及非集体经济组织成员通过继承房屋等占有的宅基地，探索实行有偿使用。

四、保障措施

（一）规范管理，提高效能

强化土地利用年度计划、建设项目用地预审管理，科学编制和严格实施土地利用年度计划、土地供应计划和土地储备计划；严格落实耕地和基本农田保护责任；采取“拆除复垦、现状确认、手续补办、土地储备”等方式，稳妥推进历史遗留用地分类处置，并将其纳入全生命周期管理；开展郊区违法违规用地专项整治行动，实施违法用地综合整治三年行动计划，规范土地使用；开展“新三线”合规性技术审查，完善以土地利用总体规划为基本依据进行农转用和土地征收的规划审查制度，加强批后监管工作力度；以提质增效为目标、简政放权为手段，推进行政审批制度改革，实现规划国土资源管理工作减负、质量提高、效能提升。

（二）完善制度，健全机制

建立基本农田保护区、片、块的管控机制，制定生态保护红线管理制度，完善耕地和基本农田共同责任机制，建立健全土壤环境保护和治理修复责任制度及投入机制，同时健全经济补偿机制，提高保护主体的积极性与主动性；探索研究差别化的综合支持政策，综合运用财税、环保、安监、信用等措施，形成奖惩引逼机制，促进低效用地转型升级和盘活利用；建立激励机制，通过农村宅基地退出机制、城乡建设用地增减挂钩机制和农村集体经营性建设用地流转政策机制，进一步盘活存量建设用地；制定差别化的土地利用政策，提高土地利用计划的针对性和有效性。

（三）夯实基础，构建平台

按照国家统一部署，谋划开展本市第三次全国土地调查工作，全面查清土地利用状况，进一步发挥年度变更调查对全面性调查的支撑作用；以“两规合一”成果为主体，建立各类规划协调一致的“多规”衔接平台，结合用地需求，构建“规土合一”的用地标准体系；充分发挥城市空间信息在支持政府决策、服务社会公众以及促进城市发展中的基础性作用，以建立本市不动产统一登记与城市空间基础信息平台为中心，运用“大云平移”（大数据、云计算、平台、移动互联网）等新一代信息技术和理念，提高土地管理工作效率。

（四）拓宽渠道，公众参与

加强土地管理相关政策法规的宣传和普及，结合全国土地日、世界地球日、世界湿地日、世界森林日、世界水日、世界城市日的宣传活动，充分利用微信、微博等平台，强化依法依规、节约集约用地意识，引导公众自觉保护和合理利用土地资源；健全规划公示制度，强化公众参与，构建规划编制、管理、实施、监督的全过程公众参与机制，搭建多方参与规划实施的平台，引导公众共同参与规划监督，共同维护规划实施成果。

第三节　土地交易

2019 年上海土地市场依旧延续之前的“招挂复合”政策，土地市场总体运行平稳，供应有所增加，住宅用地增加明显，成交土地多以溢价为主，多数住宅用地均以底价成交，成交均价比去年有所回落。季度分化显著，上半年企业拿地“高歌猛进”，下半年因融资环境收紧，传导至投资端，企业拿地趋于理性，更重“性价比”。在市场压力下，虽然土地供应量增多，总价、单价、溢价率最高的地块均为商办用地。租赁用地供应与去年持平，成交 35 幅。相比去年上海地产集团一家独大的情况，租赁用地的竞买者来源更广。

根据上海统计局数据，全年上海市土地使用权出让地块共为 362 幅，同比增长 21.48%；2019 年上海市土地出让面积为 1 575.70 万平方米，同比上升 19.72%；住宅用地（包括租赁用地）出让 182 幅，出让面积 832.81 万平方米。（见表 5-1）

表 5-1　土地使用权出让情况（2019）

指　标	出让地块（幅）	出让面积（万平方米）
总　　计	**362**	**1 575.70**
商业服务	52	111.98
住　　宅	182	832.81
工业仓储	110	570.1
公共建筑	18	60.81

一、土地供应情况

2019 年，上海全市共出让国有建设用地使用权 1 363 公顷，比上年增加 13.1%。其中，居住用地 729 公顷，增加 33.7%；商服用地 121 公顷，减少 29.7%；工业用地 512 公顷，增加 4.9%。其中，三类用地 522.6 公顷(动迁安置房 312.7 公顷、中小套型商品房 209.9 公顷)，占全市住房用地供应 71.6%，除中小套型以外的商品住房用地供应 206.8 公顷，占全市住房用地供应 28.4%，比上年增加 41.6%。

根据民间研究机构数据显示，2019 年上海土地市场共出让 60 幅纯住宅用地、另成交 4 幅商业加住宅的混合用地。纯住宅用地总计出让面积 316.16 万平方米，总计出让金额 923.49 亿元，总计供应套数下限 43 104 套。未来，上海将新增至少 46 146 套商品住宅。2019 年商品住宅平均成交楼面地价 18 953 元/平方米，比上年下降 16.7%；商服平均成交楼面地价 14 783 元/平方米，比上年下降 7.8%；工业平均成交楼面地价 2 605 元/平方米，上升 71%。住宅、商服用地楼板价出现小幅回落，工业楼板价大幅上升（见表 5-1）。

表 5-1 上海招拍挂土地出让成交面积和成交楼板地价比较

年份	土地出让成交（公顷）				土地出让成交楼板地价（元/平方米）			
	2016 年	2017 年	2018 年	2019 年	2016 年	2017 年	2018 年	2019 年
商品住宅	303	130	159	315	29 400	18 272	22 747	18 953
商服	146	121	172	122	11 973	15 721	14 783	13 629
工业	314	263	488	512	1 502	1 280	1 523	2 605

二、经营性用地

2019 年上海全市经营性用地整体供求发力，地价水平下探。经营性用地交投体量达到近五年以来的新高，供应 858.1 公顷，同比上涨 15%；成交 848.7 公顷，同比上涨 19.3%。整体经营性用地平均地价水平同比回调 15 个百分点，下滑至 21 831 元/平方米，主要原因在于商品住宅用地、商办用地和含住宅的综合用地的地价水平出现不同程度回落（见图 5-1）。

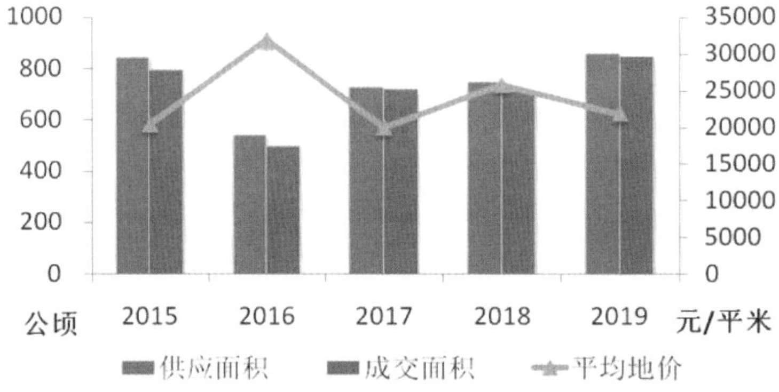

图 5-1 2015～2019 年经营性用地市场走势图

三、住宅用地

2019 年度住宅用地交投大涨，商品住宅用地成主力支撑。受到商品住宅用地供应大幅反弹的提振，同时在保障性用地的持续助力下，2019 年上海市住宅用地供求总量提升显著，年度体量相比去年同期均有四成左右的提升，整体供应在 705.1 公顷，成交为 700.9 公顷（见图 5-2）。

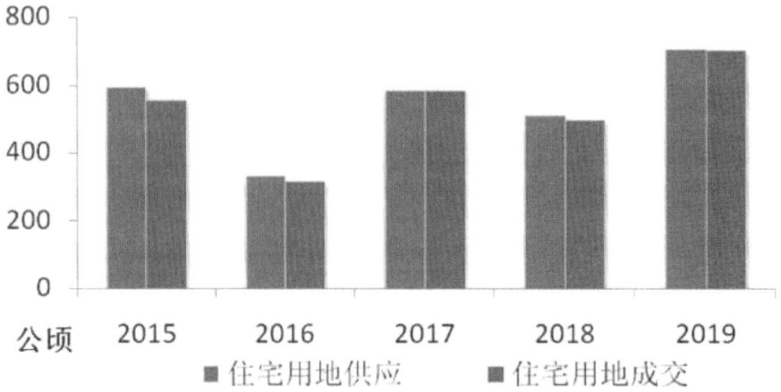

图 5-2 2015～2019 年住宅用地成交走势图

随着政府提速商品住宅用地的推地节奏，2019 年全年上海商品住宅用地成交量达到 303.3 公顷，同比涨幅高达 141.3%。由于 2018 年商品住宅用地供求出现较大缩回，为后期防止出现新增住宅物业市场供应短缺的问题，政府适时加推商品住宅用地，稳定市场预期。另外 2019 年通过城中村改造出让的商品住宅用地供应量进一步扩大，年内该类地块交易有近十幅左右，整体体量达 40 多公顷，集中在上海城中村改造推进较快的宝山区和青浦区。在地价水平方面，商品住宅用地的出让延续招挂复合为主的出让方式，且维持拿地企业评分制和自有资金拿地等高门槛要求，因此土地底价成交仍是主基调，商品住宅用地年度地价水平在 30 132 元/平方米，同比下滑 35.6%，平均溢价为 2.1%，地块最高溢价在 16.3%，其余地块成交溢价率均在 10%以下（见图 5-3）。

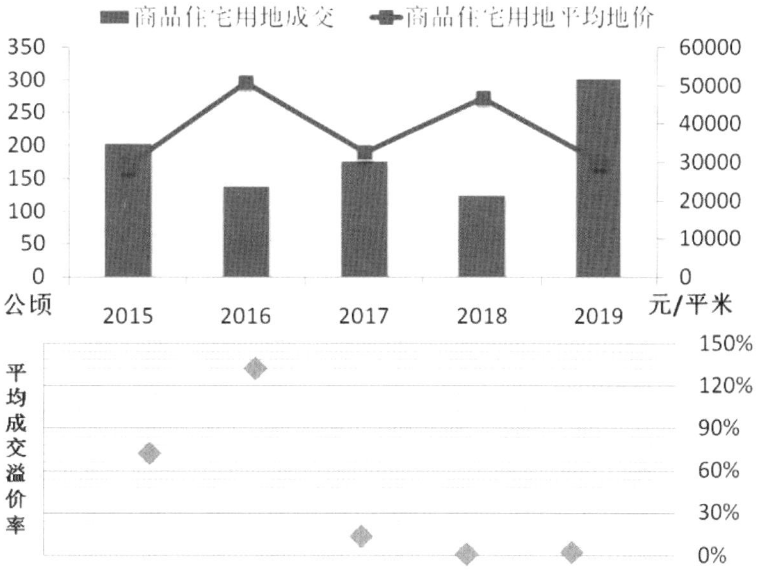

图 5-3　2015～2019 年商品住宅用地成交走势图

租赁住房用地与 2018 年相比，2019 年度成交的 100%自持租赁住房用地（此处不包含租赁住房用地的混合用地）有所减少，总计交易 29 幅地块，体量为 84.9 公顷，同比减少近十个百分点；由于地块交易依旧通过定向出让，因此地块均以底价成交，全年平均地价在 13 681 元/平方米（平均楼面地价为 6 203 元/平方米），略高于去年的地价水平。

从区域分布来看，2019 年有 11 个行政区出让成交租赁住房用地，相比 2018 年少了两个，不过在供应区域的交替下，目前上海已经实现所有行政区的全覆盖，即每个行政区都出让交易过租赁住房用地。各行政区中，浦东新区租赁住房用地成交最大，共计交易 11 幅地块，38.6 公顷，占到全市总量的四成以上；地价水平最高的是虹口区，平均地价在 23 466 元/平方米（平均楼面地价为 9 386 元/平方米）。

另外还存在一个值得关注的亮点，在此前租赁住房用地普遍由国有企业摘得的背景下，本年度在青浦赵巷出现一幅由网易（上海）网络有限公司（民企）摘得的租赁住房用地，据悉去年网易公司已与上海市政府、青浦区政府签署战略合作协议及项目投资意向协议，根据协议，青浦区政府与网易公司将共同打造网易上海国际文创科技园，而在摘得该幅租赁住宅用地之前，网易已经竞得一幅毗邻的商办用地用于建设总部大楼，可以预期这幅租赁住房用地大概率将建设为员工宿舍；故以优质产业导入为前提，提供配套员工住房用地，已经成为继国企拿地外，租赁住房用地出让的新思路（见图 5-4）。

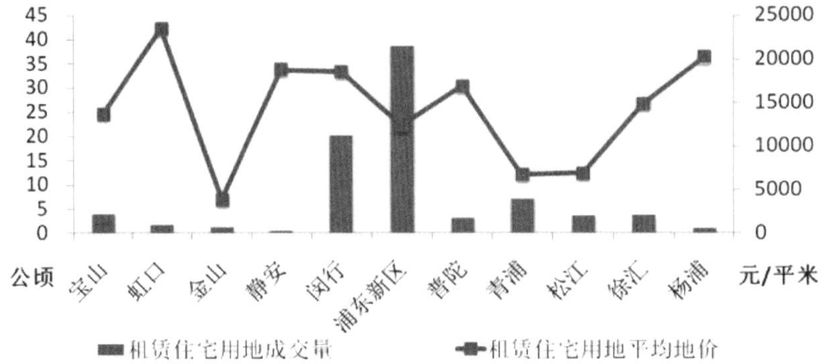

图 5-4 各区租赁住宅用地成交情况图

四、商办用地

商办用地量价齐跌，市场大幅回调。受制于持续高位运行的商办物业库存，政府推地谨慎，节奏放缓，鲜有大型地块挂牌入市；另一方面由于各区存在租赁住房用地供地指标，多会通过原先规划商办用地转为租赁住宅用地，会对商办用地新增供应起到一定分流作用；两相合力作用下 2019 年上海商办用地的交易量锐减，成交 85.4 公顷，同比回落近五成，为近五年以来的最低点。而年内成交地块主体聚集于外围区域，同时缺少热门大体量高价地块的交易，商办用地整体平均地价走低，下跌至 33 713 元/平方米，同比减少 20%（见图 5-5）。

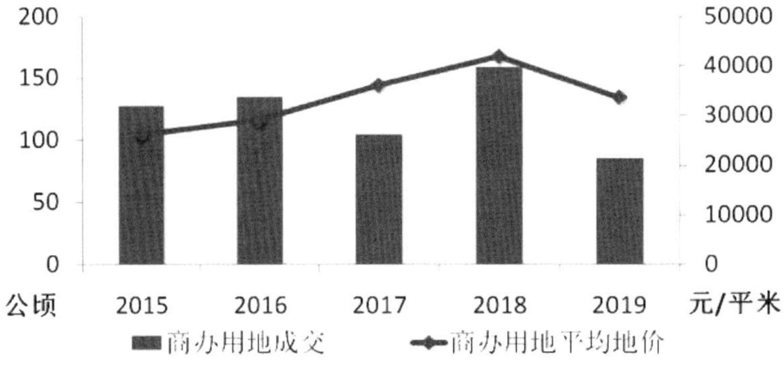

图 5-5 2015～2019 年商办用地成交走势图

含住宅的混合用地交易走高，新增租赁住房混合用地。10 幅含住宅的混合用地入市交易，同 2018 年的地块数量一样，不过 2019 年成交体量达 62.4 公顷，同比上涨二十个百分点。而且与往年不同的还有今年有四幅含租赁住房用地的混合地块成交，其中青浦区徐泾镇诸陆西路北侧 A5-13 地块由民企吉利联合体摘得，为办公楼、租赁住房混合用地，租赁住房建筑面积占比在 14%，需在出让年限内全部自持，据悉 2018 年青浦区政府与吉利控股集团实现战略合作签约，将在青浦落户吉利汽车的“创新中心”，因此该地块大概率为“创新中心”项目及配套员工宿舍用地。由于受到定向出让的租赁住房混合用地的影响，整体含住宅的混合用地平均地价同比下滑七个百分点，至 48 286 元/平方米（见图 5-6）。

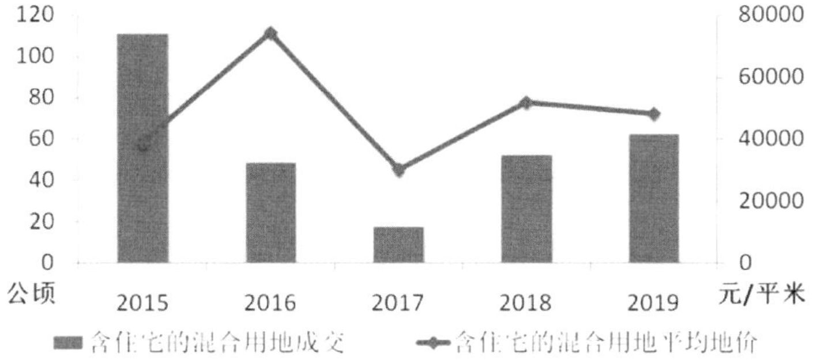

图 5-6 2015～2019 年含住宅的混合用地成交走势图

五、工业用地

工业用地地价快速攀升，新增产业标准地入市。在“双高”政策的指导下，年度内推出高质量标准化产业用地出让，区别于以往找项目再选址的工业用地出让模式，类似于经营性用地出让，将产业用地的位置价格、产业导向、使用要求等信息全部公开，企业可以根据自己的意向进行竞价购买，今年总计推出产业标准化用地 21 幅，7 幅用地在年内成交，进一步支撑全市工业用地市场的量价上扬，2019 年上海工业用地总计成交 512.2 公顷，相比 2018 年增加 2.7%；而年度工业用地平均地价提升显著，同比上涨 72.3%，突破 2 500 元/平方米的地价水平，达到 2 605 元/平方米，科研设计用地的成交比重的大幅提升是主因，尤其是下半年成交的两幅徐汇区大型北杨人工智能小镇项目用地，地价水平超过 2 万元/平方米（见图 5-7）。

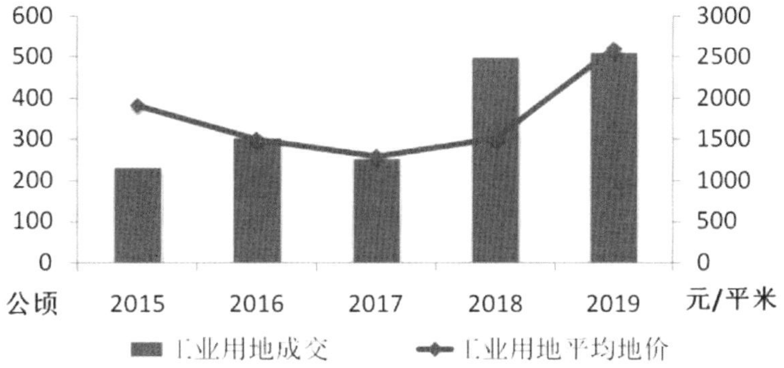

图 5-7 2015～2019 年工业用地成交走势图

2019 年上海土地市场中的主角无疑是商品住宅用地，交投体量创下 2015 年以来的新高，助推全市经营性用地回暖，进一步保障后期新增商品住宅物业的持续供应，为新房市场供求平衡发展打下良好基础；另一方面，在土地出让政策约束下，商品住宅用地的地价水平并未随交易量走高，整体表现稳中有跌，而成交溢价持续低水平，底价成交呈常态化发展。租赁住房用地相对平稳，供求同比小幅下调，地价水平基本与去年同期持平。商办用地出现 “滑铁卢”，量价齐跌回落至近几年低点。工业用地研发用地与产业标准化用地双双发力，助推供求上扬，地价强势反弹，整体来看，本年度上海土地市场良好地完成了年初中央“三稳”目标中的稳地价、稳预期。

相比较上年，2019年土地市场政策面基本保持一致，但在土地利用深化、创新方面出现多项举措，例如租赁住房用地打破国有企业包揽的局面，通过以产业落地提供配套员工宿舍的形式，引入市场经济主体竞买租赁住房用地；工业用地方面上海首次引入产业用地标准地，提升上海产业用地的资源配置和利用。在严控建设用地总量的背景下，为提高土地利用效率，保持城市高效持续发展，预计以上措施在下阶段将会持续完善和铺开，不排除下阶段将引入其他创新土地措施。12月全国住房和城乡建设工作会议提出明年房地产市场延续稳地价稳房价稳预期的“三稳”方针，因此后期土地市场大概率保持平稳运行。

第四章　房地产金融

第一节　房地产金融概述

一、房地产开发投资

2019 年，上海市继续坚持“房子是用来住的、不是用来炒的”这一定位，按照“稳地价、稳房价、稳预期”要求，保持政策连续性和稳定性，落实“一城一策”、差别调控的综合措施，完善房地产长效管理机制，楼市预期进一步回归理性，市场运行总体平稳。房地产市场呈现开发投资平稳增长，建设规模基本稳定，住宅销售回升的态势。2019 年上海市房地产开发投资平稳增长，完成投资 4 231.38 亿元，比上年增长 4.9%，增速比上年提高 0.3 个百分点。从房屋类型看，住宅投资 2 318.13 亿元，比上年增长 4.1%，占全部房地产开发投资的 54.78%比重回落 0.42 个百分点；办公楼投资 689.36 亿元，下降 0.5%，占 16.29%；商业用房投资 457.23 亿元，下降 0.9%，占 10.81%。从投资结构看，土地购置费 1 963.51 亿元，增长 6.4%，增速比上年回落 14.8 个百分点；建安工程投资 2 021.19 亿元，增长 2.5%。

二、房地产信贷利率

2019 年，在“房住不炒”的大背景下，房企融资政策环境持续收紧，重点涉及信托、外债、开发贷等多个领域。5 月，银保监会发布“23 号文”，明确要求商业银行、信托、租赁等金融机构不得违规进行房地产融资；7 月，发改委完善房地产企业发行外债备案登记管理，严令房企发行外债只能用于置换未来一年内到期的中长期境外债券；8 月，银保监会下发“64 号文”，督促信托机构去通道、控地产、优化机构，坚决遏制信托无规模无序扩张，并对银行进行整治约谈，对开发贷等多种融资方式进行进一步限制。10 月 8 日起，央行调整房贷利率定价机制，按揭贷款的锚变为贷款市场报价利率（LPR），定价方式调整为“LPR 加基点”。首套商业性个人住房贷款利率不得低于相应期限贷款市场报价利率；二套商业性个人住房贷款利率不得低于相应期限贷款市场报价利率加 60 个基点。11 月份 LPR 利率下调 5 个基点，但首套和二套房贷平均利率环比仍增加了 0.01 个百分点。

上海维持原有的调控措施不放松，继续严格执行各项调控政策。全年政策以微调为主，稳定市场走向。11 月 19 日，公示《关于调整本市普通住房标准的通知》，将原标准有效期继续延长 5 年；11 月 20 日，发布《中国（上海）自由贸易试验区临港新片区支持人才发展若干措施》，对临港自贸新片区限购政策进行了微调；12 月 1 日，施行《上海市公有住房差价交换办法》，对上海户籍购买使用权房进行了限制。

近年，随着住房公积金的提取使用范围的不断拓展，提取金额不断上升。2019 年上海市住房公积金提取金额为 907.06 亿元，五年内上升了 77.69%，同比增长 14.97%。

表 6-1　金融机构人民币存款基准利率历年调整情况表　　单位：年利率%

调整时间	活期存款	定期存款					
		三个月	半年	一年	二年	三年	五年
2010.10.20	0.36	1.91	2.20	2.50	3.25	3.85	4.20
2010.12.26	0.36	2.25	2.50	2.75	3.55	4.15	4.55
2011.02.09	0.40	2.60	2.80	3.00	3.90	4.50	5.00
2011.04.06	0.50	2.85	3.05	3.25	4.15	4.75	5.25
2011.07.07	0.50	3.10	3.30	3.50	4.40	5.00	5.50
2012.06.08	0.40	2.85	3.05	3.25	4.10	4.65	5.10
2012.07.06	0.35	2.60	2.80	3.00	3.75	4.25	4.75
2014.11.22	0.35	2.35	2.55	2.75	3.35	4.00	——
2015.03.01	0.35	2.10	2.30	2.50	3.10	3.75	——
2015.05.11	0.35	1.85	2.05	2.25	2.85	3.50	——
2015.06.28	0.35	1.60	1.80	2.00	2.60	3.25	——
2015.08.26	0.35	1.35	1.55	1.75	2.35	3.00	——
2015.10.24	0.35	1.10	1.30	1.50	2.10	2.75	——

注：资料来源于中国人民银行网。

表 6-2　金融机构人民币贷款基准利率的历年调整情况表　　单位：年利率%

调整时间	六个月以内（含六个月）	六个月至一年（含一年）	一至三年（含三年）	三至五年（含五年）	五年以上
2010.10.20	5.10	5.56	5.60	5.96	6.14
2010.12.26	5.35	5.81	5.85	6.22	6.40
2011.02.09	5.60	6.06	6.10	6.45	6.60
2011.04.06	5.85	6.31	6.40	6.65	6.80
2011.07.07	6.10	6.56	6.65	6.90	7.05
2012.06.08	5.85	6.31	6.40	6.65	6.80
2012.07.06	5.60	6.00	6.15	6.40	6.55
2014.11.22	5.60		5.60		6.15
2015.03.01	5.35		5.75		5.90
2015.05.11	5.10		5.50		5.65
2015.06.28	4.85		5.25		5.40
2015.08.26	4.60		5.00		5.15
2015.10.24	4.35		4.75		4.90

注：资料来源于中国人民银行网。

三、房地产信贷情况

2019 年，全市中资商业银行自营性人民币房地产贷款余额 22 160.71 亿元，同比增长 9.07%，增幅同比上升 1.87 个百分点。其中个人住房贷款余额 14 119.85 亿元，同比增长 8%；人民币房地产开发贷款余额 6 441.55 亿元，增长 11.51%。住房公积金提取金额为 907.06 亿元，五年内上升了 77.69%，同比增长 14.97%。

发放个人住房贷款 14.08 万笔 939.18 亿元（含贴息贷款置换 0.99 万笔 50.36 亿元），同比分别增长 27.19%、28.71%；回收个人住房贷款 411.08 亿元。截至 2019 年底，累计发放个人住房贷款 268.24 万笔，金额 8 727.96 亿元，贷款余额 4 450.05 亿元，同比分别增长 5.54%、12.06%、13.46%。个人住房贷款余额占缴存余额的 94.26%，比上年末减少 1.52 个百分点。

四、房地产金融运行特点

2019 年，在"房住不炒"的主基调下，房地产融资环境持续收紧，全年来看表现为先扬后抑的状态。各监管机构强调遏制房地产金融泡沫化，严防信贷资金违规进入房地产领域；加强信托公司监管，通道业务全面去除；房地产企业发行外债只能用于置换未来一年内到期的中长期境外债务，收紧海外融资渠道。国内融资渠道不断收紧，海外债成为企业的"救命稻草"，发行规模高涨 40.4%，与此同时，发行利率高达 8.74%。2019 年房企到位资金规模达 16.05 万亿元，规模保持高位，房企综合融资成本较去年同期上升 0.33 个百分点。其中，信用债平均利率为 5.55%，较去年同期下降 0.88 个百分点；海外债发行利率为 8.74%，较去年同期上涨 1.28 个百分点，融资成本上涨明显。

（一）融资规模总体保持高位，但资金压力仍较大。2019 年 1-11 月，房地产开发企业到位资金整体保持高位，到位资金规模达 16.05 万亿元，同比增长 7.0%。其他到位资金占比超 50%，国内贷款和自筹资金占比减少，房企资金压力明显。房地产开发企业到位资金主要来源于自筹资金、国内贷款和其他到位资金，这几年国内贷款和自筹资金占比减少，其他到位资金占比在不断增大，房企资金压力较大。2019 年 1-11 月，国内贷款 23013 亿元，同比增长 5.5%；利用外资 161 亿元，同比增长 57.5%；自筹资金 52 511 亿元，同比增长 3.7%；其他资金 84 846 亿元，同比增长 9.4%。其中定金及预付款 54 482 亿元，同比增长 10.0%；个人按揭贷款 24 395 亿元，同比增长 13.9%。

（二）房地产调控效果显著，房地产信托规模环比减少。信托行业积极响应中央政策，严格落实银保监会对房地产信托业务监管的明确要求，有效遏制房地产信托的规模增长，防范风险过度积累。截至 2019 年 3 季度末，投向房地产的信托资金余额为 2.78 万亿元，较 2 季度减少 1 480.67 亿元，环比下降 5.05%，这是自 2015 年 4 季度以来，首次出现新增规模的环比增速负增长。

（三）信用债发行规模上升，融资成本下降。2019 年房企信用债融资规模为 4 829.3 亿元，较 2018 年同比增长 14.28%，发债成本有所下降，2019 年企业信用债融资成本为 5.55%，较 2018 年下降了 0.88 个百分点。

（四）海外债成为企业的"救命稻草"，发行利率在不断走高。2019 年，国内融资渠道保持收紧态势，房地产企业国内发债难度加大，为此房企寻求海外发债融资，海外债发行规模增加。2019 年，内地房企海外债融资规模为 5 641.3 亿元，同比增长 40.4%。自 2016 年起，海外融资利率不断走高，2019 年，海外债券融资成本为 8.74%，较去年增长 1.28 个百分点。2019 年 7 月，发改委要求房地产企业发行外债只能用于置换未来一年内到期的中长期境外债务，进一步规范海外发债的用途，预计未来中小房企融资成本继续走高，企业资金压力进一步加剧。

（五）融资边际改善，企业分化进一步加剧。2019 年，房地产行业融资环境保持收紧态势，龙头房企由于布局广泛、品牌影响力大、产品力强等特点，企业抗风险能力强，拥有更强的融资能力。而部分中小房企融资渠道受限或成本上升，企业分化加剧。在融资环境不断收紧的当下，龙头房企融资渠道通畅。TOP10 房企信用债融资规模为 578.17 亿元，融资成本为 4.52%，较去年下降 1.25 个百分点；TOP11-20 房企融资渠道受到一定影响，2019 年信用债融资规模为 369.6 亿元，较去年同比下降 55.58%，融资成本为 5.38%，较 TOP10 房企融资成本有所上升。综合来看，融资格局的变化催动行业的内部分化持续加剧。

（六）拓宽融资渠道，获得资本市场认可。在融资环境收紧的当下，不少中小房企将上市作为融资的“救命稻草”，对于中小企业而言，赴港上市可以帮助企业打开融资大门，拓宽融资渠道，2019 年已经有 6 家中小房企上市成功，分别为德信中国、银城国际、中梁控股、天保集团、新力控股、景业名邦。另一些企业不断拓宽融资渠道，以更丰富的手段获得融资，如供应链 ABS、REITS 等。

第二节　房地产融资渠道

经过多年发展，我国房地产已经形成了近 50 细项的融资体系。包括了银行贷款、非标融资、股权融资(IPO、增发等)、债权融资(公司债、企业债、私募债、中票等)、供应链金融、销售回款等。从各渠道融资申请难易程度来看，目前，短期融资、中期票据、定向工具、ABS 发行难度较低；房地产开发贷、海外债、公司债、非标融资发行难度较大；IPO、定向增发已经基本停止。

一、房地产融资渠道概述

房地产企业融资渠道主要有两种：一是内部融资渠道。内部融资主要包括自有资金、预收的购房定金或购房款、企业职工内部集资等。二是外部融资渠道。外部融资又可分为债务性融资和权益性融资。其中债务性融资的渠道有：银行贷款、发行企业债券、融资租赁、债务性信托和资产证券化；权益性融资渠道有：合作开发、权益性信托、房地产产业投资基金、房地产企业上市、股权投资等。

当前上海房地产主要的融资渠道主要还是自有资金，商业银行贷款进一步压缩，信托、专业的房地产信托基金（REITS），以及境外的投资银行、基金、境外地产基金、境外直接投资机构等进入中国的房地产领域，房地产企业的融资渠道日渐拓宽，融资渠道也在慢慢实现多元化。多种融资渠道逐步打开，呈现多样化的趋势，这对未来中国房地产企业具有深远的影响。

表 6-3　2016～2019 年上海市房地产资金来源情况表　　单位：亿元

指 标	2016 年	2017 年	2018 年	2019 年
资金来源合计	8 255.04	8 099.77	8 127.16	8 259.02
上年末结余资金	1 846.26	2 715.11	2 796.70	2 814.33

本年资金来源小计	6 408.78	5 384.65	5 330.46	5 444.69
国内贷款	1 446.18	1 393.78	1 326.02	1 386.19
利用外资	2.31	5.22	0.11	6.35
自筹资金	1 490.78	1 549.20	1 896.42	1 787.10
其他资金	3 469.51	2 436.45	2 107.91	2 265.05

表 6-4　2019 年上海市房地产企业本到位资金情况

指 标	2018 年资金（亿元）	2019 年资金（亿元）	增长（%）	比重（%）
本年到位资金合计	5 330.46	5 444.69	2.14	100.00
国内贷款	1 326.02	1 386.19	4.54	25.46
利用外资	0.11	6.35	5 944	0.12
自筹投资	1 896.42	1 787.10	-5.76	32.82
其他资金	2 107.91	2 265.05	7.45	41.6

数据来源：上海市统计局。

二、主要房地产融资渠道

（一）内部融资

上海房地产开发商内部融资中，自有资金、预收的购房定金是其资金的一个重要来源，而其中又以预售款最受重视，因为预售款的财务成本很低而监控条件极松。据统计，2019 年，上海房地产投资资金来源合计 5 444.69 亿元，比 2018 年增长 2.14%；上年末结余资金 2 814.33 亿元；自筹资金 1 787.10 亿元，较上年下降 5.76%，占本年到位资金比重 32.82%；其他资金 2 265.05 亿元。

（二）外部融资

1. 国内银行贷款　除了自筹资金和预售款外，银行贷款是仍是房地产融资的另一个重要渠道。不过近年来，受国家宏观调控，2018 年上海房地产开发资金来源中，国内银行贷款为 1 386.19 亿元，较上年增长 4.54%，在本年到位资资金中占比 25.46%，较上一年有所提升。

2. 利用外资　房地产企业利用外资 2019 年却大幅增长，全年利用外资 6.35 亿元，较上年增长 57.72 倍，在本年到位资资金中占比 0.12%。

3. 其他融资　信托、股票、债权等融资方式仍成为房地产融资的重要方式。2019 年上海银行其他类融资达 2 265.05 亿元，较上年增长 7.45%，在所有融资方式中占最高比重，达 41.6%。

第三节　住房公积金

一、住房公积金管理机构

上海市住房公积金管理委员会（以下简称“公积金管委会”）为市政府领导下的住房公积金管理的决策机构。主要职责为依据有关法律、法规和政策，制定和调整住房公积金的具体管理措施，并监督实施；拟订住房公积金的具体缴存比例；确定住房公积金的最高贷款额度；审批住房公积金归集、使用计划；审议住房公积金增值收益分配方案；审批住房公积金归集、使用计划执行情况的报告等。

上海市公积金管理中心为直属市政府不以营利为目的的独立的事业单位，主要负责全市住房公积金的缴存、提取、使用以及保值增值和核算。

二、业务运行情况

（一）缴存：2019 年，新开户单位 5.45 万家，实缴单位 42.67 万家，净增单位 3.36 万家；新开户职工 84.08 万人，实缴职工 882.78 万人，净增职工 21.57 万人；缴存额 1 533.57 亿元，同比增长 17.50%。2019 年末，缴存总额 11 087.60 亿元，比上年增长 16.05%；缴存余额 4 721.13 亿元，比上年增长 15.30%。

受委托办理住房公积金缴存业务的银行 1 家。

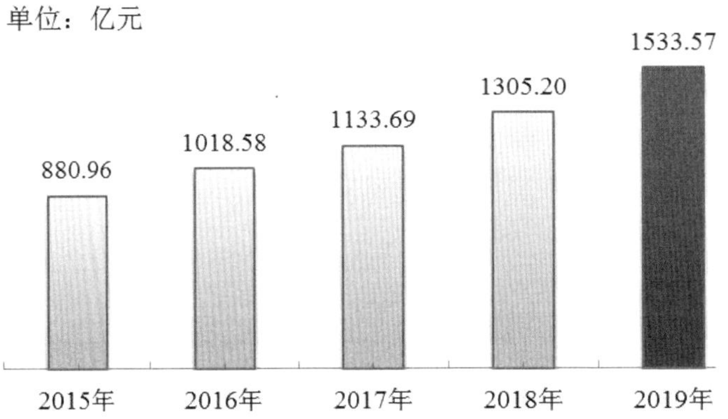

图 6-1　2015～2019 年缴存额情况

（二）提取：2019 年，提取额 907.06 亿元，同比增长 14.97%；占当年缴存额的 59.15%，比上年减少 1.3 个百分点。2019 年末，提取总额 6366.47 亿元，比上年增长 16.61%。

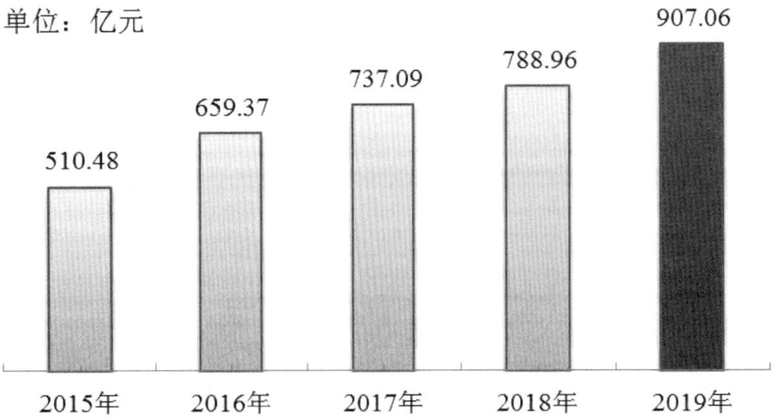

图 6-2　2015～2019 年提取额情况

（三）贷款

1. 个人住房贷款：本市购买首套住房家庭最高贷款额度为 100 万元（个人为 50 万元），缴交补充公积金的最高贷款额度为 120 万元（个人为 60 万元）；本市购买第二套改善型住房家庭最高贷款额度为 80 万元（个人为 40 万元），缴交补充公积金的最高贷款额度为 100 万元（个人为 50 万元）。

2019 年，发放个人住房贷款 14.08 万笔 939.18 亿元(含贴息贷款置换 0.99 万笔 50.36 亿元)，同比分别增长 27.19%、28.71%；回收个人住房贷款 411.08 亿元。

2019 年末，累计发放个人住房贷款 268.24 万笔 8 727.96 亿元，贷款余额 4 450.05 亿元，分别比上年增长 5.54%、12.06%、13.46%。个人住房贷款余额占缴存余额的 94.26%，比上年末减少 1.52 个百分点。

受委托办理住房公积金个人住房贷款业务的银行 19 家。

图 6-3　2015～2019 年住房公积金个人住房贷款发放额情况

2. 住房公积金支持保障性住房建设项目贷款：2019 年，未发放支持保障性住房建设项目贷款，回收项目贷款 4.26 亿元。2019 年末，累计发放项目贷款 97.15 亿元，项目贷款余额为零。

（四）购买国债：2019 年未购买国债，至年末国债余额为零。

（五）融资：2019 年未进行融资，无应归还融资额。2019 年末，累计融资 217 亿元，融资余额为零。

（六）资产证券化：2019 年末，个人住房贷款资产支持证券的未偿付贷款笔数为 9.00 万笔，本金余额为 179.85 亿元。

（七）住房公积金贴息贷款：2019 年末，累计发放住房公积金贴息贷款 5.21 万笔 353.76 亿元，贴息贷款余额 0.59 亿元；当年贴息额 0.48 亿元。

（八）资金存储：2019 年末，住房公积金存款 310.71 亿元，存款类型为其他(协定、通知、智能存款等)。

（九）资金运用率：2019 年末，住房公积金个人住房贷款余额和项目贷款余额的总和占缴存余额的 94.26%，比上年末减少 1.63 个百分点。

三、主要财务数据

（一）业务收入：2019 年，业务收入 159.99 亿元，同比增长 14.82%。其中，存款利息 22.64 亿元，委托贷款利息 135.47 亿元，其他 1.88 亿元。

（二）业务支出：2019 年，业务支出 74.81 亿元，同比增长 11.44%。其中，支付职工住房公积金利息 67.09 亿元，归集手续费 2.91 亿元，委托贷款手续费 3.51 亿元，其他 1.30 亿元（含住房公积金贴息贷款利息支出 0.48 亿元）。

（三）增值收益：2019 年，增值收益 85.18 亿元。其中：

住房公积金增值收益 83.98 亿元，同比增长 18.57%。当年增值收益率 1.90%，比上年增加 0.06 个百分点。

城市廉租住房建设补充资金增值收益 1.20 亿元。

（四）增值收益分配：2019 年，提取贷款风险准备金 50.22 亿元，提取管理费用 1.44 亿元，提取城市廉租住房建设补充资金 33.52 亿元（含当年城市廉租住房建设补充资金增值收益 1.20 亿元）。

2019 年，上交财政管理费用 1.44 亿元。

2019 年末，贷款风险准备金余额 389.79 亿元。累计提取城市廉租住房建设补充资金 245.48 亿元。

（五）管理费用支出:2019 年，管理费用支出 1.44 亿元，同比增长 9.09%。其中，人员经费 0.66 亿元，公用经费 0.25 亿元，专项经费 0.53 亿元。

四、资产风险状况

（一）个人住房贷款：2019 年末，个人住房贷款逾期额 1.17 亿元，逾期率 0.263‰。

个人贷款风险准备金按住房公积金增值收益的 60%提取。2019 年，提取个人贷款风险准备金 50.39 亿元，当年未使用个人贷款风险准备金核销逾期贷款。2019 年末，个人贷款风险准备金余额 389.79 亿元，占个人住房贷款余额的 8.76%，个人住房贷款逾期额与个人贷款风险准备金余额的比率为 0.30%。

（二）支持保障性住房建设试点项目贷款：2019 年末，项目贷款已全部回收，无逾期，无核销，项目贷款风险准备金余额为零。

五、社会经济效益

（一）缴存业务:2019 年，实缴单位数、实缴职工人数和缴存额同比分别增长 8.55%、2.50%和 17.50%。

缴存单位中，国家机关和事业单位占 2.32%，国有企业占 1.88%，城镇集体企业占 0.94%，外商投资企业占 5.99%，城镇私营企业及其他城镇企业占 87.20%，民办非企业单位和社会团体占 0.70%，其他占 0.97%。

缴存职工中，国家机关和事业单位占 8.41%，国有企业占 11.84%，城镇集体企业占 1.72%，外商投资企业占 16.56%，城镇私营企业及其他城镇企业占 56.21%，民办非企业单位和社会团体占 1.15%，其他占 4.11%；中、低收入占 90.97%，高收入占 9.03%。

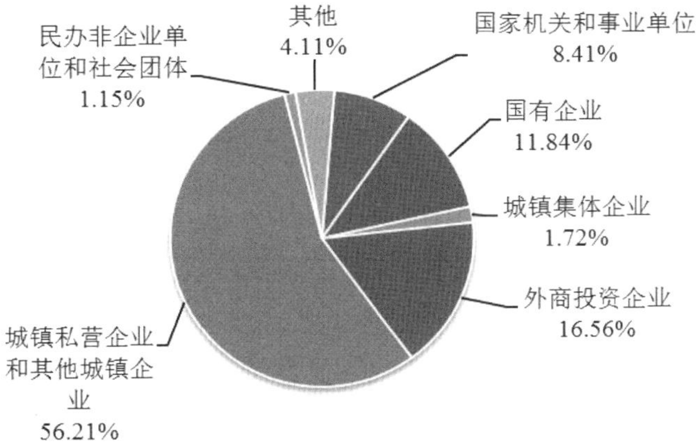

图 6-4 2019 年实缴职工按所在单位性质分类

新开户职工中，国家机关和事业单位占 2.94%，国有企业占 7.62%，城镇集体企业占 0.95%，外商投资企业占 15.92%，城镇私营企业及其他城镇企业占 69.68%，民办非企业单位和社会团体占 0.85%，其他占 2.04%；中、低收入占 98.22%，高收入占 1.78%。

（二）提取业务:2019 年，301.48 万名缴存职工提取住房公积金 907.06 亿元。

提取金额中，住房消费提取占 83.81%（偿还购房贷款本息占 66.42%，租赁住房占 11.75%，购买、建造、翻建、大修自住住房占 5.64%，其他占 0.00%）；非住房消费提取占 16.19%（离休和退休提取占 13.63%,完全丧失劳动能力并与单位终止劳动关系提取占 0.01%,出境定居占 0.11%,其他占 2.44%）。

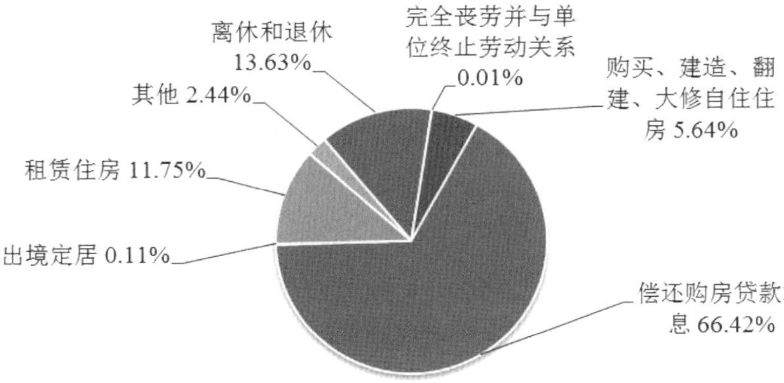

图 6-5 2019 年住房公积金提取额按提取原因分类

提取职工中，中、低收入占 84.65%，高收入占 15.35%。

（三）贷款业务

1. 个人住房贷款：2019 年，支持职工购建房 1 192.29 万平方米，年末个人住房贷款市场占有率（含住房公积金贴息贷款）为 23.97%，比上年末增加 0.89 个百分点。通过申请住房公积金个人住房贷款，在贷款合同约定的存续期内可节约职工购房利息支出 197.05 亿元。

职工贷款笔数中，购房建筑面积 90（含）平方米以下占 62.94%，90-144（含）平方米占 32.48%，144 平方米以上占 4.58%。购买新房占 25.84%（其中购买保障性住房占 3.04%），购买二手房占 74.16%。

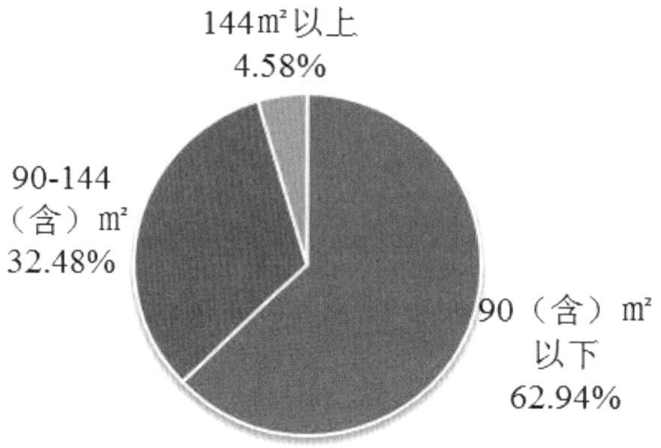

图 6-6　2019 年个人住房贷款职工贷款笔数按面积分类

职工贷款笔数中，单缴存职工申请贷款占 29.86%，双缴存职工申请贷款占 69.62%，三人及以上缴存职工共同申请贷款占 0.52%。

贷款职工中，30 岁（含）以下占 28.94%，30 岁-40 岁（含）占 54.61%，40 岁-50 岁（含）占 13.85%，50 岁以上占 2.60%；首次申请贷款占 86.73%，二次及以上申请贷款占 13.27%；中、低收入占 89.03%，高收入占 10.97%。

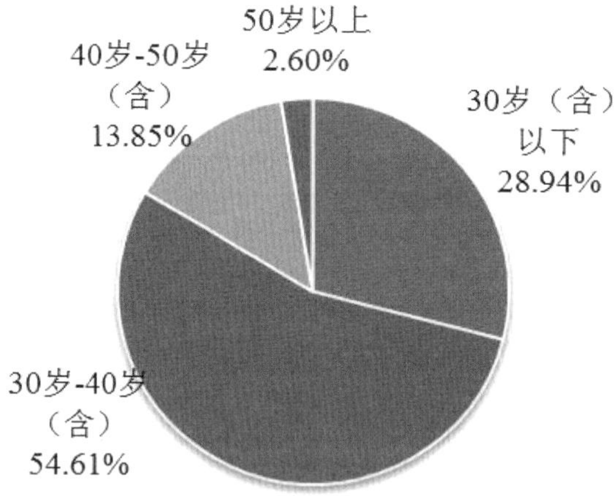

图 6-7　2019 年个人住房贷款职工按年龄分类

2. 异地贷款：2019 年，发放异地贷款 90 笔 7 584.90 万元。2019 年末，发放异地贷款总额 7 914.90 万元，异地贷款余额 7 741.54 万元。

3. 支持保障性住房建设试点项目贷款：2019 年末，累计试点项目 15 个，贷款额度 119.82 亿元，建筑面积 229.90 万平方米，可解决 28 061 户中低收入职工家庭的住房问题。15 个试点项目贷款资金已发放并全部回收贷款本息。

（四）住房贡献率：2019 年，个人住房贷款发放额、项目贷款发放额、住房消费提取额的总和与当年缴存额的比率为 110.81%，比上年增加 5.93 个百分点。

第三篇　行业

第一章　房地产开发

第一节　房地产开发概述

2019 年，上海市继续坚持“房子是用来住的、不是用来炒的”这一定位，按照“稳地价、稳房价、稳预期”要求，保持政策连续性和稳定性，落实“一城一策”、差别调控的综合措施，完善房地产长效管理机制，楼市预期进一步回归理性，市场运行总体平稳。房地产市场呈现开发投资平稳增长，建设规模基本稳定，住宅销售回升的态势。

2019 年，本市房地产开发投资平稳增长，全年房地产开发投资 4 231.38 亿元，比上年增长 4.9%，增速比 2018 年提高 0.3 个百分点；房地产开发投资占全社会固定资产投资比重为 52.8%，比上年回落 0.09 个百分点。从房屋类型看，住宅投资 2 318.13 亿元，比上年增长 4.1%，占全部房地产开发投资的 54.78%；办公楼投资 689.36 亿元，下降 0.5%，占 16.29%；商业用房投资 457.23 亿元，下降 0.9%，占 10.81%。从投资结构看，土地购置费 1 963.51 亿元，增长 6.4%，增速比上年回落 14.8 个百分点；建安工程投资 2 021.19 亿元，增长 2.5%。

一、开发投资

（一）固定资产投资

固定资产投资是国民经济再生产活动的一个重要部分。固定资产投资额是以货币形式表现的在一定时期内建造和购置固定资产的工作量以及与此有关的费用总称。它是反映固定资产投资规模、结构和发展速度的综合性指标。按照现行国家统计制度，全社会固定资产投资包括建设改造、房地产开发、城乡集体经济单位、城乡私人建房和其他经济单位投资。

上海市 2019 年全年完成全社会固定资产投资总额 8 013.97 亿元，比上年增长 5.1%。其中，第一产业投资增长 90.4%；第二产业投资增长 11.6%；第三产业投资 3.8%。全年完成房地产开发投资 4 231.38 亿元，比上年增长 4.9%。其中，住宅投资 2 318.13 亿元，增长 4.1%（见图 7-1）

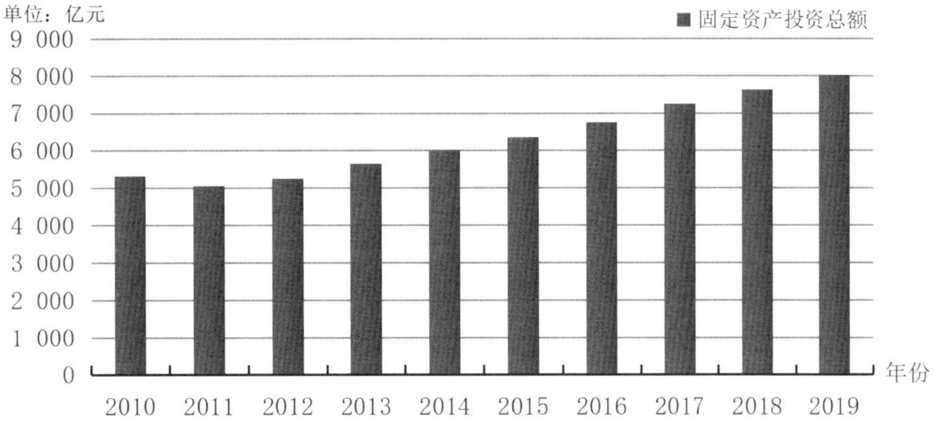

图 7-1　2010～2019 年上海市固定资产投资总额走势图（单位：亿元）

房地产开发投资是指各种登记注册类型的房地产开发公司、商品房建设公司及其他房地产开发法人单位和附属于其他法人单位实际从事房地产开发或经营活动的单位统一开发的包括统代建、拆迁还建的住宅、厂房、仓库、饭店、宾馆、度假村、写字楼、办公楼等房屋建筑物和配套的服务设施，土地开发工程（如道路、给水、排水、供电、供热、通讯、平整场地等基础设施工程）的投资；不包括单纯的土地交易活动。

1. 房地产开发投资总额

2010 至 2019 年，除 2011 年略有下降外上海市房地产开发总额基本呈逐年上升趋势，从 2013 年开始增长速度稍有加快，增长 18.4%，2014 年有所放缓，但增幅仍然在两位数上方，达 13.7%，2019 年继续放缓，较上年增长 4.9%。

从固定资产总额和房地产开发总额曲线对比来看，从 2010 年起，房地产开发总额占固定资产总额的比重变大，2013 年首次占比超过半数，达到 50.2%，2014 年继续上升，达 53.3%这种发展值得忧虑，2016 年继续扩大到 55.1%，达十年来最高。2019 年比 2018 年回调 0.1 个分百点，达到 52.8%。（见图 7-2，表 7-1）

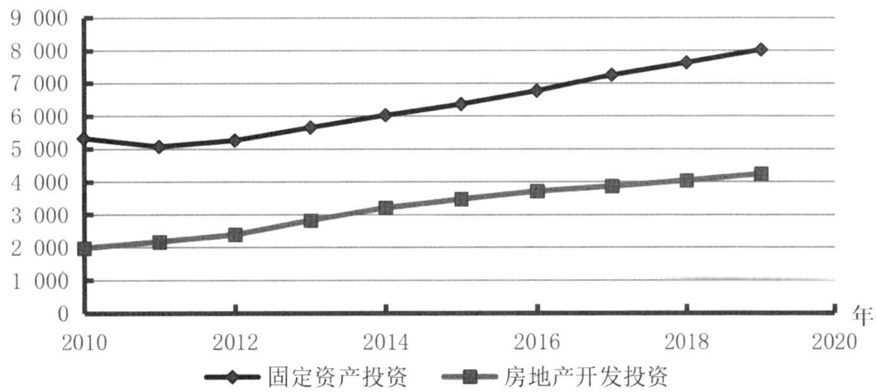

图 7-2　2010～2019 年上海市房地产开发投资总额趋势图（单位：亿元）

表 7-1　2010～2019 年房地产开发总额占全社会固定资产投资总额比率　单位:亿元

年份	固定资产投资总额	房地产开发总额	房地产开发总额占固定资产投资总额比率（%）
2010	5 317.67	1 980.68	37.2
2011	5 067.09	2 170.31	42.8
2012	5 254.38	2 381.36	45.3
2013	5 647.79	2 835.09	50.2
2014	6 016.43	3 206.48	53.3
2015	6 352.70	3 468.94	54.6
2016	6 755.88	3 720.67	55.1
2017	7 246.60	3 856.53	53.2
2018	7 623.42	4 033.18	52.9
2019	8 013.97	4 231.38	52.8

2. 房地产开发投资各月情况

2019 年，上海房地产开发投资较上年增幅略有上升，全年投资 4 231.38 亿元，从占全社会固定资产投资比重来看，呈现回落趋势，达 52.8%，比上年下降 0.1 个百分点。（见表 7-2、图 7-3）

表 7-2　1～12 月房地产开发投资额　单位:亿元

月份	本月	比去年同月增长（%）	本月累计
2019～01	1 月份免报，因此无 2 月当月数		
2019～02	1 月份免报，因此无 2 月当月数		626.88
2019～03	310.24	2.10	937.11
2019～04	292.97	7.30	1 230.08
2019～05	306.55	3.60	1 536.63
2019～06	346.51	2.30	1 883.14
2019～07	347.16	3.00	2 230.30
2019～08	353.93	5.00	2 584.23
2019～09	382.19	5.40	2 966.42
2019～10	382.34	9.90	3 348.76
2019～11	401.19	7.80	3 749.96
2019～12	481.42	4.70	4 231.38

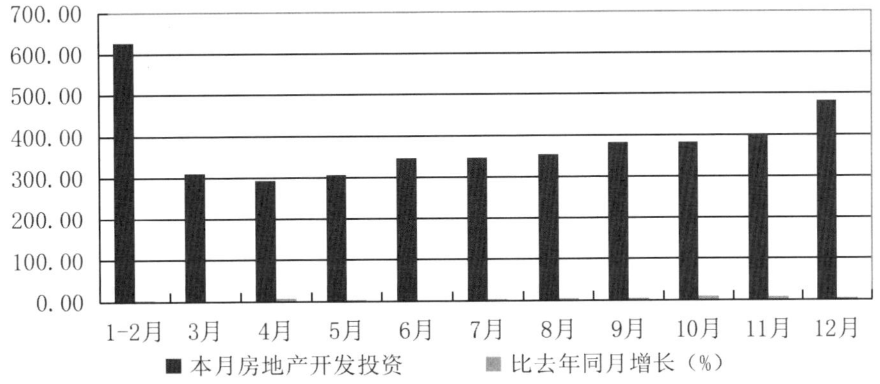

图 7-3　2019 年各月上海市房地产开发投资月度情况（单位：亿元）

其中，2019 年 1～12 月上海市住宅投资额月度情况如表 7-3 所示。

表 7-3　1～12 月上海市住宅投资额　　单位：亿元

月份	本月投资额	比去年同月增长（%）	本月累计
2019～01	1 月份免报，因此无 2 月当月数		
2019～02	1 月份免报，因此无 2 月当月数		333.96
2019～03	168.38	-0.9	502.34
2019～04	173.83	12.1	676.17
2019～05	178.58	8.7	854.76
2019～06	183.87	-1.7	1 038.63
2019～07	191.61	4.4	1 230.24
2019～08	200.91	7.9	1 431.15
2019～09	223.27	7.1	1 654.42
2019～10	196.29	4.5	1 850.71
2019～11	218.07	11.1	2 068.78
2019～12	249.34	-6.4	2 318.13

二、开发规模

（一）土地开发规模

2019 年全年，上海市出让土地共 362 幅，较上年增长 64 块块；出让面积为 1 575.70 万平方米，较上年增加 259.6 万平方米（见表 7-4）。

表 7-4　2019 年上海市土地出让权使用情况

指　标	出让地块（幅）	出让面积（万平方米）
总　计	362	1 575.70

商业服务	52	111.98
住　宅	182	832.81
工业仓储	110	570.1
公共建筑	18	60.81

（二）房地产开发规模

2019 年全年，上海市房地产开发施工面积为 14 802.97 万平方米，竣工 2 669.67 万平方米，建筑面积竣工率为 18.0%（表 7-5）。

表 7-5　2010～2019 年上海市房地产施工面积与竣工面积

年　份	施工面积（万平方米）	其　中	竣工面积（万平方米）	其　中	建筑面积竣工率　（%）	其　中
		# 住　宅		# 住　宅		# 住　宅
2010	15 020.76	7 344.07	2 776.21	1 415.44	18.5	19.3
2011	16 553.86	8 423.11	2 913.78	1 568.83	17.6	18.6
2012	16 874.72	8 350.83	2 838.97	1 626.73	16.8	19.5
2013	17 180.27	8 188.56	2 698.35	1 439.20	15.7	17.6
2014	18 010.06	8 573.04	2 682.42	1 549.64	14.9	18.1
2015	17 885.94	8 443.82	2 923.42	1 617.86	16.3	19.2
2016	15 111.24	8073.94	2550.64	1532.88	16.9	19.0
2017	15 362.25	8 013.80	3 387.56	1 862.74	22.1	23.2
2018	14 672.37	7 520.39	3 115.76	1 730.27	21.2	23.0
2019	14 802.97	7 446.43	2 669.67	1 453.28	18.0	19.5

1. 商品房新开工面积

2019 年上海商品房新开工面积全年累计增长 14.0 个百分点。月度具体情况如表 7-6 所示。

表 7-6　2019 年各月上海市商品房新开工面积　　单位：万平方米

月　份	本月累计	比去年同期增长（%）
2019～01～02	163.08	14.2
2019～03	415.40	58.1
2019～04	712.70	28.9
2019～05	1 077.09	24.0
2019～06	1 339.14	18.5
2019～07	1 643.57	25.8

2019～08	1 905.00	16.0
2019～09	2 151.71	7.8
2019～10	2 475.31	10.2
2019～11	2 843.82	10.5
2019～12	3 063.44	14.0

2. 商品房施工面积

施工面积是指报告期内施工的全部房屋建筑面积。包括本期新开工的面积和上期开工跨入本期继续施工的房屋面积，以及上期已停建在本期恢复施工的房屋面积。本期竣工和本期施工后又停缓建的房屋，其建筑面积仍计入本期房屋施工面积中。

2019 年商品房全年累计施工面积较上年呈全线下降趋势（见表 7-7、表 7-8）。

表 7-7　2012～2019 年上海市商品房施工面积情况表　　单位：万平方米

指　　标	2014 年	2015 年	2016 年	2017 年	2018 年	2019 年
施工面积	14 690.18	15 095.33	15111.24	15 362.25	14 672.37	14 802.97
住　　宅	8 525.85	8 372.12	8073.94	8 013.80	7 520.39	7 446.43
# 别墅、高档公寓	1 575.97	1 647.69	1 632.93	1 748.88	1 575.03	1 383.32
办公楼	1 779.04	1 978.49	2 180.50	2 282.08	2 139.02	2 130.54
商业营业用房	1 751.99	1 944.02	1 990.81	2 016.16	1 876.24	1 775.50
其　　他	2 633.30	2 800.70	2 865.99	3 050.22	3 136.72	3 450.50

表 7-8　2019 年上海市各月累计商品房施工面积　　单位：万平方米

月　　份	本月累计	比去年同期增长（%）
2019～01～02	11 495.28	-3.6
2019～03	11 765.80	-2.6
2019～04	12 134.49	-2.3
2019～05	12 539.10	-1.5
2019～06	12 804.54	-1.5
2019～07	13 185.46	0.0
2019～08	13 420.07	-0.9
2019～09	13 650.05	-1.8
2019～10	14 027.33	-1.0
2019～11	14 525.89	-0.1
2019～12	14 802.97	0.9

3．商品房竣工面积

竣工面积是指在报告期内房屋建筑按照设计要求已经全部完工，达到住人和使用条件，经验收鉴定合格（或达到竣工验收标准），正式移交使用单位的各栋房屋建筑面积的总和。

2019年上海市商品房全年竣工面积较上年全部回落，全年所有月份竣工面积与2018年相比都处于下降趋势，3月份及7～9月份最为明显，比2018年同期下降30个百分点以上（见表7-9、表7-10）。

表7-9 2012～2019年上海市商品房竣工面积情况表

指　　标	2014年	2015年	2016年	2017年	2018年	2019年
房屋竣工面积(万平方米)	**2 313.29**	**2 647.18**	**2550.64**	**3 387.56**	**3 115.76**	**2 669.67**
住宅	1 535.55	1 588.95	1532.88	1 862.74	1 730.27	1 453.28
#别墅、高档公寓	180.10	340.65	195.82	348.14	392.25	319.84
办公楼	165.03	219.23	279.31	444.83	413.46	259.36
商业营业用房	208.36	306.45	266.06	387.73	341.05	324.55
其他	404.35	532.55	472.39	692.27	630.98	632.48
房屋竣工价值(亿元)	**1 058.42**	**1 488.32**	**1 472.33**	**2 054.31**	**1 941.04**	**1 833.65**
住宅	644.47	881.17	839.28	1 020.42	1 019.36	965.31
#别墅、高档公寓	106.73	285.39	176.05	251.84	278.7	265.81
办公楼	133.96	174.90	231.21	336.02	307.62	252.64
商业营业用房	123.62	176.58	180.78	321.96	291.16	252.76
其他	156.37	255.67	221.06	375.90	322.89	362.94

表7-10 2019年各月上海市商品房竣工面积　　单位：万平方米

月　　份	本月累计	比去年同期增长（%）
2019～01～02	606.10	-26.9
2019～03	734.14	-32.5
2019～04	875.44	-29.0
2019～05	981.70	-27.5
2019～06	1 139.44	-28.3
2019～07	1 275.91	-32.8
2019～08	1 393.51	-32.0
2019～09	1 471.09	-33.0
2019～10	1 795.68	-23.4
2019～11	2 123.64	-14.9
2019～12	2 669.67	-14.3

第二节 房地产开发主体

2019 年，我国宏观经济稳中求进，经济运行保持在预期目标区间。商品房销售面积、金额的增速自年初以来经历了先升后降再小幅回升的趋势变化，全年商品房销售面积同比大体持平，销售金额创下新高。在中央明确“稳地价、稳房价、稳预期”的目标定调下，市场调控趋于常态化，信贷层面逐渐收紧，行业整体规模增速较前两年明显放缓，各梯队房企门槛进一步提升，规模房企扩容放缓，行业内部分化明显，行业内兼并重构案例增多，集中度提升速度加快。与此同时，住宅存量时代来临，物业管理市场越来越受到房地产企业重视，部分物管公司从母公司分拆上市。

房地产企业在产品创新，技术创新和营销创新方面有较多新的探索和尝试。产品方面，产品力成为区域内房企关注的重点，关注居住需求，贴近生活场景，纵向打造产品深度，横向拓展产品宽度，基本已成区域内房企产品策略的主流，房企不断在户型、外立面、园林景观、风格定位等方面推陈出新，通过创新打造差异化竞争，减少产品同质化。中梁在产品端也不断更新迭代，从此前的“香、御、国”系全新升级为“星海、拾光、鎏金”三大系列，立足于稳步提升的产品品质和综合全面的产品实力，中梁产品表现突出，核心竞争力持续加大。

一、房地产开发企业的资质

上海市住房和城乡建设管理委员会资料显示，2019 年上海共有 5 685 家房地产开发企业.较上年减少 72 家。其中，一级资质企业 26 家，较上年减少 15 家；二级资质企业 372 家，较上年减少 8 家；三级资质企业 514 家，较上年增加 33 家；暂定等级企业 4 773 家，较上年减少 82 家（见表 7-11）。

表 7-11 最新上海一级资质房地产开发企业名单

上海铁路房地产开发经营有限公司	上海中星（集团）有限公司
保利置业集团有限公司	上海城开（集团）有限公司
经纬置地有限公司	上海中房置业股份有限公司
上海嘉宝实业（集团）股份有限公司	上海中虹（集团）有限公司
大华（集团）有限公司	绿地控股集团有限公司
天地源股份有限公司	农工商房地产（集团）股份有限公司
上海城建置业发展有限公司	上海房地产经营（集团）有限公司
上海景瑞地产（集团）股份有限公司	中华企业股份有限公司
上海万科企业有限公司	上海西部企业（集团）有限公司
旭辉集团股份有限公司	上海市漕河泾新兴技术开发区发展总公司
上海绿洲投资控股集团有限公司	上海中环投资开发（集团）有限公司
上海城投置地(集团)有限公司	上海静安地产（集团）有限公司
上海永业企业(集团)有限公司	上海实业发展股份有限公司

二、上海房地产开发企业50强

2019年，中国房地产业协会、上海易居房地产研究院中国房地产测评中心发布中国房地产开发企业上海30强。根据发布数据，相对上年上榜企业保持稳定，企业顺序发生了一定变化（见表7-14）。

表7-14　2019年中国房地产开发企业上海30强

1	绿地控股集团股份有限公司	16	复地（集团）股份有限公司
2	新城控股集团股份有限公司	17	上坤地产集体有限公司
3	世茂房地产控股有限公司	18	景瑞地产（集团）有限公司
4	旭辉集团有限公司	19	上海建工房产有限公司
5	正荣地产控股有限公司	20	光明房地产集团股份有限公司
6	阳光城集团股份有限公司	21	上海三盛宏业投资（集团）有限责任公司
7	中梁控股集团	22	上海大发房地产集团有限公司
8	上海中建东孚投资发展有限公司	23	郑州绿都地产集团股份有限公司
9	大华（集团）有限公司	24	中庚地产实业集团有限公司
10	融信集团	25	中华企业股份有限公司
11	红星地产	26	上海升龙投资集体有限公司
12	中骏集团控股有限公司	27	郭氏投资集团有限公司
13	宝龙地产控股有限公司	28	保集控股集团
14	新力地产集团有限公司	29	恒盛地产控股有限公司
15	东原集团	30	中锐地产集团

第二章　房地产租售

第一节　房地产销售概述

2019 年，上海房地产市场维持原有的调控措施不放松，继续严格执行各项调控政策。在“稳地价、稳房价、稳预期”的要求下要求，上海房地产销售市场呈现盘整态势，商品住宅销售较上年有所增加，别墅和高档住宅增加明显，写字楼销售持续下降，商业营业用房销售也有一定幅度的下降。

全年新建商品房销售面积 1 696.34 万平方米，比上年同期下降 4.0%。商品住房市场总体热度不高。相较于 2018 年中心区域高价盘开盘火爆、远郊地区低价盘滞销的分化局面，2019 年远郊低价盘依然低迷。高端项目也出现了分化，受板块规划利好影响的区域，一房难求局面仍然存在。多盘认筹持续火爆，比如前滩板块的晶萃名邸，认筹率达到了 314%，而不符合客户需求的项目则陷入低迷，去化率不及预期。

一、商品房销售额

2019 年，上海市商品房销售额为 5 203.82 亿元，比较 2018 年增长 9.5%。其中，住宅销售额达到 4 457.16 亿元，办公楼销售额为 382.06 亿元，商业营业用房销售额为 256.64 亿元。在“稳地价、稳房价、稳预期”政策的调控下，除住宅销售增长外，其他均为下降，其中住宅增长 15.4%，办公楼下降 21.2%，商业营业用房下降 4.7%。

表 8-1　上海市 2014～2019 年商品房销售额

指标	2014 年	2015 年	2016 年	2017 年	2018 年	2019 年
商品房销售额(亿元)	**3 499.53**	**5 093.55**	**6 695.85**	**4 026.67**	**4 751.5**	**5 203.82**
住宅	2 923.44	4 319.93	5 233.29	3 336.09	3 864.03	4 457.16
#别墅、高档公寓	859.54	1 462.81	1 903.48	1 153.49	1 176.74	1 501.66
办公楼	300.43	488.68	903.17	394.07	484.83	382.06
商业营业用房	226.44	227.89	470.49	208.23	269.37	256.64
其他	49.22	57.05	88.90	88.28	133.27	107.96

纵观商品房这些年来销售额的变化，2013 年出现爆发式增长后 2014 年受政策调控影响，改变上升趋势，2015、2016 年受周围省市的影响，上海房地产销售有较大增长。2017 年，受“因城施策”的政策调整，房地产市场交易冷清，销售增幅急剧下降，2018 年，略有回升，2019 年，在“三稳”政策的调控下，增长稳定。

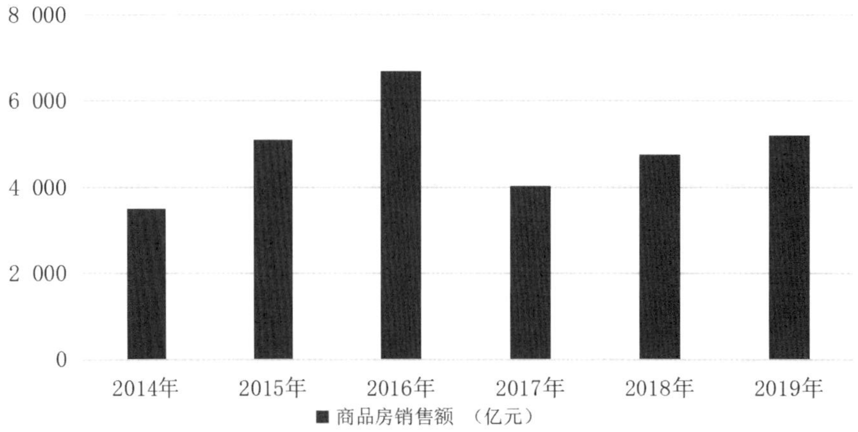

图 8-1　2013～2018 年商品房销售额

二、商品房销售面积

2019 年上海市商品房实际销售面积共有 1 696.34 万平方米，较 2018 年下降 4.0%。其中住宅销售面积 1 353.70 万平方米，办公楼销售面积 100.83 万平方米，商业营业用房 88.4 万平方米（见表 8-2）。

表 8-2　上海市 2014～2019 年商品房销售面积　单位：万平方米

指标	2014 年	2015 年	2016 年	2017 年	2018 年	2019 年
商品房销售面积	**2 084.66**	**2 431.36**	**2 705.69**	**1 691.60**	**1 767.01**	**1 696.34**
住　宅	1 780.91	2 009.17	2 019.80	1 341.62	1 333.29	1 353.70
#别墅、高档公寓	257.24	390.97	445.42	212.04	179.77	234.62
办公楼	120.28	197.41	306.40	124.10	147.08	100.83
商业营业用房	102.86	113.70	205.87	79.33	101.75	88.4
其　他	80.61	111.08	173.62	146.55	184.89	153.33

从销售面积总体走势来看，2014 年低位运行，2015 年呈回调走势，随后继续上升，2017 年，受政策影响明显，商品房销售面积大幅下降，出现了近五年来最低销售水平。2018 年，略有增长，2019 年受政策收紧影响继续下行。从分类市场来看，主要销售面积的发生均在住宅市场，整体下行趋势的情况下，住宅销售略有上扬（见图 8-2）。

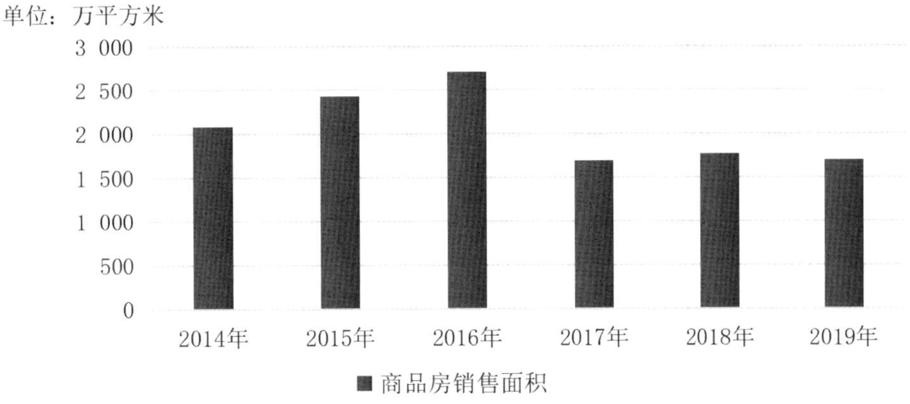

图 8-2 上海市 2014～2019 年商品房销售面积

从全年度来看，2019 年全年销售整体走低，3 月份下降幅度达到 10.7%；只有 6 月份有小幅上升，较去年同期上涨 0.4 个百分点，全年累计销售面积相比上年下降 4.0%。（见表 8-3）。

表 8-3 2019 年 1～12 月商品房累积销售面积 单位：万平方米

月 份	本月累计	比去年同期增长（%）
2019～01～02	171.34	-16.10
2019～03	317.50	-10.70
2019～04	439.13	-2.20
2019～05	519.14	-1.80
2019～06	737.22	0.40
2019～07	944.07	-4.20
2019～08	1 040.74	-5.90
2019～09	1 240.55	-5.30
2019～10	1 406.97	-1.40
2019～11	1 500.10	-3.90
2019～12	1 696.34	-4.00

2019 年上海商品住房市场月度销售仍延续 2018 年“冷热不均”的现象，下半年市场全面降温，年底出现回暖，12 月份比去年同期累计增长 1.5%（见表 8-4）。

表 8-4 2019 年 1～12 月商品住宅销售面积 单位：万平方米

月 份	本月累计	比去年同期增长（%）
2019～01～02	136.95	-20.20
2019～03	269.00	-3.50

2019～04	357.44	5.30
2019～05	410.28	2.10
2019～06	588.22	1.90
2019～07	753.27	-4.50
2019～08	841.51	-5.80
2019～09	986.62	-6.50
2019～10	1 127.21	-2.30
2019～11	1 207.29	-2.30
2019～12	1 353.70	1.50

三、商品房销售价格

2019 年，上海市商品房平均销售价格为 30 677 元/平方米，较 2018 年上升 14.08%。其中，住宅的平均售价为 32 926 元/平方米，比上年上升 13.61%；办公楼为 37 892 元/平方米，商业营业用房为 29 005 元/平方米，别墅、高档公寓和办公楼以及商业营业用房价格仍然上升，其他用房销售价格略有下降（见表 8-5）。

表 8-5 上海市 2014～2019 年商品房平均销售价格 元/平方米

指 标	2014 年	2015 年	2016 年	2017 年	2018 年	2019 年
商品房销售价格	16 787	20 949	24 747	23 804	26 890	30 677
住 宅	16 415	21 501	25 910	24 866	28 981	32 926
#别墅、高档公寓	33 414	37 415	42 735	54 400	65 458	64 004
办公楼	24 978	24 755	29 477	31 754	32 964	37 892
商业营业用房	22 014	20 043	22 854	26 249	26 474	29 005
其 他	6 106	5 136	5 120	6 024	7 208	7 041

2019 年，上海市新建住宅销售均价 32 926 元/平方米。从区域均价看：内环线以内 11 0479 元/平方米，内外环线之间 56 322 元/平方米，外环线以外 23 988 元/平方米。

四、存量房交易

据市房地产交易中心统计，2019 年上海市存量房网签面积 2 080.44 万平方米，比上年增长 37.5%。其中，存量住宅网签面积 1 806.07 万平方米，增长 46.9%。经过 2017 年、2018 年连续两年的低位运行后，2019 年上海市二手住房在积压需求和旧改动拆迁需求的释放下，成交明显放量，且持续较快增长。全年成交规模处于近十年平均水平，仅低于 2013 年、2015 年和 2016 年。

2019 年上海存量房（二手房）登记面积 2 099 万平方米，同比上升 27.5%。其中存量住宅（二手住房）登记面积 1 769.75 万平方米，同比上升 35.9%；成交均价 38 188 元/平方米，比上年下跌 2.18%。

2019 年 1～2 月，上海二手住房价格指数同比止跌回升：1 月份持平，2 月份跌 0.1%，3 月份涨 0.3%，4 月涨 0.5%，5 月份涨 0.1%，6 月份跌 0.1%，7 月份涨 0.4%，8 月份持平，9 月份涨 0.6%，10 月份跌 0.2%，11 月份跌 0.2%，12 月份持平，2019 年 12 月比上年同期上涨 0.3%。2019 年上海二手房市场量升价稳的主要原因是，全市旧改提速，全年中心城区二级旧里以下房屋改造完成约 55 万平方米、受益居民 2.96 万户，而且受到近年上海房地产市场日趋稳定的影响，今年旧改居民中约有 90% 选择了货币化安置，这部分需求大多选择购买了征收房屋周边地区的二手住房，推升了成交量的上升。

总体上看，据房地产交易中心网上数据，2019 年二手住房呈现出“量升价稳”的趋势。1 月份延续去年第四季度的反弹走势，成交 18 782 套，2 月份在节假因素影响下降明显，单月成交 9 794 套。3 月份在社保满年限及首套客、置换客等多方需求升温下成交大幅上升，单月成交 25 298 套。4 月份延续小阳春行情，需求结构产生变化，改善需求明显放大，成交量维持在高位，成交 24 537 套。经过了 3、4 两月需求的集中释放后，市场热度有所减退，5 月至 7 月，成交量逐月下滑，分别成交了 22 467 套、21 379 套、19 873 套、19 319 套，9 月成交量略有回升，达 20 803 套。四季度后，在需求集中释放后，买卖双方再次进入平衡状态，市场观望情绪浓厚，挂牌房源数量有所减少，成交明显下滑，10 月、11 月、12 月分别成交 15 809 套、17 597 套、14 463 套。（见图 8-6，表 8-6）

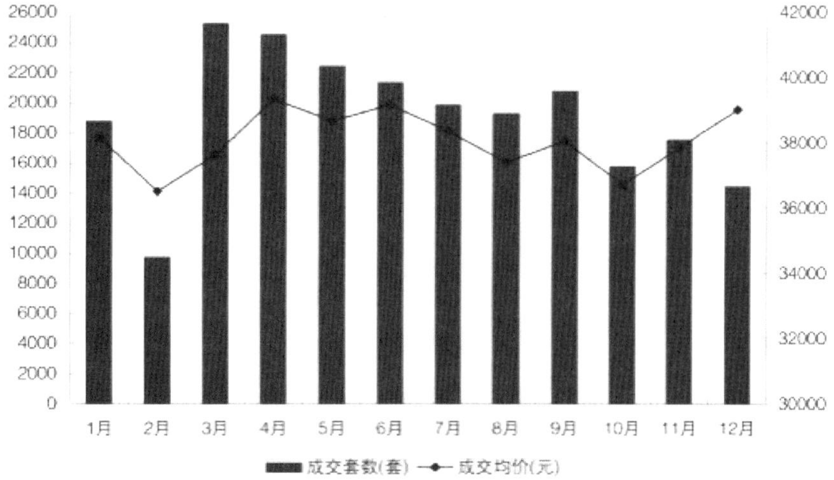

图 8-6　2018 年 1～12 月上海二手住房成交情况

表 8-6　2010～2019 年存量房交易情况

年　份	成交套数（套）	成交面积（万平方米）	其　中		
			#住　宅	办公楼	商业营业用房
2010	202 511	1 966.86	1 522.21	68.31	70.61
2011	146 151	1 398.67	1 058.71	62.87	51.21
2012	157 585	1 446.77	1 136.17	57.34	46.71
2013	291 176	2 575.70	2 228.02	65.59	47.18
2014	177 083	1 586.14	1 324.18	52.61	40.90
2015	303 414	2 647.83	2 351.30	52.27	41.62

2016	347 667	3 219.80	2 225.42	450.89	261.04
2017	179 385	1 563.53	1 264.13	80.75	60.26
2018	175 061	1 549.12	1 229.01	77.45	58.47
2019	242 254	2 028.93	1 733.15	69.65	54.19

第二节　租赁市场情况

自2016年以来，从中央到地方出台了一系列推动租赁住房市场建设的配套政策和文件。整体来看，当前建设市场化租赁住房已经作为房地产市场供给侧改革的重要举措。经过将近四年的酝酿和试点实施，当前租赁住房建设从中央到地方形成了较为完整的政策体系，包括融资、建设和管理几大方面。在租赁住房项目即将步入实施运营的阶段，未来项目的租金定价也需要参考社会租赁房源以及正常运营状态下长租公寓项目的租金定价。

2019年，上海租赁用地共成交35幅。相比去年上海地产集团一家独大的情况，今年租赁用地的竞买者来源更广，有些企业并不是房地产开发企业，一些知名企业也获得了自己的租赁用地。例如：宝钢、吉列、网易、纺织集团、良友等，其中绝大部分租赁用地都会被建成这些企业自用的员工宿舍。本年度成交的100%自持租赁住房用地（此处不包含租赁住房用地的混合用地）总计交易29幅地块，体量为84.9公顷，同比减少近十个百分点；由于地块交易依旧通过定向出让，因此地块均以底价成交，全年平均地价在13 681元/平方米（平均楼面地价为6 203元/平方米），略高于去年的地价水平。

从区域分布来看，2019年有11个行政区出让成交租赁住房用地，相比2018年少了两个，不过在供应区域的交替下，目前上海已经实现所有行政区的全覆盖，即每个行政区都出让交易过租赁住房用地。各行政区中，浦东新区租赁住房用地成交最大，共计交易11幅地块，38.6公顷，占到全市总量的四成以上；地价水平最高的是虹口区，平均地价在23 466元/平方米（平均楼面地价为9 386元/平方米）。

另外还存在一个值得关注的亮点，在此前租赁住房用地普遍由国有企业摘得的背景下，本年度在青浦赵巷出现一幅由网易（上海）网络有限公司（民企）摘得的租赁住房用地，据悉去年网易公司已与上海市政府、青浦区政府签署战略合作协议及项目投资意向协议，根据协议，青浦区政府与网易公司将共同打造网易上海国际文创科技园，而在摘得该幅租赁住宅用地之前，网易已经竞得一幅毗邻的商办用地用于建设总部大楼，可以预期这幅租赁住房用地大概率将建设为员工宿舍；故以优质产业导入为前提，提供配套员工住房用地，已经成为继国企拿地外，租赁住房用地出让的新思路。

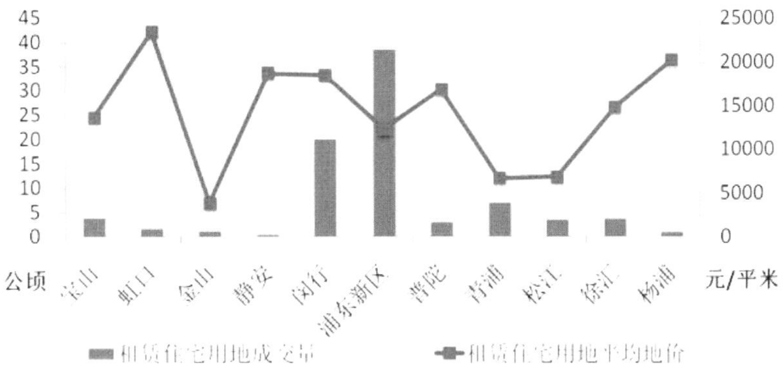

图 8-7　各区租赁住宅用地成交情况图

根据统计局数据，2019 年上海市商品房出租面积为 2 035.94 万平方米，较 2018 年增加 9.0%（见表 8-7）。

表 8-7　2014～2019 年商品房出租情况　　单位：万平方米

指标	2014 年	2015 年	2016 年	2017 年	2018 年	2019 年
商品房出租面积	1 142.46	1 202.42	1 322.51	1 646.30	1 868.11	**2 035.94**
住　宅	72.16	120.59	83.41	110.15	128.60	129.62
#别墅、高档公寓	60.39	66.26	62.08	55.43	54.91	54.75
办公楼	502.65	501.86	578.44	692.42	753.40	809.85
商业营业用房	373.99	367.02	415.25	542.09	630.83	707.89
其　他	193.66	212.95	245.41	301.63	355.28	388.57

第三节　房地产营销主体

房地产市场可以分为一级市场、二级市场以及三级市场。不同的房地产市场具有不同的交易主体和营销主体。在一级市场中，政府是卖方，用地单位是买方；在二级市场中，最重要的交易是新上市商品房的交易，因此主要的营销主体是房地产开发商和代理商；在三级市场中，房地产中介起着信息交流、信用担保等促进交易完成的作用，是市场交易的重要环节，是市场的“催化剂”，因此，三级市场中的主要营销主体是中介公司。

上海房地产经纪行业从无到有，从小到大，从 1992 年首批 12 家房地产经纪机构获批成立以来，至今已有上万机构，近 10 万从业大军。20 余年来，上海房地产经纪行业已经成为房地产业的重要组成部分，在提高人们的居住水平和促进经济与社会发展等方面发挥了重要作用。近些年来，随着行业竞争越来越激烈，上海的房地产经纪行业正由传统服务业向现代服务业转变，网络和信息技术得道广泛应用。电商模式，也已在新房销售和楼盘代理中广泛运用。搜房、安居客、新浪、优房网等进入房地产经纪领域，同经纪机构合作，而经纪机构在这样的合作中，也尝到了便捷、高效的甜头。近年来，58 同城、房价网、Q 房网、房博士、057 找房、房多多、爱屋吉屋等网站又从全国各地、某一细分领域进入房地产经纪行业。

网络和信息技术的快速发展，给房地产经纪机构带来了便捷和效率，但随着网络机构之间竞争的激烈和成本的提高，以及经纪机构对网络的依赖度的提升，网络平台使用费用不断上涨，于是经纪机构和网络平台的矛盾便激化了。在同业同盟与网络机构谈判化解矛盾的同时，一些规模较大、实力较强的经纪机构或入股网络结成战略联盟，或成立独立网站。

一、房地产代理公司

房地产代理公司是指专门从事地产领域专业服务的咨询类公司，主要业务范围包括商品房屋的估价、营销、策划、销售等。房地产代理行业出现于 20 世纪 90 年代，经历了形成、成长、稳定和整合期等不同阶段，随着我国房地产行业市场化的逐步发展，房地产价格的不断上涨，房地产代理行业也同房地产开发行业一同发展壮大。自 2014 年以来，“互联网+”的概念逐步向房地产行业渗透，对行业生态产生深远影响。而新房代理行业则在“互联网+”的影响下积极改进以案场为中心、以人力为驱动的粗放代理模式，转向以资源整合为中心、以技术为驱动的营销平台模式。在如移动互联、大数据、人工智能等相关技术的驱动下，新房代理企业逐步打造智慧案场，努力提升客户体验和服务质量及效率，并积极整合产业链条各参与者，逐步搭建营销总包平台。与此同时，新房代理头部企业正致力于探索行业线上线下联动的方法，逐步开拓出线上获客、线下成交的商业运营模式，拓宽服务的广度和深度，在与行业内外企业强强联合的过程中，实现多方的互利共赢。在互联网等新科技的推动下，行业整合逐渐加强，一些管理松散、市场适应能力弱的企业逐渐被淘汰。上海房地产代理行业从高峰期的 6 000 多家企业演变到几十家头部代理销售企业，再到近年少数几家的垄断局面。

二、房地产中介公司

房地产中介公司是主要从事是二手房交易。在过去数年中，我国的二手房存量市场保持着高速增长的态势，二手房交易量正逐渐超过新房，房地产市场正步入以二手房交易、租赁为主的存量市场时代，房地产中介公司在房地产市场中的作用更加显现。近年来，随着购房者的需求不断更迭，房地产市场的竞争愈演愈烈，开发商与中介公司开代理始探索房地产二级市场和三级市场之间的合作。“一二手联动”是指开发商企业与房地产中介达成战略合作协议，充分借用对方的渠道与资源，提高双方运作效率的双赢运作模式，是对整个行业资源的一种整合。在这种模式下，一方面开发商得以降低获客成本，并产生让利动机，另一方面，沉淀在经纪公司的客户能够有更多的渠道获得信息做出选择，在满足自身需求的同代理时为经纪公司带来收入。代理“一二手联动”的商业模式使得原本局限于二手房交易市场的经纪公司有机会涉足新房销代理售市场，在拓展自己业务的同时带来整个房地产产业链的整合，提高整个行业的运作效率。目代理前，国内房地产经纪头部企业如链家、我爱我家、房天下等，均涉足“一二手联动”的新房代代理销业务，充分利用自身经纪业务积攒下的流量优势获取收益。

部分优秀房地产营销代理企业和中介企业详见表 8-7、表 8-9。

表 8-8 优秀房地产营销代理公司

上海易局祥悦房屋销售有限公司	上海精稳房地产咨询有限公司
上海华燕房盟网联科技股份有限公司	上海赢佳房地产经纪有限公司
上海聚超房地产经纪有限公司	上海新长宁房地产销售有限公司
上海中原物业代理有限公司	上海德佑物业顾问有限公司
上海金丰易居房地产顾问有限公司	上海三湘房地产经纪有限公司
上海新联康投资顾问有限公司	上海中睿房地产经营有限公司

表 8-9 优秀房屋中介公司

德佑房地产经纪有限公司	上海太平洋房屋服务有限公司
上海中原物业顾问有限公司	上海住商房地产经纪有限公司
上海信义房屋中介咨询有限公司	上海云房数据服务有限公司
上海菁英房地产经纪有限公司	上海亚业房地产经纪有限公司
上海我爱我家房地产经纪有限公司	上海佳歆房地产投资顾问有限公司

三、房地产租赁公司

房屋租赁相比房产买卖具有更高的灵活性，当前中国的房屋租赁市场按业务种类可以分为商业房产租赁、商旅民宿短租以及可用于居住用房的长期租赁（以下简称“长租”）行业，其中长租行业是我国房屋租赁行业的主要内容。从发展历史上来讲，长租行业自 1998 年初步形成，至今有将近 20 年的历史，先后经历了初期、淘汰期、系统运营期、快速发展期、加速发展期等五个阶段，从链家、我爱我家等早期房地产经纪玩家入局，到国家出台政策扶持房屋租赁行业，大资本、大地产商纷纷涌入，行业品牌化格局初步形成，长租行业目前已经成长为我国房屋租赁行业的主体组成部分，成为我国房地产市场平稳健康发展长效机制中的重要一环。

目前，我国房屋租赁市场的规模尚存较大增长空间，主要由需求端拉动。一方面，随着我国城镇化率的不断提升，对住房的需求将不断提升，加之目前我国将近 2.4 亿的流动人口的住房需求，房屋租赁市场的规模与经纪业务的规模必将进一步扩大；另一方面，我国对房地产行业的调控近年来表现出收紧的趋势，各大主要城市均出台相关政策对房地产进行限购、限售，虽然 2019 年以来出现了政策放松的可能性，但是总体而言我国的房屋交易市场监管与限制仍是较多的，与此同时，一线城市极高的房价与接近 1.5%。

从竞争格局的角度看，租赁行业的市场竞争较为激烈，虽然具有链家、我爱我家等头部企业引领行业，但是总体而言并未出现绝对的龙头企业，市场集中度较低，中小型机构多而分散。随着需求的不断增加以及行业的不断发展，行业的竞争格局逐渐明确，业务模式从目前的以撮合交易为主的信息平台导向，转向以服务质量竞争为主的用户服务导向。部分优秀房屋租赁企业详见表 8-10。

表 8-10　上海市优秀房屋租赁公司

上海家营物业管理有限公司	上海唐巢投资有限公司
上海锐诩企业管理有限公司	上海地产优家房屋租赁管理有限公司

第三章　物业管理

第一节　物业管理概述

一、上海物业管理市场情况

（一）物业管理概况

随着国家简政放权步伐不断加快，住房城乡建设部依法取消部分行政审批事项、职业资格事项，优化审批流程，在加强事中事后监管方面作出相关规定。在此背景下，物业管理行业的门槛正在逐步取消，走进了新时代。

2019年，新修订的《上海市住宅物业管理规定》正式实施，明确了建立住宅小区综合管理体制，从法律层面支持了政府相关部门住宅小区综合管理的领导地位；明确了乡、镇人民政府、街道办事处对业主大会组建的工作职责，完善了业主委员会组建流程；明确了物业使用和维护要制度要求，建立了物业保修金制度和物业的紧急维修及强制维修制度，为解决因房屋质量保修责任落实问题引发纠纷和涉及公共利益、公共安全的维修事项提供了解决办法。上海市各区行政管理部门纷纷推出物业考核评价体系，强化住宅物业服务质量监管，聚焦居民群众投诉，扎实推进住宅小区综合治理工作。随着管理的加强和各级政府部门的推动，业主消费意识大大提升，上海市住宅物业管理市场化步伐进一步加快。物业管理企业正逐渐摆脱低端、低效的对外形象，行业的社会认可度不断提高，行业价值进一步体现。

2019年，资本市场开始进一步关注物业管理行业，物业企业管理进一步提升，业务收入和收入结构进一步优化。全年物业服务企业主营业务收入保持平稳，非主营收入同比增长近3倍，占行业总收入的36%。

（二）物业管理规模

根据上海市房屋管理局和统计局数据，2019年上海市房屋总建筑面积12.94亿平方米，较上年增加0.25平方米。从2015年以来，上海市房屋建筑面积逐年增加，增长势头保持平稳（见图9-1）。

图9-1　2015～2019年上海市房屋总建筑面积

2019 年，住宅建筑面积新增 1 374 万平方米，达到 6.89 亿平方米，非住宅建筑面积新增 1 182 万平方米，达到 6.06 亿平方米，住宅和非住宅占比分别为 53.2%和 46.8%。

2019 年，物业管理总建筑面积 10.49 亿平方米，较 2018 年的 10.22 亿平方米增加 0.29 亿平方米。其中，住宅类 6.73 亿平方米，覆盖率 97.7%，非住宅类 3.76 亿平方米，覆盖率 62.1%。数据表明，上海市物业管理覆盖率保持逐年微幅增长的趋势（见图 9-2）。

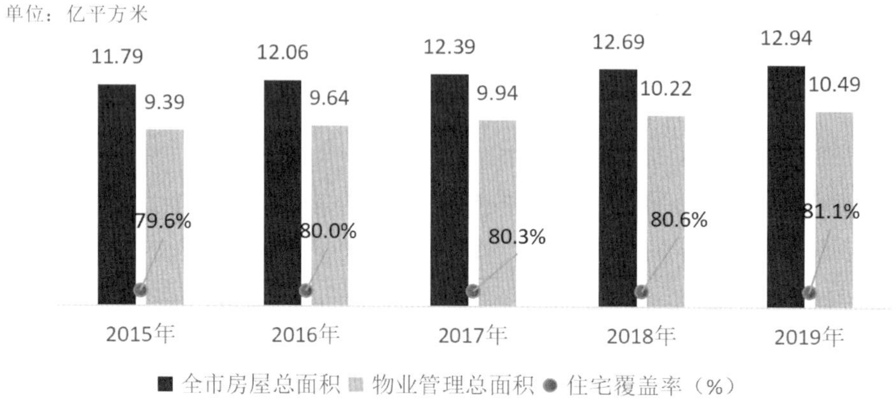

图 9-2　2015～2019 年以来上海市物业管理面积与房屋总面积对比图

上海市共有居住小区约 1.3 万个，其中商品房小区 6 843 个（占比 53.1%），售后公房小区 1 896 个（占 14.7%），系统和直营公房小区 1 338 个（占 10.4%）（见图 9-3）。

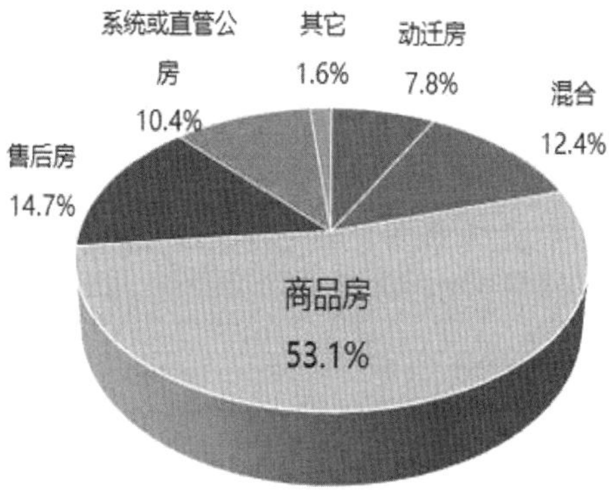

图 9-3　2018～2019 年上海市各行政区域居住小区数量分布图

从全市 16 个行政区域分布情况看，浦东、闵行和徐汇 3 区的居住小区数量居前，且占比相比去年继续提升，分别占全市小区总量的 21.7%、8.3%和 7.5%（共 37.5%）；崇明区占比 1.1%，继续殿后（见图 9-4）。

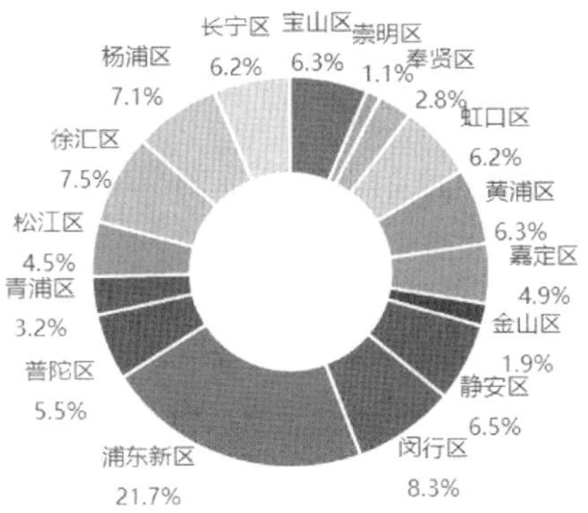

图 9-4　上海市各行政区域居住小区数量分布图

（三）物业管理价格

根据物业协会的报告数据，2019 年度上海市住宅类物业管理费上涨的小区共计 116 个，占样本总量 11.5%。其中非商品房整体价格上涨幅度 8.55%，商品房整体价格上涨幅度 1.71%，独立式住宅整体上涨幅度 1.05%。

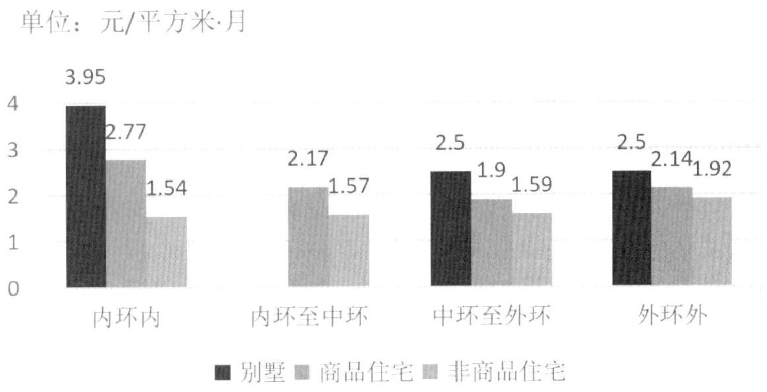

图 9-5　2019 年上海全市住宅物业费价格情况图

2019 年上海市非住宅物业的平均管理费价格：办公物业单价为 18.55 元/平方米·月，商业物业 2019 年区分了商场、百货和商业街，单价分别为：35.31 元/平方米·月和 4.87 元/平方米·月，园区物业单价为 5.01 元/平方米·月，学校物业单价为 6.97 元/平方米·月，公众物业单价为 3.51 元/平方米·月，医院物业单价为 6.05 元/平方米·月，机关物业单价为 13.97 元/平方米·月。本次样本中机关物业价格下降主要是相比上年度，样本中街镇社区项目比重提升，同时机关财政预算紧缩也影响了该类型的物业管理费单价（见表 9-1）。

表 9-1　2017～2019 年上海市非住宅物业管理费价格变动幅度

物业类型	物业管理费单价（元/月·平方米）		
	2017 年	2018 年	2019 年
办公物业	13.21	14.95	18.55

机关物业	-	18.27	13.97
商业物业（商场、百货）	12.02	9.87	35.31
商业物业（商业街）			4.84
学校物业	3.31	4.91	6.97
园区物业	5.59	2.74	5.01
公众物业	-	2.92	3.51
医院物业	-	5.91	6.05

二、物业管理内容

根据新修订的《上海市住宅物业管理规定》第三章，关于物业管理的规定，明确房屋行政管理部门应当依法对物业服务企业服务活动实施监督检查。物业服务项目经理承接物业管理区域数量和建筑面积的规范，由市房屋行政管理部门制定。市房屋行政管理部门应当根据物业服务合同履行、投诉处理和日常检查等情况，建立物业服务企业信用档案库和物业服务项目经理信用档案库。

选聘物业服务企业前，业主委员会应当拟订选聘方案。选聘方案应当包括拟选聘物业服务企业的信用状况、专业管理人员的配备、管理实绩要求、物业服务内容和收费标准、物业服务合同期限和选聘方式等内容。选聘方案经业主大会会议表决通过后，业主委员会应当在物业管理区域内公告。

明确物业服务企业应当按照物业服务合同的约定，提供相应的服务。物业服务合同可以约定下列服务事项：（一）物业共用部位、共用设施设备的使用管理和维护；（二）共有绿化的维护；（三）共有区域的保洁；（四）共有区域的秩序维护；（五）车辆的停放管理；（六）物业使用中对禁止性行为的管理措施；（七）物业维修、更新、改造和养护费用的账务管理；（八）物业档案资料的保管；（九）业主大会或者业主委托的其他物业服务事项。物业服务企业可以将物业服务合同中的专项服务事项委托给专业性服务企业，但不得将物业服务合同约定的全部事项一并委托给他人。物业服务企业应当在签订物业服务合同之日起三十日内，将物业服务合同报房管机构备案。

物业服务企业提供物业服务，应当遵守下列规定：（一）符合国家和本市规定的技术标准、规范；（二）及时向业主、使用人告知安全合理使用物业的注意事项；（三）定期听取业主的意见和建议，改进和完善服务；（四）配合居民委员会、村民委员会做好社区管理相关工作。物业服务企业应当协助做好物业管理区域内的安全防范工作。

物业服务合同期限届满的三个月前，业主委员会应当组织召开业主大会，作出续聘或者另聘物业服务企业的决定，并将决定书面告知物业服务企业。业主大会决定续聘且物业服务企业接受的，业主委员会与物业服务企业应当在物业服务合同届满前重新签订物业服务合同。物业服务企业决定物业服务合同期限届满后不再为该物业管理区域提供物业服务的，应当提前三个月书面告知业主委员会。物业服务合同期限届满后，业主大会没有作出续聘或者另聘物业服务企业决定，物业服务企业按照原合同继续提供服务的，原合同权利义务延续。在合同权利义务延续期间，任何一方提出终止合同的，应当提前三个月书面告知对方。

物业服务收费实行市场调节价，由业主和物业服务企业遵循合理、公开、质价相符的原则进行协商，并在物业服务合同中予以约定。同一物业管理区域内实施同一物业服务内容和标准的，物业服务收费执行同一价格标准。市房屋行政管理部门应当定期发布住宅小区物业服务标准。物业管理行业协会应当定期发布物业服务价格监测信息，供业主和物业服务企业在协商物业服务费用时参考。物业服务企业应当将服务事项、服务标准、收费项目、收费标准等有关情况在物业管理区域内公告。实行物业服务酬金制收费方式的，物业服务企业应当每年向业主委员会或者全体业主报告经审计的上一年度物业服务项目收支情况，提出本年度物业服务项目收支预算，并在物业管理区域内公告；实行物业服务包干制收费方式的，物业服务企业应当在调整物业服务收费标准前，将经审计的物业服务费用收支情况或者经第三方机构评估的收费标准向业主委员会或者全体业主报告，并在物业管理区域内公告。前款中的公告应当在物业管理区域内显著位置予以公示。

前期物业服务合同生效之日至出售房屋交付之日的当月发生的物业服务费用，由建设单位承担。出售房屋交付之日的次月至前期物业服务合同终止之日的当月发生的物业服务费用，由物业买受人按照房屋销售合同约定的前期物业服务收费标准承担；房屋销售合同未约定的，由建设单位承担。业主应当根据物业服务合同约定，按时交纳物业服务费；业主逾期不交纳物业服务费的，业主委员会应当督促其交纳；物业服务企业可以依法向人民法院起诉。业主转让物业时，应当与物业服务企业结清物业服务费；未结清的，买卖双方应当对物业服务费的结算作出约定，并告知物业服务企业。

物业服务企业应当自物业服务合同终止之日起十日内，向建设单位或者业主委员会移交下列资料和财物：（一）本规定第十一条第一款、第四十七条规定的资料；（二）物业服务期间形成的物业共用部分运行、维修、更新、改造和养护的有关资料；（三）公共收益的结余；（四）采用酬金制计费方式的，产生的物业服务资金结余以及用物业服务资金购置的财物；（五）物业管理用房；（六）应当移交的其他资料和财物。

利用物业共用部分从事广告、商业推广等活动的，应当经业主大会或者共同拥有该物业的业主同意，并在物业管理区域内公告。业主大会可以授权业主委员会同意利用全体业主共用部分从事相关活动。公共收益归全体业主或者共同拥有该物业的业主所有，并应当单独列账。公共收益应当主要用于补充专项维修资金，也可以按照业主大会的决定使用。公共收益主要用于补充专项维修资金的，应当按季度补充专项维修资金，补充比例应当高于百分之五十；剩余部分应当按照业主大会或者共同拥有该收益业主的决定，用于业主大会和业主委员会工作经费、物业管理活动的审计费用、拥有该收益业主的物业维护费用或者物业管理方面的其他需要。

区房屋行政管理部门应当建立临时物业服务企业预选库。物业服务企业退出且业主大会尚未选聘新物业服务企业的，由业主委员会报乡、镇人民政府或者街道办事处在预选库中选定物业服务企业提供临时服务。未成立业主委员会的，经百分之二十以上业主提请，由居民委员会或者村民委员会报乡、镇人民政府或者街道办事处在预选库中选定物业服务企业提供临时服务。临时物业服务期限不超过六个月，费用由全体业主承担。

经专有部分占建筑物总面积过半数的业主且占总人数过半数的业主同意，业主可以自行管理物业，并对下列事项作出决定：（一）自行管理的执行机构以及负责人；（二）自行管理的内容、标准、费用和期限；（三）聘请专业机构的方案；（四）其他有关自行管理的内容。电梯、消防、技防等涉及人身、财产安全以及其他有特定要求的设施设备管理，应当委托专业机构进行维修和养护。业主大会聘请单位或者自然人提供保洁、保安、绿化养护、设施设备保养等服务的，应当与其签订服务合同；聘请自然人的，被聘用人员可以根据约定自行购买意外伤害等保险，费用由业主大会承担。业主自行管理物业需要开具收费票据的，业主委员会可以持房管机构的证明材料，向物业所在地的税务部门申请领取。业主大会可以委托具有资质的中介机构对管理费用、专项维修资金、公共收益等进行财务管理，根据委托财务管理合同开通专项维修资金账户，并应当向业主每季度公布一次自行管理账目。

第二节 物业管理主体

一、物业管理企业发展

物业管理企业是指对建成投入使用的房屋及其附属设备设施、相关场地实施专业化管理，并为业主和使用人提供全方位、多层次的有偿服务及创造良好的生活和工作环境，具有独立法人资格的经济实体。

根据市物业管理行业协会相关数据，2019 年在工商注册且在市房管登记备案的物业企业共 5 413 家。物业管理行业资质的取消之后，导致房地产建设单位、相关工建企业和众多踏界普通企业，都将物业管理纳入经营范围。数据统计发现，备案登记企业中有超过 1/3 的企业未有备案的物业管理项目（见图 9-6）。

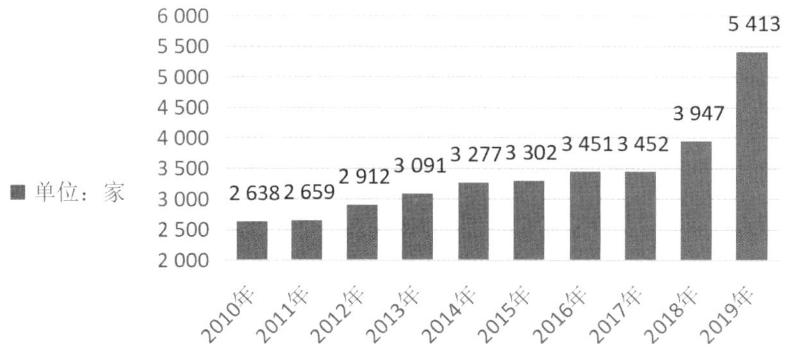

图 9-6 2010～2019 年上海市物业服务企业变化趋势图

2019 年，外省市在沪设立分公司的企业有 207 家，同比增加 47.9%，广东、北京、江苏、浙江和福建企业为数较多，其中全国综合百强企业居多，并且呈现出逐年增长的态势（见图 9-7）。

单位：家

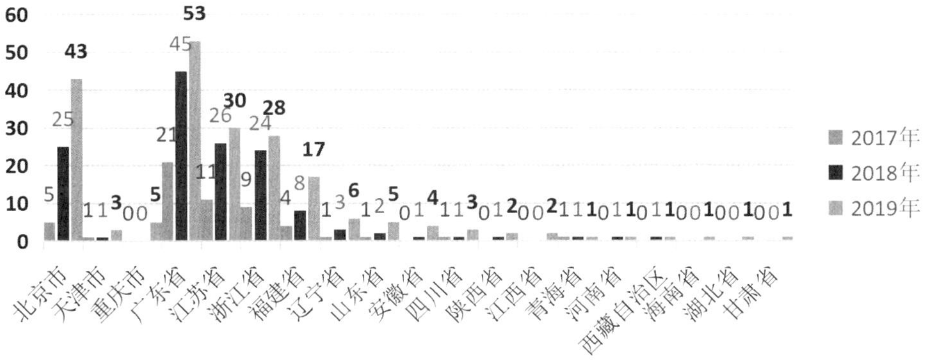

图 9-7 2017～2019 年外省市物业服务企业总部所在地分布图

物业服务企业按星级测评，分为规模企业、中等规模企业和小规模企业。星级测评四、五星级企业或管理面积超 500 万平方米的企业为规模企业；星级测评三星级及以下企业或管理面积超 100 万平方米的企业为中等规模企业；未获得星级企业或管理面积 100 万平方米以下的企业为小规模企业。2019 年规模企业 160 家，中等规模企业 787 家，小规模企业 4 259 家（见图 9-8）

单位：家

图 9-8 2018～2019 年上海市物业服务企业规模统计图

上海市行业协会会员单位 1 701 家。随着物业管理行业专业性、技术性不断提升，非物业服务企业的行业协会成员与广大物业服务企业共同努力，推动了行业整体服务水平的提升（见图 9-9）。

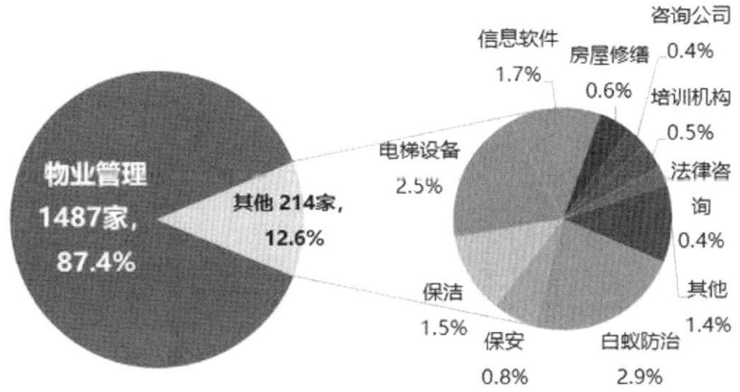

图 9-9 上海市物业管理行业协会会员单位构成图

会员单位中，共有 1 067 家为“诚信承诺”企业，占会员总数的 64.6%（见图 9-10）。

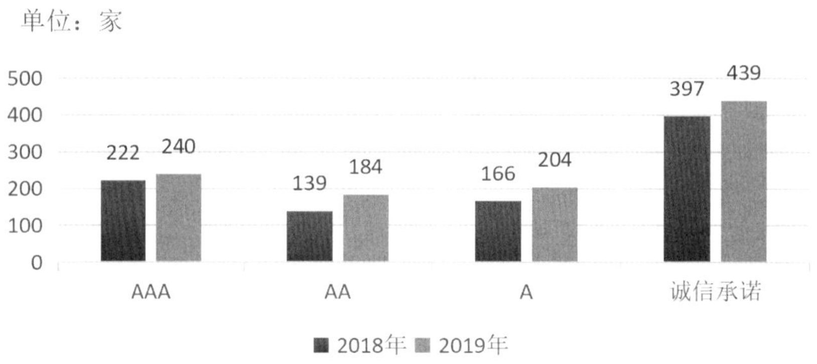

图 9-10 2018～2019 年上海市物业管理行业诚信承诺企业统计图

上海市物业服务综合能力星级企业 529 家。其中五星级企业 61 家、四星级企业 69 家、三星级企业 117 家、二星级企业 157 家、一星级企业 125 家（见图 9-11）。

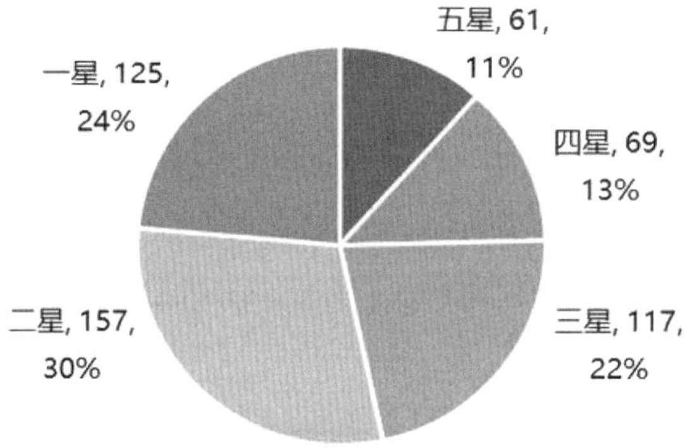

图 9-11 上海市物业服务综合能力星级企业

从业人员队伍在行业整体人员增加的背景下，本年度外包人员总量降低，主要是秩序维护工种的人员大幅降低。同时，随着物业服务企业转型升级的深入推进，包含多种经营人员在内的其他服务类岗位数量得到迅速增加，扩充了在职人员的占比。本年度物业从业人员共 90.10 万人，比上年增加 1.24%。其中管理人员 7.31 万人，占比 8.1%；环境清洁 33.65 万人，占比 37.3%，与上年度相比增加约 6.3 万人；秩序维护 28.92 万人，占比 32.1%， 减少约 7.2 万人（见图 9-12、图 9-13）。

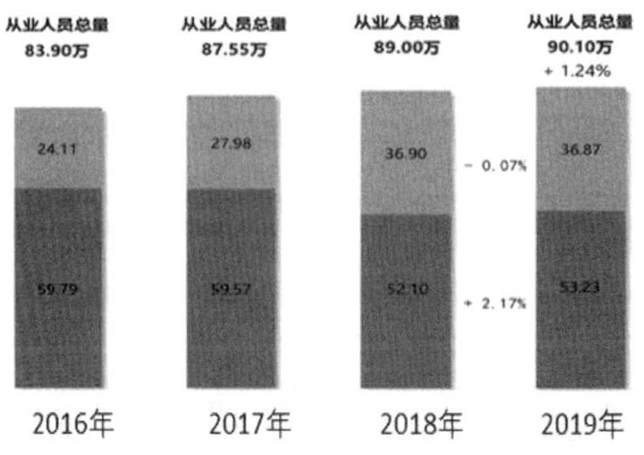

图 9-12 2016～2019 年上海市物业管理从业人员队伍构成图

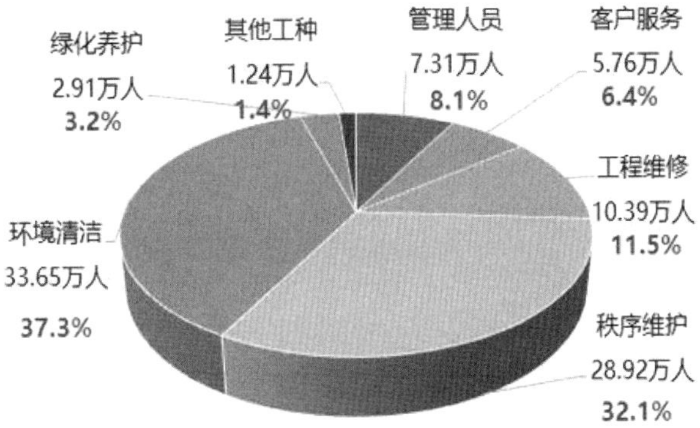

图 9-13　2019 年上海市行业从业人员岗位构成图

从年龄结构上看，2019 年上海市物业管理行业从业人员平均年龄 45.4 岁，从业人员趋于年轻化。规模企业从业人员平均年龄 39.1 岁，中等规模企业 39.7 岁，小规模企业 48.9 岁。中等规模及以上企业的从业人员年龄结构更为合理（见图 9-14）。

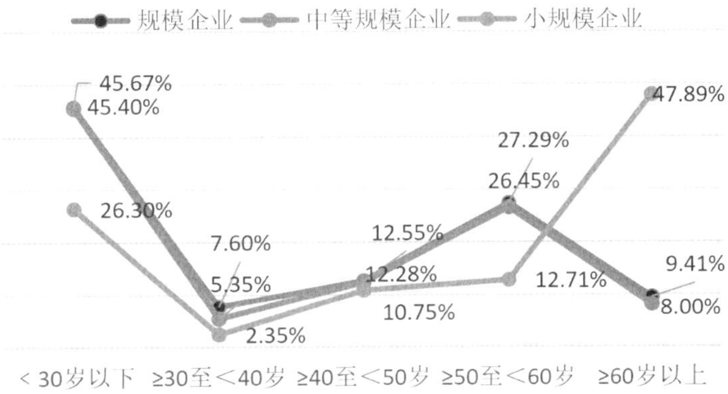

图 9-14　2018～2019 年上海市不同规模企业职工年龄分布图

从文化结构上看，与 2018 年相比，企业职工大专以上人员增加了约 16.4 个百分点，高中及以下人员降低了 16.4 个百分点，行业从业人员的文化结构得到了极大的提升。物业服务企业正逐步摆脱以往低端劳动密集型的运营模式，向管理型和知识型企业转变（见图 9-15）。

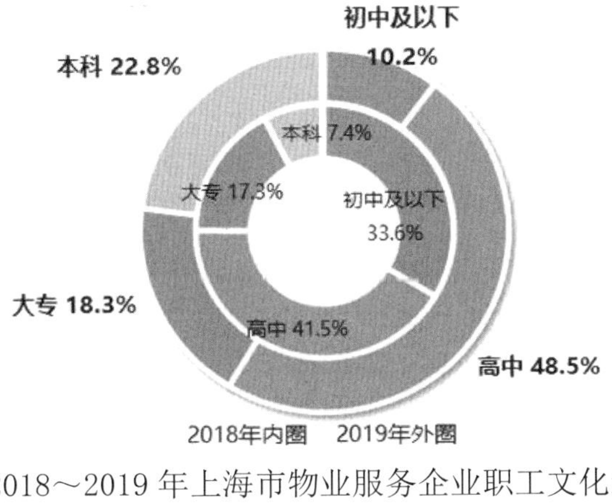

图 9-15　2018～2019 年上海市物业服务企业职工文化结构对比图

2019年，上海市物业管理行业营业总收入约为1 255亿元，同比大幅增加28.3%，占上海市GDP总量约3.29%。其中主营业务收入799.40亿元，同比增加约0.5%，非主营业务收入456.02亿元，增长近3倍（见图9-16）。

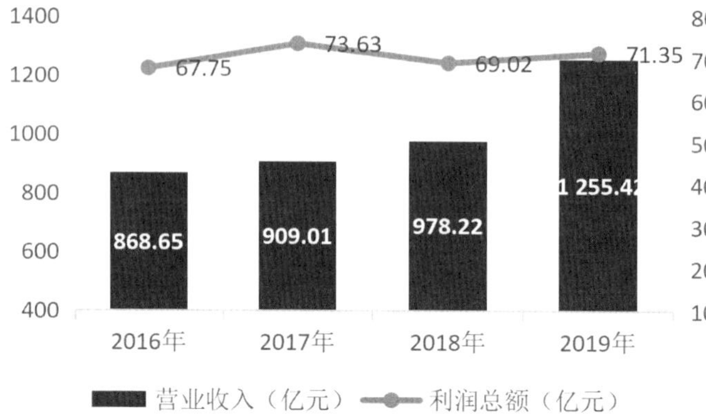

图9-16 2016～2019年物业管理行业营收、利润示意图

根据上海市物业管理行业数据，2019年度上海市物业企业优秀企业各类排名如下表。

二、物业管理企业排名

表9-2 2019年上海市物业企业综合前20强物业企业

序号	企业名称	序号	企业名称
1	上海永升物业管理有限公司	11	上海浦江物业有限公司
2	上海科瑞物业管理发展有限公司	12	第一太平戴维斯物业顾问（上海）有限公司
3	上海东湖物业管理有限公司	13	上海复欣物业管理发展有限公司
4	上海陆家嘴物业管理有限公司	14	上海景瑞物业管理有限公司
5	上海上实物业管理有限公司	15	上海生乐物业管理有限公司
6	上海明华物业管理有限公司	16	上海万科物业服务有限公司
7	上海高地物业管理有限公司	17	上海漕河泾开发区物业管理有限公司
8	上海古北物业管理有限公司	18	上海锐翔上房物业管理有限公司
9	上海上房物业服务股份有限公司	19	狮城怡安（上海）物业管理股份有限公司
10	上海德律风置业有限公司	20	上海申勤物业管理服务有限公司

表9-3 2019年上海市营业收入前20强物业企业

序号	企业名称	序号	企业名称
1	上海高地物业管理有限公司	11	上海复医天健医疗服务产业股份有限公司
2	上海永升物业管理有限公司	12	上海至诚环境服务有限公司
3	上海陆家嘴物业管理有限公司	13	上海吉晨卫生后勤服务管理有限公司
4	上海保利物业酒店管理集团有限公司	14	上海浦江物业有限公司
5	上海文化银湾物业管理有限公司	15	上海上实物业管理有限公司

6	上海东湖物业管理有限公司	16	上海丰诚物业管理有限公司
7	上海科瑞物业管理发展有限公司	17	上海深长城物业管理有限公司
8	上海益中亘泰（集团）股份有限公司	18	上海德律风置业有限公司
9	上海启胜物业管理服务有限公司	19	上海永绿置业有限公司
10	上海上房物业服务股份有限公司	20	仁恒物业服务管理（中国）有限公司

表 9-4　2019 年上海市净利润前 20 强物业物业企业

序号	企业名称	序号	企业名称
1	上海永升物业管理有限公司	11	上海上房物业服务股份有限公司
2	上海高地物业管理有限公司	12	上海中建东孚物业管理有限公司
3	上海东湖物业管理有限公司	13	上海益中亘泰（集团）股份有限公司
4	上海文化银湾物业管理有限公司	14	上海上实物业管理有限公司
5	上海陆家嘴物业管理有限公司	15	上海景瑞物业管理有限公司
6	上海永绿置业有限公司	16	上海锐翔上房物业管理有限公司
7	上海深长城物业管理有限公司	17	上海浦江物业有限公司
8	上海科瑞物业管理发展有限公司	18	上海东渡物业管理有限责任公司
9	上海复医天健医疗服务产业股份有限公司	19	上海古北物业管理有限公司
10	上海国际贸易中心有限公司	20	上海衡复物业有限公司

表 9-5　2019 年上海市员工数量前 20 强物业企业

序号	企业名称	序号	企业名称
1	上海益中亘泰（集团）股份有限公司	11	上海复医天健医疗服务产业股份有限公司
2	上海文化银湾物业管理有限公司	12	上海东湖物业管理有限公司
3	上海永升物业管理有限公司	13	上海上房物业服务股份有限公司
4	上海科瑞物业管理发展有限公司	14	上海启胜物业管理服务有限公司
5	上海保利物业酒店管理集团有限公司	15	上海永绿置业有限公司
6	上海高地物业管理有限公司	16	仁恒物业服务管理（中国）有限公司
7	上海上实物业管理有限公司	17	上海古北物业管理有限公司
8	上海至诚环境服务有限公司	18	上海明华物业管理有限公司
9	上海浦江物业有限公司	19	上海深长城物业管理有限公司
10	上海德律风置业有限公司	20	上海万科物业服务有限公司

表 9-6　2019 年上海市服务质量领先前 20 强物业企业

序号	企业名称	序号	企业名称
1	上海东湖物业管理有限公司	11	上海明华物业管理有限公司
2	上海古北物业管理有限公司	12	上海航天实业有限公司
3	上海陆家嘴物业管理有限公司	13	上海锦宾物业管理有限公司
4	上海复欣物业管理发展有限公司	14	上海生乐物业管理有限公司
5	上海西部物业有限公司	15	上海申勤物业管理服务有限公司
6	上海上实物业管理有限公司	16	上海启胜物业管理服务有限公司
7	上海高地物业管理有限公司	17	上海松开物业管理有限公司

8	上海科瑞物业管理发展有限公司	18	上海浦东房地产集团物业管理有限公司
9	上海东方大学城物业管理有限公司	19	上海汇成物业有限公司
10	上海新世纪房产服务有限公司	20	上海同涞物业管理有限公司

表 9-7 2019 年上海市住宅类物业管理前 10 强物业企业

序号	企业名称
1	上海文化银湾物业管理有限公司
2	上海永升物业管理有限公司
3	上海保利物业酒店管理集团有限公司
4	上海锐翔上房物业管理有限公司
5	上海高地物业管理有限公司
6	上海科瑞物业管理发展有限公司
7	上海深长城物业管理有限公司
8	上海光明房地产服务集团有限公司
9	上海同进物业服务有限公司
10	上海景瑞物业管理有限公司

表 9-8 2019 年上海市办公类物业管理前 10 强物业企业

序号	企业名称
1	第一太平戴维斯物业顾问（上海）有限公司
2	上海浦江物业有限公司
3	上海科瑞物业管理发展有限公司
4	上海上实物业管理有限公司
5	上海永升物业管理有限公司
6	上海高地物业管理有限公司
7	港联不动产服务（上海）有限公司
8	上海东湖物业管理有限公司
9	上海漕河泾开发区物业管理有限公司
10	上海陆家嘴物业管理有限公司

表 9-9 2019 年上海市园区类物业管理前 10 强物业企业

序号	企业名称
1	上海高地物业管理有限公司
2	上海东湖物业管理有限公司
3	上海鑫源物业经营管理有限公司
4	上海鸣安物业管理有限公司
5	上海车城物业管理有限公司
6	上海漕河泾开发区物业管理有限公司
7	上海上房物业服务股份有限公司
8	上海外高桥物业管理有限公司
9	上海华仕物业管理有限公司

10	上海浦江物业有限公司

表 9-10　2019 年上海市商业类物业管理前 10 强物业企业

序号	企业名称
1	上海高地物业管理有限公司
2	上海永升物业管理有限公司
3	上海浦江物业有限公司
4	上海锦日物业管理有限公司
5	上海百联物业管理有限公司
6	上海复瑞物业管理有限公司
7	上海丰诚物业管理有限公司
8	第一太平戴维斯物业顾问（上海）有限公司
9	上海上实物业管理有限公司
10	上海启胜物业管理服务有限公司

表 9-11　2019 年上海市医院类物业管理前 10 强物业企业

序号	企业名称
1	上海益中亘泰（集团）股份有限公司
2	上海吉晨卫生后期服务管理有限公司
3	上海复医天健医疗服务产业股份有限公司
4	上海上房物业服务股份有限公司
5	上海卫事康卫生管理服务有限公司
6	上海吉和物业管理有限公司
7	上海证大物业管理有限公司
8	上海瑶瞻医院管理有限公司
9	上海乐道物业管理有限公司
10	上海嘉隆物业管理有限公司

表 9-12　2019 年上海市机关类物业管理前 10 强物业企业

序号	企业名称
1	上海复欣物业管理发展有限公司
2	上海浦江物业有限公司
3	上海东湖物业管理有限公司
4	上海申勤物业管理服务有限公司
5	上海高地物业管理有限公司
6	上海新世纪房产服务有限公司
7	上海诚信中宁物业服务有限公司
8	上海上勤高级楼宇管理有限公司
9	上海上勤物业管理有限公司
10	上海陆家嘴物业管理有限公司

2019年度上海市物业管理行业诚信承诺企业中“诚信承诺AAA级企业”142家、“诚信承诺AA级企业”99家、“诚信承诺A级企业”133家、“ 承诺企业”244家。2019年度通过评审的企业共有618家。有效期2年。

表9-13 2019年度上海市物业管理行业诚信承诺AAA级企业名单

序号	企业名称	批准级别
1	大华集团上海物业管理有限公司	AAA
2	上海宝月物业管理有限公司	AAA
3	上海宝灵物业管理有限公司	AAA
4	上海宝房（集团）大楼物业管理有限公司	AAA
5	上海宝房友宜物业管理有限公司	AAA
6	上海宝房月浦物业管理有限公司	AAA
7	上海宝房源康物业管理有限公司	AAA
8	上海美兰湖物业管理有限公司	AAA
9	保利物业发展股份有限公司上海分公司	AAA
10	上海兴虹物业管理有限公司	AAA
11	上海春川物业服务有限公司	AAA
12	上海钰鼎物业管理有限公司	AAA
13	上海古北物业管理有限公司	AAA
14	上海同达创业物业管理有限公司	AAA
15	上海虹桥经济技术开发区物业经营管理有限公司	AAA
16	上海美丽华物业管理有限公司	AAA
17	上海润美物业管理有限公司	AAA
18	上海新长宁集团大楼物业有限公司	AAA
19	上海新古北物业管理有限公司	AAA
20	交银企业管理服务（上海）有限公司	AAA
21	上海大飞物业管理有限公司	AAA
22	上海大至物业管理有限公司	AAA
23	上海同涞物业管理有限公司	AAA
24	上海奉房置业有限公司	AAA
25	上海科瑞物业管理发展有限公司	AAA
26	上海益中亘泰（集团）股份有限公司	AAA
27	上海营巢物业管理有限公司	AAA
28	上海申江怡德投资经营管理有限公司	AAA
29	上海生乐物业管理有限公司	AAA
30	上海宏阳物业有限公司	AAA
31	上海星泰物业管理有限公司	AAA
32	上海振新物业管理有限公司	AAA
33	上海德律风置业有限公司	AAA
34	狮城怡安（上海）物业管理股份有限公司	AAA

35	上海九海金狮物业管理有限公司	AAA
36	上海上房物业服务股份有限公司	AAA
37	上海上勤物业管理有限公司	AAA
38	上海上勤高级楼宇管理有限公司	AAA
39	上海中海物业管理有限公司	AAA
40	上海六角物业管理有限公司	AAA
41	上海东湖物业管理有限公司	AAA
42	上海乐道物业管理有限公司	AAA
43	上海吉晨卫生后勤服务管理有限公司	AAA
44	上海地铁东方置业发展有限公司	AAA
45	上海启胜物业管理服务有限公司	AAA
46	上海明华物业管理有限公司	AAA
47	上海晟新物业经营管理有限公司	AAA
48	上海高力国际物业服务有限公司	AAA
49	上海浦江物业有限公司	AAA
50	上海强生物业有限公司	AAA
51	上海新世纪房产服务有限公司	AAA
52	上海车城物业管理有限公司	AAA
53	上海永绿置业有限公司	AAA
54	上海明达物业服务有限公司	AAA
55	上海磊成物业管理有限公司	AAA
56	上海卫事康卫生管理服务有限公司	AAA
57	上海化学工业区物业管理有限公司	AAA
58	上海辰展物业管理有限公司	AAA
59	上海人民企业集团物业管理有限公司	AAA
60	上海文汇新民物业管理有限公司	AAA
61	上海华欣物业管理有限公司	AAA
62	上海宏允物业管理有限公司	AAA
63	上海现代建筑设计集团物业管理有限公司	AAA
64	上海夏利文物业管理有限公司	AAA
65	上海梅龙镇广场有限公司	AAA
66	上海盛宇物业经营服务有限公司	AAA
67	上海康苑物业管理有限公司	AAA
68	上海锐翔上房物业管理有限公司	AAA
69	上海锦顺物业管理有限公司	AAA
70	上海新城物业有限公司	AAA
71	上海静安地产集团物业有限公司	AAA
72	上海德一置行物业管理有限公司	AAA
73	中信泰富（上海）物业管理有限公司	AAA
74	中航物业管理有限公司上海分公司	AAA
75	港联不动产服务（上海）有限公司	AAA

76	嘉里建设管理（上海）有限公司	AAA
77	上海申华物业有限公司	AAA
78	上海协沁物业管理有限公司	AAA
79	上海闵碧物业管理有限公司	AAA
80	上海欣赛物业管理服务有限公司	AAA
81	上海圆外物业管理有限公司	AAA
82	上海航天实业有限公司	AAA
83	上海紫泰物业管理有限公司	AAA
84	深圳市华侨城物业服务有限公司上海分公司	AAA
85	上海开伦物业管理有限公司	AAA
86	上海中星集团申城物业有限公司	AAA
87	上海长宜物业管理有限公司	AAA
88	上海公益物业管理有限公司	AAA
89	上海外高桥物业管理有限公司	AAA
90	上海外高桥保税物流园区物业管理有限公司	AAA
91	上海华城物业有限公司	AAA
92	上海金陵投资有限公司	AAA
93	上海金晨物业管理经营管理有限公司	AAA
94	上海荣苍物业管理有限公司	AAA
95	上海浦东房地产集团物业管理有限公司	AAA
96	上海海运物业管理有限公司	AAA
97	上海家佳物业有限公司	AAA
98	上海盛高物业服务有限公司	AAA
99	上海深长城物业管理有限公司	AAA
100	上海富宁物业管理有限公司	AAA
101	上海富都物业管理有限公司	AAA
102	上海新诚物业管理有限公司	AAA
103	上海鑫遥物业经营管理有限公司	AAA
104	长城物业集团股份有限公司上海分公司	AAA
105	仲量联行测量师事务所(上海)有限公司	AAA
106	金茂（上海）物业服务有限公司	AAA
107	上海诚信中宁物业服务有限公司	AAA
108	上海良宇物业管理有限公司	AAA
109	上海明君物业管理有限公司	AAA
110	上海新青浦物业管理有限公司	AAA
111	上海西房物业管理有限公司	AAA
112	上海谷城物业管理有限公司	AAA
113	上海逸思曼企业管理服务有限公司	AAA
114	上海联源物业发展有限公司	AAA
115	上海锋颖实业有限公司	AAA
116	浙江开元物业管理股份有限公司上海松江分公司	AAA

117	上海天伟物业管理有限公司	AAA
118	上海市工联物业公司	AAA
119	上海汇成物业有限公司	AAA
120	上海阳光投资（集团）物业管理有限公司	AAA
121	上海城开商用物业发展有限公司	AAA
122	上海复医天健医疗服务产业股份有限公司	AAA
123	上海徐房房屋维急修中心	AAA
124	上海高建物业有限公司	AAA
125	上海奥菲思房产经营管理有限公司	AAA
126	上海锦日物业管理有限公司	AAA
127	上海锦龙物业管理有限公司	AAA
128	上海新轻物业管理有限责任公司	AAA
129	上海漕河泾开发区物业管理有限公司	AAA
130	家利物业管理（上海）有限公司	AAA
131	上海中远物业管理发展有限公司	AAA
132	上海文化银湾物业管理有限公司	AAA
133	上海方达物业经营公司	AAA
134	上海冬迩物业管理有限公司	AAA
135	上海百联物业管理有限公司	AAA
136	上海同济物业管理有限公司	AAA
137	上海延吉物业管理有限公司	AAA
138	上海欣茂物业管理有限公司	AAA
139	上海万润物业管理有限公司	AAA
140	上海上安物业管理有限公司	AAA
141	上海安荣物业管理服务有限公司	AAA
142	上海益镇物业管理有限公司	AAA

第四篇　类型

第一章 住宅市场

第一节 住宅市场供给与需求

2019 年上海商品住房受宏观政策影响，市场继续降温，住宅投资小幅上升，销售面积也小幅上升，销售金额明显上升，住房价格指数同比微涨，市场化新建商品住房去化周期有所增加。市场总体上呈现“量平价稳”的状态。全年商品住宅投资 2 318.13 亿元，销售总金额 4 457.16 亿元，销售面积 1 353.70 万平方米，销售均价 32 926 元/平方米。

一、住宅投资情况

自 2013 年以来上海住宅投资额逐年增加态势，2019 年上海市住宅投资 2 318.13 亿元，较上年增加 4.1%，占房地产开发投资的 54.8%，占比下降 0.4 个百分点。（见表 10-1、图 10-1）。

上海市住宅施工面积为 7 446.43 万平方米，较上年下降 1.0%。从统计局数据来看，2014 年上海市住宅施工面积达到高峰，此后逐渐下降（见图 10-2）。

全年新开工面积 1 572.90 万平方米，较上年相比增长 6.8%，从 2018 年起改变了 2016、2017 两年以来下降的趋势（见图 10-3）。

全年住宅竣工建筑面积全年为 1 453.28 万平方米，较上年下降 16.0%；住宅建筑面积竣工率为 19.5%，较上年下降 3.7 个百分点（见图 10-4）。

表 10-1 2014～2019 年住宅投资情况

指标	2014 年	2015 年	2016 年	2017 年	2018 年	2019 年
投资额(亿元)	1 724.62	1 813.32	1 965.43	2 152.40	2 225.92	2 318.13
施工面积（万平方米）	8 525.85	8 372.12	8 073.94	8 013.80	7 520.39	7 446.43
竣工面积（万平方米）	1 535.55	1 588.95	1 532.88	1 862.74	1 730.27	1 453.28
新开工面积 （万平方米）	1 547.29	1 560.28	1 436.13	1 402.91	1 473.17	1 572.90

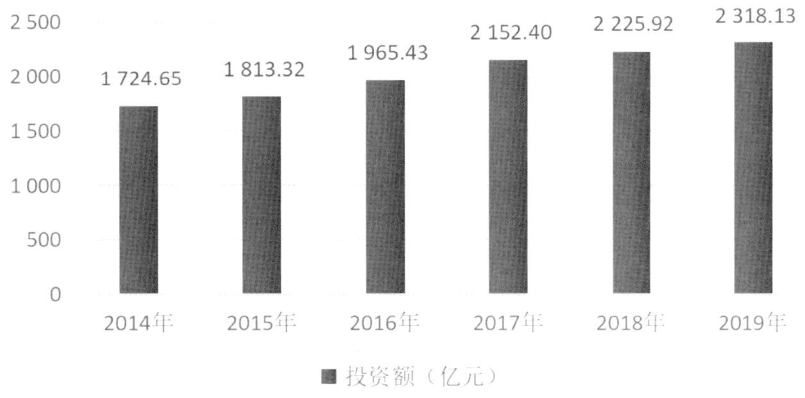

图 10-1　2014～2019 年商品住宅投资额走势

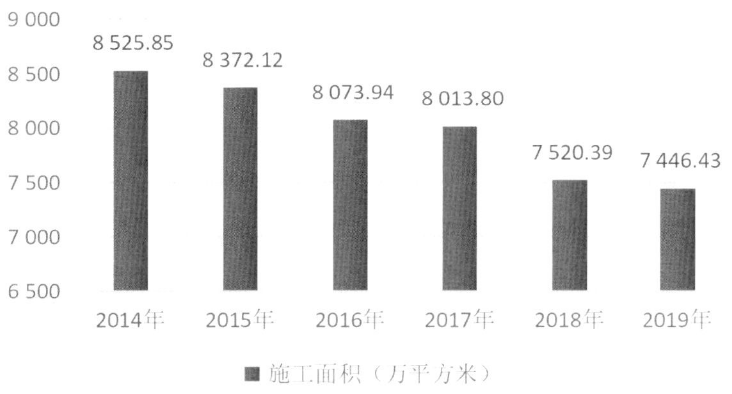

图 10-2　2014～2019 年商品住宅施工面积走势

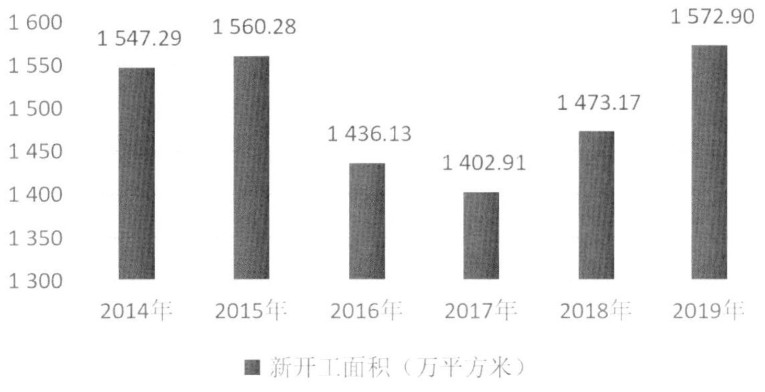

图 10-3　2014～2019 年商品住宅新开工面积走势

图 10-4　2014～2019 年商品住宅竣工面积走势

从月度来看，1-2 月份受节日影响住宅投资为 333.96 亿元；3 月份住宅投资全年最低，为 168.38 亿元；12 月份住宅投资达到最高值为 249.34 亿元，整体看全年各月差距不大（见表 10-2，图 10-5）。

住宅新开工面积起伏较大，年初受节日影响新开工较少，7、8 月份一反往年受高温影响而处于高位，最高月份在 11 月份，新开工面积达 200.90 万平方米（见图 10-6）。

住宅竣工主要集中在年初和年底，1～2 月份，竣工 382.71 万平方米，12 月份竣工面积最高，为 307.46 万平方米；3 月份住宅竣工面积最低，为 42.95 万平方米；年底 10、11 月份也是个小高峰。一般住宅的竣工时间与房地产市场的销售成正相关（见图 10-7）。

表 10-2　2019 年上海住宅施工和销售各月情况

月份	住宅投资（亿元）	累计施工面积（万平方米）	新开工面积（万平方米）	竣工面积（万平方米）	销售面积（万平方米）
1 月-2 月	333.96	5 728.26	80.54	382.71	136.95
3 月	168.38	5 863.14	122.94	42.95	132.05
4 月	173.83	6 100.42	188.31	71.36	88.44
5 月	178.58	6 268.21	169.36	53.73	52.84
6 月	183.87	6 406.05	114.99	95.03	177.94
7 月	191.61	6 623.76	177.80	49.64	165.05
8 月	200.91	6 794.64	168.23	60.46	88.24
9 月	223.27	6 923.19	114.71	57.70	145.11
10 月	196.29	7 080.41	131.35	180.07	140.59
11 月	218.07	7 306.27	200.90	152.17	80.08
12 月	249.34	7 446.43	103.77	307.46	146.41

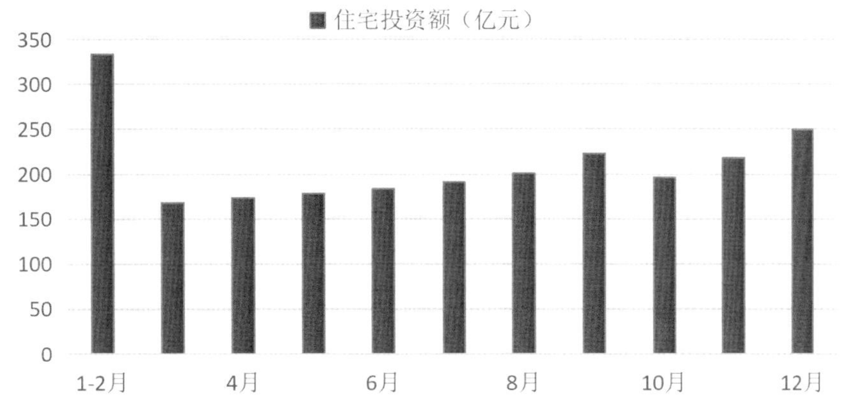

图 10-5 2019 年上海市住宅投资金额月度走势图

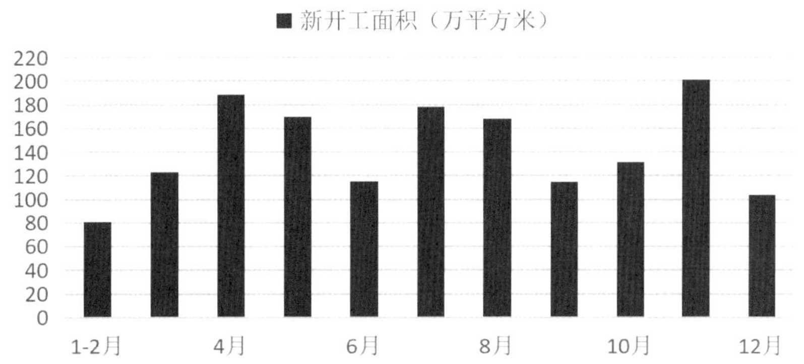

图 10-6 2019 年上海市住宅新开工面积月度走势图

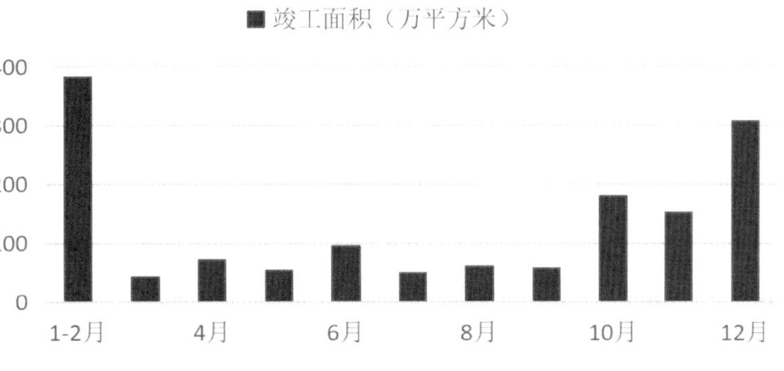

图 10-7 2019 年上海市住宅竣工面积月度走势图

二、住宅销售情况

2019 年，上海市商品住房销售市场“量升价稳”。成交面积上升近两成，住房价格指数同比微涨，市场化新建商品住房去化周期有所增加。商品住房市场总体热度不高。整体开盘去化率为 40%，同比去年继续下滑。未进行摇号的项目占比高达 28%，客户购买意愿明显下滑。相较于 2018 年中心区域高价盘开盘火爆、远郊地区低价盘滞销的分化局面，2019 年远郊低价盘依然低迷。高端项目也出现了分化，受板块规划利好影响的区域，一房难求局面仍然存在。多盘认筹持续火爆，比如前滩板块的晶萃名邸，认筹率达到了 314%，而不符合客户需求的项目则陷入低迷，去化率不及预期。

根据统计局数据，2019 年上海市商品房批准预售 1 204.39 万平方米，比上年减少 23.29%；其中商品住房批准预售 1 046.92 万平方米，比上年减少 10.39%。全市商品房销售 1 696.34 万平方米，同比减少 4%；其中商品住房销售 1 353.70 万平方米，同比增加 1.5%，销售金额 4 457.16 亿元，较上年增加 593.13 亿元，销售均价 32 926 元/平方米，较上年上升 13.6%（见表 10-3，图 10-8、图 10-9）。

表 10-3 2014～2019 年上海市住宅销售情况

指 标	2014 年	2015 年	2016 年	2017 年	2018 年	2019 年
销售额（亿元）	2 923.44	4 319.93	5 233.29	3 336.09	3 864.03	4 457.16
销售面积（万平方米）	1 780.91	2 009.17	2 019.8	1 341.62	1 333.29	1 353.70
销售均价（元/平方米）	16 415.00	21 501.00	25 910.00	24 866.00	28 981.17	32 926

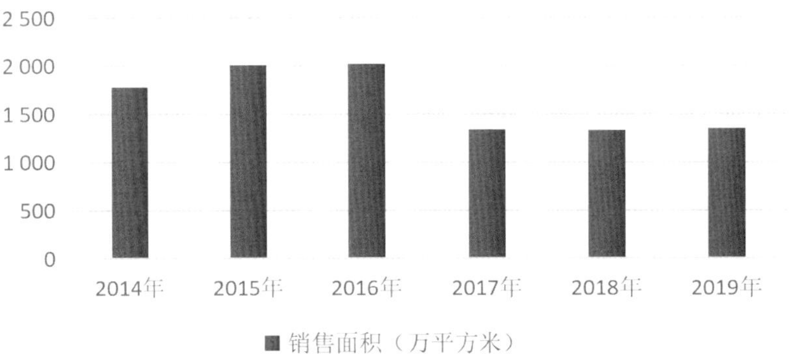

图 10-8 2014～2019 年上海市商品住宅销售面积走势图

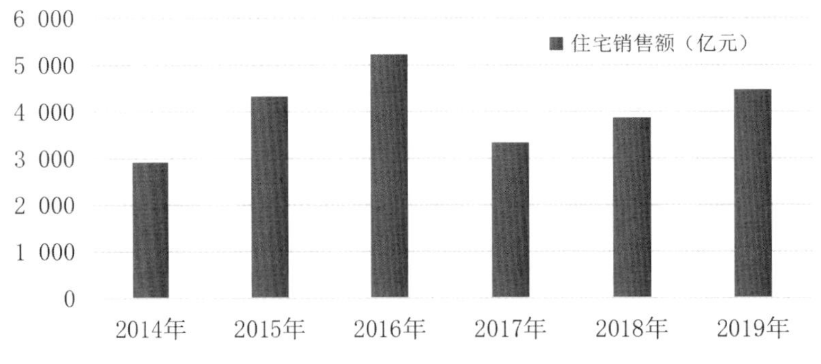

图 10-9 2014～2019 年上海市商品住宅销售额走势图

从全年来看，1 月、2 月分别成交 57.15 万平方米和 31.77 万平方米。3 月，二手房热销提升了市场的信心，“卖旧买新”的置换型客户开始入市，市场出现“小阳春”，单月成交 62.47 万平方米，4 月延续上月的热度，成交进一步放大，成交 69.99 万平方米。5、6 两月，市场成交有所回落，但仍然维持在一定高度，分别成交 65.47 万平方米、66.57 万平方米。7 月成交进一步大幅减少，回落至

55.4 万平方米。8、9 两月受临港政策利好，自贸区范围项目拉动全市成交量上升，成交量升至全年最高点，分别成交 72.22 万平方米和 74.97 万平方米。进入四季度，随着市场需求释放告一段落，成交量出现明显下降，10 月和 11 月分别成交了 52.46 万平方米、56.81 万平方米。12 月，房企年终抢收，大幅增加推盘量，但市场反应不佳，成交低迷，单月仅成交 41.07 万平方米（见图 10-10）。

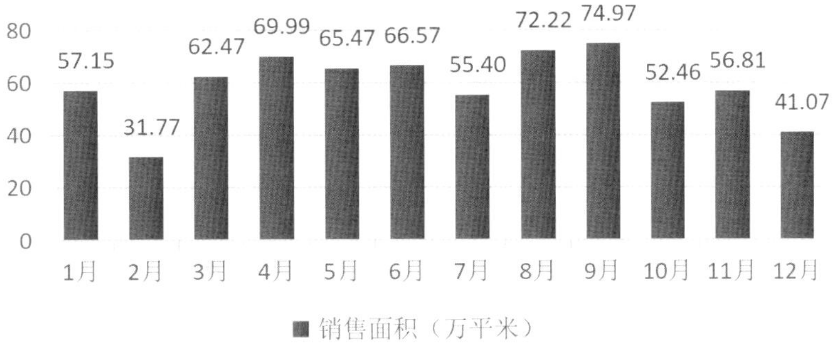

图 10－10　1-12 月上海市市场化商品住宅销售面积月度走势图

第二节　住宅价格与租金

一、住宅成交价格

根据上海市统计局数据，2019 年上海市住宅平均销售价格（含销售型保障房）32 926 元/平方米，比上年上升 13.6%。二手住房平均成交价格 38 188 元/平方米，比上年下跌 2.18%。根据房地产交易中心网上数据。2019 年，市场化商品住房（不包括保障性住房）销售面积 706.36 万平方米，同比增长 19.9%；销售均价 44 854 元/平方米，同比上升 1.1%。从走势上看，全年运行较为平稳，上下半年表现基本持平。开年前两月本是传统营销淡季，但企业推盘量并未明显减少，成交也相对可观。

从区域均价看：内环线以内 110 479 元/平方米，内外环线之间 56 322 元/平方米，外环线以外 23 988 元/平方米（见图 10-11）。

图 10-11　2014～2019 年上海新建住宅成交均价走势

二、住房租赁市场

2019年，中央继续大范围、全方位地支持住房租赁市场发展，并从财政、法规等方面给予政策支持。7月，财政部、住建部确认了北京、上海等16个城市入选中央财政支持住房租赁市场发展试点名单，直辖市每年可以获得10亿元的奖补资金支持。同时，新修订土地管理法的正式实施，为租赁住房增加有效的供应渠道提供了法律支持。此外，政策也进一步支持租赁住房市场金融创新，明确要推动公募 REITS 试点，加快发展住房租赁 REITS，并针对公寓“爆雷”频发的现象加大监管力度，防止过度“金融化”。从2019年上海租赁市场的实际情况来看，人才吸引力和优质的工作机会为上海带来了接近千万体量的外来常住人口，这为上海提供了强劲的租赁市场需求。同时，上海较强的支付能力，也提升了租金的空间，保证了需求的多样性。综合政策和市场表现来看，租赁市场未来发展潜力巨大，是新形势下房企未来发展的重要领域，企业可以往“轻资产”方向发展，通过自持土地打造租赁品牌，挖掘“蓝领公寓”市场潜力。

根据统计局的数据，2019年上海市所有各类商品住房出租面积为 129.62 万平方米，较上年增加1.02万平方米，同比增幅0.8%。（见表10-4）。

表10-4 上海市主要年份住宅出租情况

年份（年）	2010年	2015年	2017年	2018年	2019年
出租面积（万平方米）	85.72	120.59	110.15	128.60	129.62

租金方面，全年上海市各档次的一房月度平均租金走势整体都十分平稳，各档次房源的租金水平均维持了小幅、缓慢上扬的态势。以年底12月的租金水平与年初1月的租金水平相比，各档次房源的租金均呈现不同程度的上涨，其中低端租金的涨幅相对最大、达到4.92%，2019年12月该类房源的租金为3 774元/月；高端租金的涨幅相对最小，为2.61%，2019年12月该类房源的租金为10 289元/月。此外，中端房源的租金涨幅为3.5%、仅次于低端房源，可见以中低端租赁需求为主的一房租金涨幅表现相对更好。不过整体来看一房房源的租金的涨幅较为有限，从绝对值来看，低端一房年底的租金较年初仅高了约177元/月，超高端房源的租金则较年初高了约658元/月。

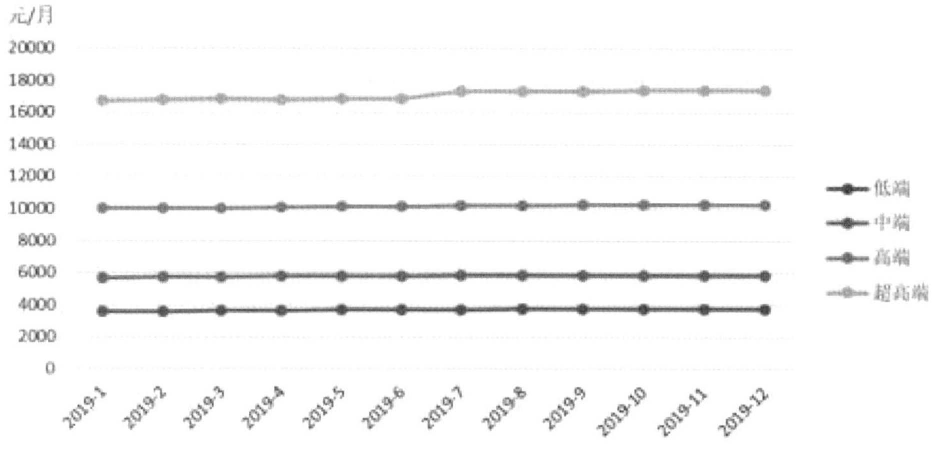

图10-12 2019年各档次一房平均租金走势

从各档次两房的平均租金来看，整体走势与一房相当，呈现出小幅微弱上扬的态势，不过各档次房源的租金涨幅表现则与一房有所不同。通过对 2019 年 12 月的租金与 1 月的租金对比显示，中端房源的租金涨幅相对最大、达到 4.49%、租金为 7 207 元/月，高端房源的涨幅次之、为 3.34%、租金为 12 207 元/月，相较之下低端房源的涨幅表现则不及一房、仅为 3.07%、租金为 4 402 元/月。可见，在两房的租赁市场中，主力需求在于中端和高端房源，此外，两房的超高端房源鉴于租金绝对值较高，故租金涨幅十分有限，年末租金较年初仅微弱上涨了 1.97%。

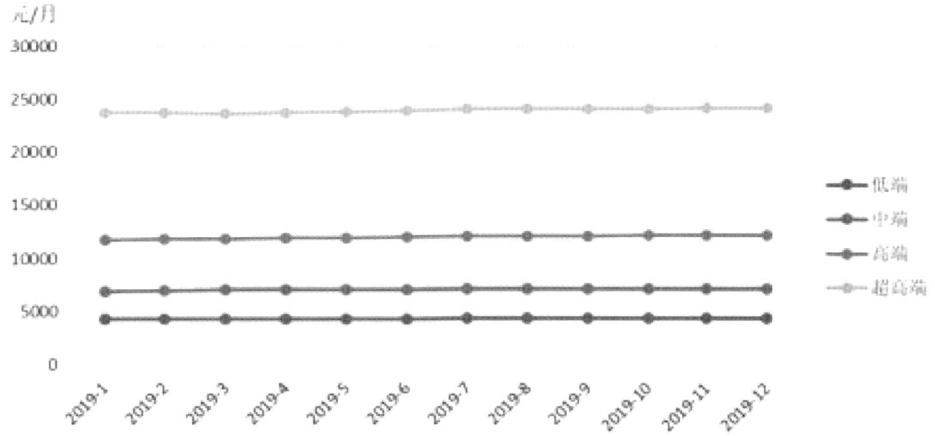

图 10-13　2019 年上海市各档次两房平均租金走势

从三房的租金情况来看，租金整体的走势相较一房、两房要更为平缓，各档次房源年末的租金相较年初的涨幅均十分有限、涨幅水平在 1.47%至 2.86%之间。其中，中端房源的租金的涨幅相对最大、为 2.86%、租金为 9 384 元/月；低端与高端房源的租金涨幅十分接近，分别为 2.29%和 2.13%，租金分别为 4 700 元/月和 15 902 元/月；在均价绝对值明显更高的情况下，超高端房源的租金涨幅更为微弱。

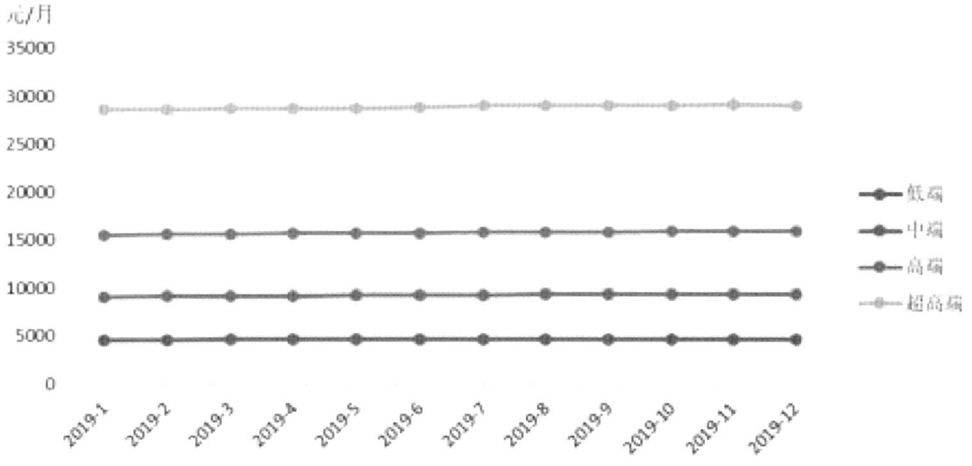

图 10-14　2019 年上海市各档次三房平均租金走势

按照2019年12月最新发布的租金数据，从同档次不同户型之间的租金差异来看，超高端房源两房与一房的租金差相较其他档次明显更大、达到39.07%；低端房源的三房与两房租金差则相对最小、仅为6.77%，同时低端房源两房与一房的租金差也较小、为16.64%。可见，低端房源受到单套户型面积的影响，低端房源整体单套面积较小，不同户型之间面积的梯度也并不明显，由此也令该档次物业不同房型的租金差异较小。相较之下，中端、高端物业不同户型之间的租金差则表现相当，尤其是三房与两房的租金差双双保持在 30%左右，而两房与一房之间的租金差则均不及三房与两房之间的租金差。同样是受到户型面积的影响，在超高端房源中，两房与一房之间的租金差就非常明显，主要是由于超高端房源中，两房也包含了相当一部分大面积的房源，因此租金水平提高明显。整体来看，各档次不同户型之间的租金水平都呈现出不同程度的差异。

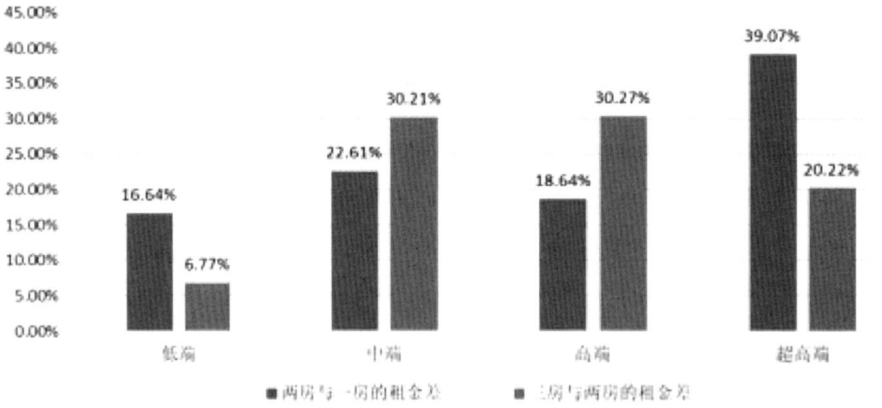

图10-15　各档次不同户型租金差异

截至2019年年底，从长租公寓门店的品牌分布情况来看，目前规模最大的为安歆·YU、门店总量为44家，其次为城家公寓与老牌长租公寓魔方公寓、两大品牌旗下的门店数量均为32家。其中，排名首位的安歆·YU是国内首个专业的连锁型企业员工宿舍和青年公寓，在2012年由多位具有酒店管理、青年公寓运营经验的专业人士在上海创立，自2013年至2017年间共获得五轮融资。

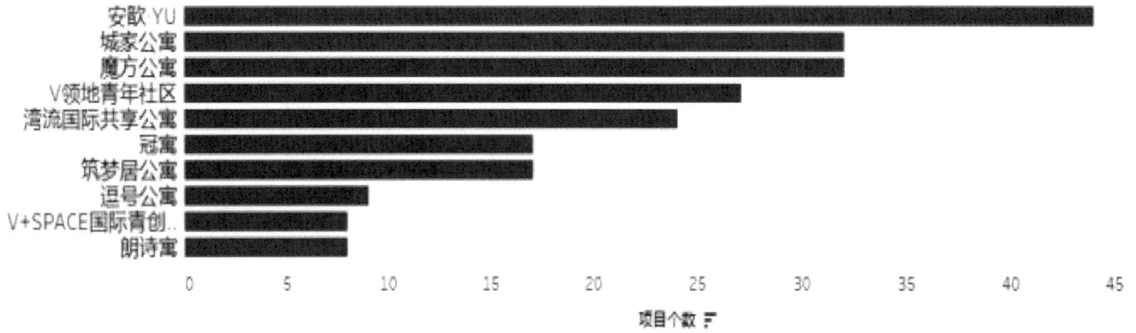

图10-16　全市中式长租公寓品牌门店数量前十

从2019年年底长租公寓门店地区分布的情况来看，传统的居住大区浦东新区和闵行包揽了门店数量前二，门店数量分别达到66家和50家；闸北、宝山的门店数量处在第二梯队，分别为28家和22家；此外，徐汇、普陀、长宁、虹口等市区成熟居住型区域的门店数量基本相当，基本在12至17

家之间。而传统市中心区域以及远郊地区的长租公寓门店则均属于零星分布，门店数量基本仅为个位数。可见，当前长租公寓的项目定位更偏向中低端，传统市中心的中高端定位的门店数量非常少，而外围远郊地区潜在的租赁需求有限、租赁市场体量较小，目前阶段也难以吸引长租公寓项目的大举入驻。

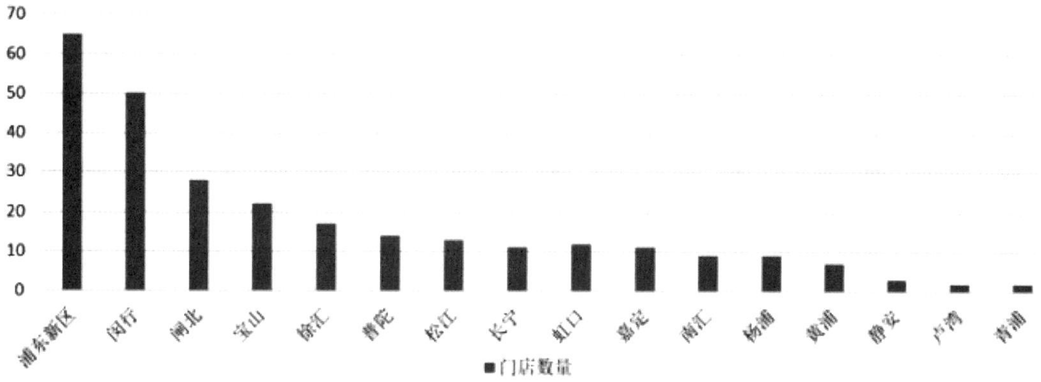

图 10-17　全市各区长租公寓门店数量分布

通过长租公寓平均租金的品牌排行，可以看出各个品牌的项目定位。城家公寓的租金明显高于其他品牌、位居首位，平均租金达到 5 299 元/月；平均租金水平处在第二梯队的品牌是朗诗寓和筑梦居公寓，两大品牌的平均租金分别为 4 799 元/月和 4 752 元/月。第三梯队的品牌有魔方公寓、安歆 •YU、湾流国际共享公寓和逗号公寓，租金水平约在 4 100 元/月至 4 500 元/月之间，V+SPACE 国际青创社区的租金水平明显偏低、仅为 2 638 元/月，主要与其门店在上海的分布情况有关，该品牌的门店大多数分布于中环线以外、靠近外郊环地区。整体来看，目前全市集中式长租公寓项目的租金水平整体处在中下游的水平，这也与其定位有关，主要是为了迎合工作年限较短、资金实力有限的单身年轻群体的刚性租赁需求，解决其居有定所的基本诉求。

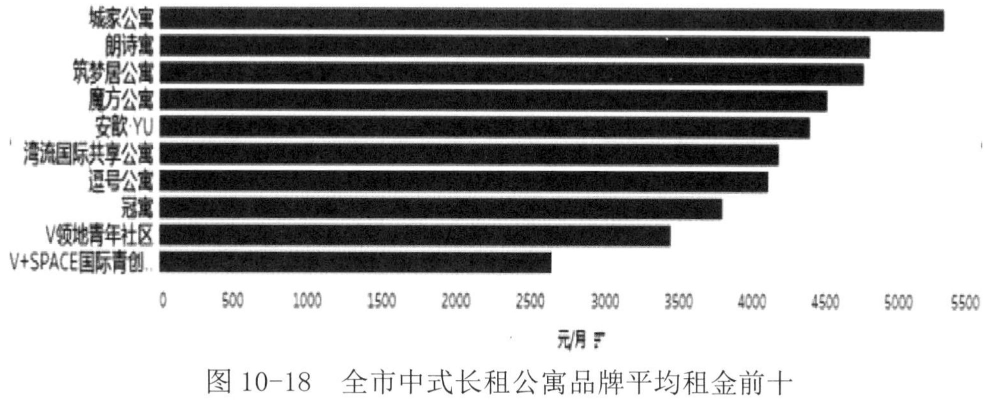

图 10-18　全市中式长租公寓品牌平均租金前十

上海作为具有庞大规模外来人口和流动人口的一线城市，市场上存在着大量的租房需求。从年度全市各类房源的平均租金走势来看，整体均维持了稳步缓慢上涨的态势，充分说明社会房源作为吸纳租房需求的重要途径，租金获得了有力的支撑，尤其是热门地区的租赁房源，如轨交房、学区房等的租金更是维持在了相当的高位。为有效缓解市场租金的上涨压力，多渠道供应租赁住房势在必行，长租公寓市场将成为发展租赁住房市场的重要推手。为了大力发展租赁住房市场，近两年上海持续推出纯租赁住房用地、培育专业化租赁住房企业和机构、鼓励国有房企以外的社会力量加入租赁住房市场的建设、加强金融政策方面的扶持力，从而为租赁住房市场的发展创造了良好的环境。不过从实际情况来看，当前长租公寓类的租赁住房运营存在投入高、投资回报周期长、盈利空间有限等问题，因此部分品牌门店经营状况稳定性较差、关店情况也时有发生，然而随着大型房企相继进入该领域，未来行业洗牌期也将加速来临，整体的房源质量与供应量也将进一步得到优化。

第三节　二手住宅市场

2019 年上海存量房（二手房）登记面积 2 099 万平方米，同比上升 27.5%。其中存量住宅（二手住房）登记面积 1 769.75 万平方米，同比上升 35.9%；成交均价 38 188 元/平方米，比上年下跌 2.18%。

2019 年 1～12 月，上海二手住房价格指数同比止跌回升：1 月份持平，2 月份跌 0.1，3 月份涨 0.3%，4 月涨 0.5%，5 月份涨 0.1%，6 月份跌 0.1%，7 月份涨 0.4%，8 月份持平，9 月份涨 0.6%，10 月份跌 0.2%，11 月份跌 0.2%，12 月份持平，2019 年 12 月比上年同期上涨 0.3%。2019 年上海二手房市场量升价稳的主要原因是，全市旧改提速，全年中心城区二级旧里以下房屋改造完成约 55 万平方米、受益居民 2.96 万户，而且受到近年上海房地产市场日趋稳定的影响，今年旧改居民中约有 90%选择了货币化安置，这部分需求大多选择购买了征收房屋周边地区的二手住房，推升了成交量的上升。

总体上看，据房地产交易中心网上数据（见图 10-19），2019 年二手住房呈现出“量升价稳”的趋势。1 月份延续去年第四季度的反弹走势，成交 18 782 套，2 月份在节假因素影响下降明显，单月成交 9 794 套。3 月份在社保满年限及首套客、置换客等多方需求升温下成交大幅上升，单月成交 25 298 套。4 月份延续小阳春行情，需求结构产生变化，改善需求明显放大，成交量维持在高位，成交 24 537 套。经过了 3、4 两月需求的集中释放后，市场热度有所减退，5 月至 8 月，成交量逐月下滑，分别成交了 22 467 套、21 379 套、19 873 套、19 319 套，9 月成交量略有回升，达 20 803 套。四季度后，在需求集中释放后，买卖双方再次进入平衡状态，市场观望情绪浓厚，挂牌房源数量有所减少，成交明显下滑，10 月、11 月、12 月分别成交 15 809 套、17 597 套、14 463 套。

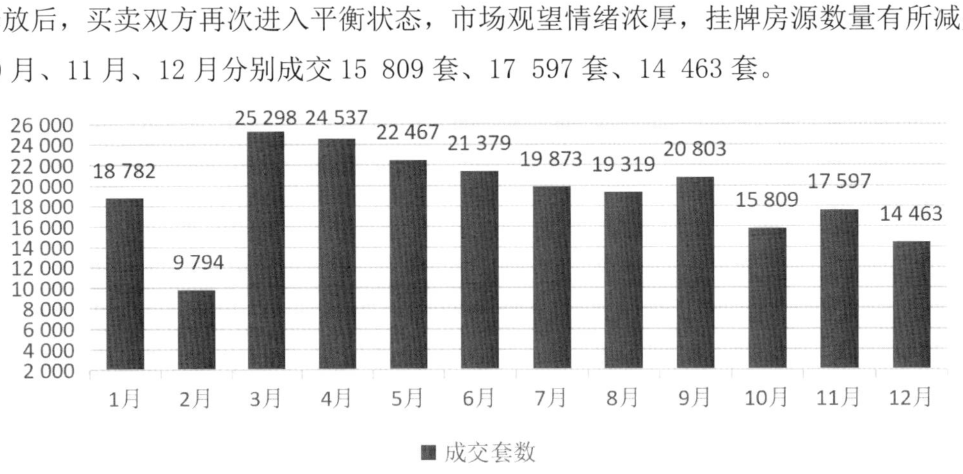

图 10-19　2019 年上海市二手住宅月度成交走势图

表 10-5　上海市主要年份存量房交易情况（2010～2019 年）

年　份	成交套数（套）	成交面积（万平方米）	其　中		
			# 住　宅	# 办公楼	# 商业营业用房
2010 年	202 511	1 966.86	1 522.21	68.31	70.61
2011 年	146 151	1 398.67	1 058.71	62.87	51.21
2012 年	157 585	1 446.77	1 136.17	57.34	46.71
2013 年	291 176	2 575.70	2 228.02	65.59	47.18
2014 年	177 083	1 586.14	1 324.18	52.61	40.90
2015 年	303 414	2 647.83	2 351.30	52.27	41.62
2016 年	347 667	3 219.80	2 225.42	450.89	261.04
2017 年	179 385	1 563.53	1 264.13	80.75	60.26
2018 年	175 061	1 549.12	1 229.01	77.45	58.47
2019 年	242 254	2 028.93	1 733.15	69.65	54.19

第二章　写字楼市场

第一节　写字楼市场供给与需求

2019年，在宏观经济承压的背景下，上海写字楼市场整体走弱，空置率达到了14.35%。其中，甲级写字楼空置率为13.98%，乙级写字楼空置率为14.65%。写字楼市场的主力租户主要以批发零售业、租赁和商务服务业、科学研究和技术服务业、制造业、金融业、房地产业为主。其中金融、TMT、专业服务业占比超五成（见图11-1）。

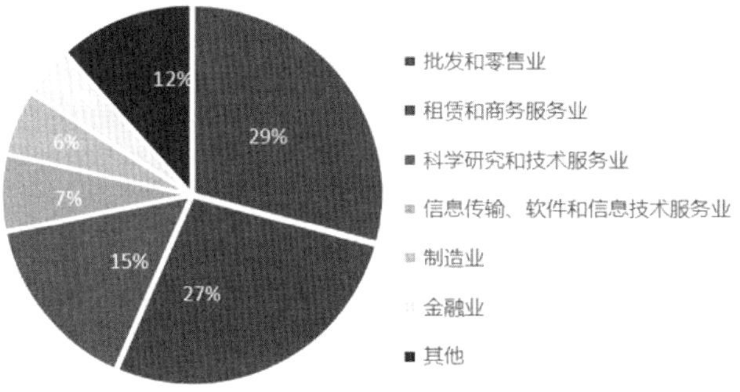

图11-1　2019年上海写字楼租户行业分布

一、写字楼投资情况

2019年，上海写字楼开发投资为689.36亿元，在2018年上升的基础上又趋下降，较上年下降0.5个百分点（见表11-1，图11-2）。

上海市写字楼施工面积为2 130.54万平方米，较上年下降0.4％。从统计局数据来看，2017年上海市写字楼施工面积达到历年来的高峰，2018年改变了此前上升的势头，2019年继续下探（见图11-3）。全年新开工面积388.87万平方米，达到历年来新高，较上年上升25.1%（见图11-4）。全年写字楼竣工建筑面积全年为259.36万平方米，跌至近四年以来的新低，下降37.27%（见图11-5）。

表11-1　2014～2019年写字楼开发投资额

指标	2014年	2015年	2016年	2017年	2018年	2019年
投资额(亿元)	534.77	654.54	695.95	642.20	692.71	689.36
施工面积（万平方米）	1 779.04	1 978.49	2 180.50	2 282.08	2 139.02	2 130.54
竣工面积（万平方米）	165.03	219.23	279.31	444.83	413.46	259.36

新开工面积（万平方米）	365.25	304.87	384.49	368.84	310.84	388.87

图 11-2 2014～2019 年上海市写字楼投资走势图

图 11-3 2014～2019 年上海市写字楼施工面积走势图

图 11-4 2014～2019 年上海市写字楼竣工面积走势图

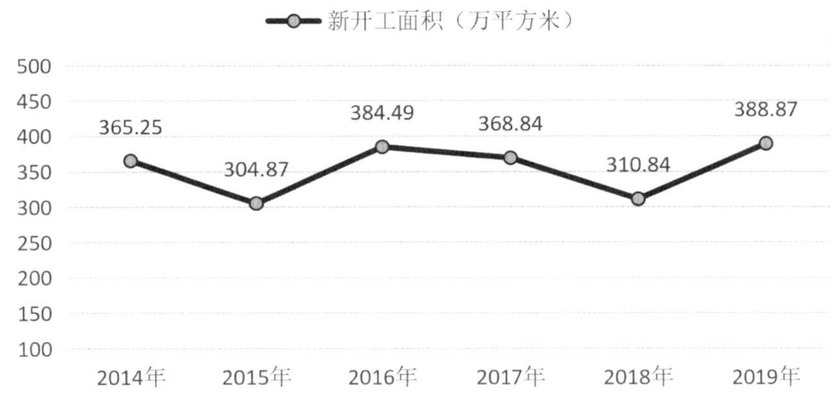

图 11-5　2014～2019 年上海市写字楼新公开面积走势图

从月度来看，全年各月投资比较平稳，总体呈波动上升态势，12 月份最高，达到 83.16 亿元（见表 11-2，图 11-6）。

表 11-2　2019 年各月份写字楼开发投资情况

月份	开发投资（亿元）	比去年同月增长（%）
1-2	114.76	-0.3
3	56.48	5.5
4	38.89	3.2
5	44.66	3.1
6	60.24	2.4
7	49.47	0.3
8	56.41	0.4
9	57.09	0.6
10	61.68	-1.2
11	66.36	-0.6
12	83.16	-0.5

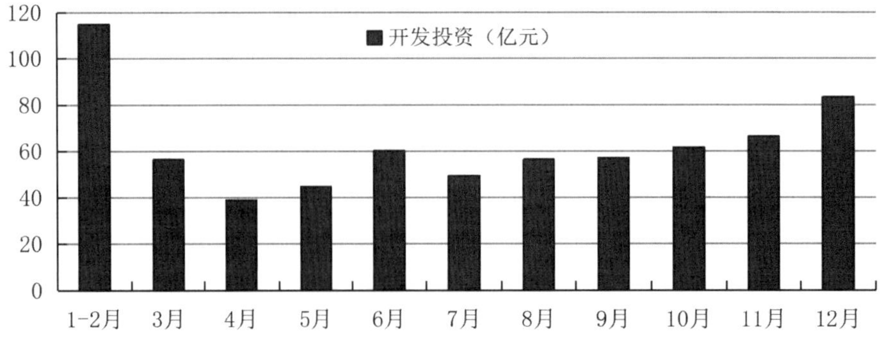

图 11-6　1～12 月上海市写字楼投资走势图

二、写字楼销售情况

根据统计局的统计数据，2019 年上海写字楼销售面积为 100.83 万平方米，比去年同期下降 31.4%。销售金额为 382.06 亿元，比去年同期下降 21.2%。其中存量写字楼销售面积 69.65 万平方米，较上年同期减少 10.1%（见表 11-3，图 11-7、图 11-8）。

表 11-3　主要年份写字楼销售情况

指　标	2014 年	2015 年	2016 年	2017 年	2018 年	2019 年
销售面积　（万平方米）	120.28	197.41	306.40	124.10	147.08	100.83
存量交易面积（万平方米）	52.61	52.27	450.89	80.75	77.45	69.65
销售额　（亿元）	300.43	488.68	903.17	394.07	484.83	382.06

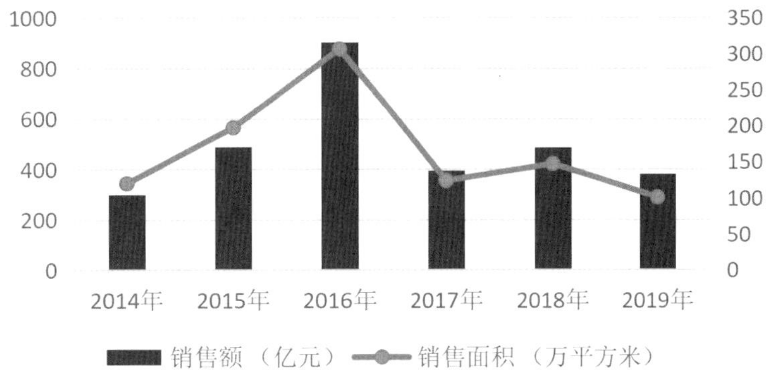

图 11-7　主要年份写字楼销售走势图

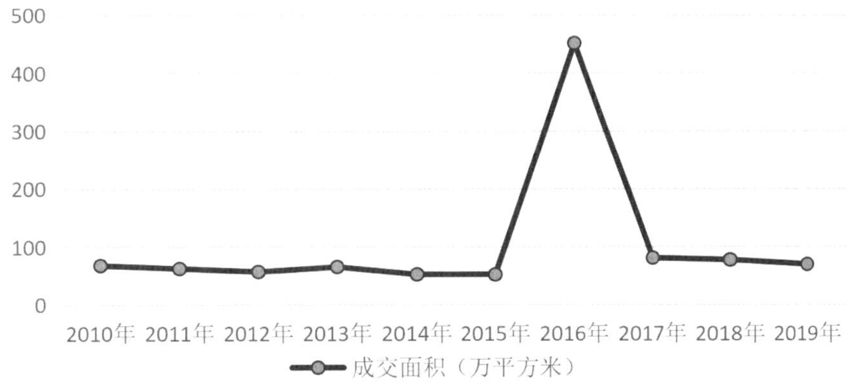

图 11-8　近 10 年存量写字楼销售面积走势图

2019 年，上海写字楼大宗交易成交总额较 2018 年有所下降，但从全国来看投资市场活跃度与北京并肩居于首位，是投资者最为青睐的城市之一。从物业类型来看，写字楼成交量最大，其次是商业、酒店、综合体等。2019 年以来外资准入门槛逐渐放宽，对于外资投资机构来说是一个积极的信号，而企业购置自用型写字楼的需求也相当抢眼。

第二节　写字楼销售价格与租赁

一、写字楼销售价格

虽然写字楼的租赁市场整体已趋于饱和，但是因为成本的增加，销售价格依然保持上升的态势不变。根据统计局数据，2019 年上海市写字楼平均销售价格达到 37 892 元/平方米，同比 2018 年的 32 964 元/平方米，增长 14.9%，销售价格逐年上涨的趋势没有改变（见表 11-4，图 11-9）。

表 11-4　主要年份写字楼销售和出租情况

指　标	2015 年	2016 年	2017 年	2018 年	2019 年
销售平均价格　（元/平方米）	24 754.57	29 476.82	31 754.23	32 963.69	37 892
出租面积　（万平方米）	501.86	578.44	692.42	753.40	809.85

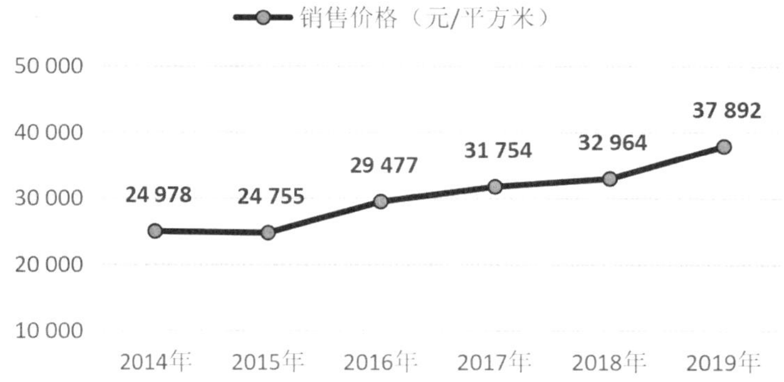

图 11-9　2014～2019 年上海市写字楼平均销售价格

二、写字楼租赁市场

2019 年上海写字楼租赁需求依然强劲，全年出租面积 809.85 万平方米，较上年增加 56.45 万平方米。虽然全年出租面积依然增加，但是由于供应面积增长更大，导致全年的空置率不降反升。全年整体空置率达到 14.35%。其中，甲级写字楼空置率为 13.98%，乙级写字楼空置率为 14.65%。（见图 11-10）。

图 11-10　2014～2019 年上海市写字楼出租面积

受整体写字楼市场供过于求和空置攀升的压力，全年租金水平呈下降趋势，平均租金为4.32元/平方米•天，甲级写字楼平均租金6.37元/平方米•天，乙级写字楼平均租金3.79元/平方米•天。从商圈来看，南京西路、陆家嘴、淮海中路、人民广场租金最高，分别为9.28、8.84、8.75、8.60元/平方米•天，张江、虹桥、徐家汇租金同比跌幅最大。

第三章　商业地产市场

第一节　商业地产市场供给与需求

2019 年，上海商业地产市场由于前几年供应量规模较大，存量去化有限，面临一定的库存压力。加之电商交易模式的快速下沉，对零售商业的冲击愈发强烈，商业地产行业变革压力愈发迫切。

一、商业地产投资情况

2019 年，上海商业营业房地产继续了上一年的下降势头，全年投资 457.23 亿元，较上年下降 0.9%；占房地产投资的 10.8%，较上年下降 0.6 个百分点；从月度来看，各月份投资比较平稳，波动不大，4 月份投资最少，为 28.23 亿元。商业营业房产施工面积 1 775.5 万平方米，同比下降 5.4%，新开工面积 286.83 万平方米，竣工面积 324.55 万平方米。（见表 12-1，图 12-1、图 12-2、图 12-3、图 12-4、图 12-5）

表 12-1　主要年份商业营业用房投资情况

指　标	2016 年	2017 年	2018 年	2019 年
投资额（亿元）	519.41	506.71	461.42	457.23
施工面积　（万平方米）	1 990.81	2 016.16	1 876.24	1 775.5
新开工面积　（万平方米）	401.78	297.68	206.93	286.83
竣工面积　（万平方米）	266.06	387.73	341.05	324.55
竣工价值　（亿元）	180.78	321.96	291.16	252.76

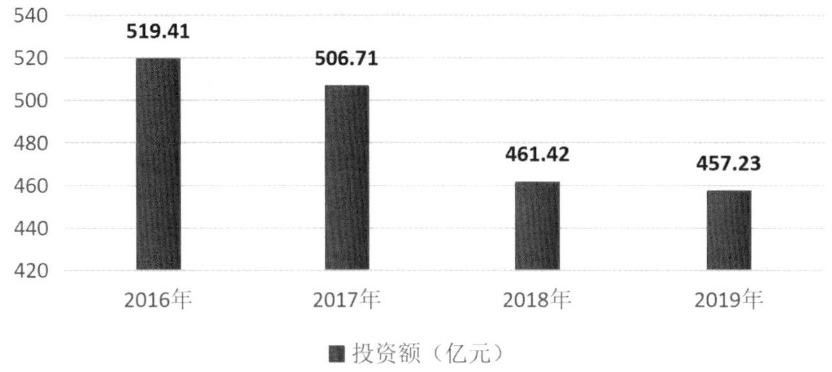

图 12-1　主要年份商业营业用房投资走势图

图 12-2　主要年份商业营业用房施工面积走势图

图 12-3　主要年份商业营业用房新公开面积走势图

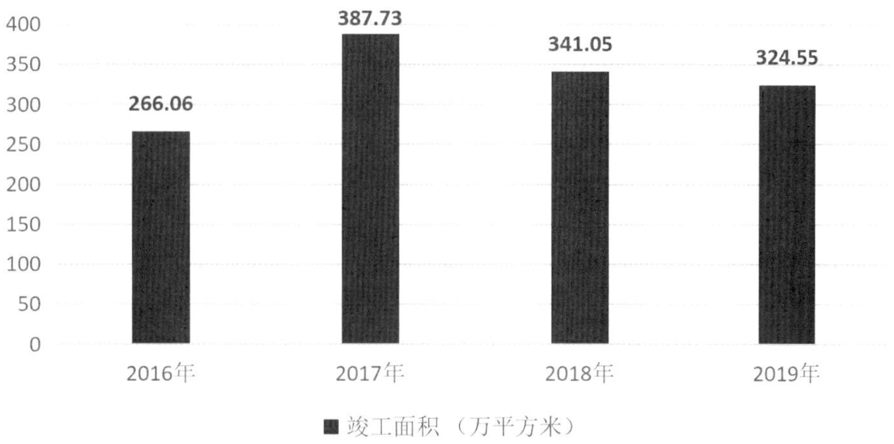

图 12-4　主要年份商业营业用房竣工面积走势图

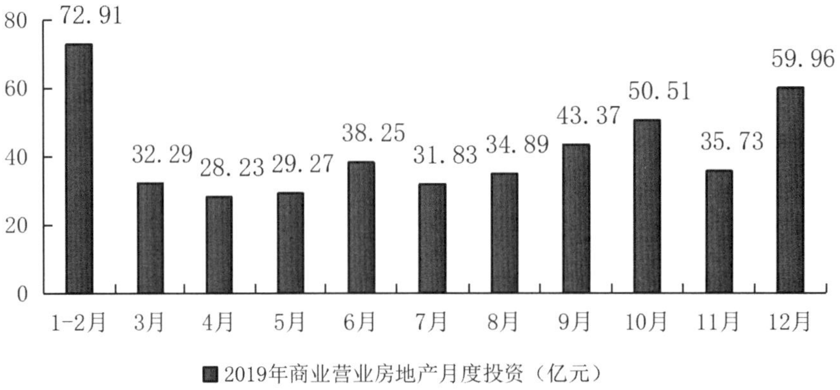

图 12-5 2019 年上海市商业营业用房月度投资

二、商业地产市场销售情况分析

2019 年，上海商业营业用房销售面积较 2018 年减少了 13.35 万平方米，销售面积为 88.4 万平方米，较上年下降 13.1%；销售金额 256.64 亿元，较上年下降 4.7%。其中，存量房销售面积 54.19 万平方米，较上年下降 7.3%（见 表 12-2、表 12-3，图 12-6）。

表 12-2 主要年份商业营业用房销售和出租情况

年份（年）	2015	2016	2017	2018	2019
销售面积 （万平方米）	113.70	205.87	79.33	101.75	88.4
销售额 （亿元）	227.89	470.49	208.23	269.37	256.64
出租面积 （万平方米）	367.02	415.25	542.09	630.83	707.89

表 12-3 近 10 年存量商业营业用房销售情况 单位：万平方米

年份（年）	2010	2011	2012	2013	2014	2015	2016	2017	2018	2019
成交面积	70.61	51.21	46.71	47.18	40.9	41.62	261.04	60.26	58.47	54.19

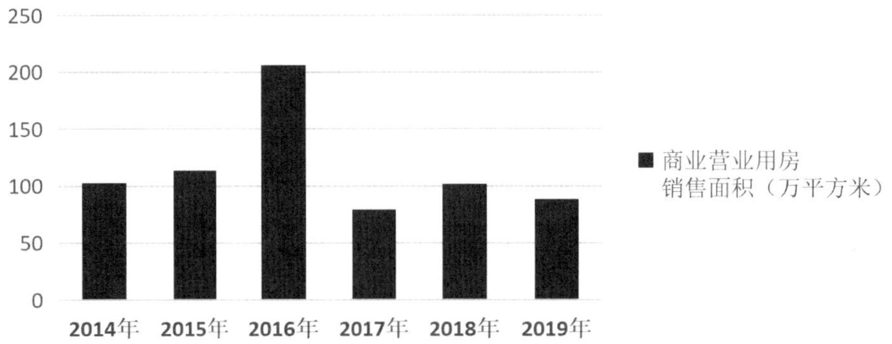

图 12-6 2014～2019 年上海市商业营业用房销售面积

三、商业地产成交价格分析

2019 年上海商业房产成交均价为 29 032 元/平方米，同比 2018 年 26 474 元/平方米的均价上升 9.7%。近 5 年来，商业房地产成交均价逐年上涨（见图 12-7）。

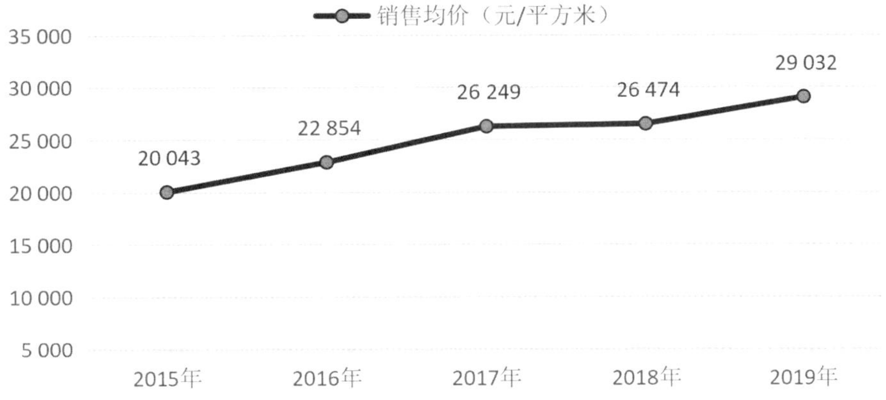

图 12-7　2015～2019 年上海市商业营业用房成交均价走势

第二节　城市商业购物中心市场分析

2019 年，上海致力于提升“上海购物品牌”的影响力，充分发挥上海购物中心在商业零售服务领域中的创新性、地标性、时尚性的引领作用，努力改善消费环境，提升服务品质，积极探索业态创新。全年新开购物中心（含 3 万平方米以上改造升级的购物中心）共 42 家，其中存量改造升级 10 家，商业建筑面积 47.7 万平方米；新建新开 32 家。总商业建筑面积 287.56 万平方米，同比减少 78.78 万平方米，但新开面积 239.86 万平方米，与 2018 年持平。其中，新开商业建筑面积 20 万平方米以上有 1 家（青浦万达茂 24.7 万平方米），占新开商业建筑面积的 10.2%；10-20 万平方米有 7 家，占新开商业建筑面积的 33%；5-10 万平方米有 17 家，占新开商业建筑面积的 45%；3-5 万平方米有 7 家，占新开商业建筑面积的 11.8%（见图 12-8）。

综合来看，2019 年上海购物中心特新开和改造项目相比 2018 年呈现双降，社区型和超大型购物中心经营规模呈现双增，购物中心业态创新和知名品牌首店能级双升，数字化营销与文创 IP 新国潮呈现齐头并进。

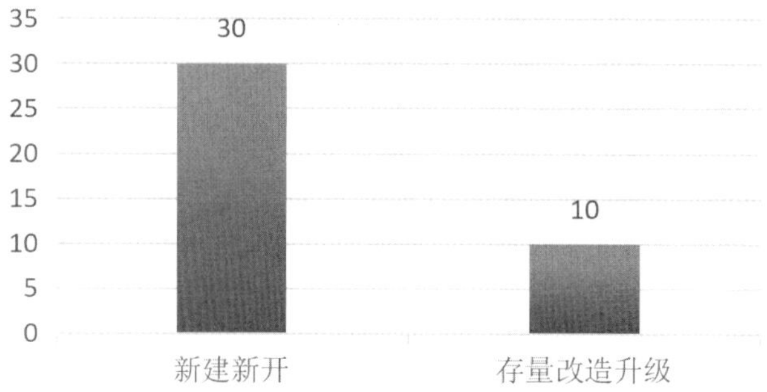

图 12－8　2019 年上海存量改造升级及新建新开购物中心数量对比

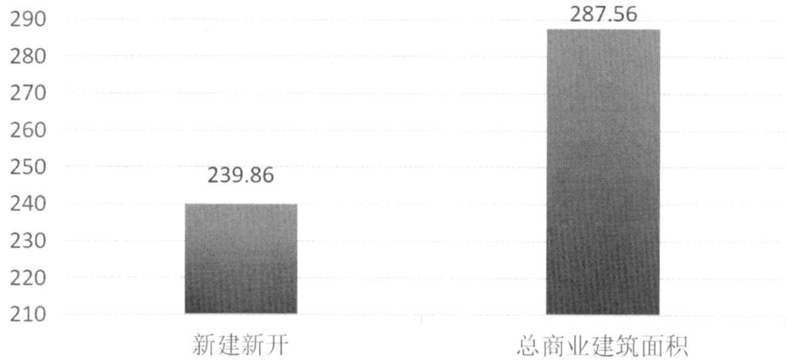

图 12－9　2019 年上海总商业建筑面积及新开面积对比（面积：万平方米）

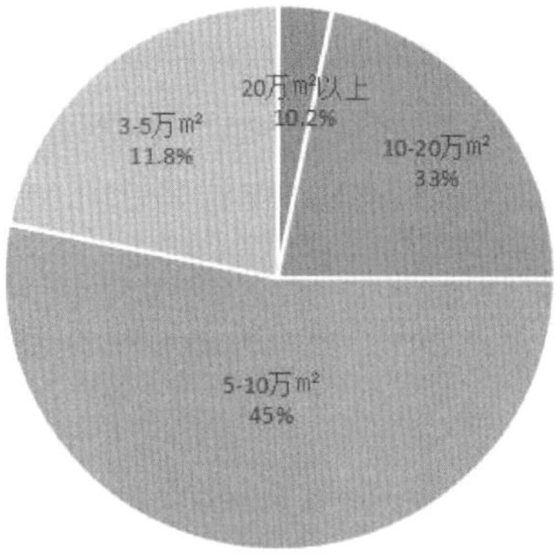

图 12－10　2019 年新开购物中心不同面积比例图

一、城市商业购物中心供应分析

2019 年，上海市购物中心剔除存量改造项目新增加 32 家，商业建筑面积 239.86 万平方米。截止 2019 年底，三万平方米以上的既存购物中心共 290 家，总商业建筑面积 2 200.4 万平方米。其中，中心城区共有 143 家，商业建筑面积 1 073.66 万平方米，占总面积 48.8%；城郊区 40 家，商业建筑面积 375 万平方米，占总面积 17.04%；远郊区 107 家，建筑面积为 751.74 万平方米，占总面积 34.16%。20 万平方米以上的特大型购物中心有 15 家，包括陆家嘴上海中心、五角场万达广场、月星环球港、仲盛世界商城、百联中环购物中心、江桥万达广场、陆家嘴正大广场、闵行万象城购物中心、闵行爱琴海购物中心、长宁龙之梦购物中心、长宁龙湖虹桥天街、五角场合生汇、七宝万科广场、世界跨境城、青浦万达茂。

据 RET 睿意德、中商数据统计分析，2019 年境内外共有 986 个各类品牌首店进入上海，其中近 80%的品牌首店入驻购物中心。凯德、瑞安、新鸿基、恒隆、嘉里、华润、崇邦、百联、新世界等在沪上拥有多家优质商场的海内外大集团首店入驻表现尤为亮眼，其外资背景的购物中心占比高达 62%，以 333 家重点知名品牌为指数统计，连为一体的新天地街区与新天地时尚表现最为突出，港汇恒隆广场、上海 K11、BFC 外滩金融中心并列亚军，上海来福士、新天地广场并列季军，兴业太古汇、静安大悦城、美罗城、静安嘉里中心、长宁来福士、上海合生汇、新世界城、ifc 国金中心并列殿军。

2019 年新开业的众多新项目中，BFC、ITC、华润时代广场、晶耀前滩、虹桥丽宝乐园、Tx 淮海年轻力中心、白玉兰广场、港汇恒隆广场表现最为耀眼（排名不分先后），尚未开业的南翔印象城 MEGA，金桥啦啦宝都，大宁久光城，虹口北外滩来福士，天安千树广，SIFS 静安国际中心堪称首店收割机。

数字化营销与文创 IP 新国潮呈现齐头并进。购物中心对数字化转型普遍高度关注，认识到数字化转型的必要性，近 60%的购物中心对于行业数字化动态有了深入了解，许多购物中心已在运用数字化手段进行会员管理和线上营销。购物中心对于数字化转型中组织转型的重要性也建立了清晰的认知，有 70%的企业认为组织转型对于企业的数字化转型至关重要。Lu One 凯德晶萃广场、华润时代广场、金桥国际商业广场、长泰广场、近铁广场、第一八佰伴、第一百货商业中心、百联又一城、百联中环、森兰商都、宝山花园城、美罗城、合生汇、百联南方、百联西郭、百联世博园、百联曲阳购物中心等三十多家购物中心开展数字化营销，线上会员管理，云店直接营销，在这次前所未有的疫情下，线下实体遭受巨大损失，及时开展线上营销自救，弥补损失，显现了运用数字化手段的功能作用。

作为深受消费者，尤其是年轻消费者喜爱的文创 IP 得到了许多购物中心的引入推广，以国货国潮为主题的文创 IP 受到广大年轻人的追捧，静安大悦城、徐汇绿地缤纷城、虹桥丽宝乐园、上海机遇中心 IP MALL 等企业充分运用文创 IP 开展以国学国货国潮的情感体验活动，吸引了众多年轻顾客，有效地增加了流量，聚集了人气，达到了文创 IP 赋能购物中心。

二、城市商业购物中心区域分布

2019 年，上海购物中心数量最多的是浦东新区达 66 家，其次是闵行区 38 家，黄浦区 31 家，静安区 21 家，嘉定区 20 家，徐汇区 19 家，青浦区 18 家，其他区 15 家以下。从新开购物中心数量上看，浦东新区最多，达到 8 家，闵行区达到 6 家，宝山区达到 5 家，这主要是与人口导入区有关。从分布情况看，新开购物中心市中心各区只增加 1—3 家，主要向郊区、开发区和旅游休闲区扩展（见图 12-9）。

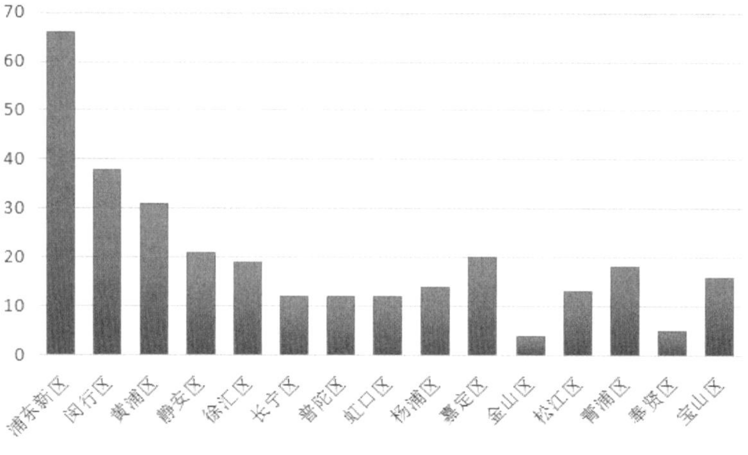

图 12-9　2019 年上海各区新开业项目数量

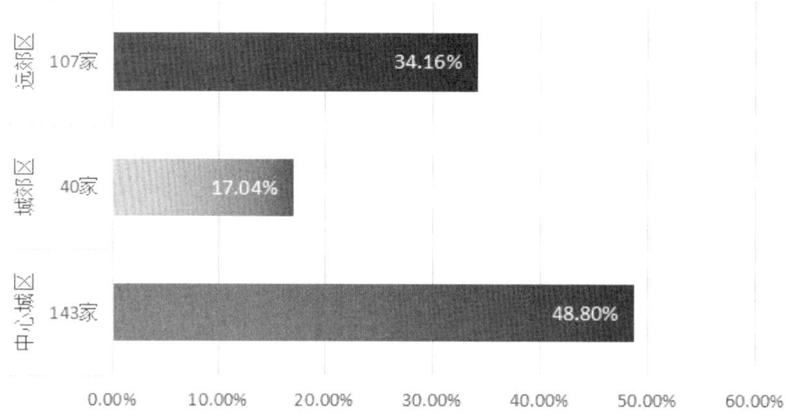

图 12-9　上海市各区商业面积分布情况

三、城市商业购物中心特点分析

新开和改造项目相比 2018 年呈现双降。自 2017 年以来，连续三年新建开业的购物中心减少，表明上海新开购物中心从大幅度快速增长转向稳健发展。一些商业地产投资开发商运营商根据市场形势不再片面追求快速开店，而是更加稳妥，趋于理性，条件环境不成熟宁可不开或推迟晚开，如南翔印象城、东渡蛙城、天安千树、百联祟明商业广场、元祖梦世界、上海梦中心、LoVE@大都会、大宁久光城等原计划在 2019 年开业，为了更好地适应消费者市场需求，创造更好的业态布局，均推迟到 2020 年开业。2019 年的存量改造也比 2018 年的 21 家减少了一半。

社区型和超大型购物中心经营规模呈现双增。新开购物中心继续向郊区社区、开发园区发展，浦东新区、闵行区和宝山区新开社区型购物中心数量占全市新开数量的 60%，根据统计分析，2019 年社区型购物中心经营规模增幅达 20%；超大型及经营规模 20 亿元以上的大型购物中心因业态功能齐全，品牌资源足，环境地段好，充分发挥集客吸客能力强的优势，经营规模增幅达 11.5%，这些购物中心数量虽占总数的 10%，但经营规模占整个经营规模总额的 50%以上。

购物中心业态创新和知名品牌首店能级双升。各购物中心为适应新的消费需求，高度重视新型业态引进和创新，积极引入沉浸式体验式消费形态，手工制作、怀旧场景、文化艺术、书法绘画等进驻购物中心，增强了顾客身临其境的体验感。许多购物中心重视绿色环境空间再造，七宝万科、百联又一城、百联世纪购物中心建造了别具一格的屋顶花园，给消费者园艺插花栽培的体验；百联中环、百联金山购物中心将屋顶改造成特色体验菜园，让消费者带上家人孩子体验摘果种菜的乐趣；一些有条件的购物中心引入小型动物宠物园，到2019年底共有二十家购物中心引入十二家品牌宠物店。

购物中心为了提升品质，提高集客能力，各购物中心均加大力度引入国内外知名品牌，由于购物中心经营环境，服务设施不断提升，人气旺盛，吸客能力强，成为国内外品牌商首选地。

第四章　别墅、高档住宅市场

2019 年，上海房地产延续“房住不炒”定位、实行因城施，求稳是主调，对购房信用的审查更加严格，并多次重申加快租赁房建设。长效化机制基本确立，限购、限价，包括通过税收、保障用房等一系列手段的进一步深化，保证住房不炒的长效机制进一步获得确立，市场更加稳定。

根据统计局数据，全年上海别墅与高档住宅市场销售 234.62 万平方米，相较于 2018 年上升了 30.5%，消费者对高档住宅的需求依然强劲；销售均价为 6.4 万元/平方米，较上年下降 2.2%，整体比较稳定。（见表 13-1）

表 13-1　2014～2019 年上海别墅、高档公寓各项指标

指标	2014 年	2015 年	2016 年	2017 年	2018 年	2019 年
施工面积　（万平方米）	1 575.97	1 647.69	1 632.93	1 748.88	1 575.03	1 383.32
竣工面积　（万平方米）	180.1	340.65	195.82	348.14	392.25	319.84
开发投资额（亿元）	360.01	381.48	416.50	540.75	493.63	398.73
销售面积　（万平方米）	257.24	390.97	445.42	212.04	179.77	234.62
销售额　（亿元）	859.54	1 462.81	1 903.48	1 153.49	1 176.74	1 501.66
出租面积　（万平方米）	60.39	66.26	62.08	55.43	54.91	54.75
销售均价（元/平方米）	33 413.93	37 414.9	42 734.5	54 399.6	65 458.1	64 004

一、别墅、高档公寓投资分析

2019 年，上海别墅、高档住宅投资 398.73 亿元，较上年下降 19.2%，占整个房地产开发投资 9.4%；施工面积 1 383.32 万平方米，较上年下降 12.2%，其中新开工面积 176.38 万平方米，较上年上升 13.8%；竣工面为 319.84 万立方米，较上年下降 18.5%，竣工价值 265.81 亿元（见图 13-1、图 13-2、图 13-3）。

全年高端公寓市场供应波动明显，前 10 个月单价 10 万元以上公寓项目入市 13 个，供应量偏低，但 11、12 月又有 7 个项目集中入市，造成翘尾效应，使全年供应量达 61.8 万平方米，成交量达 55.8 万平方米，供求比在 1.11:1。

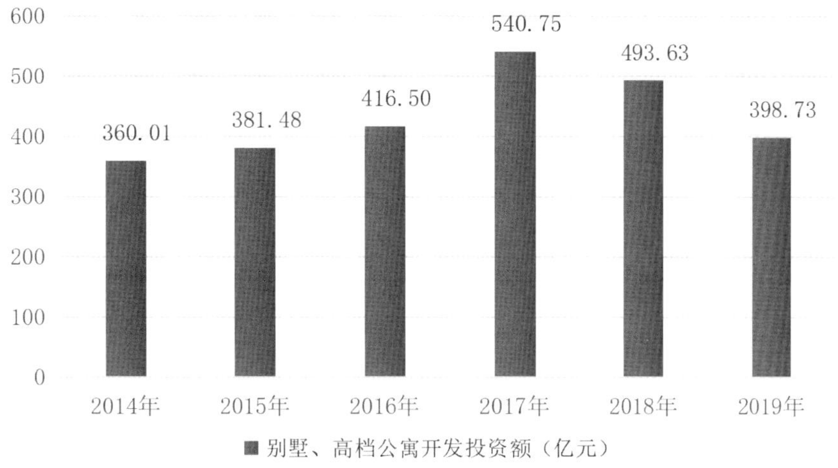

图 13-1　2014～2019 年上海别墅、高档公寓投资额走势

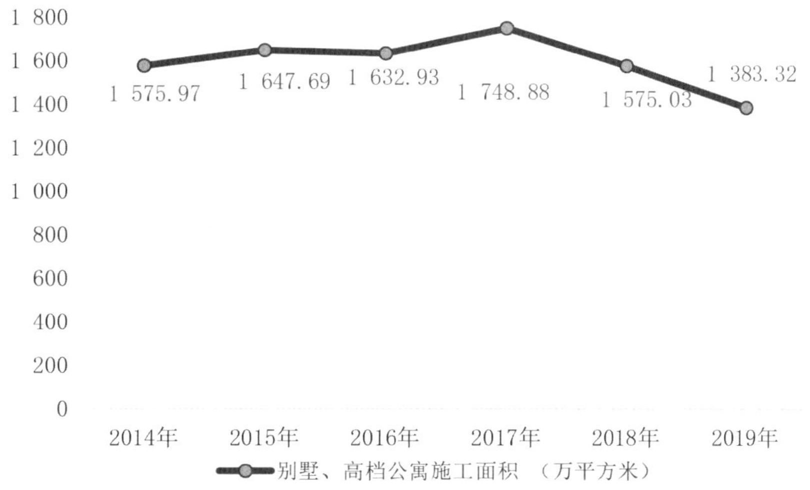

图 13-2　2014～2019 年上海别墅、高档公寓施工面积走势

图 13-3　2014～2019 年上海别墅、高档公寓竣工面积走势

二、别墅、高档公寓销售分析

2019 年上海各类别墅、高档公寓销售面积 234.62 万平方米，相较于 2018 年上升 30.5%；销售金额达 1 501.66 亿元，较上年上升 27.6%。（见图 13-4、图 13-5）。

高端客群的购买力仍然较强，单价 10 万元以上公寓成交量同比 2018 年超 40%。其中 150～200 平方米的户型成为高端市场上的热销主力，占比超 42%。但同时 2019 年入市项目数量约为 2018 年的 1.3 倍，故市场竞争使较多的新入市项目认筹比低于 1:1。。

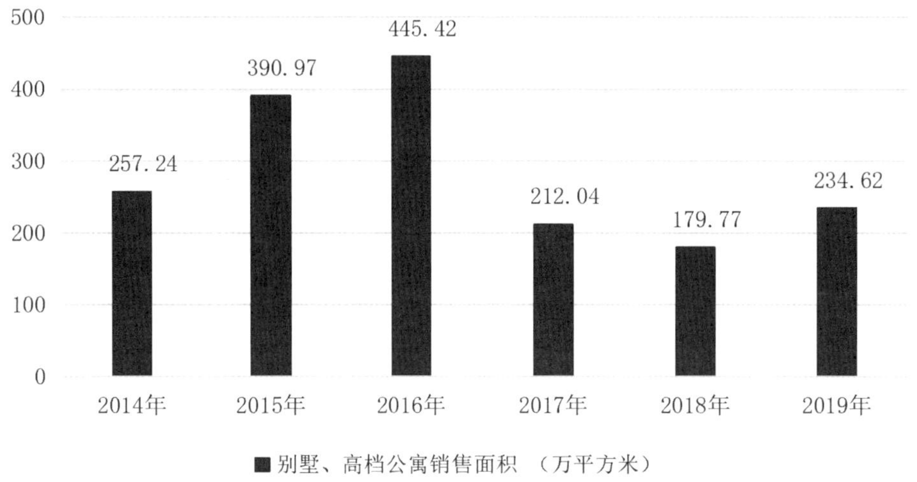

图 13-4　2014～2019 年上海别墅、高档公寓销售面积走势

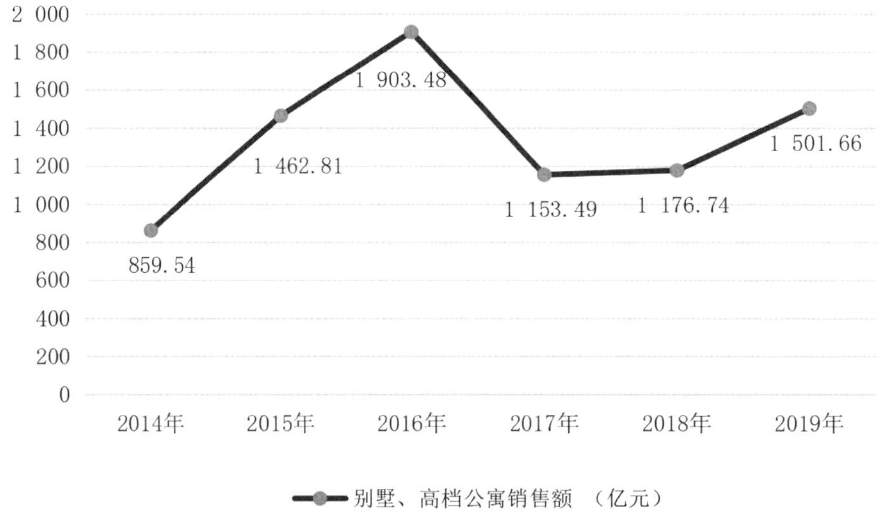

图 13-5　2014～2019 年上海别墅、高档公寓销售金额

三、别墅、高档公寓销售价格分析

近五年来，上海别墅、高档住宅销售均价一直在上升的趋势下 2019 年呈现拐点。2019 年销售均价为 6.4 万元/平方米，较上年下降 2.2%。（见图 13-6）

由于限价政策仍从严执行，2019全年高端公寓市场，成交均价约为11.98万元/平方米，其中淮海名邸取得2019年公寓项目最高预售证价格，达12.99万元/平方米，别墅项目最高为上海桃花源别墅，达13.95万元/平方米，但均未突破2018年翠湖的14.3万元/平方米的均价。价格走势体现了“稳中略降”的格局。

图13-6 2014～2019年上海别墅、高档公寓销售均价走势图

四、热点楼盘分析

2019年的豪宅市场，新房成交价格依旧坚挺。中原地产的统计数据显示，2019年上海滩第一豪宅不再是汤臣一品，成交价最高的一套豪宅，卖出2亿天价；公寓类豪宅成供应主力，有楼盘一年卖出300余套，收账73亿元；别墅类产品有项目定价14万元/平方米，刷新上海新房价，并且全年卖出近90套。成交总价前十的楼盘中，主要来自上海三大热门豪宅板块，其中闵行金虹桥板块的神秘豪宅古北壹号，以单套2亿总价，23.38万元/平方米的均价，力压陆家嘴滨江的汤臣一品，登顶上海最贵豪宅；前十榜单中，汤臣一品以23万元/平方米的单套均价，成交了3套；华侨城苏河湾作为上海滩新晋明星豪宅，在豪宅成交榜中占据四席（见表13—2）。

表13-2 2019年上海新建豪宅成交总价排行TOP10

成交总价排名	楼盘名称	板块	成交面积（M2）	类型	总价（亿元）
1	古北壹号	金虹桥	855.26	独立别墅	2
2	汤臣一品	陆家嘴	767.01	公寓	1.77
3	汤臣一品	陆家嘴	767.01	公寓	1.75
4	汤臣一品	陆家嘴	767.01	公寓	1.63
5	华侨城苏河湾	西藏北路	561	联体别墅	1.42
6	华侨城苏河湾	西藏北路	560.41	联体别墅	1.42
7	臻园	金虹桥	646.33	独立别墅	1.4

8	华侨城苏河湾	西藏北路	560.99	联体别墅	1.36
9	华侨城苏河湾	西藏北路	560.86	联体别墅	1.3
10	古北壹号	金虹桥	855.26	独立别墅	1.28

2000 万左右的公寓类豪宅，是 2019 年上海豪宅市场的交易主力。中海建国里以 353 套成交，13.12 万元/平方米的均价，揽金 73.6 亿元，成为 2019 年上海成交金额最高的公寓类豪宅项目，九庐和陆家嘴壹号院以 65.69 亿和 40.48 亿的成交金额，分列二、三名（见表 13－3）。

表 13-3　2019 年上海公寓类豪宅成交总价排行 TOP10

成交总价排名	楼盘名称	板块	成交面积（M2）	成交量（套数）	总价（亿元）
1	中海建国里	老西门	56 113	353	73.6
2	九庐	陆家嘴	50 702	275	65.69
3	融创外滩壹号院	董家渡	33 489	110	40.48
4	嘉御庭	衡山路	27 410	78	34
5	复兴珑御	老西门	24 279	113	31.25
6	五坊园	老西门	26 839	194	29.55
7	仁恒公园世纪	花木	25 434	96	26.54
8	万科翡翠滨江	洋泾	19 589	73	22.59
9	融创外滩壹号院	董家渡	16 497	57	20.34
10	九龙仓静安壹号	南京西路	15 535	59	20.27

别墅类豪宅项目中，大华珞斐墅以 36.33 亿的总成交金额，摘下年度销冠；新入市的闵行浦江豪宅上海桃花源表现亮眼，14.17 元/平方米的单价刷新豪宅价格天花板的同时，成交 26.38 亿元，位居豪宅成交榜第二位。其他在榜项目，多来自上海传统别墅区，如青浦赵巷、闵行莘庄等（见表 13－4）。

表 13-4　2019 年上海别墅类豪宅成交总价排行 TOP10

成交总价排名	楼盘名称	板块	成交面积（M2）	成交量（套数）	总价（亿元）
1	大华珞斐墅	北蔡	33 259	149	36.33
2	上海桃花源	浦江	18 620	89	26.38
3	当代艺墅	莘庄	22 341	99	21.7
4	世纪珑墅	张江	14 411	51	14.28
5	灿辉晶典 1733	徐泾	18 555	114	13.73
6	静安府西区	大宁	11 116	64	10.92
7	金臣颐墅	赵巷	14 345	94	9.97
8	金臣源墅	华漕	8 201	13	8.92
9	安澜西郊	徐泾	10 641	25	8.1
10	颐盛御中环	周康	8 864	51	6.5

第五篇　区域

第一章　上海市主要区域房地产价格

第一节　综述

2019 年房地产市场受政策影响明显，整体保持增长。商品房销售额为 5 203.82 亿元，比 2018 年增长 9.5%。其中，住宅销售额达到 4 457.16 亿元，较上年上升 15.35%，办公楼销售额为 382.06 亿元，商业营业用房销售额为 256.64 亿元。新建住宅平均销售价格 32 926 元/平方米，从区域来看，内环线以内均价 110 479 元/平方米，内外环线之间均价 56 322 元/平方米，外环线以外均价 23 988 元/平方米。剔除征收安置住房和共有产权保障住房等保障性住房后的市场化新建住宅的区域均价分别为：内环线以内 111 307 元/平方米，内外环线之间 75 796 元/平方米，外环线以外 40 462 元/平方米。

各区县的成交均价及涨幅也有所不同，静安、黄浦、卢湾(新黄浦区)、长宁、虹口商品住宅成交价格均破 10 万元/平方米；崇明、金山成交价较低，成交价低于 3 万元/平方米。价格同比涨幅方面，青浦、南汇价格涨幅超过 10.0%；卢湾跌幅超过 5%。不难发现，偏远地区如崇明区、金山区因交通不便利、配套设施不健全等原因，其成交价格稳中有降，而靠近市中心等繁华地区的房价依旧高位运行；改善型客户的需求逐渐扩大，200～300 万总价段的成交量在下降，500～1000 万总价段以及 400～500 万总价段的成交量上升速度较快，说明从小户型置换到大户型、以及从偏远地区搬迁到繁华地区的购房者数量正在提升。

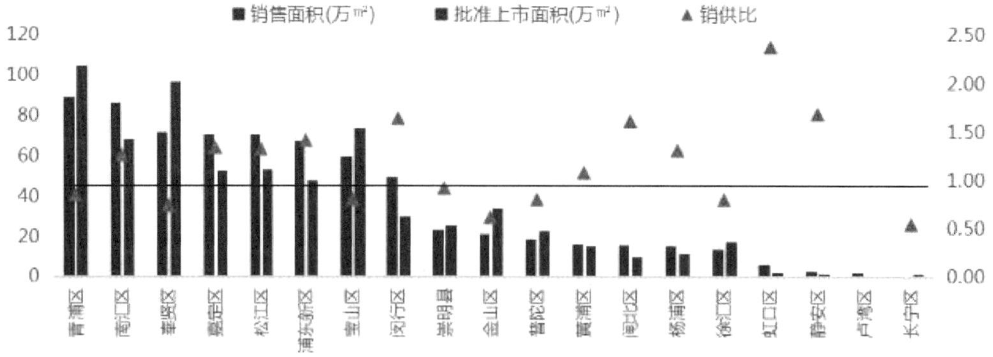

图 14-1　2019 年上海商品住宅区域成交情况

第二节 上海市各区县住宅市场

一、浦东新区

2019 年浦东新区的房地产整体投资呈下跌的势头，同比下跌 1.1 个百分点，整体投资量跌回 1 000 亿元以内。从各类型房地产投资情况看，2019 年浦东新区侧重点从商住类转向保障性住宅类物业的投资，投资总额同比增速较 2018 年上升了 25.1 个百分点，住宅的投资增速有所放缓，同比下跌 0.8 个百分点。同时，办公楼和商业用房的投资持续走跌，但跌幅均有所放缓（见表 14-1）。

表 14-1 2019 年年度浦东新区房地产投资情况

类型	金额（亿元）	同比增长（%）
住宅	556.39	-0.8
保障性住宅	193.66	25.1
办公楼	152.17	-3.3
商业用房	91.97	-0.7
合计	994.19	-1.1

2019 年浦东新区房地产施工面积总量与 2018 年相比继续回落，保障性住宅施工面积在 2018 年止跌的基础上重新呈下滑之势，同比减少 15.6%；办公楼施工面积跌幅仍在 10%以上；住宅施工面积同比跌幅减少，下跌 2.1%，商业用房跌幅放缓，下跌 4.9 个百分点，导致全区房地产施工面积整体呈下滑之势（见表 14-2）。

表 14-2 2019 年年度浦东新区房地产施工情况

类型	面积（万平方米）	同比增长（%）
住宅	1 812.22	-2.1
保障性住宅	769.73	-15.6
办公楼	540.36	-15.5
商业用房	328.51	-4.9
合计	3 450.82	-3.5

从竣工情况看，2019 年浦东新区高位拐头，受到整体房地产投资额、施工量的双重下挫影响，房地产竣工总量同比大幅下滑 46.1%。其中，住宅、保障性住宅和办公楼竣工面积均呈现大幅下滑，只有商业用房竣工面积呈正增长（见表 14-3）。

表 14-3　2019 年年度浦东新区房地产竣工情况

类型	面积（万平方米）	同比增长（%）
住宅	238.04	-49.3
保障性住宅	124.4	-36.8
办公楼	56.78	-64.8
商业用房	74.57	1.7
合计	493.79	-46.1

二、宝山区

2019 年宝山区全社会固定资产投资总额 555.17 亿元，同比增长 11.9%。其中第二产业投资总额 78.53 亿元，同比增长 0.1%，第三产业投资总额 476.64 亿元，同比增长 12.7%。固定资产投资构成中，工业投资比重为 14.1%，服务业比重为 2.3%；房地产投资比重最大，为 76.3%。房地产投资中，商业营业用房投资和办公楼投资占总投资的比重分别为 4.6%和 3.8%。保障房建设力度在不断加大，全区房地产新项目入库中保障房项目占 6 成。据统计数据显示，全年在建的保障房项目共 37 个，比去年增 6 个，完成投资 94.18 亿元，同比增长 15.8%，占总投资的比重为 22.2%。（图 14-2）

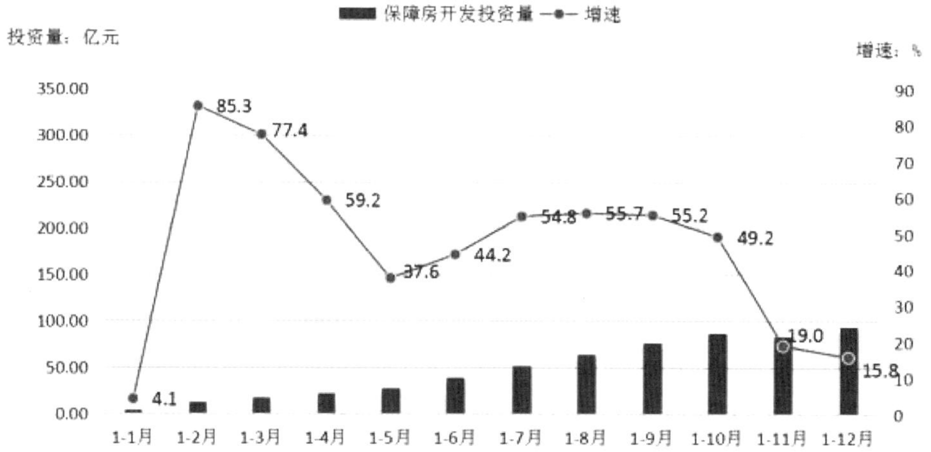

图 14-2　2019 年房地产保障房开发投资量与增速

全区房地产开发在建项目 92 个，同比增加 19.5%。全年完成房地产开发投资 423.60 亿元，同比增长 18.1%，其中住宅投资 292.56 亿元，增长 13.7%，占全部房地产开发投资 69.1%。其中，90 平方米及以下（刚需型）投资量 111.10 亿元，同比增长 20.3%，占商品住宅投资的 38%；90-144 平方米（改善型）投资量 173.09 亿元，同比增长 15.0%，占商品住宅投资的 59.2%；144 平方米以上（非普通住宅）投资量 8.37 亿元，同比下降 42.0%，占商品住宅投资的 2.9%。由此可见，宝山的房地产投资以 90-144 平方米的改善型投资为主，而 90 平方米以下的刚需型投资增速较快，非普通住宅的投资下降速度较大（图 14-3）；办公楼投资 21.18 亿元，增长 8.2%；商业营业用房投资 25.78 亿元，增长 7.1%。完成商品房施工面积 1 312.81 万平方米，同比增长 13.6%；竣工面积 239.27 万平方米，同比增长 4.4%。

新开工面积、竣工面积呈现“双增长”。全区房屋新开工面积 358.28 万平方米，同比增长 16.7%。新开工面积中商业营业用房新开工面积增速较快，为 2.1 倍。主要依靠友谊街道上海江瀚房地产开发经营公司临江商业商务中心项目、上港集团瑞泰发展有限责任公司（01、03、04 街坊）、上海睿华房地产开发有限公司、上海智飞置业有限公司开发的商品房项目和上海诚卫兴置业发展有限公司动迁安置房项目的新开工，共计 27.84 万平方米，而 2018 年年开发面积量仅 7.79 万平方米。全区竣工面积 239.27 万平方米，同比增长 4.4%，竣工面积中住宅及其他用房分别同比增长 14.9%、7.1%，办公楼、商业营业用房竣工面积均下降（见表 14-4）。

表 14-4　2019 年房地产建设项目情况

指标名称	合计	其中：住宅	办公楼	商业营业用房	其他用房
施工面积（万平方米）	1 312.81	783.84	103.32	127.97	297.68
同比增幅（%）	13.6	10.1	13.5	9.7	26.3
新开工面积（万平方米）	358.28	210.97	27.23	30.11	89.97
同比增幅（%）	16.7	3.9	76.1	2.1 倍	14.1
竣工面积（万平方米）	239.27	158.48	8.85	28.09	43.84
同比增幅（%）	4.4	14.9	-46.3	-16.8	7.1

房地产市场销售“双增”，保障房交易活跃。全区房地产开发实现商品房销售面积 125.07 万平方米，增长 19.3%，商品房销售额 351.19 亿元，增长 15.0%，已连续四个月保持双双上扬增长。其中，保障房是主要拉动力，实现销售面积 42.35 万平方米，增长 35.0%，销售额 39.32 亿元，增长 27.1%；住宅销售面积 100.49 万平方米，增长 31.4%；办公楼 7.97 万平方米，下降 11.2%；商业营业用房 3.96 万平方米，下降 34.7%；其他用房（车库及公建配套设施）12.65 万平方米，下降 4.8%。从空置情况看，2019 年宝山区商品房一年以上待售面积 74.92 万平方米，同比下降 1.9%，去库存效果较为明显（见图 14－4）。全年完成存量房交易面积 204.26 万平方米，同比增长 57.5%；存量房交易金额 596.05 亿元，同比增长 59.2%。

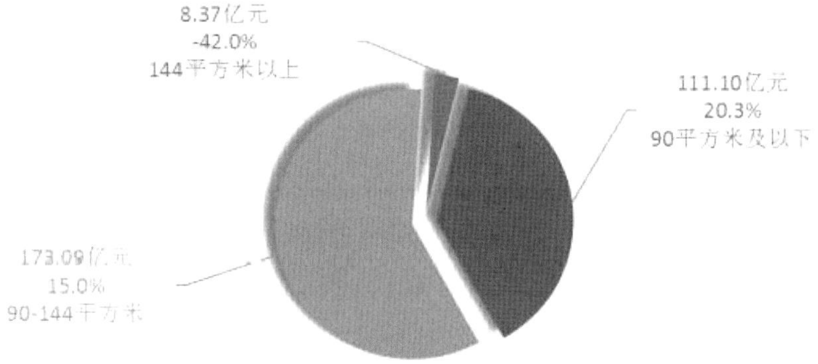

图 14-3　2019 年宝山房地产住宅开发投资按住宅面积分布图

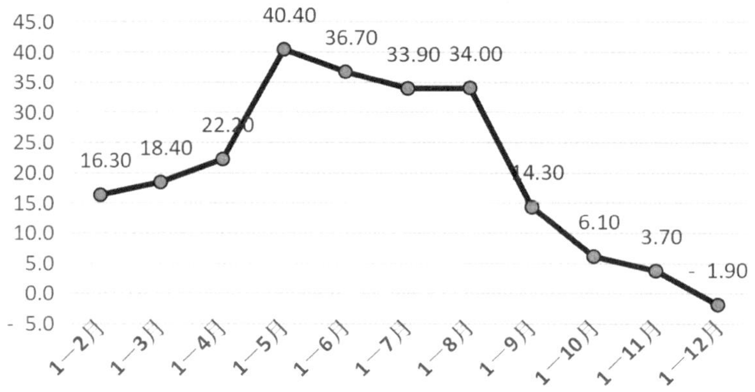

图 14-4　1～12 月一年以上待售面积增幅情况图

三、嘉定区

2019 年嘉定区固定资产投资仍处下降区间，全区完成固定资产投资总额 363.3 亿元，同比下降 4.4%。其中，民间投资 106.9 亿元，同比下降 31.4%，占全区固定资产投资总额的 29.4%，比重较去年同期减少 11.6 个百分点。四大投资领域呈现“一升三降”态势，工业完成投资额 108.4 亿元，同比增长 21.2%；房地产开发完成投资额 211.7 亿元，同比下降 12.7%；基础设施投资和社会事业投资下降明显，分别完成投资额 20.9 亿元和 10.3 亿元，同比下降 24.4%和 26.9%。（见图 14-5）。

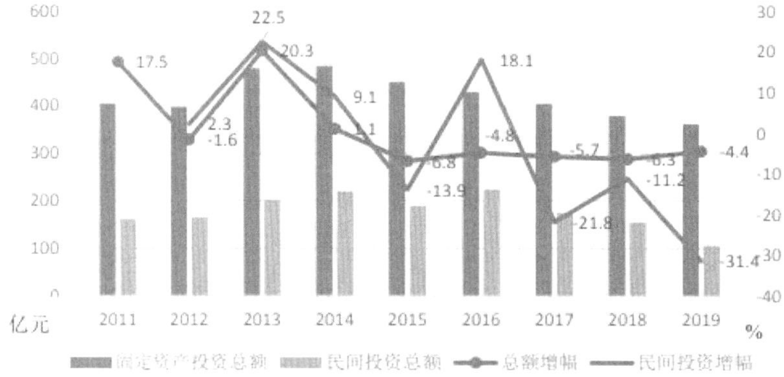

图 14-5　嘉定区固定资产投资和民间投资额及增幅

房地产销售面积及销售额双双增长。全年房屋施工面积 892.9 万平方米，同比下降 14.2%。房屋新开工面积 169.4 万平方米，同比增长 1.8%。房屋竣工面积 328.1 万平方米，同比增长 14.5%；商品房销售面积 186.4 万平方米，同比增长 19.7%；商品房销售额 407.1 亿元，同比增长 22.6%。待售面积 317.9 万平方米，同比减少 6.4%。

四、静安区

2019 年静安区完成全社会固定资产投资总额（含市直管项目）235.40 亿元，比上年下降 15.6%；区级固定资产投资总额 226.27 亿元，比上年下降 11.4%。其中，基建和更改 11.39 亿元，下降 66.2%；

商品房投资 214.88 亿元，下降 3.0%。商品房投资中，住宅投资 98.47 亿元，增长 5.4%；商业办公用房投资 116.42 亿元，下降 9.2%。

全年住宅新开工面积 28.53 万平方米，施工面积 112.28 万平方米，竣工面积 30.78 万平方米。全年商品房预售和现售套数 2 428 套，预售和现售面积 32.82 万平方米。其中，住宅套数 2 284 套，面积 24.50 万平方米。全年存量房买卖登记成交 11 768 套，成交面积 80.67 万平方米。

五、普陀区

2019 年普陀区固定资产投资保持增长。完成投资 249.86 亿元，比上年增长 26.0%。其中房地产开发投资 171.20 亿元，增长 7.6%；建设改造投资 78.65 亿元，增长 101.2%。建设改造投资中，全年完成工业投资 1.35 亿元，增长 22.3%；社会事业投资 6.81 亿元，增长 28.3%；城市基础设施建设项目投资 64.36 亿元，增长 119.6%。全年房地产业实现增加值 150.05 亿元，可比增长 3.9%。

全年完成房地产开发投资 171.20 亿元，增长 7.6%。按用途分，住宅投资 69.75 亿元，增长 22.2%；办公楼投资 41.55 亿元，下降 16.1%；商业营业用房投资 15.71 亿元，下降 8.0%。全年住宅施工面积 75.43 万平方米，下降 18.8%，其中新开工面积 27.8 万平方米，增长 46.7%。全年住宅竣工面积 7.38 万平方米，下降 83.6%。年末在区注册的房地产开发企业 75 家。

全年商品房预售 1 163 套，比上年下降 3.6%；预售面积 12.18 万平方米，下降 27.5%；预售金额 106.01 亿元，下降 9.7%。全年商品房出售 2 417 套，下降 11.2%；销售面积 24.17 万平方米，下降 4.6%；销售金额 107.23 亿元，增长 32.5%。全年存量房成交 1.38 万套，增长 31.3%；成交面积 105.18 万平方米，增长 30.8%；成交金额 426.57 亿元，增长 28.4%。（见图 14-6）

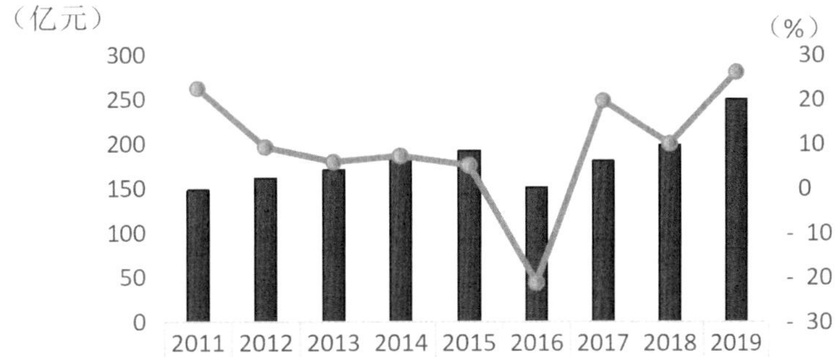

	2011年	2012年	2013年	2014年	2015年	2016年	2017年	2018年	2019年
固定资产投资（亿元）	147.	161.	170.	182.	191.	150.	180.	198.	249.
增速（%）	22.2	9.07	5.77	7.14	5.01	- 21.3	19.5	9.92	26.0

图 14-6　2011～2019 年普陀区固定资产投资

六、青浦区

2019 年青浦区社会固定资产投资完成额 591.86 亿元，比上年增长 2.1%。其中，第一产业完成投资 0.11 亿元下降 92.4%；第二产业完成投资 46.78 亿元，下降 10.6%；第三产业完成投资 544.97 亿元，增长 3.6%。（见图 14-7）。

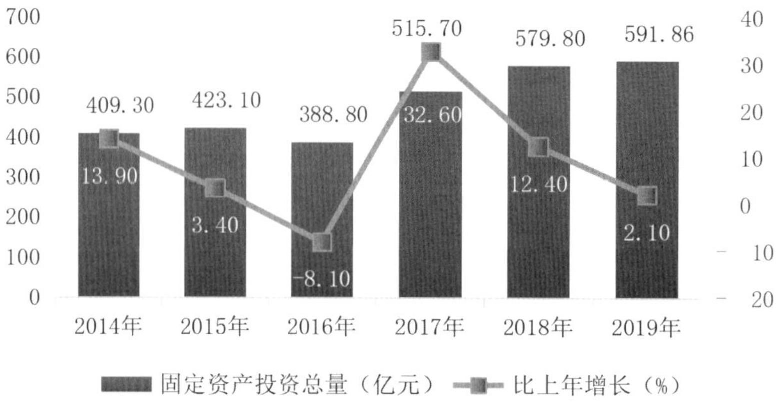

图 14-7　2019 年青浦区固定资产投资

从投资邻域看，房地产完成投资 379.20 亿元，比上年增长 3.5%，占全社会固定资产投资的 64.1%。其中，住宅投资 188.00 亿元，增长 7.2%；办公楼投资 64.15 亿元，下降 31.1%；商业营业用房投资 69.89 亿元，增长 3.4%；其他类型房地产投资 57.15 亿元，增长 90.2%。

房地产产业年末房地产开发企业 156 家，开发项目 195 个，施工面积 1 230.63 万平方米，比上年增长 0.6%。竣工面积 270.70 万平方米，比上年增长 54.7%。房屋销售面积 221.15 万平方米，比上年增长 46.4%；其中住宅销售 178.05 万平方米，增长 64.4%。以房屋性质划分，商品房销售 131.96 万平方米，占 59.7%；保障性住房销售 89.20 万平方米，占 40.3%。

商品房销售额 583.20 亿元，比上年增长 32.4%；其中住宅销售 512.16 亿元，增长 64.9%。以房屋性质划分，普通商品房销售 494.54 亿元，占 84.8%；保障性住房销售 88.66 亿元，占 15.2%。

在房价方面，受徐泾板块成交量增加的影响，新建商品住宅成交价格较去年同期明显上涨。1～12 月，青浦全区新建商品住宅均价为 47 255 元/平方米，比上年上涨 15.3%。其中公寓房成交均价为 47 231 元/平方米，上涨 16.8%；花园住宅成交均价为 58 830 元/平方米，上涨 16.1%；联列住宅成交均价为 43 174 元/平方米，上涨 6.1%。

七、奉贤区

2019 年奉贤区全社会固定资产投资总量增长明显，完成投资 466.38 亿元，同比增长 5.9%。其中，市属项目完成投资 28.53 亿元，同比增长 7.4%；区属项目完成投资 437.85 亿元，同比增长 5.8%。从投资领域看，工业投资完成 105.66 亿元，同比增长 4.0%，工业投资（区属）完成投资 90.99 亿元，同比增长 7.9%；房地产投资完成 278.70 亿元，同比增长 22.7%；城市基础设施投资完成 55.87 亿元，城市基础设施投资（区属）完成 36.70 亿元，同比下降 50.4%（见图 14-8）；从占比情况看房地产投资持续为全社会固定资产投资的增长助力（见图 14-7、表 14-5）。

14-5　主要投资领域完成情况

	1～12 月累计完成投资额（亿元）	占固定资产投资的比重（%）
工业投资	105.66	22.7
房地产开发投资	278.7	59.8
城市基础设施投资	55.87	12.0

注：表中三项投资不是并列指标，三项加总不等于全部固定资产投资。

全年房地产投资增幅逐渐放缓，房地产投资完成 278.7 亿元，同比增长 22.7%，增幅与 2018 年持平，4、5 月份增幅达到峰值。

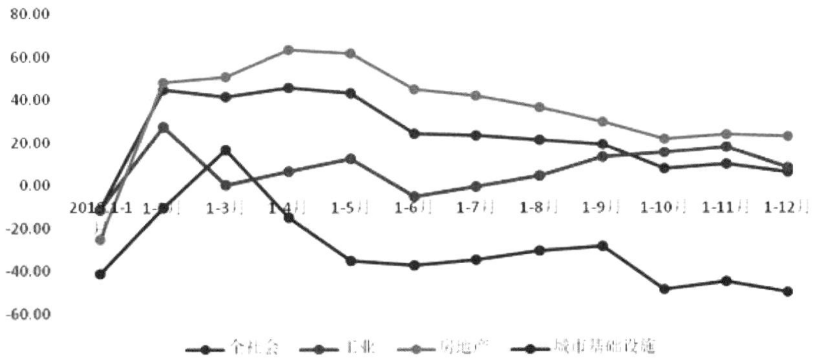

图 14-8　2019 年奉贤区 1～12 月三大投资固定资产领域增幅情况图

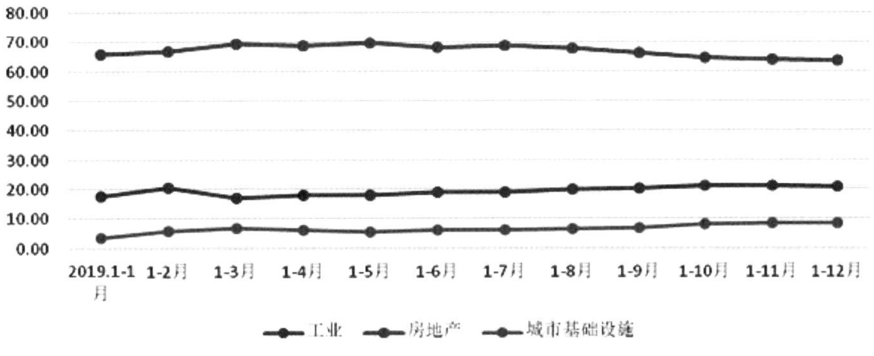

图 14-9　奉贤区 1～12 月三大固定资产投资领域占比情况图

八、金山区

2019 年金山区全社会固定资产投资总量实现两位数增长。全年完成全社会固定资产投资 287.9 亿元，增长 18.6%，其中：工业性投资 103.5 亿元，增长 5.5%。

建筑业产值小幅增长。1～12 月完成建筑产值 111.2 亿元，较去年同期增长 6.4%。建筑房屋施工面积 326.4 万平方米，上升 32.4%；房屋竣工面积 32.4 万平方米，下降 34.1%。

加快推进区属动迁安置房建设，2019 年动迁安置房总施工面积达 86.69 万平方米、9 589 套，其中2019年区重大工程和实事项目新开工面积23.18万平方米、2 662套。截止12月底，共计新增廉租房租金配租家庭106户，租金配租累计在册享受家庭326户，做到“应保尽保”。

重大工程实事项目稳步推进。2019年全区共安排35项重大工程和12项实事项目，计划总投资887.6亿元，年度计划投资211.2亿元，项目建设总体建设有序。龙泉港西侧围填海项目已通过完工验收。叶新公路、朱吕公路、兴豪路3个省界对接道路项目正在加快建设，助力沪浙交通互联互通一体化发展。大力推动各镇动迁安置基地建设，山阳镇G7、G8地块、亭林大居21-03地块、新城G4地块、朱泾镇B07b-01地块均处于主体结构施工阶段。

九、崇明区

2019年，崇明区在世界级生态岛建设、乡村振兴和花博会配套项目的强势带动下，固定资产投资总额有了突破性增长。全年完成固定资产投资209.4亿元，同比上年增长32.0%，远远高于年度确定的目标任务。全年完成房地产开发投资94.6亿元，下降1.2%，占固定资产投资总额的45.2%。从产业结构看，第一产业完成投资4.9亿元，占比2.4%，增长311.7%；第二产业完成投资3.3亿元，占比1.6%，增长4.6%；第三产业完成投资201.1亿元，占比96.0%，增长30.4%。

从区域分布看，城桥、长兴、陈家镇三大重点地区全年共完成投资160.3亿元，比上年增长40.6%。其中，城桥地区完成投资74.5亿元，比上年增长296.6%；长兴地区完成投资58.9亿元，比上年下降7.5%；陈家镇地区完成投资26.9亿元，比上年下降14.8%。

十、杨浦区

2019年杨浦区固定资产投资完成325.31亿元，比上年增长4.2%。其中，基本建设投资完成86.19亿元，房地产开发投资完成219.66亿元，更新和技术改造投资完成19.45亿元。

房地产业，全年实现增加值133.29亿元，比上年增长3.9%；完成区级地方税收45.62亿元，比上年增长10.9%。核批商品房预售1 133套20.06万平方米，办理商品房销售方案备案1 922套31.83万平方米。商品房预售1 512套16.07万平方米，成交金额140.29亿元。商品房现售1 820套14.97万平方米，成交金额61.29亿元。存量住房交易13 567套83.80万平方米，成交金额398.45亿元。推进租赁住房建设，完成代理经租房源998套，新增租赁住房3 864套。

住房保障，全年完成征收10 066户，征收面积20.18万平方米，收尾6个基地。征收安置房全年新开工107街坊二期、116街坊北块二期，建筑面积约10.8万平方米，提供房源1 601套。市筹公租房新江湾尚景园项目提供2 201套房源，已分配2 085套，分配率达94.7%；区筹公租房新增平凉路2 535号项目、中环和乐苑、中环和润苑项目，提供房源253套，累计提供1 838套，已分配1 537套，分配率达83.6%。按照“应保尽保”原则，廉租住房全年新增租金配租639户，发放租金1.17亿元。第七批次共有产权保障住房完成了受理、审核、摇号、选房工作，2 400户家庭参加了摇号选房（见图14-10）。

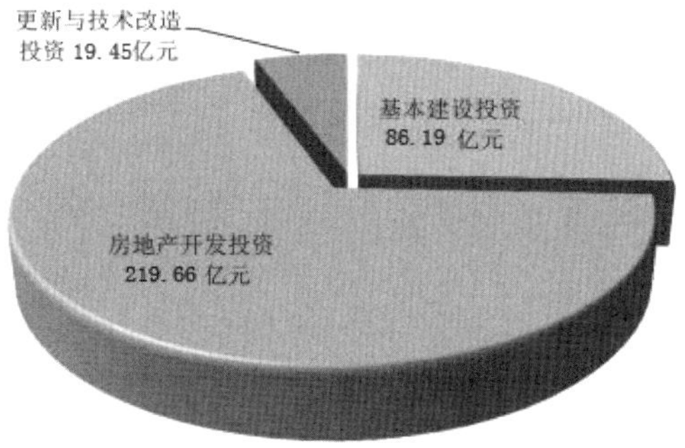

图 14-10　2019 年杨浦区固定资产投资结构

十一、长宁区

2019 年长宁区完成全社会固定资产投资总额 136.61 亿元，比上年增长 10.1%。其中，建设项目投资 40.56 亿元，下降 37.1%。房地产开发投资 96.06 亿元，增长 61.0%。房地产开发投资中，住宅投资 11.14 亿元，下降 17.6%。

全年实现房地产业增加值 97.15 亿元，比上年下降 0.6%。全年区域内房地产开发施工面积 175.8 万平方米。其中，住宅 14.1 万平方米、办公楼 55.6 万平方米、商业营业用房 46.0 万平方米。全年登记累计成交房屋 9456 套，成交面积 73.88 万平方米，成交金额 366.34 亿元。分别比上年增长 15.7%、7.0%和 13.4%（见表 14-6）。

表 14-6　2019 年房地产交易情况

	单位	绝对值	增长（%）
成交套数	**套**	**9 456**	**15.7**
# 商品房	套	1 360	-26.3
存量房	套	8 096	27.9
成交面积	**万平方米**	**73.88**	**7.0**
# 商品房	万平方米	13.01	-33.1
存量房	万平方米	60.88	22.8
成交金额	**亿元**	**366.34**	**13.4**
# 商品房	亿元	42.10	-21.1
存量房	亿元	324.24	20.2

保障房体系建设，全年受理、审核廉租新申请 295 户，受理廉租复核 398 户。年内，享受廉租的户数为 2 871 户。其中，租金配租 1 773 户，实物配租 1 098 户。第七批次共有产权保障住房 1 185 户申请家庭参加了摇号，990 户家庭选定住房。受理市筹公租房申请 565 份，发放准入资格确认书 513 份，受理区筹公租房申请 1 357 份、发放准入资格确认书 1 186 份，累计分配入住 2 276 人次。

十二、虹口区

2019 年虹口区全年完成固定资产投资总额 169.05 亿元，比上年下降 0.9%。城市建设项目投资额 4.78 亿元，比上年下降 76.4%。全年商品房开发投资额 153.01 亿元，比上年增长 6.6%。其中，住宅投资额 36.06 亿元，比上年增长 7.0%；办公楼投资额 51.56 亿元，比上年增长 12.7%；商业用房投资额 29.86 亿元，增长 29.8%。

全年全区住宅施工面积 77.53 万平方米，比上年增长 18.3%；住宅竣工面积 35.81 万平方米，增长 1 605.2%。完成旧住房综合改造 119.9 万平方米。年末廉租家庭租金配租 3 538 户，其中年内新增廉租家庭租金配租 368 户，全年发放租金补贴 7 623.33 万元。年末廉租家庭实物配租 474 户。全年共完成旧改签约 6 250 户、17.54 万平方米。积极探索城市更新新模式,基本完成春阳里二期项目居民回搬,启动春阳里三期项目,完成“美丽家园”综合改造项目 71 万平方米。

十三、黄浦区

2019 年黄浦区完成固定资产投资总额 95.12 亿元。其中，基本建设和改造投资 34.60 亿元；房地产开发投资 60.52 亿元。房屋建筑施工面积 264.69 万平方米，竣工面积 77.70 万平方米。全年区域内住宅施工面积 124.45 万平方米，住宅竣工面积 0 平方米，住宅销售面积 20.62 万平方米。

全年房产交易额 512.48 亿元，比上年增长 41.4%。其中，商品房预售金额 165.88 亿元，比上年增长 94.9%；商品房销售金额 127.09 亿元，比上年增长 85.1%；存量房成交金额 219.51 亿元，比上年增长 5.3%。

全年房产交易面积 69.97 万平方米，比上年增长 33.6%。其中，商品房预售面积 14.58 万平方米，比上年增长 81.2%；商品房销售面积 21.21 万平方米，比上年增长 46.0%；存量房成交面积 34.19 万平方米，比上年增长 14.8%。

全年旧改征收面积 25.24 万平方米，其中涉及旧里面积 13.88 万平方米，旧改签约居民 12 000 户，创“撤二建一”以来旧改征收新纪录。

全面推进旧改征收，实现福佑中南块、乔家路东块等 8 个项目启动生效，老西门 689 街坊等 7 个项目完成收尾。有序开展留改项目，火腿弄项目竣工并交付使用，8 号街坊一期（承兴里）新里居民已回搬，旧里基础工程已完成。老旧住房综合修缮竣工 15 个项目、16.4 万平方米，受益居民 5 363 户。

加快推进外滩地区老建筑保护利用，外滩•中央二期、老市府大楼等项目有序实施。推进北京东路地区更新转型，西藏中路—贵州路样板段加快建设，农行仓库完成置换，德国曼茨品牌体验中心顺利开业。

有序推进优秀历史建筑保护性修缮，聚焦外滩地区、衡复地区的优秀历史建筑，进一步加大修缮与改造的力度，北京东路 135-163 号、北京东路 121-131 号、滇池路 119 号以及复兴中路 518-522 号等 4 个项目竣工，有序推进集贤邨、南昌路 110 弄（上海别墅）等项目。

加大住房保障力度，新增配租户数 776 户，实物配租 60 户，累计完成租金配租 21 588 户，实物配租 1 037 户。建立健全廉租住房退出机制。经核查累计退出 14 051 户，今年退出 466 户，实际享受租金补贴家庭 6 457 户。完成第七批 1 571 户共有产权保障住房摇号选房工作。首次开展黄浦非户籍共有产权保障住房咨询受理。审核符合市筹公共租赁住房审核条件的申请对象 2 961 户，其中新增 420 户；区筹公共租赁住房配租入户新增 146 户，入住 1 064 户。推进租赁住房体系建设，筹措新增租赁房源 1 758 套，代理经租房源 4 062 套。

有序推进老旧小区综合修缮工程，15 个老旧住房综合修缮改造项目已竣工面积 16.40 万平方米，受益居民 5 363 户。

十四、徐汇区

2019 年徐汇区完成固定资产投资总额 238.88 亿元，比去年同期增长 39.7 %。其中房地产投资 190.85 亿元，增长 31.8% 。城镇建设与商品房项目投资的比例为 20.1：79.99。从产业投向看，投向第二产业 1.29 亿元，下降 15.7%；投向第三产业 237.59 亿元，增长 40.2%。

全年房地产实现增加值 160.99 亿元，比上一年同期下降 3.9%。完成房地产开发投资 190.85 亿元，增长 31.8%。商品房施工面积 594.23 万平方米，增长 17.5%；竣工面积 14.24 万平方米，下降 47.1%；商品房销售面积 37.1 万平方米，增长 15.5%。其中商品住宅销售面积 27.89 万平方米，增长 32.3%。存量房交易面积 91.89 万平方米，增长 18.0%。

十五、闵行区

2019 年闵行区全年完成固定资产投资额 668.91 亿元，比上年增长 4.7%。其中，工业完成投资 93.44 亿元，比上年增长 5.4%；城市基础设施完成投资 58.41 亿元，比上年下降 12.3%；全年完成房地产开发投资 381.24 亿元，比上年增长 2.5%（图 14-11）。

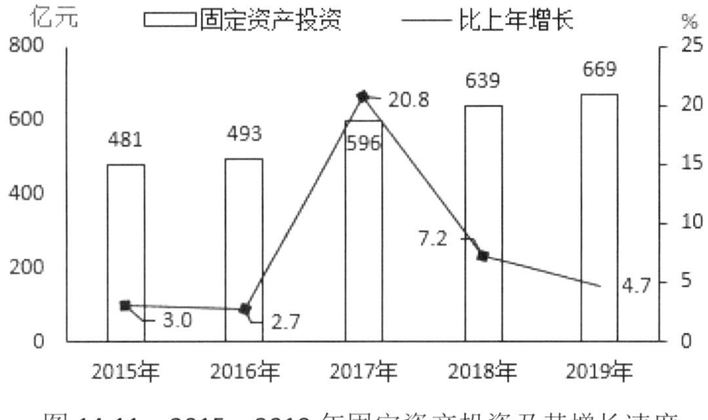

图 14-11 2015～2019 年固定资产投资及其增长速度

房地产在“房住不炒”系列调控政策下，全区总体平稳。从房地产投资和建设领域来看，投资实现小幅增长，新开工面积增长动力不足。2019 年，全区房地产开发完成投资 381.24 亿元，比上年增长 2.5%，全年新增项目 30 个，超过上年 6 个，共完成投资 140.63 亿元；2019 年，全区房屋施工面积 1 460.02 万平方米，比上年增长 0.9%，其中新开工面积 298.33 万平方米，比上年下降 5.0%，而上年新开工面积则是增长 45.7%。全区房屋竣工面积 246.19 万平方米，比上年下降 11.2%。从销售市场来看，新建商品房销售回落，存量房成交有所回暖。2019 年，全区新建商品房销售面积 201.55 万平方米，比上年下降 14.5%，其中住宅销售面积 57.06 万平方米，同比增长 25.8%；办公楼销售面积

18.99 万平方米，同比下降 57.4%；商业营业用房销售面积 11.45 万平方米，同比下降 55.3%。2019 年，全区存量房交易面积 217.54 万平方米，比上年增长 37.3%，增幅比上年同期提高 19.9 个百分点。

全年区属动迁房新开工建设 8 个项目、开工面积 98.19 万平方米，竣工 5 个项目、竣工面积 59.47 万平方米；大居保障房竣工 3 个项目、竣工面积 28.25 万平方米。公共租赁住房完成接收配建房源 138 套，新增对外供应公租房房源 115 套。社会租赁住房新增 16 280 套。年内旧住房综合改造 9.88 万平方米，受益居民 1 509 户。严重损坏房安全隐患处置完成 21.13 万平方米。2019 年城镇廉租住房租金补贴家庭 1 386 户，发放补贴资金 2 486 万元，享受实物配租家庭 72 户。完成 2018 批次共有产权保障房申请受理、审核工作。（见表 14-7）。

表 14-7　2013～2019 年闵行区房地产业有关指标

年份	2013	2014	2015	2016	2017	2018	2019
税收（亿元）	100.67	115.03	138.86	198.93	189.97	187.01	202.67
税收增幅（%）	34.7	14.3	20.7	43.3	-4.5	-1.6	8.4
税收比重（%）	19.7	20.6	23.3	30.7	25.4		27.2
增加值增幅（%）	39.4	10.6	21.3	29.3	-3.1		
增加值比重（%）	7.9	8.2	9.3	11.3	10.3		
投资增幅（%）	71.5	-4.6	7.5	1.5	-0.8	8.3	2.5
投资比重（%）	66.6	68.0	71.0	70.2	57.6	58.2	57.0

十六、松江区

2019 年松江区完成固定资产投资 561.65 亿元，比上年增长 11.9%。其中，第二产业完成投资 164.52 亿元，比上年增长 23.0%；第三产业完成投资 397.13 亿元，比上年增长 7.9%。全年实现房地产业增加值 203.14 亿元，比上年增长 6.1%。全区完成房地产投资 333.26 亿元，比上年增长 6.5%，其中，住宅投资 256.96 亿元，比上年增长 8.9%。商品房施工面积 1 297.30 万平方米，比上年下降 18.2%。

房产销售受上年保障房井喷式放量导致的基数过高影响，2019 年，新建商品房销售面积 148.79 万平方米，比上年下降 49.3%；从销售金额来看，新建商品房销售额 383.58 亿元，比上年下降 29.6%。全年存量房交易套数 14 677 套，比上年增长 41.4%；交易面积 145.78 万平方米，比上年增长 42.0%；交易金额 376.54 亿元，比上年增长 46.8%。

全年保障房施工面积 674.76 万平方米，保障房投资 116.13 亿元，保障房销售面积 58.17 万平方米。全年区属动迁安置房开工 7 124 套，竣工 4 062 套。新增供应公共租赁房项目 3 个，共 237 套房屋。全年为 576 户家庭发放廉租住房租金补贴约 1 210 万元，廉租房源已分配 230 套。

城市有机更新持续推进。旧街坊整体改造全面完成，58.7 万平方米老旧小区旧貌换新颜，受益居民 6 454 万户。旧城镇改造动迁签约 8 360 户，6 个“城中村”改造项目累计动迁签约 2 725 户，腾出建设用地 495 亩。

第二章　上海市周边房地产市场

第一节　浙江省房地产市场概况

2019 年我国房地产市场政策环境仍然偏紧，中央政府定下“坚持住房居住属性，不将房地产作为短期刺激经济的手段”的主基调，全省各级政府紧紧围绕这个主基调，秉承“因城施策，分类调控”原则，落实房地产长效管理机制。从房地产市场主要运行指标来看，房地产开发投资增幅回落，商品房销售规模有所下降，商品房销售价格涨幅趋缓，新开工面积同比下降，竣工面积有所回升，企业资金较为紧张。总体来看，房地产市场保持平稳运行，未来房地产市场仍然以稳为主，同时按照“一城一策”的基本原则保持政策优化的灵活性。

一、房地产开发投资

2019 年全省完成房地产开发投资 10 683 亿元，同比增长 7.4%，增幅略低于全国平均水平(9.5%)。分年度来看，全省房地产开发投资在经历 2015 年下降后，从 2016 年开始，房地产开发投资出现持续增长态势，2016 年、2017 年和 2018 年房地产开发投资分别达到 7 469 亿元、8 227 亿元和 9 945 亿元，增速分别为 5.0%、10.1%和 20.9%。2019 年房地产开发投资总额持续增长，但增速出现回落，为 7.4%（见图 15-1）。

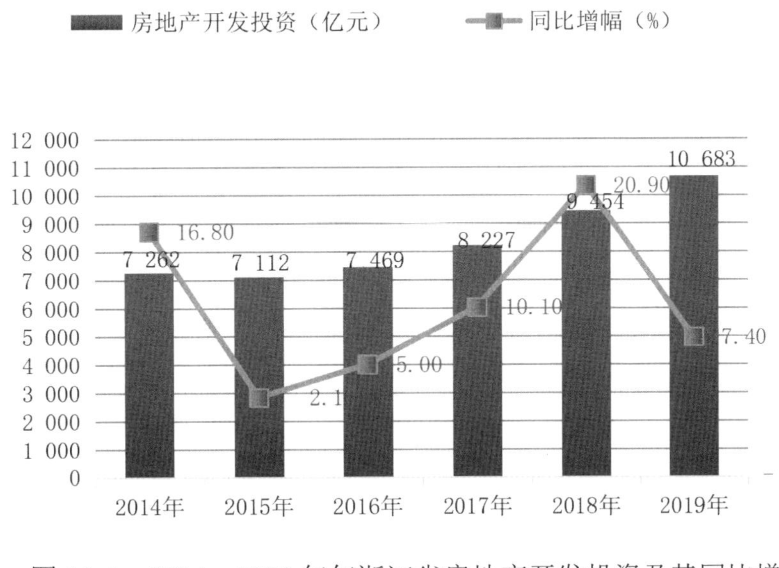

图 15-1　2014～2019 年年浙江省房地产开发投资及其同比增幅

分类型来看，2019 年全省住宅开发投资实际完成额约为 7 727 亿元，同比增长 8%，办公楼开发投资实际完成额约为 420 亿元，同比增长 9.7%，商业营业用房开发投资实际完成额约为 784 亿元，同比下降 0.6%，其他房屋开发投资实际完成额约为 1 752 亿元，同比增长 8.3%。其中，办公楼开发投资实际完成额在经历了三年的下降后出现了回升；商业营业用房开发投资实际完成额已经连续四年下降，下降幅度较大。住宅和其他房屋开发投资成为房地产开发投资的主要增长点，其中，住宅开发投资增速低于全国平均水平(13.9%)5.9 个百分点。

分区域来看，11 个城市房地产开发投资出现分化。2019 年杭州、湖州、台州和舟山等 4 个城市房地产开发投资额增长较快，同比增速分别为 10.7%、12%、19.9%和 12.5%，均高于全省 7.4%的水平。宁波、温州、绍兴、嘉兴、金华和丽水等 6 个城市房地产开发投资额虽然保持增长，但增幅低于全省平均水平。而衢州市房地产开发投资额出现负增长，同比下降 13%，是全省 11 个城市房地产开发投资唯一下降的城市。

2019 年，全省房屋新开工面积约为 12 731 万平方米，同比下降 1.2%，涨幅低于 2018 年(增长 27.3%)28.5 个百分点。其中，住宅新开工面积约为 8 346 万平方米，同比下降 4.8%；办公楼新开工面积约为 507 万平方米，同比增长 4.6%；商业营业用房新开工面积约为 911 万平方米，同比增长 6.4%；其他房屋新开工面积约为 2 967 万平方米，同比增长 7%。与 2018 年相比，住宅类房屋新开工面积出现负增长，办公楼、商业营业用房和其他房屋则出现了一定增幅，其中商业营业用房新开工面积由降转增。

在房屋新开工面积中，从 2015 年到 2018 年，住宅新开工面积占比逐年增长，表明市场住宅开发日益受到开发企业青睐。2015 年、2016 年、2017 年和 2018 年住宅新开工面积分别为 3 746 万平方米、4 517 万平方米、6 654 万平方米和 8 766 万平方米，占比分别为 57.3%、62.0%、65.8%和 68.1%。2019 年住宅新开工面积为 8 346 万平方米，占比出现了小幅下滑，为 65.6%，但仍处于较高水平(见图 15-2)。

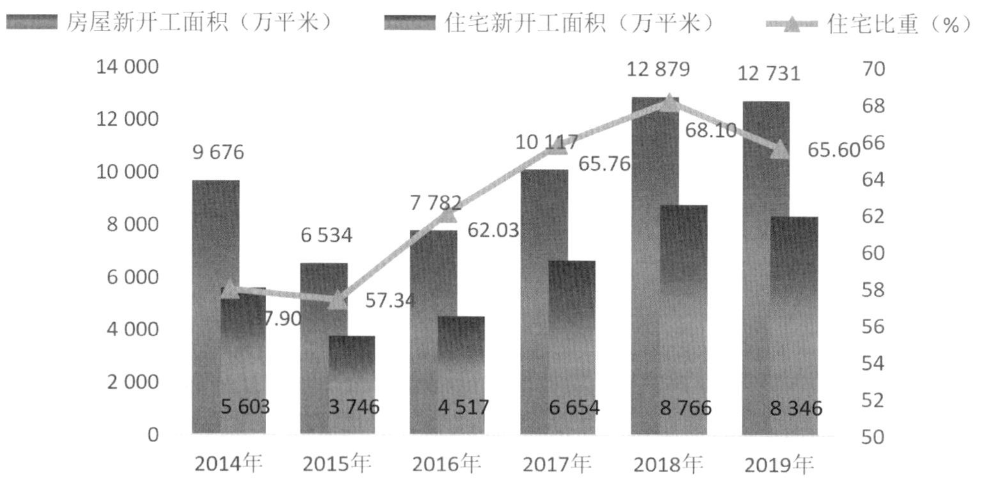

图 15-2　2014～2019 年浙江省房屋新开工面积、住宅新开工面积及其占比

2019 年全省房屋竣工面积约为 5 739 万平方米，同比增长 10.6%。其中，住宅竣工面积约为 3 551 万平方米，同比增长 16.5%，办公楼竣工面积约为 333 万平方米，同比下降 13.2%，商业营业用房竣工面积约为 577 万平方米，同比下降 8.5%，其他房屋竣工面积约为 1 278 万平方米，同比增长 13.3%。

分年度来看，全省房屋和住宅竣工面积三年首次出现增长。2016 年、2017 年、2018 年和 2019 年全省房屋竣工面积分别为 7 925 万平方米、6 884 万平方米、5 190 万平方米和 5 739 万平方米，2017 年和 2018 年同比分别下降 13.1%和 24.6%，2019 年增长 10.6%。2016 年、2017 年、2018 年和 2019 年全省住宅竣工面积分别为 5 092 万平方米、4 339 万平方米、3 048 万平方米和 3 551 万平方米，2017 年和 2018 年住宅竣工面积同比分别下降了 14.6%和 29.8%，2019 年增长了 16.5%。

二、房地产销售情况

经过 2017-2018 年商品房销售面积增幅回落后，2019 年全省商品房销售面积出现负增长。2019 年全省新建商品房销售面积约为 9 378 万平方米，同比下降 3.9%，与 2018 年增幅相比(增长 1.6%)，下降了 5.5 个百分点。

分类型来看，2019 年全省商品住宅销售面积约为 7 804 万平方米，同比下降 1.7%，与 2018 年相比(增长 3.5%)，回落了 5.2 个百分点，办公楼销售面积约为 348 万平方米，同比下降 18%，商业营业用房销售面积约为 515 万平方米，同比下降了 19.9%，其他房屋销售面积约为 712 万平方米，同比下降 5.5%。由此可见，房地产调控政策效应显现，各类商品房销售面积持续上一年态势保持负增长，仅住宅商品房子类中别墅、高档公寓商品房销售面积出现了小幅增长，增速为 0.7%。

分月度来看，全省商品房销售面积增速在全年均处于负增长状态。2019 年全省商品房销售面积增速 1 月份降至-15.3%，降幅在 2、3 月份经历了收窄后第二季度维持在 10%，但从 7 月份开始全省商品房销售面积降幅逐月收窄。7 月份、8 月份、9 月份、10 月份、11 月份和 12 月份商品房销售面积降幅分别为 9.3%、7%、5.1%、4.4%、3%和 3.9%。

从商品房销售额来看，增幅也呈现下降趋势。2019 年全省新建商品房销售额约为 14 325 亿元，同比增长 1.9%。分年度来看，从 2016 年起，全省商品房销售额增速呈现逐年下降趋势，与 2017 年同期增长 28.5%相比，增长幅度下降了 26.6 个百分点。分类型来看，全年商品住宅销售额约为 12 723 亿元，同比增长 5.2%，办公楼销售额约为 515 亿元，同比下降 18.2%，商业营业用房销售额约为 758 亿元，同比下降 23.1%，其他房屋销售额约为 356 亿元，同比下降 6%。住宅销售额同比小幅增长，而办公楼、商业营业用房和其他房屋销售额同比下降（见表 15-1、图 15-3）。

表 15-1　2013～2019 年浙江省商品房销售面积、销售额及增长幅度

年份	2013	2014	2015	2016	2017	2018	2019
销售面积（万平方米）	4 887	4 677	5 985	8 637	9 599.67	9 755	9 378
销售额（亿元）	5 396	4 923	6 299	9 605	12 339.99	14 090	14 325
销售面积同比（%）	13.40	22.00	- 4.30	28.00	11.15	1.6	-3.9
销售额同比（%）	22.70	26.60	- 8.80	28.00	28.50	14.2	1.9

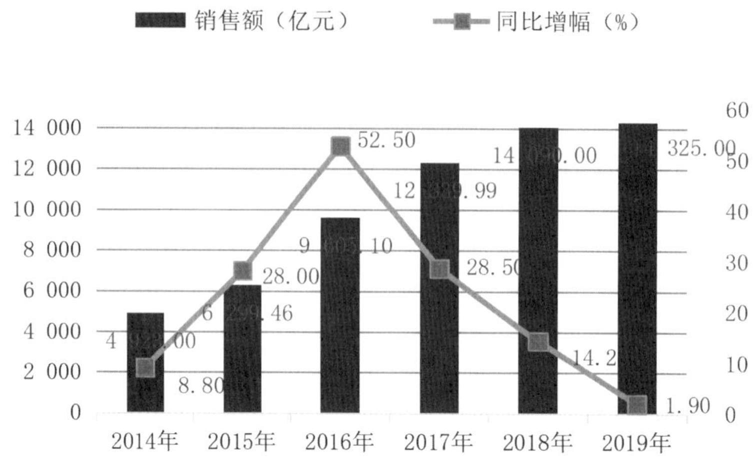

图 15-3 2014～2019 年浙江省商品房销售额和同比增幅

2019 年因国家继续实行“分类调控、因城施策”的房地产调控政策，全省 11 个城市之间商品房销售面积出现分化。杭州市持续受商品住宅“摇号”政策以及限购、限贷等政策综合影响，商品房销售面积出现较大回落，同比下降了 9.7%。丽水市、舟山市和衢州市由于“需求外溢”需求减小，商品房销售面积出现大幅下降，同比分别下降了 20.9%、25.4%和 22.8%。温州、嘉兴和台州三个城市商品房销售面积则出现了不同程度的下降，同比分别下降了 2.2%、7.7%和 8.8%。而宁波、绍兴、湖州和金华是 2019 年商品房销售面积出现增长的四个城市，同比分别增长 5.6%、3.5%、1.8%和 3.6%。

三、房地产价格

根据浙江省房地产统计数据资料计算，2019 年全省商品房、商品住宅和非住宅商品房的平均价格分别为 15 304 元/平方米、16 303 元/平方米和 10 347 元/平方米，而 2018 年全省商品房、商品住宅和非住宅商品房的平均价格分别为 14 444 元/平方米、15 242 元/平方米和 10 962 元/平方米，同比分别上涨了 6.0%、7.0%和-5.6%。与 2018 年涨幅相比，2019 年全省商品房和商品住宅的价格上涨幅度有所放缓，非住宅商品房的价格则出现了负增长。（见表 15-2）。

表 15-2 2018～2019 年浙江省商品房、商品住宅、非住宅销售主要指标

指标	2018 年			2019 年			同比增长（%）
	销售额（亿元）	销售面积（万平方米）	平均价格（元/平方米）	销售额（亿元）	销售面积（万平方米）	平均价格（元/平方米）	
商品房	14 090	9 755	14 444	14 352	9 378	15 304	6.0
商品住宅	12 096	7 936	15 242	12 723	7 804	16 303	7.0
非住宅	1 994	1 819	10 962	1 629	1 574	10 347	-5.6

根据浙江省城调队公布的浙江省 11 个设区市新建商品住宅销售价格指数，与 2018 年相比，2019

年全省 11 个设区市中除舟山外新建商品住宅价格均出现了上涨。其中，宁波、嘉兴、绍兴和金华四城市涨幅较大，同比分别上涨 8.3%、8.8%、12.8%和 8.4%;涨幅略小的城市有杭州、温州、湖州、衢州、台州和丽水六个城市，新建商品住宅价格涨幅分别为 5.0%、4.2%、7.2%、7.5%、6.1%和 5.0%;舟山为 11 个设区市中新建商品住宅价格唯一出现下降的城市，下降了 0.3%。

从二手住房来看，根据浙江省城调队公布的浙江省 11 个设区市二手住宅销售价格指数的数据，与 2018 年同期相比，全省 11 个设区市中除舟山和丽水外二手住宅销售价格均出现上涨，但与新建商品住宅相比，除个别城市(宁波和绍兴二手住宅价格分别上涨 7.9%和 10.5%)涨幅较大外，其他城市二手住宅价格涨幅在 1.6%-4.0%之间，二手住宅价格涨幅小于新建商品住宅价格。舟山和丽水市二手住宅价格出现负增长的城市，分别下降了 2.3%和 0.3%。

与上年年末相比，各城市二手住宅价格涨跌不一、分化明显。例如，根据浙江省城调队公布的浙江省 11 个设区市二手住房销售同比价格指数，绍兴、宁波、衢州等城市二手住宅价格上升幅度较大。以绍兴市为例，2019 年 12 月份，二手住宅价格指数为 110.5，与 2018 年 12 月份相比，二手住宅价格上涨了 10.5%。另一方面，舟山和丽水二手房价格同比下降明显，分别比上年同期下降了 2.3 和 0.3 个百分点。从图 4 所示的月度环比指数累积值来看，绍兴、宁波、衢州二手房价格逐月攀升，上涨趋势明显，杭州、温州、嘉兴、湖州、金华、台州等城市二手房价格平稳中略有波动上升，舟山、丽水有小幅下降趋势（见图 15-4）。

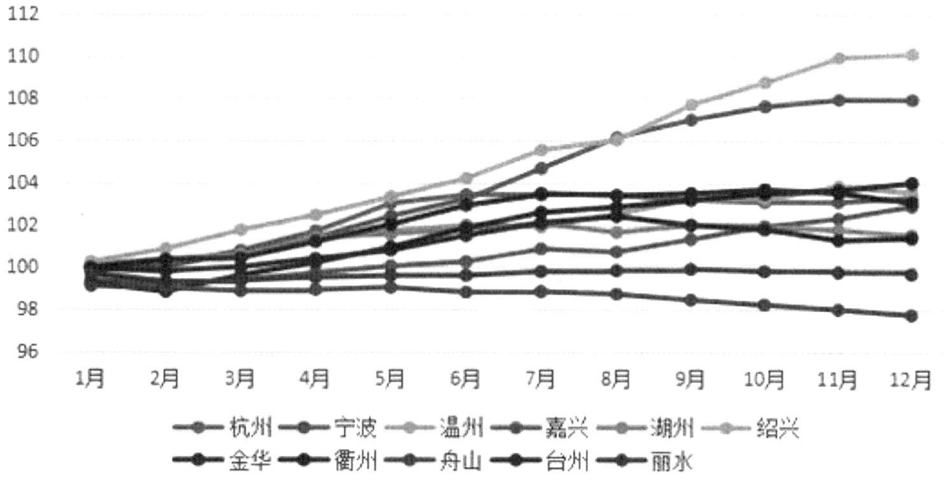

图 15-4　2019 年 11 城市二手住宅价格环比累积值(以 1 月为基准)

四、土地市场状况

（一）出让规模

2019 年，房地产市场逐步回归理性，总体平稳，调控效果显现。浙江省 11 个城市共出让 5 773 宗土地，宗地数量比 2018 年增加了 7.5%；成交土地面积 14 069.2 公顷，较 2018 年上涨 3.22%；成交土地规划建筑面积为 28 256.62 公顷，成交总价款为 8 993.34 亿元，同比增长 24.95%。2019 年浙江土地市场土地出让数量、成交面积及成交总价均有增长(见图 15-5）。

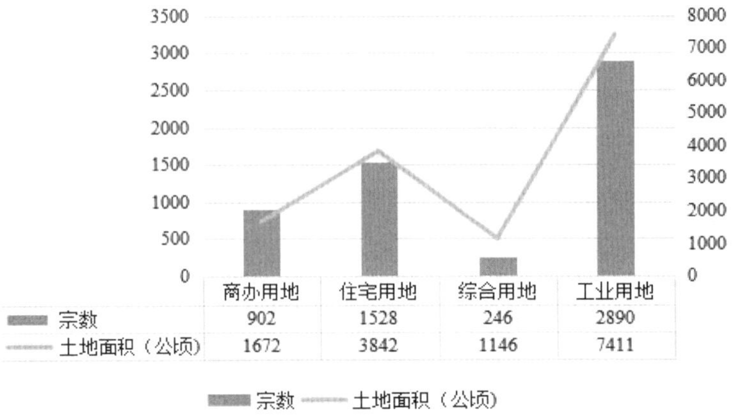

图 15-5　2019 年浙江省各类用地类型总成交宗数及面积

与 2018 年相比，综合用地成交宗数涨幅明显，为 76.98%，商办、住宅、和工业用地成交量均有小幅度增长。工业用地成交土地面积同比小幅下降，其余商办用地、住宅用地、综合用地成交土地面积较去年分别增加 15.65%、1.19%、42.34%。

11 个城市土地成交宗数情况各异，杭州等 6 个城市土地出让宗数正增长，湖州等 5 个城市出现负增长。2019 年，11 个城市中金华土地出让宗数最高，达到 959 宗，同比增长 15.96%；嘉兴土地出让宗数增长幅度最大，较上年增长 131.91%；丽水、舟山土地出让宗数回落明显，较上年分别下降 33.43%、36.78%。

从 11 个城市土地成交面积看，宁波土地成交面积最高，为 2 400.61 公顷；舟山成交土地规模最低，仅 244.50 公顷。与 2018 年相比，杭州等 5 个城市正增长，其中嘉兴涨幅最大，为 117.33%，杭州、绍兴涨幅大于 35%，其余城市上涨幅度不大；宁波等 6 城市负增长，衢州、舟山降幅超过 25%。

（二）出让金额

2019 年浙江省 11 个地市土地成交金额为 8 993.34 亿元同比增长 24.9%。其中，住宅用地成交金额最大，达 5 239.15 亿元，占总成交金额的 58.26%；其次是综合用地，总成交金额为 2 286.16 亿元，占总成交金额的 25.42%；第三是商业办公用地，成交金额 1 021.95 亿元，占总成交金额的 11.36%；工业用地的成交金额最少，完成成交金额 446.08 亿元，占总成交金额的 4.96%。

与 2018 年相比，四类用地的成交金额均有不同程度的上涨，成交金额比上年增加 24.95%。其中商办用地涨幅最大，为 45.74%，其次是住宅用地，上涨了 33.83%，第三为工业用地，上涨了 12.14%，综合用地涨幅最小，仅为 4.68%。

2019 年浙江省 11 个城市土地成交金额差距明显，其中杭州成交金额 2 979.86 亿元，占据浙江省榜首，舟山成交金额最低，为 89.4 亿元，仅占杭州的 3.0%。与 2018 年比，浙江省 11 地市土地出让金整体呈现正增长状态，其中绍兴涨幅最大，达 123.24%，金华涨幅最低，为 11.40%；湖州和舟山土地成交金额有所回落，下降幅度分别为 32.24%和 24.91%。

与 2019 年上半年相比，11 个城市土地成交金额都有小幅度变动。其中宁波、温州、绍兴、金华、舟山土地成交金额呈现回落态势，其余城市均有不同幅度的上涨，湖州、衢州土地成交金额涨幅分别为 65.53%和 65.55%（见表 15-3）。

表 15-3 浙江省 11 地市土地成交金额及变动情况 单位：亿元

城市	2019 年上半年	2019 年下半年	相比上半年（%）	2019 年	2018 年	与 2018 年比（%）
杭州	1 442.46	1 537.40	6.58	2 979.86	2 455.99	21.33
宁波	708.50	682.53	- 3.67	1 391.04	1 016.61	36.83
温州	577.58	422.55	- 26.84	1 000.13	714.30	40.02
湖州	151.20	250.28	65.53	401.48	592.53	- 32.24
嘉兴	313.74	457.66	45.87	771.41	618.87	24.65
绍兴	440.13	419.14	- 4.77	859.27	384.91	123.24
台州	227.99	304.57	33.59	532.55	476.28	11.82
丽水	97.02	125.88	29.75	222.91	156.18	42.72
衢州	61.87	102.43	65.55	164.30	141.44	16.17
金华	296.95	284.01	- 4.36	580.97	521.49	11.40
舟山	49.23	40.19	- 18.37	89.42	119.09	- 24.91

除温州土地出让总收益大部分来源于综合用地外，其余城市土地出让总收益大部分源自住宅用地，宁波、嘉兴、绍兴、金华、舟山、丽水的住宅用地出让金额占总金额的比重更是超过了 70%。从土地成交金额看，土地市场仍十分依赖住宅开发和投资。

（三）出让价格

2019 年浙江省四类出让用地中综合用地楼面地价最高，为 8 705.21 元/平方米；其次是住宅用地，为 6 605.43 元/平方米；商办用地楼面地价为 3 046.44 元/平方米，工业用地楼面地价仅为 310.98 元/平方米。与 2018 年相比，商办用地、住宅用地、工业用地楼面地价均有不同幅度的上涨。其中住宅用地上涨最为明显，为 24.31%；商办用地和工业用地涨幅不明显，分别上涨 15.53%、1.32%。而综合用地楼面地价较上年回落 25.53%。与 2019 年上半年相比，下半年住宅用地和工业用地楼面地价呈正增长，分别为 19.20%、12.42%；商办用地、工业用地楼面地价有所下降，分别回落 13.54%、7.63%。

根据四类用地类型分析 2019 年浙江省 11 地市地价变动情况。从商业办公用地楼面地价水平来看，杭州楼面地价最高，为 6 196.60 元/平方米，舟山最低为 975.03 元/平方米。与 2018 年相比，除杭州、舟山楼面地价呈现负增长外，其余城市均出现不同程度的上涨。其中衢州涨幅最高，达 237.80%，湖州涨幅最小，为 8.44%。

从住宅用地楼面地价水平来看，杭州楼面地价 15 790.99 元/平方米居于浙江省第一，湖州最低为 3 624.80 元/平方米。与上年相比，湖州等 4 个城市楼面地价有所下降，杭州等 7 个城市保持正向增长。其中宁波、衢州涨幅超过 50%。

从综合用地楼面地价水平来看，杭州楼面地价仍然保持浙江省最高，为 11 867.92 元/平方米；温州次之，为 9 771.04 元/平方米。与 2018 年比较，除杭州和宁波楼面地价分别回落 30.14%、26.26 外，其他城市均出现正增长，其中衢州、宁波涨幅明显，分别高达 826.07%、107.55%。由于舟山连续两年未出让综合用地，因此楼面地价为零，较 2018 年零增长。

从工业用地楼面地价水平来看，舟山楼面地价最高，为 516.54 元/平方米；丽水楼面地价最低，为 162.39 元/平方米。与上年相比，杭州等 6 个城市呈正增长，其中宁波涨幅最大，为 31.57%；嘉兴等5个城市出现负增长，台州楼面地价回落幅度最大，为33.61%。

（五）出让用途

从土地成交数量来看，2019年浙江省共成交土地5 566宗，其中商办用地902宗，占总成交宗地数的16.21%；住宅用地1 528宗，占比为27.45%;综合用地246宗，占比为4.42%；工业用地2 890宗，占比为51.92%。

从土地成交面积来看，2019年浙江省共成交土地面积14 069.21公顷，其中商办用地成交面积1 671.58公顷，占比11.88%；住宅用地成交面积3 841.50公顷，占比27.30%;综合用地成交面积1 145.62公顷，占比8.14%；工业用地7 410.51公顷，占比52.67%。2019年浙江省商办用地和综合用地(经营性公建用地)的投放量为2 817.19公顷，小于住宅用地的投放量，土地出让比例比较协调。与2018年土地成交面积的结构分布对比来看，商办用地、综合用地成交面积占比上涨，而住宅用地、工业用地成交面积下降，但变动幅度均不大。

与2018年相比，浙江省11个城市土地供应结构均有所变动，但大部分城市工业用地供应比例仍超过50%。从商办用地成交宗数占总出让宗数来看，绍兴占比最高，达到28.44%。从住宅用地占成交宗数总出让宗数来看，湖州和金华的住宅用地出让宗数占比变动明显，其余城市增减幅度较小。从综合用地出让宗数占比来看，嘉兴综合用地供应比例增加明显，其余城市基本不变。杭州、温州、绍兴、湖州、衢州经营性用地供应比例大于住宅用地，其他城市土地出让比例协调。

第二节 江苏省房地产市场概况

2019年，江苏房地产市场和全国的调控趋势相符合，以稳为主，伴随着阶段性的小幅度涨跌。

一、房地产开发投资情况

2019年江苏省固定资产投资比上年增长5.1%。其中，国有及国有经济控股投资增长13.1%；港澳台及外商投资增长4.3%。民间投资增长3.0%，民间投资占全部投资比重达69.6%。全省房地产开发投资13 171.27亿元，同比增长9.7%。 其中住宅用房投资10 416.03亿元，同比增长10.1%，占总投资比重79.1%，商业用房投资1 019.74亿元，同比下降4.6%，占总投资比重7.7%。商品房施工面积67 889.465万平方米，同比增长3.4%，其中住宅面积51 020.11万平方米，同比增长5.1%(见表15-4)。

表15-4 房地产开发投资主要指标

指标名称	绝对量(亿元)	增长（%）
房地产投资完成额（亿元）	13 171.27	9.7
#住宅	10 416.03	10.1
办公楼	379.08	-5.8
商业营业用房	1 019.74	-4.6

其他	1 356.42	26.1
本年实际到位资金合计	26 759.32	8.4
上年末结余资金	6 885.09	0.08
本年实际到位资金小计	19 874.24	11.67
国内贷款	3 091.16	8.8
利用外资	31.2	-50.9
自筹资金	4 491.33	6.4
其他资金	826.98	-92.3
商品房施工面积(万平方米)	67 889.46	3.4
#住宅(万平方米)	51 020.11	4.1
商品房新开工面积(万平方米)	17 672.82	8.9
#住宅(万平方米)	13 538.15	8.5
商品房竣工面积(万平方米)	11 151.04	19.0
#住宅(万平方米)	8 272.63	18.7
商品房销售面积(万平方米)	15 426.99	10.4
#住宅(万平方米)	13 855.72	10.5
商品房现房销售面积(万平方米)	2 862.65	13.4
#住宅(万平方米)	2 175.88	13.3
商品房期房销售面积(万平方米)	12 564.34	9.8
#住宅(万平方米)	11 679.83	9.9

二、房地产销售

2019 年，江苏省商品房销售增速在 2018 年回落的基础上略有上升。全省全年商品房销售面积 13 972.85 万平方米，比上年增长 3.6%；其中住宅销售面积 12 545.04 万平方米，增长 4.2%，占销售面积的 89.8%。（见图 15-6）。

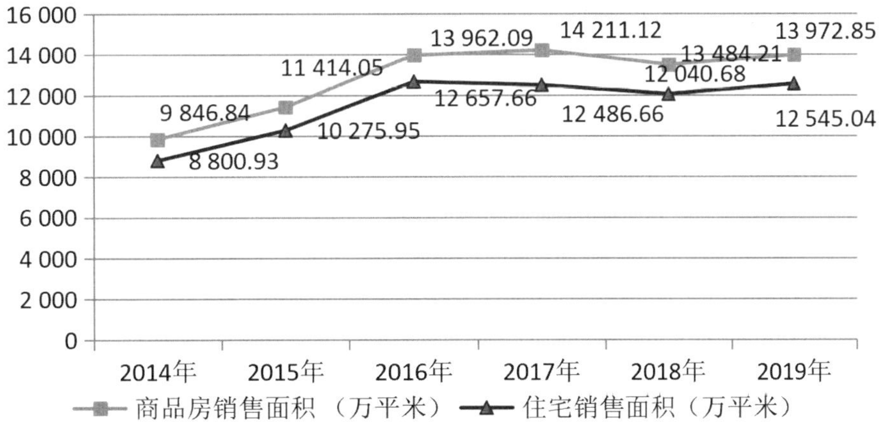

图 15-6　2014～2019 年江苏省商品房销售面积与住宅销售面积

2019 年，住宅销售面积 12 545.04 万平方米，同比增长 4.2%，比 2018 年增长 4.2 个百分点（见图 15-7）。

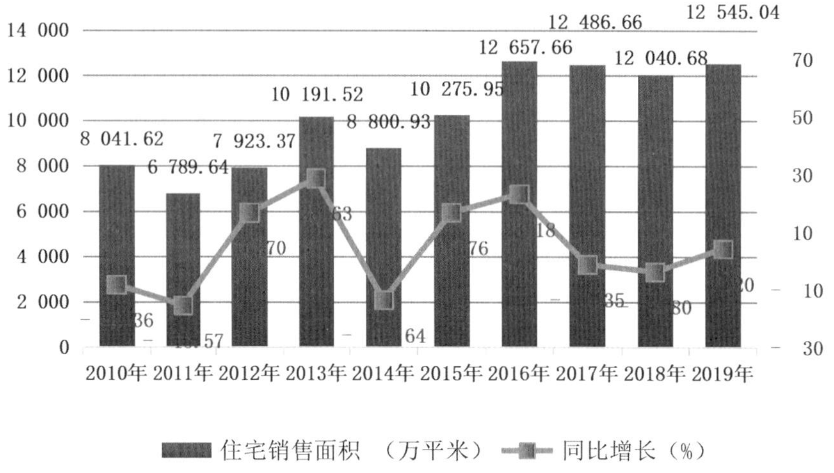

图 15-7 2010～2019 年江苏住宅销售面积及增速统计

2019 年，江苏省实现商品房销售额累计达 16 259.61 亿元，同比增长 11.9%（见图 15-8）。

图 15-8 2010～2019 年江苏商品房销售额及增速统计

其中，住宅销售额 14 894.77 亿元，同比增长 17.3%（见图 15-9）。

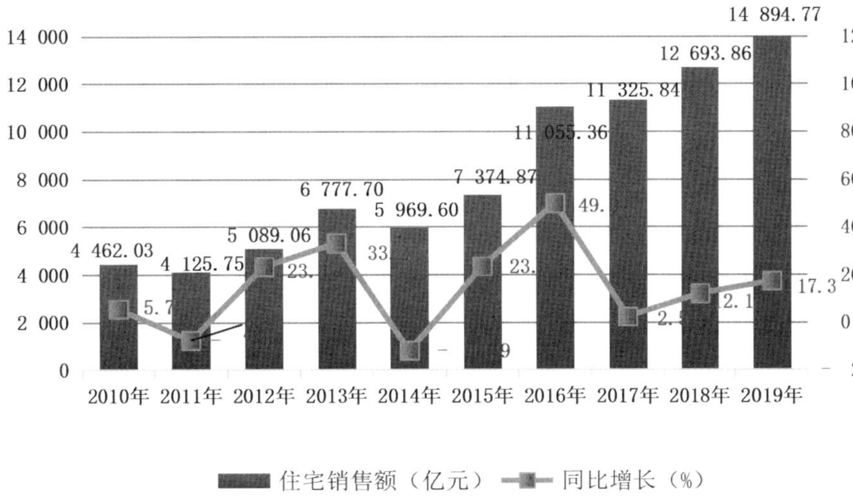

图 15-9　2010～2019 年江苏住宅销售额及增速统计

2019 年，江苏省商品房施工面积 65 686.75 万平方米，增长 4.8%；商品房新开工面积 16 227.47 万平方米，下降 3.5%（见图 15-10、图 15-11）。

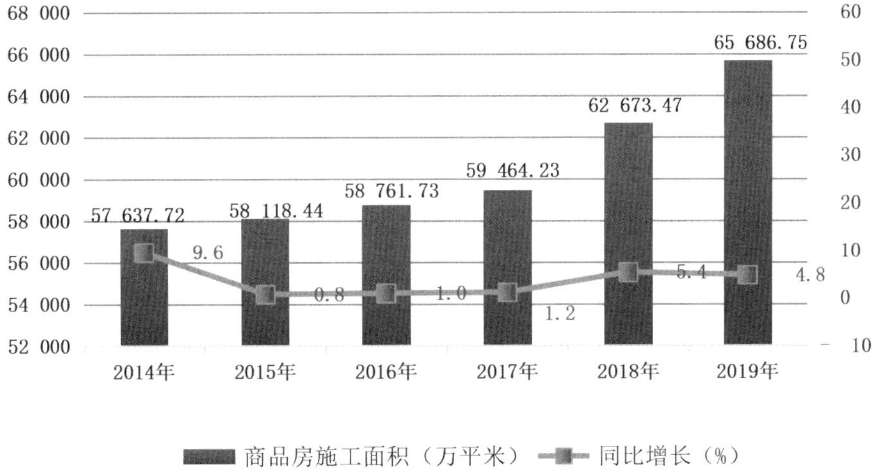

图 15-10　2014～2019 年江苏商品房施工面积及增速统计

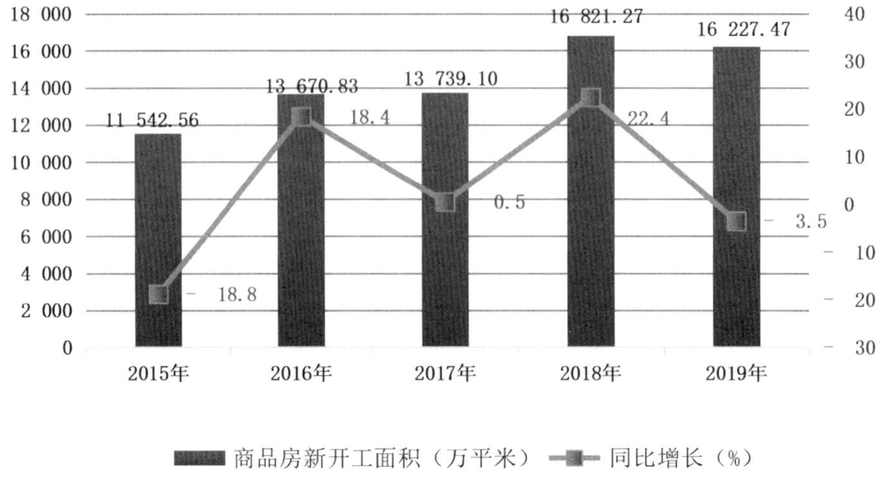

图 15-11 2014～2019 年江苏商品房新开工面积及增速统计

2019 年，江苏省商品房竣工面积 9 369.08 万平方米，增长 9.8%；其中，住宅竣工面积 6 968.89 万平方米，同比增长 9.6%（见图 15-12、图 15-13）。

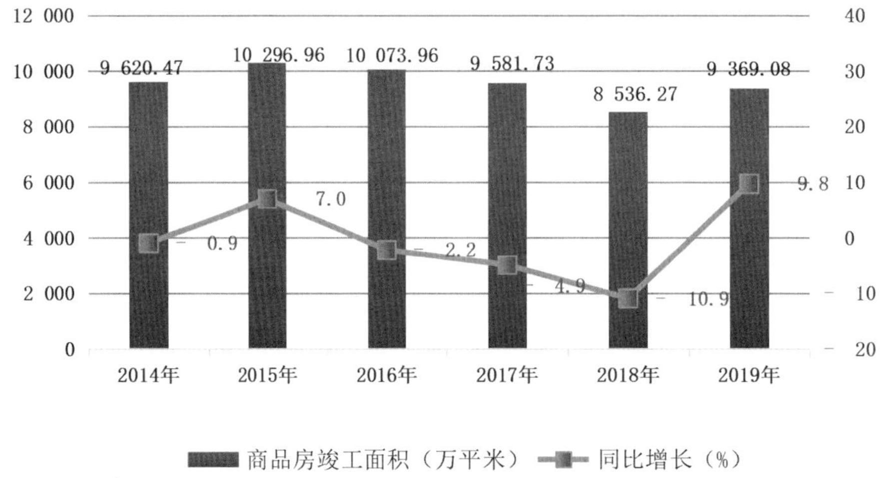

图 15-12 2014～2019 年江苏商品房竣工面积及增速统计

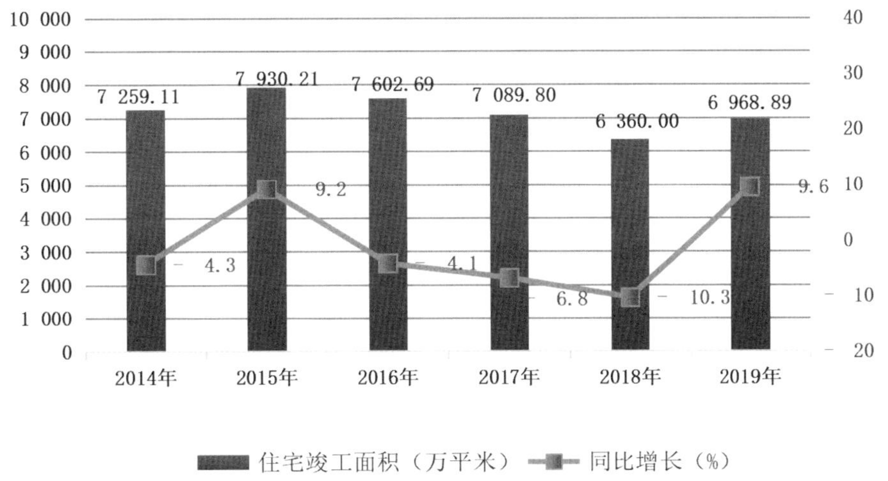

图 15-13 2014～2019 年江苏住宅竣工面积及增速统计

表 15-5 房地产开发投资主要指标

指　标	2010 年	2015 年	2016 年	2017 年	2018 年	2019 年
投资完成额（亿元）	4 299.38	8 153.68	8 956.37	9 629.11	10 982.34	12 009.35
按构成分						
#建筑安装工程	2 897.21	6 186.30	6 604.18	6 566.11	6 578.52	6 917.30
设备工器具购置	41.09	118.93	141.68	126.17	147.77	178.49
按工程用途分						
住宅	3 158.46	6 080.21	6 628.87	7 315.28	8 366.18	9 461.98
#90 平方米以下	733.15	1 773.41	2 073.60	1 631.99	1 388.47	1 262.66
#140 平方米以上	744.76	1 248.38	1 465.68	1 636.62	1 989.44	2 146.21
办公楼	154.61	344.07	363.17	423.70	400.71	402.35
商业营业用房	611.08	1 130.91	1 246.13	1 209.62	1 198	1 069.16
其他	375.23	598.50	718.20	680.51	1 017.42	1 075.86
按资金来源分						
国内贷款	1 515.66	1 877.93	2 299.18	3 029.54	2 841.45	3 091.16
利用外资	92.76	44.91	8.29	29.07	63.55	31.20
自筹投资	2 031.38	3 416.80	3 172.21	3 278.81	4 220.67	4 491.33
其他投资	4 382.54	6 700.36	10 021.40	10 226.04	10 672.78	826.98
房屋建筑面积（万平方米）						
施工面积	35 106.90	58 118.44	58 761.73	59 464.23	62 673.47	65 686.75
#住宅	26 347.13	42 315.98	43 002.93	43 554.54	46 328.92	49 010.85
竣工面积	8 696.28	10 296.96	10 073.96	9 581.73	16 821.27	9 369.08
#住宅	6 553.53	7 930.21	7 602.69	7 089.80	12 902.27	6 968.89
商品房销售情况（万平方米）						
房屋销售面积	9 485.47	11 414.05	13 962.09	14 211.12	13 484.21	13 972.85

#住宅	8 112.37	10 275.95	12 657.66	12 486.66	12 040.68	12 545.04
#90 平方米以下	1 583.11	1 896.76	2 054.14	1 907.66	1 468.14	1 223.61
#140 平方米以上	1 816.86	1 533.98	2 144.43	2 095.99	2 177.88	2 033.47

第三节　苏州市房地产市场

2019 年,苏州市出台一系列调控政策，以实现“问房价、控地价、保自住、扶租赁、去库存”目标，“因城施策”和“分类调控”愈发明显。在调控收紧背景下，苏州土地市场由上半年的火热到下半年逐渐回归理性，平均楼面价逐步下降，溢价率在新政策出台后得到有效控制。住宅市场总体供需平衡，上半年出现小幅上扬，下半年在连续调控政策影响下降温，具体项目价格成交比较分化。公寓市场全年向好，成交价格上涨幅度较大，吴中及吴江区是成交主力，商业市场成交量上升，去化周期持续减少。办公楼销售市场去化周期较长，虽然大宗交易拉动成交量，但总体市场仍显疲惫。

一、房地产投资情况

2019 年，苏州市房地产市场保持平稳。全年完成房地产开发投资 2 686.5 亿元，同比上年增长 5%，其中住宅投资增长 4.6%，增速比上年回落 10.2 个百分点。房地产开发投资占全社会固定资产投资的 54.5%，占比较上年回落 1.6 个百分点。房屋新开工面积 2 761.2 万平方米，同比上年下降 1.4%，其中住宅新开工面积 2 050.1 万平方米；房屋施工面积 12 148 万平方米，同比上年增长 4.2%，其中住宅施工面积 9 013.14 万平方米，同比增长 8.1%；房屋竣工面积 1 283.7 万平方米，同比上年下降 14.8%，其中住宅竣工面积 1 002.3 万平方米，同比上年下降 0.5%；商品房销售面积 2 178.2 万平方米，比上年增长 9.2%，其中住宅销售面积 1 983.6 万平方米，同比上年增长 10.9%。

二、房地产交易情况

2019 年，苏州市区住宅市场总体供需两极分化，上半年整体成交量较大，下半年 7 月以后受新政策影响，成交量下滑，且 8 月开始供应量大幅上涨。全年住宅市场供应 896.69 万平方米，成交 989.73 万平方米，成交均价 21 827 元/平方米。近几年苏州市区住宅成交价格持续上涨，2019 年成交价格稳定在 2 万元/平方米以上。月成交均价波动较大，尤其 7、8 月份开始持续上涨，12 月份达到顶峰，成交价格为 24 204 元/平方米。截至 12 月底，苏州存量住宅 634.63 万平方米，去化周期为 8 个月。

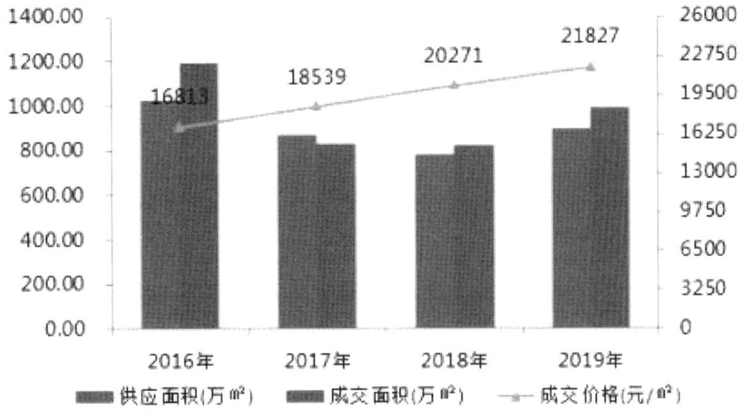

图 15-14 2016～2019 年苏州市区住宅市场年度供求

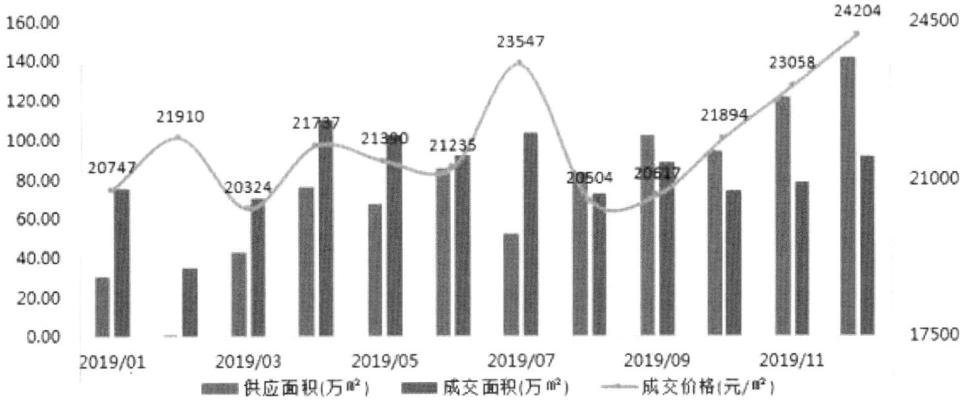

图 15-15　2019 年苏州市区住宅月度供求关系图

二手住宅成交量为 980.21 万平方米，5 月成交量最多，接近 120 万平方米，新政策出台后，成交量一路下滑。从区域来看，园区和吴中区二手房市场最为活跃，成交量占全市 20%左右，相城区正交占比最少，5 月份新政策出台后，成交量明显下降，姑苏区和吴中区略有增加。（见图 15-13）。

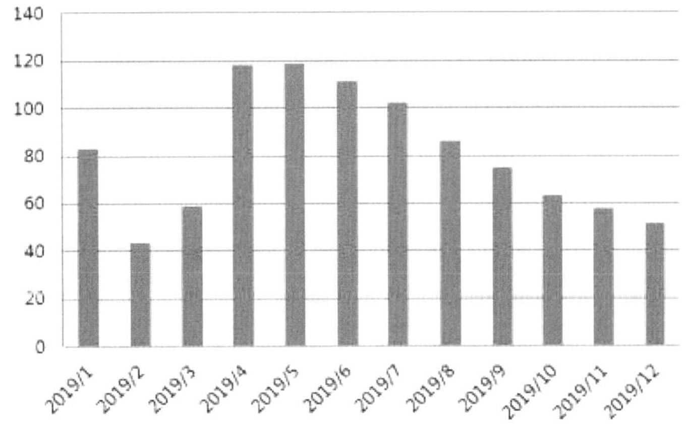

图 15-16　2019 年苏州市二手房月度成交走势

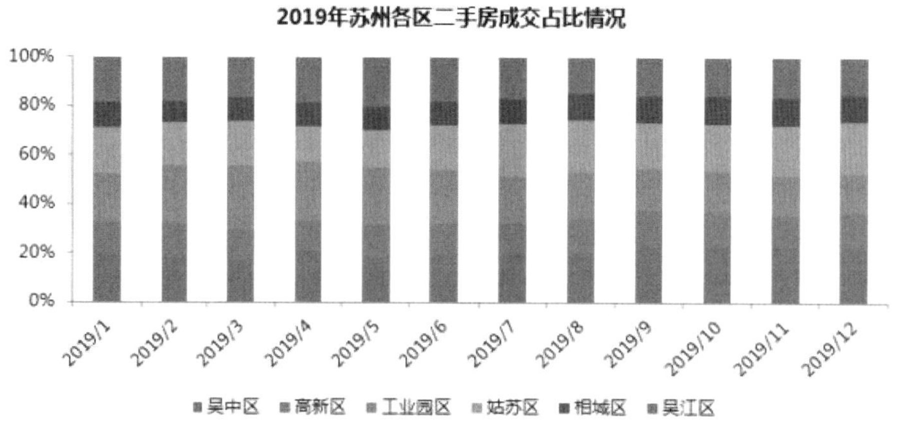

图 15-17　2019 年苏州各区二手房成交占比情况

2019 年，公寓市场供应面积较少，为 56.24 万平方米，成交面积上升为 96.92 万平方米，成交均价显著上升为 17 742 元/平方米。公寓市场月度供应面积及成交面积均变化较大，1 月及 4 月成交面积较多；公寓市场库存量，截至 12 月底为 98.25 万平方米。

2016 年以来，苏州商业市场成交面积一直高于供应面积，2019 年总供应 30.58 万平方米，成交 66.75 万平方米。虽然成交量有所上升，但成交均价下跌，为 13 404 元/平方米。2019 年苏州市区商业市场需求旺盛，库存量及去化周期逐月减少，截止 19 年 12 月底，苏州商业市场库存量为 379.89 万平方米去化周期为 38 个月，时间依旧较长。

办公楼销售市场，2016 年供应量较大，随后逐年下滑，2018 年跌到低谷，2019 年苏州办公市场供应量回升，增长较多，成交量也有所提升。全年供应 35.29 万平方米，成交 42.80 万平方米，租赁市场出租吸纳量为 13.90 万平方米，空置率上升至 35.20%。

三、土地市场情况

2019 年，苏州市土地市场随着楼市的变化波动较大。上半年楼市兴旺、成交量大，土地市场也跟着火爆，溢价率普遍较高，最高溢价率 67.8%。下半年随着调控政策的出台，楼市趋冷，平均溢价率仅为 6%。全年共出让地块 105 宗，其中纯住宅及商住地块有 70 宗，商服地块 31 宗，经济适用房用地 4 宗。成交总金额约 1 204.84 亿元，成交总面积约为 566.29 万平方米。其中住宅及商务用地共计成交 101 宗，较往年小幅增长。

2019 年土地供应量（不含拆迁房及其他性质用地）较 2017 年和 2018 年增长许多，出让总面积及成交总价也相对增加。2019 年上千年苏州土地供应迟缓，整体土地供应多集中在下半年，特别是在第三季度，供应量非常集中（见表 15-6）。

表 15-6　2015～2019 年苏州土地出让状况

年份	宗数	出让总面积　（平方米）	成交总价（万元）
2015	108	5 607 618	5 960 531

2016	101	6 009 532	14 333 844
2017	89	3 850 343	9 236 994
2018	84	3 922 748	8 303 916
2019	101	5 526 441	12 032 503

数据来源：中国指数研究院、苏州分院。

2019 年，出让的 70 宗涉宅地块（纯住宅+商住），主要集中在吴中、相城和吴江区，分别为吴中 19 宗、相城 16 宗、吴江 15 宗。其次高新区成交 11 宗，姑苏区推地量较少，成交 5 宗，土地稀缺的工业园区仅出让了 4 宗地块（见表 15-7）。

表 15-7　2019 年苏州各区土地出让表（纯住宅+商住）

区域	成交量（宗）	成交总额（亿元）	最高楼面价
高新区	11	252.46	26 288.31
姑苏区	5	65.95	19 959.54
吴江区	15	159.12	15 819.56
吴中区	19	330.61	21 933.00
相城区	16	260.26	22 715.41
园区	4	112.15	30 287.00
总计	**70**	**1 180.55**	**30 287.00**

第四节　杭州房地产市场

2019 年，在房住不炒的调控主基调下，各地的调控精准度不断提升，调控的颗粒度也愈加精细化，差异化也越来越大，杭州也首次出台了土地双限新政，尽管政策环境严厉依旧，楼市表现却大放异彩。2019 年杭州宅地出让金继续蝉联全国销冠，住宅量价齐涨。但繁荣中深藏隐忧：供需错配风险持续存在，项目分化加剧；“万人摇”和“流摇”并存，项目竞争加剧；地价房价双限新政限定了板块的房价天花板，房企利润空间承压等等。

一、房地产投资情况

2019 年杭州市完成房地产开发投资 3 396.75 亿元，增长 10.7%，增幅比上年下降 1.5%。其中，商品住宅投资 2 198.70 亿元，增长 12.6%；办公楼投资增长 13.4%，商业营业用房投资下降 5.9%。

全市商品施工面积 11 996 万平方米，增长 2.1%，增幅较上年上涨 0.1%，其中，住宅施工面积 6 263 万平方米，同比增长 1.7%；商品房新开工面积 2 435 万平方米，比上年下降 10.1%，其中，住宅新开工面积 1 347 万平方米，比上年下降 15.3%；商品房竣工面积 1 728 万平方米，比上年增长 5.5%，其中，住宅竣工面积 964 万平方米，比上年增长 14.5%。商品房销售面积 1 514 万平方米，下降 9.7%，其中住宅销售面积 1 284 万平方米，下降 3.4%（见表 15-8）。

表 15-8　2019 年杭州分地区房地产开发投资

指标	全市	市区					桐庐县	淳安县	建德市
		合计	萧山区	余杭区	富阳区	临安市			
房地产开发投资额(万元)	**33967460**	**32781983**	**6740100**	**6907475**	**1311502**	**1915331**	**476479**	**257920**	**451078**
#住宅	21987044	21045301	4621285	4684390	1087466	1351558	415902	206461	319380
办公楼	2793937	2776451	551981	516785	82826	79419	8568	2149	6769
商业营业用房	2876631	2768599	405362	357350	67405	150652	44587	22825	40620
其他	6309848	6191632	1161472	1348950	73805	333702	7422	26485	84309
房屋建筑面积(万平方米)									
施工面积	11996	11232	2278	2844	679	1085	220	229	316
#住宅	6263	5757	1212	1672	455	692	157	144	204
新开工面积	2435	2326	449	389	233	458	29	32	48
#住宅	1347	1282	267	224	163	269	24	17	24
竣工面积	1728	1642	451	311	110	165	27	23	35
#住宅	964	903	264	184	68	123	18	21	21

二、房地产交易情况

2019 年杭州市区商品房销售总金额为 3 923.6 亿元，主城区销售金额为 3 786.3 亿元，余杭区成交金额为 881.6 亿元，萧山区成交金额为 800.6 亿元。其中住宅销售金额，全市为 3 406.1 亿元，市区为 3 280.3 亿元，萧山区为 728.2 亿元，余杭区为 820.4 亿元。现房销售，全市 278.5 亿元，市区为 267.8 亿元，萧山区 24.7 亿元，余杭区 79.3 亿元。现房住宅销售，全市 151.9 亿元，市区 146.7 亿元，萧山区 9.8 亿元，余杭区 69.9 亿元（表 15-9）。

表 15-9　2019 年杭州市商品房销售情况

指标	全市	市区					桐庐县	淳安县	建德市
		合计	萧山区	余杭区	富阳区	临安市			
销售金额(万元)	**39236384**	**37863461**	**8005758**	**8816400**	**2446885**	**3720193**	**575696**	**365120**	**432107**
#住宅	34061040	32802654	7281845	8204335	2159670	3560668	505150	354710	398526
现房销售额（万元）	2785181	2677680	246846	792592	128738	67275	73025	5848	28628
#住宅(万元)	1518719	1467200	98241	698666	67196	53718	38315	5796	7408

期房销售金额 (万元)	36451203	35185781	7758912	8023808	2318147	3652918	502671	359272	403479
#住宅(万元)	32542321	31335454	7183604	7505669	2092474	3506950	466835	348914	391118
销售面积(万平方米)	1514	1413	271	374	131	218	36	25	39
#住宅(万平方米)	1284	1198	239	337	114	206	28	24	34
现房销售面积	132	119	12	40	9	6	9	1	4
#住宅(万平方米)	69	65	4	34	4	5	3	1	1
期房销售面积	1381	1295	259	334	122	212	28	25	34
#住宅(万平方米)	1215	1133	235	303	109	202	25	24	33

三、房地产价格情况

2019 年，杭州市房地产销售均价为 25 915.7 元/平方米。其中，市区销售均价为 26 796.5 元/平方米，余杭区销售均价为 23 573 元/平方米，萧山区销售均价为 29 542 元/平方米。现房销售，杭州市均价为 21 100 元/平方米，市区均价为 22 502 元/平方米，余杭区均价为 19 815 元/平方米，萧山区销售均价为 20 571 元/平方米。

2019 年，杭州市住宅销售均价为 26 527 元/平方米。其中，市区销售均价为 27 381 元/平方米，余杭区销售均价为 24 345 元/平方米，萧山区销售均价为 30 468 元/平方米。现房住宅销售，杭州市均价为 22 010 元/平方米，市区均价为 22 572 元/平方米，余杭区均价为 20 549 元/平方米，萧山区销售均价为 24 560 元/平方米。

四、土地市场情况

从全年成交看，“双限”政策成为 2019 年杭州土地市场的重要转折点，上半年土地市场“高价地”频现，共有 20 宗地块封顶成交且需自持；下半年“双限”政策以来，土地市场降温明显，平均楼面价和溢价率整体均有所回落，土地市场已经回归理性。

2019 年，杭州全市共成功出让土地 348 宗，总出让面积 1 050.1 万平方米，同比增长 22.8%；总成交金额 2 747.6 亿元，同比增长 12.2%，成交金额为历史以来最高水平。其中涉宅用地共成交 141 宗，出让面积 712.3 万平方米，成交金额 2 315.4 亿元，占总成交金额的 84.3%（见图 15-18）。

从全国层面对比来看，今年杭州全市 2 747.6 亿的成交金额位列全国各大城市首位，超出第二名的上海约 900 亿元。已经连续两年位居全国首位。

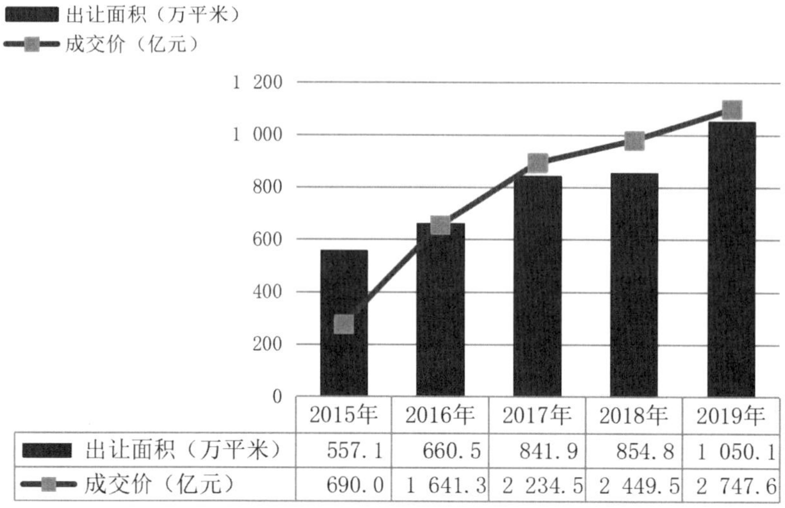

图 15-18　2015～2019 年杭州市土地成交面积和金额走势

从区域来看，主城区可建面积和成交金额占比最高，成交金额超过 4 成。主城区全年共成交 83 宗土地，总建筑面积 672.5 万平方米，成交金额 1 156.2 亿元，占总成交金额的 42.1%；萧山区共成交土地 44 宗，总建筑面积 467.4 万平方米，成交金额 626.6 亿元，占总成交金额的 22.8%；余杭区成交土地 63 宗，总建筑面积 469.0 万平方米，成交金额 431.3 亿元，占总成交金额的 15.7%；富阳区共成交 31 宗土地，总建筑面积 266.2 万平方米，成交金额 214.6 亿元，占总成交金额的 7.8%；临安区、钱塘新区、桐庐县、建德市和淳安县合计成交土地 127 宗，合计可建面积 547.4 万平方米，合计成交金额 319.0 亿元，占总成交金额的 11.6%（见图 15-19）。

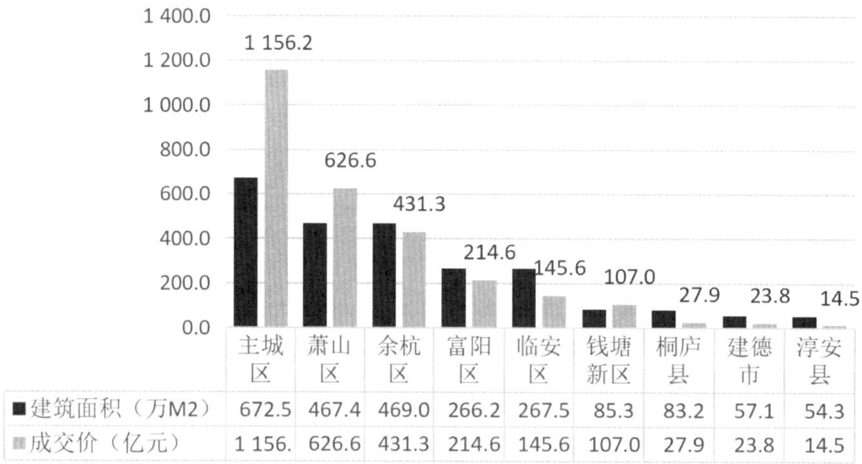

图 15-19　杭州全市各区域土地成交可建建筑面积和成交价对比图

2019 年上半年的土地市场成交较为火热，共有 20 宗涉宅地块仍是封顶且伴有自持比例成交，其中 3 月的涉宅地块平均溢价率达 36.2%。下半年受“双限”新政影响，仅有 4 宗涉宅地块有自持比例，平均溢价率已经大幅降低，其中有不少地块直接以底价成交，其中 8 月和 11 月的平均溢价率仅 0.5%

和 4.6%，土地市场逐步回归理性（见图 15-20）。

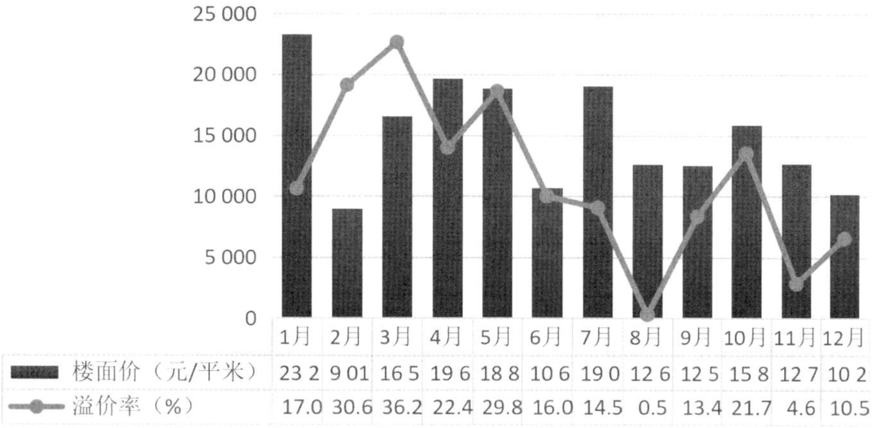

图 15-20　杭州全市涉宅用地楼面价和溢价率月度趋势

从地块性质来看，2019 年杭州全市成交的地块中，涉宅地 141 宗，可建面积 1 636.1 万平方米，占总可建面积的 67.5%，成交金额 2 315.4 亿元，占总成交金额的 84.3%；商用地 153 宗，可建面积 653.5 万平方米，占总可建面积的 27.0%，成交金额 372.0 亿元，占总成交金额的 13.5%；其他用地(包含停车场、加油站)34 宗，成交金额 33.7 亿元，仅占总成交金额的 1.2%。此外，2019 年共出让人才租赁用地 20 宗，总建筑面积为 94.3 万平方米，按照 60 平方米/间估算，未来可以提供约 15 700 间人才租赁用房（见表 15-10）。

表 15-10　杭州各类土地成交情况表

用途	成交宗数（宗）	出让面积（万平方米）	可见面积（万平方米）	成交金额（亿元）
住宅用地	141	712.3	1 636.1	2 315.4
商业用地	153	260.3	653.5	372.0
租赁用地	20	44.8	94.3	26.5
其他	34	32.8	38.5	33.7
合计	**348**	**1 050.1**	**2 422.4**	**2 747.6**

第六篇　附录

第一章　房地产政策法规汇编

第一节　房地产管理政策

关于印发《关于公有居住房屋变更、分列租赁户名的若干规定》的通知

沪房规范〔2019〕3 号

各区住房保障房屋管理局，各房管集团，各相关单位：

为进一步规范公有居住房屋变更、分列租赁户名工作，根据《上海市房屋租赁条例》，我局制定了《关于公有居住房屋变更、分列租赁户名的若干规定》，现印发给你们，请遵照执行。

上海市房屋管理局

2019 年 8 月 15 日

关于公有居住房屋变更、分列租赁户名的若干规定

为了进一步贯彻《上海市房屋租赁条例》，加强公有居住房屋的租赁管理，现对公有居住房屋（以下简称公房）变更、分列租赁户名作出如下规定：

一、公房变更租赁户名的条件

公房变更租赁户名应当符合下列条件：

（一）承租人与本处有本市常住户口的共同居住人协商一致要求变更租赁户名的；

（二）承租人户口迁离本市，本处有本市常住户口的共同居住人协商一致要求变更租赁户名的；

（三）承租人死亡，其生前在本处有本市常住户口的共同居住人协商一致要求变更租赁户名的；

（四）承租人死亡，其生前在本处无共同居住人的，其生前具有本市常住户口的配偶与直系亲属协商一致要求变更租赁户名的。按照前款第（一）项变更租赁户名后，在五年内不得再依该规定变更租赁户名。按照前款第（一）项、第（二）项变更租赁户名的，共同居住人的实际居住生活的时间以提出申请时间为节点；按照前款第（三）项、第（四）项变更租赁户名的，共同居住人的实际居住生活的时间以承租人死亡时间为节点。

本规定所称的“共同居住人”，是指公房的承租人死亡或者变更租赁关系时，在该承租房屋处实际居住生活连续一年以上而且本市无其他住房或者虽有其他住房但居住困难的人。但承租人、共同居住人在本处结婚的配偶、在本处出生的子女，且在本处实际居住的，可以不受实际居住生活连续一年以上以及他处住房条件的限制。

本规定所称的“其他住房”，是指福利性质取得的房屋，包括原承租的公有房屋、分配的福利房、

自己部分出资的福利房，用单位补贴房款的一半以上所购买的商品房，公房被征收（拆迁）后所得的安路房（包括自己少部分出资的产权安路房），以及按公房出售政策购买的产权房等。“居住困难”，是指以本市当年度公布的申请廉租住房面积标准核定，低于该标准的为居住困难。

公房承租人有以下情形之一的，不得变更租赁户名：

（一）欠租未缴清的；

（二）违法搭建建筑物、构筑物未拆除并恢复原状的；

（三）擅自改变房屋结构或房屋用途未恢复的；

（四）因违法使用公房已进入行政处罚程序，或者因纠纷进入诉讼、仲裁程序的；

（五）按照本条第一款第（一）项变更租赁户名，承租人与本处有本市常住户口的共同居住人协商不一致的；

（六）法律、法规和规范性文件规定的其他情形。

二、公房分列租赁户名的条件

公房分列租赁户名，应当同时符合以下条件：

（一）申请各方均具有本处常住户口且已户籍分户；

（二）申请各方已按煤气公司规定分户安装使用煤气灶；

（三）申请分户的房屋必须具有完整的使用功能，有合用卫生间和灶间；

（四）申请分列租赁户名的各户住房具有固定维护结构、可以独立使用并能分间居住，单间使用面积不低于 10 平方米，且人均居住面积不得低于本市当年度公布的申请廉租住房面积标准；

（五）申请前无欠租。公房或公房承租人有下列情形之一的，不得分列租赁户名：

（一）独用成套的公房；

（二）已经市政府认定为保护、保留建筑的公房；

（三）已列入成套改造的公房；

（四）核发建设用地规划许可证已确定征收（拆迁）范围内的公房；

（五）违法搭建建筑物、构筑物未拆除并恢复原状的；

（六）擅自改变房屋结构或房屋用途未恢复的；

（七）因违法使用公房已进入行政处罚程序，或者因纠纷进入诉讼、仲裁程序的；

（八）承租人与共同居住人对分列租赁户名未协商一致的；

（九）承租人和共同居住人为夫妻或者父母与未婚子女组成的核心家庭、单亲家庭。

三、变更（分列）租赁户名的程序

（一）申请

申请人向出租人（或出租人授权的代理人，下同）申请变更租赁户名时，应当提供以下材料：

1. 申请人身份证明；

2. 变更（分列）租赁户名申请书；

3.《租用居住公房凭证》；

4. 承租房屋内所有的《户口簿》；

5. 当事人对变更租赁户名协商一致的书面意见；承租人死亡或户口迁离本市的，当事人协商不一致的，提供不一致的证明材料。

申请分列租赁户名的当事人应当共同提出申请，并提供前款第（一）、第（二）、第（三）、第（四）项规定的材料和当事人对分列租赁户名协商一致的书面意见、载明具体分户方案的协议。

无民事行为能力人或限制民事行为能力人的协商意见由其监护人代为行使。申请人提供的材料应当客观真实，对所提供材料内容的真实性负责，不得捏造、隐瞒事实，并作出书面承诺。

（二）受理

出租人应当在收到申请人递交的材料之日起 7 日内完成受理的初审工作。申请人递交的申请材料齐全、书面协商意见完整的，应当予以受理。如有缺项，应当告知申请人补全。

（三）办理

1. 变更租赁户名

出租人受理公房变更租赁户名申请后，经审核符合政策规定且当事人协商一致的，应当在受理之日起 15 日内完成变更租赁户名审核手续，并按规定流程发放《租用居住公房凭证》;经审核不符合条件的，应当在 7 日内出具不予办理的书面意见。

出租人受理公房变更租赁户名申请后，经审核符合政策规定但当事人协商不一致的，应当在 30 日内按照下列情形书面确定承租人：

（1）承租人死亡或户口迁离本市，在本处有本市常住户口的共同居住人协商不一致的，按下列顺序确定承租人：

a. 原承租人的配偶；

b. 原承租人的子女（按他处住房情况，本处居住时间长短）；

c. 原承租人的父母；

d. 其他人（按他处住房情况，本处居住时间长短）。

（2）承租人死亡，其生前在本处无本市常住户口的共同居住人的，按下列顺序确定承租人：

a. 原承租人的配偶；

b. 原承租人的子女（按他处住房情况）；

c. 原承租人的父母；

d. 原承租人的其他直系亲属（按他处住房情况）出租人在指定承租人后应及时通知其办理变更租赁户名手续。当事人对出租人确定的承租人资格有异议的，应当通过司法途径解决。

2. 分列租赁户名出租人受理分户申请后，经审核符合分户条件的，应当在 15 日内与各申请人分别建立租赁关系，并按规定重新计算租金、换发《租用居住公房凭证》；经审核不符合条件的，应当在 7 日内出具不予办理的书面意见。

四、本意见自 2019 年 9 月 30 日起施行，有效期至 2024 年 6 月 30 日。原《关于印发公有居住房屋变更、分列租赁户名的若干规定的通知》（沪房管法〔2009〕396 号）同时废止。

关于进一步规范本市住房租赁企业代理经租房屋行为的通知

沪房规范〔2019〕5号

各有关单位：

近年来，本市住房租赁企业积极开展代理经租业务，对优化住房供应结构，促进住房租赁消费，建立租购并举的住房制度，起到了积极作用。但行业内企业管理和服务水平参差不齐，违规行为时有发生，市场规则有待完善。为进一步维护本市住房租赁市场秩序，提升住房租赁消费环境，保障租赁当事人合法权益，依据《上海市居住房屋租赁管理办法》等规定，现就进一步规范本市住房租赁企业代理经租房屋行为，通知如下：

一、加强住房租赁企业主体管理

（一）代理经租房屋，是指住房租赁企业采用长期租赁房屋的方式筹措房源，按照规定进行转租，或接受房屋所有权人或者法律、法规规定的其他权利人委托，以企业自己的名义，按照委托合同的约定对外出租房屋用于居住的经营性活动。住房租赁企业从事代理经租业务，应当具备一定经营规模、较强管理能力和良好社会信誉，积极履行社会责任。

（二）住房租赁企业（含分支机构）办理登记注册时，相应经营范围统一申请为“住房租赁经营”，领取营业执照或经批准增加“住房租赁经营”经营范围后，应当按规定分别到登记注册所在地、房源经营所在地的区房管部门办理信息记载手续。各区房管部门应当主动加强与属地市场监管部门的工作对接，建立协同管理机制。

二、严格代理经租房屋标准

（三）住房租赁企业代理经租居住房屋，应当符合《上海市居住房屋租赁管理办法》的规定。单套住房内客厅（起居室）使用面积在12平方米以上，且按本市代理经租企业房源信息双记载相关要求报备的，可以且仅可隔断出一间房间出租供人员居住。客厅（起居室）允许隔断出租的，应当采用轻质不燃材料固定围护，隔断后具备直接采光和自然通风条件，不得破坏房屋承重结构，不得影响人员疏散、逃生和消防救援，并符合本市住房租赁和治安、消防等管理规定。

（四）住房租赁企业代理经租房屋不属于居住房屋的，应当依据本市非居住存量房屋改建和转化租赁住房的相关规定，按照所在区的具体要求，开展项目改建和转化实施工作，取得项目认定和验收文件。

三、落实代理经租房屋室内空气质量合格责任

（五）住房租赁企业应当承担代理经租房屋室内空气质量合格的主体责任，确保出租时室内空气质量符合国家相关标准和规范。代理经租房屋经改造或重新装修出租，承租人要求住房租赁企业出具室内空气质量检测合格报告的，住房租赁企业应当予以提供。

（六）市房地产经纪行业协会牵头制订本市代理经租房屋室内空气污染纠纷处理规则，引导会员企业与专业检测机构建立长期合作关系，对外发布房源信息时，同步公示室内空气质量检测信息。同时，加大宣传教育力度，积极发动非会员企业自觉履行，全面提升本市代理经租房屋品质，维护广大承租人的身心健康。

四、规范代理经租交易行为

（七）住房租赁企业开展代理经租业务，应当严格遵守国家和本市有关规定，全面履行合同义务，合理确定租金价格，不得高价哄抢房源，不得滥用优势地位擅自抬高租金；充分保障租客租金支付方式的选择权，不得侵占、挪用租赁保证金（押金）；应当按时、足额支付原始房东租金，不得拖欠租金，或擅自变更租金支付方式；租赁合同期限内，无正当理由不得解除租赁合同，不得强制驱逐承租人；租赁合同终止时，除用以冲抵合同约定由承租人承担但还未结清的费用外，剩余款项应当在约定期限内全部返还承租人；向原始房东、承租人另行提供服务，应当事先明示是否收费并征得当事人同意。

（八）市房地产经纪行业协会应当建立住房租赁企业“白名单”制度，明确合作开展个人“租金贷”业务应当具备的条件，经认定的“白名单”应当主动向社会公示。“白名单”企业与金融机构合作开展个人“租金贷”及相关业务的，应当严格按照《关于进一步规范本市代理经租企业及个人“租金贷”相关业务的通知》（沪建房管联〔2018〕582 号）要求进行。鼓励住房租赁企业通过在商业银行开立专用存款账户收付租金、保证金（押金）。

五、落实住房租赁合同网签备案责任

（九）住房租赁企业办理信息记载手续后，应当向登记注册所在地的区住房租赁服务中心，申请办理本市住房租赁公共服务平台用户认证，并切实履行下列义务：

1.通过租赁平台发布房源信息，应当确保信息的真实性、合规性、时效性，且不同渠道发布的同一房源信息应当保持一致；

2.达成住房租赁交易的，应当按照本市有关规定，为承租人提供签订租赁合同的网上操作服务，并办理登记备案手续；

3.自网签租赁合同之日起 2 个工作日内，应当将已签房源的可租房源信息从各发布渠道上撤除，确保房源信息及时更新。

六、建立代理经租行业自律监管机制

（十）鼓励住房租赁企业加入市房地产经纪行业协会。市房地产经纪行业协会应当充分发挥房屋租赁专业委员会的作用，按照章程强化自律管理，鼓励入会承诺制度，制定代理经租从业规则，加强从业人员培训教育，逐步建立并完善行业资信评价体系，不断提高行业自律覆盖面，树立行业自律公信力和权威性。

（十一）各区房管部门要积极开展代理经租企业房源信息双记载工作，并以此为基础推进事中、事后监管，逐步形成从住房租赁企业的主体信用、房源筹集、出租经营到客户服务等全过程的行业监管机制；同时，结合扫黑除恶专项斗争，持续开展房地产中介市场乱象整治工作，加大违法违规查处力度，发现涉黑涉恶线索及时移交公安机关，不断净化本市住房租赁市场环境。

七、施行日期

本通知自 2019 年 10 月 1 日起施行，有效期至 2024 年 9 月 30 日。

上海市房屋管理局
2019 年 9 月 12 日

关于对本市规模化租赁住宿场所开展专项检查工作的通知

沪房市场【2019】182 号

各区住房保障房屋管理局：

为做好本市规模化租赁住宿场所的安全防范工作，坚决遏制重特大安全事故发生，营造安全稳定的社会环境，经研究决定，开展专项检查。

一、检查时间

即日起至 12 月底。

二、检查对象

本次检查对象为各区规模化租赁住宿场所或集中租赁项目（以下简称：各场所、项目），重点围绕以下对象开展安全检查：

1. 集中建设筹措的公共租赁住房项目，单位租赁房项目；

2. 已纳管的“非转租”长租公寓项目；

3. 其他利用非居物业开设规模化租赁住宿场所或项目。

三、检查方式

（一）全面排摸

各区房管部门牵头，联合消防、规划、建管、公安、市场监管等部门指导督促各街镇落实属地监管责任，对辖区内各场所、项目开展地毯式排查，依法查处违法违规及造成安全隐患的出租行为，对违法经营主体依法严处。

（二）企业自查

各场所、项目的产权单位或运营管理单位对确保租赁房屋安全承担主体责任，各区联合检查组要督促责任单位认真、细致、全面地开展安全自查工作，重点自查各场所、项目的消防安全、房屋结构安全、治安安全等情况。要确保各场所、项目的房屋外墙和空调外机等悬挂物牢固、消防通道畅通、消防设施设备完好、用电用气合规，入住人员登记管理到位。对自查发现的安全隐患问题，立即予以整改排险，并向区房管局上报自查自纠报告。

（三）联合检查、抽查

各区房管部门应当争取政法、街镇等部门支持，联合街镇和属地消防、规划、建管、公安、市场监管等部门，重点针对企业自查和整改情况进行检查和抽查监督，确保各项安全措施落实到位，切实守住消防安全、房屋结构安全、治安管理安全三条底线。

四、工作要求

（一）各区房管要主动跨前，积极联合属地消防、规划、建管、公安、市场监管等部门依托属地街镇开展专项检查，建立专项检查联络机制。

（二）检查情况应建立一项一档，及时向单位主要负责人汇报。对发现重大问题的，要建立一案一策处臵措施，并及时通知相关职能部门，并报区政府。

（三）各区在专项检查中，发现涉嫌涉黑涉恶问题或线索的，及时移送区扫黑办查处。

（四）各区对于本次专项检查、整改过程中，可能引发的社会稳定风险，要做好相应预案，防止出现负面舆情。

上海市房屋管理局

2019 年 11 月 18 日

关于印发《〈上海市公有住房差价交换办法〉操作业务指南》的通知

沪房市场〔2019〕184 号

各区住房保障房屋管理局、房地产交易中心，各房管集团：

为落实上海市公有住房差价交换办法（沪府发[2019]19 号），做好公有住房差价交换工作，现制订上海市公有住房差价交换办法‡操作业务指南，请按照执行。实际业务操作中如有问题，可向市房管局或市房地产交易中心、市物业管理事务中心、市房屋状况信息中心咨询反映。

上海市房屋管理局

2019 年 11 月 25 日

《上海市公有住房差价交换办法》操作业务指南

一、适用范围

本市行政区域内居民或单位承租的直管公有住房和系统公有住房进行差价交换（以下简称差价换房），适用上海市公有住房差价交换办法（以下简称办法）的规定。

二、受让人规定

（一）居民进行差价换房必须符合下列条件：

1. 差价换房当事人应当书面承诺，不会因为差价换房造成新的居住困难。

2. 差价换房前，原承租人应取得本处有本市常住户口的成年共同居住人，和未成年共同居住人的监护人的书面同意。

（二）差价换房受让居民家庭或个人相关条件的认定：

1. 本市户籍家庭是指具有本市常住户口的居民家庭，或者有本市单位职工集体户口或公共户口的居民家庭；家庭成员包括本人、配偶及未成年子女。

2. 已拥有住房包括居民家庭成员名下在本市拥有的产权住房套数和公有住房承租权户数（下同）。产权住房的套数按不动产登记（或房地产登记）记录，以及新建商品住房预销售合同、存量房买卖合同网签备案的记录合并计算。公有住房承租权的户数按租用居住公房凭证、开具征询表或已签订差价换房合同的承租权住房记录合并计算。

三、征询

差价换房双方当事人达成交易意向后，应持租用居住公房凭证、本人有效身份证件，向公有住房出租人（公房产权单位、授权经营管理公房的单位）或者出租人委托的物业企业（以下统称出租人）申请征询。出租人应自收到书面申请之日起15个工作日内完成征询审核。审核通过的，向申请人核发公有住房差价换房征询表，并将相关信息同步传输至区房地产交易中心；审核不通过的，应在•公有住房差价换房征询表• 上注明理由。上海市物业管理事务中心（上海市公房经营管理事务中心）负责网上办理公有住房差价换房意见征询信息系统的开发与运行维护。

四、订立合同差价换房当事人应签订书面合同，并在具备信息化条件后实施网签。订立合同的买受人，应当与征询表上记载的拟买受人一致。合同示范文本由市房屋管理局、市市场监管局联合制定，差价换房双方当事人可通过市政府“一网通办”平台“房地产交易”栏目或者“网上房地产”官网下载。上海市房地产交易中心负责公有住房差价换房合同网签系统的开发与运行维护。

五、交易申请

（一）差价换房的双方当事人，持下列材料，共同向公有住房所在区房地产交易中心申请交易审核：

1.上海市差价换房申请书（原件）；

2.差价换房合同（原件）；

3.租用居住公房凭证（核验原件）；

4.公有住房差价换房征询表（核验原件）；

5.双方当事人身份证明，其中受让方需提交本人及其家庭成员身份证明、户籍证明、婚姻证明等材料（核验原件）。如受让方为并户后房改售房进行差价换房的，还需提交同一套中另一户的租用居住公房凭证（核验原件），受让方应与租用居住公房凭证记载的承租人一致；如受让方为法人、其他组织，还需提交市、区人民政府指定的文件。

（二）当事人可以委托代理人办理差价换房手续，无民事行为能力人和限制民事行为能力人由法定代理人向房地产交易中心办理差价换房手续；当事人是自然人、委托代理人办理差价换房手续的，应当与代理人共同到区房地产交易中心现场签订委托书，但委托书经公证的除外，并提交代理人的身份证明（核验原件）。申请人提交的申请材料齐备、完整的，区房地产交易中心应当即时出具收件收据，申请人应当在收件收据上签名确认。

六、住房状况查询

各区房地产交易中心受理差价换房申请后，将受让人及其家庭成员信息通过信息系统传至市房屋状况信息中心和市物业管理事务中心。市房屋状况信息中心对受让人及其家庭成员名下拥有产权住房情况（住房产权、预告登记、商品住房预销售合同备案、存量房买卖合同网签备案）进行查询；市物业管理事务中心对受让人及其家庭成员名下公有住房承租权情况进行查询，并在3个工作日内将查询结果通过信息系统反馈区房地产交易中心。当事人如果对自身住房信息查询结果有异议的，可向区房地产交易中心窗口提出异议复核申请。区房地产交易中心受理后，分别提交市房屋状况信息中心或市物业管理事务中心处理。市房屋状况信息中心或市物业管理事务中心在收到异议复核申请后，15个工作日内处理完毕，将处理结果告知区房地产交易中心。

七、交易审核

区房地产交易中心应当在收到住房信息查询结果2个工作日内，对以下情况进行审核：

1. 转让人是否是租用居住公房凭证及征询表记载的承租人，受让人是否是差价换房合同载明的受让人。

2. 受让人及其家庭成员是否符合公有住房承租权受让条件。审核中，如果发现申请人提交的资料尚未齐备、完整，或对住房状况查询结果存在疑问的，应及时通知当事人补件，补件日期最长不超过20个工作日，审核期限从材料补齐之日起重新计算，逾期未补件的，视作未受理。如果确认当事人不符合受让条件的，应做出不予办理决定。为并户后房改售房进行差价换房的，还需转区房屋行政管理部门进行审核，区房屋行政管理部门应在5个工作日内完成审核，并反馈区房地产交易中心。审核完成后，区房地产交易中心通过短信方式通知当事人审核结果，并将公有住房差价换房确认书（以下简称确认书）信息，通过系统同步推送给市物业管理事务中心。在审核期间，全体申请人可向区房地产交易中心申请撤回交易，并交还收件收据原件。

八、取消转让价款监管

自办法公布之日起，有偿转让公有住房承租权的，转让所得价款不再实施监管。办法实施前已经监管的，当事人可凭有效身份证明，向监管银行提取。

九、资料管理公房管理部门、交易审核部门在差价换房中，向当事人收取，或者受理、审核过程中形成的资料，应当按照档案管理的要求，分别归档保存，并逐步数字化。

十、实施衔接新办法自2019年12月1日起施行。2019年12月1日前，已经取消上海市公有住房差价交换征询表的，在2019年12月15日前，可按照原规定办理后续业务；2019年12月1日前，已经取得准予公有住房差价交换通知书的，原则上应在2020年1月1日前向出租人申请办理完成租用居住公房凭证换发手续。

关于印发《上海市新建住宅市政（公建）配套工程咨询评估管理办法》的通知

沪房建管〔2019〕190号

各相关单位：

现将《上海市新建住宅市政（公建）配套工程咨询评估管理办法》印发给你们，请遵照执行。特此通知。

上海市房屋管理局

2019年12月18日

上海市新建住宅市政（公建）配套工程咨询评估管理办法

第一条为进一步完善行政审批和投资决策程序，提高决策的科学性和民主性，保障本市新建住宅市政（公建）配套工程咨询评估的质量和效率，根据有关法律、法规和规范性文件，结合本市的实际情况，制定本办法。

第二条本办法适用于市级城市基础设施配套费投资的新建住宅市政（公建）配套工程的项目建议

书、可行性研究报告、可行性研究报告（初步设计深度）或初步设计、概算调整、专项实施方案等咨询评估事项。

第三条市房屋管理局通过竞争方式择优选择咨询评估机构，承担本办法第二条规定事项的咨询评估任务。

第四条市房屋管理局对入选咨询评估机构实行动态管理，根据审批和投资管理需要、评估机构工作质量等情况，原则上每三年综合评定和调整一次。

第五条承担咨询评估任务的咨询评估机构，应当具有工程咨询单位乙级及以上资信等级。

第六条咨询评估机构负有下列职责：

（一）按照委托要求，独立、公正、客观、科学地开展咨询评估工作，不得转包或分包咨询评估任务；

（二）咨询评估过程中，及时向市房屋管理局报告评估进度及有关情况，在约定时间内完成和报送咨询评估报告；

（三）对咨询评估报告的质量和相关结论的真实性、准确性和公正性负责；

（四）主动回避与自己有利益关系的咨询评审活动；

（五）对咨询评估项目及其相关文件负有保密义务；

（六）定期向市房屋管理局报送咨询评估工作的总结报告；

（七）接受市房屋管理局对咨询评估工作的监管。

第七条承担某一项目咨询评估任务的咨询评估机构，与同一项目的编制单位、建设单位、管理单位（代建、招标代理、造价、监理等）之间不得存在关联关系。咨询评估机构在接受委托时，如存在前款规定的情况，应主动进行说明。市房屋管理局委托咨询评估任务时，要认真核查前款规定的关联关系，以保证公平、公正地开展咨询评估工作。

第八条市房屋管理局与入选的咨询评估机构签订《项目评估委托协议》，具体委托咨询评估任务时，应按照以下规则和程序进行：

（一）根据入选评分的高低，对咨询评估机构进行初始排队。

（二）按照初始排队的先后顺序，根据第七条有关规定，确定承担咨询评估任务的咨询评估机构。

（三）向接受任务的咨询评估机构出具咨询评估委托函，对评估的内容、重点和完成时限等提出明确要求。

（四）咨询评估机构接受任务后，随即排到排队顺序的队尾。咨询评估单位如果拒绝接受任务，应提交书面说明，轮空本次，并排到排队顺序的队尾。对有特殊要求的项目，市房屋管理局可以通过指定方式确定咨询评估机构。

第九条在接受咨询评估任务后，咨询评估机构应当确定项目负责人，成立评估小组，制定评估工作计划，定期反馈评估工作进度，在规定时限内提交咨询评估报告。项目负责人应当是经执业登记的咨询工程师。参加评估小组的人员应当熟悉国家、本市和行业的有关政策法规、技术标准规范等，评估小组应当具有一定数量的专业高级技术职称人员。

第十条咨询评估报告的内容包括：标题及文号、目录、摘要、正文、附件等。咨询评估机构在评估工作中要求补充相关资料时，应当书面通知评估事项的项目建设单位。该书面通知及补充资料应当作为咨询评估报告的附件。咨询评估报告应当附具项目负责人及评估小组成员名单，并加盖咨询评估机构公章和项目负责人的咨询工程师执业专用章。

第十一条委托咨询评估的完成时限一般不超过 30 个工作日。咨询评估机构因特殊情况确实难以在规定时限内完成的，应在规定时限到期日的 5 个工作日之前向市房屋管理局书面报告有关情况，征得书面同意后，应在批准的延期时限内完成咨询评估任务。

第十二条咨询评估机构应不断改进内部管理机制，优化评估工作流程，保证独立、公正、客观、科学地开展评估工作，提高评估工作水平和质量。承担咨询评估任务的机构及其人员，不得收受除委托咨询评估费用以外的其他任何费用。

第十三条咨询评估机构应于每年底向市房屋管理局报送年度的评估工作总结报告。评估工作总结报告内容主要包括:年度承接、完成委托咨询评估任务情况，评估工作的自我评价；评估工作中遇到的问题及有关意见建议等。

第十四条根据咨询评估机构的评估工作、对咨询评估机构的投诉等情况，市房屋管理局可以组织或委托有关机构和专家，对咨询评估机构和评估质量等情况进行检查核实，对查实的问题按照规定进行相应处理。

第十五条咨询评估机构有下列情形之一的，市房屋管理局可以依据情节轻重对其提出告诫或终止委托，并依据有关规定报送市相关部门作出处理：

（一）转包或分包咨询评估任务；

（二）咨询评估报告有重大失误或质量低劣；

（三）累计两次无正当理由拒绝接受委托任务；

（四）累计两次未在规定时限或者经批准的延期时限内完成咨询评估任务；

（五）咨询评估过程中有违反本办法规定的行为；

（六）其他违反国家和本市法律法规规定的行为。第十六条咨询评估费用按照市级城市维护项目咨询评估费用标准。咨询评估费用的取费标准可根据情况变化，适时调整。咨询评估费用计费另有规定的，从其规定。第十七条咨询评估费用由城市基础设施配套费列支，市房屋管理局按年度根据咨询评估任务的计划和完成情况，安排财政预算和投资计划，结算咨询评估费用。第十八条本办法自发布之日起施行。

关于印发《关于共有产权保障住房预（出）售合同网上备案和登记的实施办法》的通知

沪房规范〔2019〕16 号

各区住房保障房屋管理局，各住房保障中心、房地产交易中心，各房地产开发企业:

为规范共有产权保障住房配售行为，方便不动产交易登记行为，根据《上海市共有产权保障住房管理办法》和《上海市共有产权保障住房申请、供应实施细则》等规定，制定《关于共有产权保障住房预出（售）合同网上备案和登记的实施办法》。现印发给你们，请认真按照执行。

上海市房屋管理局

2019 年 12 月 17 日

关于共有产权保障住房预（出）售合同网上备案和登记的实施办法

为规范共有产权保障住房配售行为，方便不动产交易登记行为，根据《上海市共有产权保障住房管理办法》和《上海市共有产权保障住房申请、供应实施细则》等规定，现就共有产权保障住房预出（售）合同网上备案和登记提出如下实施办法。

一、本市行政区域内共有产权保障住房的配售（包括预售和出售，下同），均应按本办法规定进行预（出）售合同网上备案和登记。

二、市房屋管理局负责共有产权保障住房预（出）售合同网上备案管理工作。

市住房保障事务中心和市房地产交易中心分别负责共有产权保障住房预（出）售合同网上备案和交易登记行为的组织实施工作。

三、房地产开发企业取得共有产权保障住房预售许可证或者新建共有产权保障住房不动产权属证书（以下简称“大产证”）的，由区住房保障中心通过住房保障网，公布下列信息：

（一）共有产权保障住房预售许可证或者大产证；

（二）共有产权保障住房物业管理区域的规划平面布置图、建筑分层平面图；

（三）共有产权保障住房的楼盘表信息，包括项目名称、坐落位置、建筑结构、建筑面积、户型、分摊情况、竣工日期等；

（四）共有产权保障住房预（出）售合同的示范文本；

（五）每套房源的销售价格、5 年后上市转让总价款的分配比例。

四、共有产权保障住房预（出）售合同双方当事人（共有产权保障住房买受人、房地产开发企业，下同）按下列规定，通过网上操作系统，办理合同网上备案。

（一）共有产权保障住房预（出）售合同经双方当事人确认后，由房地产开发企业通过网上操作系统，将合同文本传送至市住房保障事务中心办理备案。共有产权保障住房买受人应当在合同文本上输入相关的个人信息。（二）市住房保障事务中心应当即时完成网上传送的共有产权保障住房预（出）售合同文本的核校，给予合同编号和房屋代码，并通过网上操作系统，发送合同备案证明；同时，通过网上操作系统，在共有产权保障住房的楼盘表内注明该单元（套）共有产权保障住房已配售。

（三）房地产开发企业打印共有产权保障住房预（出）售合同，与共有产权保障住房买受人在书面合同上签名（盖章）。五、预售共有产权保障住房项目竣工，房地产开发企业办理“新建共有产权保障住房所有权首次登记”取得大产证后，向区住房保障中心申报，由区住房保障中心通过住房保障网，

公布下列信息：

（一）大产证；

（二）共有产权保障住房实测面积；

（三）房屋交接书示范文本。六、经申报后，房地产开发企业方可书面通知共有产权保障住房买受人办理共有产权保障住房交接。房地产开发企业和共有产权保障住房买受人按下列规定，通过网上操作系统，办理房屋交接手续。

（一）房屋交接书经当事人双方确认后，由房地产开发企业通过网上操作系统，将房屋交接书文

本传送至市住房保障事务中心。

（二）市住房保障事务中心应当即时完成网上传送的房屋交接书文本的核校，给予编号。

（三）房地产开发企业打印房屋交接书，并与共有产权保障住房买受人共同在房屋交接书上签名（盖章）。

（四）共有产权保障住房预售的买受人持规定的登记材料，向共有产权保障住房所在地的区不动产登记部门申请办理转移登记。

七、共有产权保障住房相关不动产登记，按照《上海市不动产登记技术规定》办理。

八、本办法的具体应用问题，由市房屋管理局负责解释。

本办法自2020年1月1日起施行，有效期至2024年12月31日

第二节　土地政策

关于印发《上海市征收集体土地房屋补偿评估管理规定》的通知

沪规划资源规〔2019〕3号

各有关区规划资源局，上海市建设用地和土地整理事务中心、上海市土地评估师协会:

现将《上海市征收集体土地房屋补偿评估管理规定》印发给你们，请遵照执行。

上海市规划和自然资源局

2019年5月9日

上海市征收集体土地房屋补偿评估管理规定

第一条　为规范本市征收集体土地房屋补偿（以下简称征地房屋补偿）评估活动，维护征地房屋补偿当事人合法权益和公共利益，保证征地房屋补偿评估结果客观公平，根据《上海市征收集体土地房屋补偿暂行规定》的有关规定，结合本市实际情况，制定本规定。

第二条　在本市行政区域范围内征地房屋补偿评估活动，以及对相关评估结果进行复核评估和鉴定，适用本规定。

第三条　评估机构、评估师、评估专家委员会成员应当独立、客观、公正地开展征地房屋补偿评估、鉴定工作，并对出具的评估、鉴定意见负责；与当事人有利害关系的，应当回避。

任何单位和个人不得干预征地房屋补偿评估、鉴定活动。

第四条　评估机构应当按照《上海市征收集体土地房屋补偿评估技术规范》及征地房屋补偿法律、法规、规章等的有关规定进行评估。

第五条　市规划和自然资源行政管理部门负责本市征地房屋补偿评估活动的监督管理。区规划和

自然资源行政管理部门负责所辖区域范围内征地房屋补偿评估活动的监督管理。

第六条 依法设立的房地产、土地评估机构可以从事征地房屋补偿评估。

评估机构应当具有与征地房屋补偿评估项目工作内容及工作量相适应的足够数量的评估师和从业人员开展评估工作。

第七条 同一征地项目的征地房屋补偿评估工作，原则上由一家评估机构承担。征地范围较大的，可以由两家或者两家以上评估机构共同承担。

同一征地项目的征地房屋补偿评估工作由两家或两家以上评估机构承担的，应当共同协商确定一家评估机构为牵头单位。协商不成的，由区征地事务机构指定。牵头单位应当组织相关评估机构就评估技术路线等进行沟通，统一标准。

第八条 征地公告发布后，区征地事务机构应将征地房屋补偿评估项目在市规划和自然资源行政管理部门网站上发布。发布内容应包含征地房屋补偿评估项目名称、四至范围、征地范围内户数及建筑面积，完成评估时限、需要评估机构数量、评估机构报名的起止时间、地点、联系方式和应当提交的资料等，报名起止时间应当不少于 5 个工作日。

第九条 评估机构可以按照自愿的原则在规定的报名时间内提交书面报名文件。区征地事务机构收到报名文件后应当向评估机构出具回执。区征地事务机构对不符合条件的评估机构，应当书面告知并说明原因；符合条件的评估机构名单应当在征地范围内公示。

第十条 镇（乡）人民政府或者街道办事处应当组织宅基地使用人或者房屋所有人在评估机构名单公示之日起 5 个工作日内，在张贴公示的评估机构名单中协商选定评估机构。

协商不成的，镇（乡）人民政府或者街道办事处应当组织宅基地使用人或者房屋所有人在张贴公示的评估机构名单中进行投票，按照简单多数的原则，以得票数多少的顺位确定评估机构，或者采取摇号、抽签等随机方式确定评估机构。

评估机构的确定，镇（乡）人民政府或者街道办事处可以邀请公证机关公证。

区征地事务机构应当将确定的评估机构名单在征地范围内予以公告。

第十一条 评估机构确定后，由区征地事务机构作为委托人，向评估机构出具征地房屋补偿评估委托书，并与其签订征地房屋补偿评估委托合同。

征地房屋补偿评估委托书应当载明委托人的名称、受托的评估机构的名称、评估目的、评估对象范围、评估要求以及委托日期等内容。

征地房屋补偿评估委托合同应当载明下列事项：

（一）委托人和评估机构的基本情况；

（二）负责本评估项目的评估师；

（三）评估目的、评估对象、评估时点等评估基本事项；

（四）委托人应提供的评估所需资料；

（五）评估过程中双方的权利和义务；

（六）评估费用及收取方式、支付时间；

（七）评估报告交付时间、方式；

（八）违约责任；

（九）解决争议的方法；

（十）其他需要载明的事项。

第十二条 区征地事务机构应当向受托的评估机构提供征地范围内经公布的房屋调查结果，包括已经登记的房屋情况和未经登记建筑物、构筑物的认定、处理结果情况。

第十三条 评估机构应当指派与评估项目工作量相适应的评估师和从业人员对房屋进行实地查勘，调查房屋状况，拍摄反映房屋内外部状况的照片等影像资料，做好实地查勘记录，并妥善保管。区征地事务机构、宅基地使用人或者房屋所有人和评估师应当在实地查勘记录上签字或者盖章确认。

宅基地使用人或者房屋所有人应当协助评估师对房屋进行实地查勘，提供或者协助搜集评估所必需的情况和资料。

第十四条 宅基地使用人或者房屋所有人拒绝在实地查勘记录上签字或者盖章的，征地事务机构应当请无利害关系的第三人见证，评估机构应当在评估报告中说明有关情况。

在征地房屋补偿评估过程中，宅基地使用人或者房屋所有人不配合、不提供相关资料的，评估机构应当在评估报告中说明有关情况。

宅基地使用人或者房屋所有人不提供资料、拒绝评估人员实

地查勘，致使房屋评估无法进行的，评估机构可参照同区域、同建筑类型的房屋进行评估。

第十五条 经批准用于生产经营的非居住房屋，停产、停业损失补偿需要评估的，区征地事务机构应当委托评估机构对停产停业损失进行评估，并按照评估结果予以补偿。

室内装饰装修价值，以及机器设备、物资等搬迁和安装费用，无法恢复使用的设备按照重置价结合成新结算的费用，由区征地事务机构与房屋所有人协商确定。协商不成的，可以委托评估机构通过评估确定。

第十六条 征收集体土地房屋补偿评估中涉及原始成本、机电设备、工程造价等专业技术工作的，评估机构可委托相关专业人员和机构协助评估，并在报告中予以说明。

第十七条 评估机构应当按照征地房屋补偿评估委托书的要求或者委托合同的约定，向区征地事务机构提供分户的初步评估结果。分户的初步评估结果应当包括评估对象的构成及其基本情况和评估价值。区征地事务机构应当将分户的初步评估结果在征地范围内向宅基地使用人或者房屋所有人公示，公示时间不少于 7 日。

公示期间，评估机构应当安排评估师对分户的初步评估结果现场解释。存在错误的，评估机构应当修正。

第十八条 分户初步评估结果公示期满后，评估机构应当向区征地事务机构提供整体评估报告和分户评估报告。区征地事务机构应当向宅基地使用人或者房屋所有人转交分户评估报告。

整体评估报告和分户评估报告应当由负责征地房屋补偿评估项目的两名以上评估师签字，不得以印章代替签字。评估报告应当加盖评估机构公章。

区征地事务机构、宅基地使用人或者房屋所有人对评估报告有疑问的，出具评估报告的评估机构应当向其作出解释和说明。

第十九条 区征地事务机构、宅基地使用人或者房屋所有人对评估结果有异议的，应当自收到评估报告之日起 10 日内，向出具评估报告的评估机构书面提出复核评估申请。

评估机构应当自收到复核评估申请之日起10日内对评估结果进行复核。复核后，改变原评估结果的，应当收回原评估报告，重新出具评估报告；评估结果没有改变的，应当书面告知复核评估申请人。

当事人对评估机构的复核结果有异议的，应当自收到复核结果之日起10日内，向评估专家委员会申请鉴定。

第二十条　征地房屋补偿评估业务完成后，评估机构应当将评估报告及相关资料立卷、归档保管。

第二十一条　评估费用由委托人承担。复核评估不收费。

鉴定费用由申请人承担。但鉴定改变原评估结果的，鉴定费用由评估机构承担。

征地房屋补偿的评估、鉴定费用及其他补偿包括房屋室内装饰装修价值，机器设备、物资等搬迁和安装费用，无法恢复使用的设备按照重置价结合成新结算的费用，以及停产、停业损失等的评估费用，由委托人与评估机构等协商确定。

第二十二条　评估机构和人员在开展征地房屋补偿评估时，应当遵守评估管理规定和评估技术规范。存在下列情形的，由估价师协会对评估机构负责人及有关责任人进行处理。构成犯罪的，依法追究刑事责任。

（一）转让或者变相转让受托的征地房屋补偿评估业务的；

（二）分户的初步评估结果、整体评估报告和分户评估报告未按规定盖章或签字的；

（三）违反征地房屋补偿评估技术规范，以及故意抬高或压低评估价格的；

（四）采取迎合征收当事人不当要求、虚假宣传、恶意低收费等不正当手段承揽评估业务的；

（五）除法律、法规另有规定外，未经委托人书面同意，对外提供评估活动中获知的当事人的商业秘密和业务资料的；

（六）在评估过程中，索贿、受贿或者谋取合同约定费用外其他利益的；

（七）法律、法规、规章禁止的其他行为。

第二十三条　本规定自2019年5月10日起施行，有效期至2024年5月9日。原《上海市征收集体土地房屋补偿评估管理规定》（沪规土资征规〔2014〕265号）自本规定施行之日起废止。

关于印发《上海市不动产登记失信信息管理办法》的通知

沪规划资源规〔2019〕9号

各区规划资源局、市自然资源确权登记事务中心、各区登记事务机构:

为贯彻落实《上海市社会信用条例》《上海市公共信息用信息归集和使用管理办法》等规定，结合本市不动产登记实际，市规划资源局制定了《上海市不动产登记失信信息管理办法》，已经2019年12月5日第11次局长办公会审议通过。现印发给你们，请遵照执行。

上海市规划和自然资源局

2019年12月9日

上海市不动产登记失信信息管理办法

第一条 为推进本市不动产登记信用体系建设，维护本市不动产登记秩序，根据《上海市社会信用条例》《上海市公共信用信息归集和使用管理办法》及不动产登记相关规定，制定本办法。

第二条 本市不动产登记和登记资料查询中产生的失信信息的记录、归集、共享、使用、修复、安全管理等活动适用本办法。

第三条 市规划和自然资源局（以下简称“市规划资源局”）负责指导和监督本市范围内不动产登记失信信息管理工作。

市自然资源确权登记局（以下简称“市确权登记局”）负责细化不动产登记失信信息管理制度并组织实施，协同相关部门建立不动产登记失信联合惩戒机制。

市自然资源确权登记事务中心（以下简称“市登记中心”）负责具体实施不动产登记失信信息管理工作，组织各区不动产登记事务机构（以下简称“区登记事务机构”）做好失信信息的记录、归集、共享、使用、修复、安全管理工作，督促检查各区失信信息管理的工作情况。

各区登记事务机构负责按规定准确记录和上报失信信息，收集并保存相关资料。

第四条 在受理不动产登记申请时，可要求申请人对下列内容作出确认和承诺：

（一）身份真实有效，与身份证明材料一致；

（二）申请登记的内容属实，申请登记的目的合法合规，申请材料真实有效；

（三）遵守办事场所的规定，不影响、不扰乱、不破坏公共秩序；

（四）已经知晓不动产登记机构告知的全部内容；

（五）所作承诺是本人真实意思的表示；

（六）愿意承担违反诚信承诺所引致的一切法律责任和信用后果。

第五条 以下事项属于不动产登记失信事项：

（一）采用提供虚假材料等欺骗手段申请登记的；

（二）采用欺骗手段申请查询、复制登记资料的；

（三）泄露不动产登记资料、登记信息，或者利用不动产登记资料、登记信息进行不正当活动，被依法行政处罚的；

（四）查询人遗失、拆散、调换、抽取、污损登记资料，被依法行政处罚的；

（五）擅自将不动产登记资料带离查询场所、损坏查询设备，被依法行政处罚的；

（六）其他违反法律法规和国家规定的失信事项。

第六条 各区登记事务机构即时记录失信信息，经各区登记事务机构负责人审查后报送市登记中心。

市登记中心对上报的失信信息和相应证明材料进行复核，提交市确权登记局审定。

市登记中心也可自行收集失信信息和相应证明材料，提交市确权登记局审定。

第七条 各区登记事务机构上报的失信信息内容应当包括失信主体信息和失信行为信息。

失信主体信息包括：

（一）失信主体的姓名（名称）、身份证号码（统一社会信用代码）；

（二）失信主体是法人或非法人组织的，还应当采集法定代表人或主要负责人姓名及身份证号码；

（三）失信主体的联系方式，包括联系地址、联系电话、电子邮箱等。

失信行为信息包括：

（一）本办法第五条所述的失信事项；

（二）失信行为发生的时间、地点、所涉不动产的具体地址和业务类型等；

（三）其他需要记录的信息，如据以认定失信的文书编号、文书类证据、录音录像等视听资料、证人证言、现场笔录等。

第八条 不动产登记机构可从以下材料中采集失信信息：

（一）当事人提交的申请材料；

（二）生效法律文书、公证文书、其他有权机关出具的证明文件等；

（三）录音录像等视听资料、证人证言、现场笔录等；

（四）其他材料。

第九条 失信信息主体的行为严重破坏市场公平竞争和社会正常秩序的，市确权登记局应将其列入不动产登记严重失信主体名单，并在市公共信用信息服务平台、市规划资源局官网依法予以公布。

信息主体可通过上述平台查询自身的不动产登记严重失信的详细信息。

第十条 依据法律、法规、规章的规定，市确权登记局可以确定不动产登记严重失信主体名单的查询期限，并在记录、归集信息时注明，未注明的，查询期限为五年，自该信息主体被列入不动产登记严重失信主体名单之日起计算。查询期限届满的，该信息不再提供查询。

第十一条 信息主体对失信信息的真实性、准确性有异议的，可通过上海市公共信用信息服务平台提出书面异议申请，市确权登记局应当在收到市公共信用信息服务平台转交的异议材料之日起五个工作日内作出是否更正的决定，并将处理结果反馈市公共信用信息服务平台。

第十二条 在失信信息查询期限内，信息主体可依照规定的程序和条件提出信用修复申请，经确认核实后，满足修复条件的，将其从不动产登记严重失信主体名单移出。

第十三条 市登记中心需建立失信信息电子数据库和纸质文件档案库，数据库和档案库内容应保持一致。

纸质文件档案应包含所涉登记或查询的全套收件材料复印件、有权机关出具的证明材料等。

市登记中心应妥善管理查询期限内的纸质文件档案，电子信息数据永久保存。

第十四条 本办法其他未尽事宜，按照《上海市社会信用条例》《上海市公共信用信息归集和使用管理办法》执行。

第十五条 本办法自 2020 年 1 月 15 日起施行，有效期至 2025 年 1 月 14 日。

第三节　住房保障政策

关于进一步明确本市廉租住房申请审核中有关操作实施口径的通知

沪房保障〔2019〕132 号

浦东新区建设交通委、各区住房保障房屋管理局：

为更好适应本市“一网通办”、简化优化公共服务流程、社区公共户管理等各项改革工作推进实施要求，进一步统一规范本市廉租住房申请审核相关操作。现结合“不忘初心、牢记使命”主题教育调研活动中反映和发现的相关情况，经研究，将廉租住房申请审核中的有关具体操作实施口径进一步明确如下：

一、户籍变动方面

（一）享受廉租住房保障时，户口被户籍管理部门按相关户籍管理规定跨区迁移至实物配租房源所在地或租金配租承租房源所在地社区公共户的廉租家庭，继续由原户籍所在区进行资格复核和保障，资格复核时户籍所在地年限可与户籍迁移前所在地年限合并计算。

（二）因自身原因自行将户口跨区迁移至非实物配租房源所在地或租金配租承租房源所在地社区公共户的廉租家庭，配租期满后，由原配租区按规定办理退出手续（可租售转化家庭按相关规定执行）。在原配租区退出保障后（实物配租家庭需腾退实物房源），仍符合廉租住房保障条件的家庭，可按规定向现户籍所在区提出新申请。

二、面积核查方面

（三）申请对象存在户口迁移情况的，原户籍所在地住房的交易、征收（拆迁）等情况按申请时前溯 5 年进行核查及认定。

（四）申请对象住房征收（拆迁）货币补偿款需要折算住房居住面积的，按照征收（拆迁）时被征收（拆迁）房屋所在区存量住房每平方米成交均价折算。货币补偿款包括价值补偿款（含评估价格、价格补贴、套型面积补贴）和居住困难保障补贴，不包括装潢补偿、其他各类补贴及奖励费用。申请对象离婚住房安置补贴款需要折算住房居住面积的，按照申请对象离婚时户籍所在区的存量住房每平方米成交均价折算。

存量住房每平方米成交均价按照所在区统计部门定期发布的相关数据执行。

（五）申请对象户口在被征收（拆迁）住房内，但非该住房不动产所有人或公有住房承租人的，如有法院判决、司法调解、征收（拆迁）实施单位证明等相关法定证明材料的，可以按其实际享受的征收（拆迁）货币补偿款折算其户口所在地处人均住房居住面积；未能提供相关法定证明材料的，应当按照该住房全部征收（拆迁）货币补偿款折算全部核定面积家庭成员人均住房居住面积。

（六）申请对象为离婚人士，离婚判决书或者协议书中明确无住房安置，也没有获得离婚住房安置补贴款，离婚后户口仍保留在原结婚住房处，且原结婚住房为原配偶一方所有或者其他人所有的，其户口所在地住房居住面积原则上不作计算。

但若该住房处有其直系亲属，且其直系亲属申请时需要计算居住面积的，其户口所在地住房也应当计算居住面积。

（七）同一住房内存在多个家庭先后申请廉租住房保障的，在核定住房面积时，需将该住房内已取得廉租住房保障资格家庭的配租面积（不含托底保障面积）计入该处住房总面积内。

三、申请材料方面

（八）在相关业务信息系统信息共享查询开通前，申请对象本市居住证连续满3年的认定，原则上以人口管理部门相关凭证记载或证明为准；经协调后仍难以取得的，暂采用由申请对象自行承诺方式进行认定。对自行承诺的家庭，区住房保障机构应适时进行集中抽查核对。对经查处为虚假承诺的，按本市住房保障信用管理有关规定进行记载和惩戒。

（九）申请时已提供过的房屋征收（动迁）协议、离婚协议书（判决书）等材料，资格复核时如仍需上述有关材料的，可以由住房保障机构通过原有件袋调取。

四、政策衔接方面

（十）享受过共有产权保障住房、征收（拆迁）住房居住困难户保障补贴的家庭，因结婚、出生等增加家庭成员导致住房继续困难且符合其他相关申请条件的，可以提出廉租住房申请。

特此通知。

上海市房屋管理局
2019年8月7日

关于加强本市住宅修缮工程文明施工管理工作的通知

沪房更新[2019]135号

各区房管局、房管集团，各相关单位：为进一步落实市委、市政府工作要求，以建设“一流城市”为目标，加强本市住宅修缮工程现场文明施工管理，提高现场管理整体水平，提升工程建设形象，根据《上海市建设工程文明施工管理规定》（上海市政府48号令）和《文明施工规范》（DGJ08-2102）等相关规定，结合住宅修缮行业实际，现就相关工作通知如下：

一、总体要求

（一）指导思想

坚持“以人为本、文明施工、重在预防、安全达标”的理念，进一步改善本市住宅修缮工程施工现场场容场貌，保持作业环境整洁有序，有效减少施工对居民和环境的影响，保障施工人员安全和职业健康，树立施工企业文明形象，展示城市新面貌。

（二）工作原则

1.强化企业负责人的主体责任，形成各方参与、分级管理的综合协调机制；

2.按照“便民、利民、少扰民”原则，强化场容场貌管理和施工行为管理；

3.坚持“全覆盖、全方位、全天候”管理理念，运用信息化管理方式“抓安全、促文明”。二、工作要求（一）落实主体责任。进一步落实施工企业的安全生产主要责任，监理单位的监督责任以及实施单位的相关职责。各实施、施工、监理单位要以“住宅修缮工程文明施工实施要点”（详见附件）为基础，高度重视现场文明施工管理工作；以《上海市住宅修缮工程文明施工指导图册（2019 版）》为指导，根据修缮行业特点，因地制宜、适用节约，不断提高住宅修缮项目现场管理水平，不断建立健全安全生产管理体系，营造良好的安全环境。

（二）强化专项经费保障。

各区房管部门要加强现场文明施工的监督管理，要求实施、施工等单位对文明施工专项经费专款专用，提升施工现场文明施工的管理水平。同时，应建立文明施工专项管理经费，通过引入第三方专业检查以及信息化管理系统，强化文明施工同步实时的有效管理。（三）加强属地化管理。各区房管部门要对在建项目建立齐抓共管的工作机制，加强日常监管，落实属地化管理职责，推动相关措施要求落到实处，深入挖掘、宣传推广和组织观摩一批落实文明施工管理、遏制事故发生、改革创新安全生产工作等方面的先进典型项目，强化示范、以点带面，形成规模效应，有利于长效发展。

（四）强化考核检查。

市修缮管理部门应制定相关考核标准及建立相关考核机制，加强对文明施工监管工作；结合第三方机构现场抽查、各区对口检查、远程动态监控等方式，对文明施工相关内容落实情况进行检查和考评，对工作开展不力或落实不到位的单位和个人在全市进行通报批评，对安全文明施工标准提升成效突出的在全市进行表彰。

（五）加大处置力度。

市修缮管理部门对未落实文明施工有关措施的违规行为，将依据相关规定予以查处；对未落实文明施工管理的实施、施工、监理等单位，纳入诚信管理体系，并根据本市修缮企业信用评价实施细则相关文件的要求进行处置；对违反文明施工相关法律、法规、规章已有处罚规定的，由相关行政管理部门依照其规定处罚。特此通知。附件：住宅修缮工程文明实施要点 2019 年 8 月 16 日

附件住宅修缮工程文明施工实施要点

一、场容场貌要点

（一）施工铭牌（图）设置施工单位应当在施工现场出入口或醒目位置，设置铭牌（具体要求见上海市住宅修缮工程文明施工指导图册（2019 版），简称“文明施工图册”），并保持牌（图）的完整和洁净：1. 施工铭牌，2. 公开事项，3. 应急救援预案和组织机构，4. 管理人员名单，5. 消防保卫牌，6. 安全生产责任制，7. 文明施工牌，8. 施工现场平面布置图。

（二）“三统一”

要求：1. 各施工企业按照相关规定统一佩戴安全帽，并要求分色识别管理；2. 员工上岗必须统一着装，标有单位名称字样或标志；3. 施工、管理人员一律佩戴标有单位、姓名、职务和证件照的胸卡。

（三）脚手架设置

1. 脚手架首层危险区域应设置围挡围栏；2. 脚手架首层外排立杆应当涂装规定颜色的警示漆；根据脚手架类型均匀布置固定在立杆内侧 H≥180mm 的挡脚板，挡脚板涂 45° 倾斜的相间警示色；3. 外立面紧邻人行道或者车行道的，施工单位应当设置防护棚，杆件涂黄黑警示漆，并设置必要的警示和引导标志。4. 安全防护通道必须设置安全警示标志，并按需设置夜间照明设施及夜间警示灯。（四）建筑材料临时堆放要求 1. 建筑材料要集中统一堆放，并设置标识牌，由专人归类进行管理；2. 因施工

现场狭小等客观原因，材料堆放确实需要临时占用绿化等空间的，施工完成后要进行绿化补种及恢复。

二、环保控制要点

（一）防治噪声和扬尘污染要求 1. 施工时间一般规定应为早上 6 点至晚上 6 点之间的时段，施工单位要合理安排作业时间，与街道、居委、物业等沟通，做好与居民的协调工作；根据现场情况及季节制定合理施工时间，规定每日 8 点之前不得进行捶打、敲击和锯割等作业；2. 易产生噪声的作业设备，应安放在施工现场远离居民区一侧的位置，并在设有隔音功能的临房、临棚内操作；3. 禁止夜间施工，如遇重大活动、中高考期间等特殊时期避免产生噪声的作业；如遇重大节假日，要根据主管部门的安排及要求暂停现场施工；4. 施工现场不得进行敞开式搅拌砂浆和敞开式易扬尘加工作业。

（二）防治光照污染要求施工单位进行电焊作业或使用施工灯光照明的，应当采取有效的遮光措施，避免光照直射居民住宅。（三）建筑垃圾和生活垃圾要求 1. 施工区域建筑垃圾应集中、分类堆放，及时清运；2. 对于建筑垃圾在当日不能完成清运的，采取遮盖、洒水等防尘措施；3. 办公区、生活区应做好垃圾分类工作，分别设置可回收物、有害垃圾、湿垃圾、干垃圾收集容器，并由专人负责管理。

三、便民措施要点

（一）道路管线施工要求

1. 小区道路工程或者管线工程施工，需要开挖路面的，施工单位应当按照有关规定采取覆罩法等作业方式；

2. 小区道路开挖管线沟槽、沟坑，当日不能完成且需要作为通行道路的，施工单位应当在该道路上覆盖钢板，使其与路面保持平整。

（二）屋面施工临时防护措施以及小区临时排水措施

屋面施工时，要提前查看天气预报，提前准备雨布等防雨物资，下雨前应检查屋面雨水口，不得有堵塞现象，避免造成居民家里渗水等情况；现场施工中，尤其是雨污水分流改造等可能影响居民正常生活的，需通过居民告知书的形式提前告知居民，提示居民做好配合工作。同时要切实有效的做好临时管道排放措施，确保居民正常生活和现场施工的规范整洁。

（三）居民群众工作

1. 实施单位应牵头成立调解小组，加强与社区居委会及居民的合作与沟通，针对工程可能发生的扰民问题，负责与居委会进行协调；

2. 施工现场应设置居民接待室，公布居民投诉电话，及时、方便、快捷受理居民诉求。

（四）车辆疏导管理

1. 涉及改造小区临时停车方案经征求街道、公安、居委、物业等方面意见，充分发挥街道、镇属地化管理作用，施工单位须积极做好配合管理工作；

2. 临时停车车辆需设立专人管理制度，组织专人实行定点化管理，做到既解决改造小区居民停车难问题，又不影响周边道路的正常通行。

四、现场管理工具化、信息化要点

（一）施工防护设施工具化

1. 涉及结构变动的项目施工现场外脚手架宜采用承插型盘口式钢管脚手架；

2. 施工现场办公区临时设施宜使用符合规范要求的箱式钢结构临时房。

（二）信息化管理

1. 施工现场管理人员应采用手机 APP 移动互联网技术，实行人脸识别智能考勤；

2. 施工现场应安装远程动态监控设备，设置在小区大门或主要出入口、小区制高点、材料仓库、班前教育点等重要部位。现场储存设备必须支持存储至少 15 天视频内容，并由专人管理。

上海市房屋管理局

2019 年 8 月 19 日

关于下达 2019 年本市农村低收入户危旧房改造（重点户）计划的通知

沪房更新〔2019〕35 号

各有关区建设管理委（建设交通委）、住房保障房屋管理局：

根据本市农村人居环境整治任务，结合各区上报的年度改造计划数，经研究，现下达 2019 年全市农村低收入户危旧房改造（重点户）计划如下：

一、计划任务

2019 年全市农村低收入户危旧房改造(重点户)计划任务为 364 户，其中：浦东新区 62 户，奉贤区 75 户，金山区 89 户，松江区 20 户，青浦区 16 户，嘉定 2 户，崇明 100 户。

二、工作要求

（一）各有关单位应按照《关于本市农村低收入户危旧房改造专项救助对象认定工作的若干意见》（沪建村镇联〔2016〕275 号）和《关于进一步做好本市农村低收入户危旧房改造工作的通知》（沪建房管联〔2018〕646 号）有关要求，规范对象认定，加强建设指导，完善档案信息，及时组织竣工验收和资金拨付工作。

（二）各区可依据改造方式、建设标准、成本需求和补助对象自筹资金能力等不同情况，确定不同类型、不同档次的分类补助标准。

（三）本年度计划任务要求在 2019 年 12 月底前全部竣工。

上海市房屋管理局

2019 年 3 月 15 日

关于调整 2019 年本市农村低收入户危旧房改造（重点户）计划的通知

沪房更新〔2019〕168 号

各有关区建设管理（交通）委、住房保障房屋管理局：

为确保完成 2019 年度农村低收入户危旧房改造（重点户）任务，经对各区有关部门上报的纳入本市农村低收入户危旧房改造（重点户）的清单进行审核，发现存在部分拟改造对象在家庭经济状况核对时不符合条件等情况，现根据工作实际，对年初下达的计划进行调整，调整后，2019 年本市农村低收入户危旧房改造（重点户）计划为 249 户，其中：浦东新区 40 户，奉贤区 45 户，金山区 80 户，松江区 26 户，青浦区 18 户，嘉定 1 户，崇明 39 户。

请根据《关于本市农村低收入户危旧房改造专项救助对象认定工作的若干意见》（沪建村镇联〔2016〕275 号）、《关于进一步做好本市农村低收入户危旧房改造工作的通知》（沪建房管联〔2018〕646 号）等有关文件规定，规范对象认定，加强建设指导，完善档案信息，及时组织竣工验收，确保本年度计划任务在 2019 年 12 月底前全部竣工。

上海市房屋管理局

2019 年 9 月 30 日

关于推行使用《上海市非沪籍共有产权保障住房供后房屋使用管理协议示范文本（2019 版））》的通知

沪房保障〔2019〕193 号

各区住房保障房屋管理局、各住房保障中心：

现将《上海市非沪籍共有产权保障住房供后房屋使用管理协议示范文本（2019 版）》（以下简称《示范文本》）印发给你们，并决定自 2019 年 12 月 23 日起在全市范围内推行使用。现就有关事项通知如下：

一、非沪籍购房人选定共有产权保障住房的，除与房地产开发企业或区政府指定机构签订共有产权保障住房预（出）售—2—或买卖合同外，还应当采用《示范文本》与房屋所在地区住房保障机构订立协议。

二、各区住房保障房屋管理局应做好《示范文本》的推行使用和日常管理工作。

三、《示范文本》通过上海市住房和城乡建设管理委员会网站（http://jsjtw.sh.gov.cn）予以公布。

四、《示范文本》由上海市房屋管理局制定，任何单位和个人不得出于商业目的擅自翻印和出售。今后在未制定新的版本前，本版本延续使用。

上海市房屋管理局

2019 年 12 月 24 日

关于共有产权保障住房（经济适用住房）免缴城市基础设施配套费的通知

沪房规范〔2019〕2 号

各区住房保障房屋管理局，各相关建设单位：

根据《经济适用住房管理办法》（建住房〔2007〕258 号）和《上海市共有产权保障住房管理办法》（沪府令 39 号），对在本市行政区域范围内建设的共有产权保障住房（经济适用住房）免收城市基础设施配套费，通知如下：

一、对在本市行政区域范围内的单独选址、集中建设共有产权保障住房（经济适用住房）项目以及商品房小区配建的共有产权保障住房（经济适用住房）免收城市基础设施配套费。

二、共有产权保障住房（经济适用住房）项目的建设单位，应在项目取得规划许可证后到所在区房屋管理部门申请办理配套费免缴手续，并需提交以下材料：

（一）城市基础设施配套费免缴申请；

（二）土地划拨决定书或土地出让合同；

（三）建设工程规划许可证；

（四）总平面图；

（五）配建项目提供共有产权保障住房（经济适用住房）配建协议。

三、建设单位凭《上海城市基础设施配套费免缴证明》到有关配套单位办理配套手续。

四、本通知自 2019 年 9 月 1 日起施行，有效期至 2024 年 6 月 30 日，原《关于免收经济适用住房城市基础设施配套费的通知》（沪房管财〔2010〕234 号）同时废止。

上海市房屋管理局

2019 年 7 月 31 日

关于印发《上海市共有产权保障住房预售申请和审核实施办法》的通知

各区住房保障房屋管理局，市住房保障事务中心，市住宅建设发展中心，各房地产开发企业:为规范共有产权保障住房的预售申请和审核，根据《上海市房地产转让办法》和《上海市共有产权保障住房管理办法》等规定，制定《上海市共有产权保障住房预售申请和审核实施办法》。现印发给你们，请认真按照执行。

上海市房屋管理局

2019 年 10 月 29 日

上海市共有产权保障住房预售申请和审核实施办法

为规范共有产权保障住房的预售申请和审核，根据《上海市房地产转让办法》和《上海市共有产权保障住房管理办法》等规定，制定本实施办法。

一、本市行政区域内的共有产权保障住房项目均应按本实施办法进行预售申请和审核。

二、共有产权保障住房项目所在区房屋管理部门负责核发共有产权保障住房预售许可证。

三、共有产权保障住房的预售标准按照本市商品住房预售的相关规定执行。

四、房地产开发企业在取得施工许可证后两个工作日内办理新开工登记，预搭楼盘表。

五、房地产开发企业在申请共有产权保障住房预售前，应先向市住房保障事务中心申请办理项目预售认定，并申报如下事项：

（一）建设单位已按建设项目协议书约定支付土地款；

（二）建设项目住房销售基准价格、5 年后上市转让总价款的分配比例已经市或区价格主管部门会同同级房屋管理部门审核，并按规定批准。市住房保障事务中心受理后应会同市住宅建设发展中心开具《共有产权保障住房项目预售认定单》（以下简称《认定单》）。

六、房地产开发企业应凭市住房保障事务中心开具的《认定单》至共有产权保障住房项目所在区房屋管理部门申请预售许可，并提交如下书面材料：

（一）申请报告。申请报告须写明申请预售的共有产权保障住房的基本情况，包括具体坐落、结构，交付使用日期，申请预售的房屋面积、幢数、编号等；

（二）共有产权保障住房预售情况表（以下简称《预约单》）；

（三）《企业法人营业执照》和《房地产开发企业资质证书》；

（四）建设用地使用权划拨决定书和不动产权证；

（五）建设工程规划许可证；

（六）建筑工程施工许可证；

（七）房地产测绘机构出具的房屋土地权属调查报告书；

（八）与本市从事房地产项目资金监管的专业机构签订的预售款监管协议；

（九）水、电、煤等配套已落实的有关证明；

（十）物业管理用房设置的室号、面积等相关资料；

（十一）业主临时公约，与所聘物业管理公司签订的物业前期管理服务合同，物业公司的资质证书；

（十二）共有产权保障住房总平面图、分层平面图及建筑明细表（含预测面积测绘成果报告）；

（十三）共有产权保障住房项目所在区公安部门出具的编制门牌号批复。

七、区房屋管理部门应根据《预约单》受理预售项目，确认申请企业提交的书面材料齐备，方可受理，并开具受理回执。

八、办理共有产权保障住房预售申请和审核，应按照本办法有关规定提供申请材料，对申请人已经提交并且能够通过信息化手段调取的材料，或者能够通过数据互认共享手段获取的其他单位的证明材料，申请人无须重复提供。

九、区房屋管理部门受理共有产权保障住房预售申请后，进行审核。对符合预售条件的，在 5 个工作日内发给共有产权保障住房预售许可证；对不符合预售条件的，作出不准预售的决定，并书面通知申请企业。本办法自 2019 年 12 月 1 日起施行，有效期至 2024 年 6 月 30 日。

2019 年 11 月 1 日印发

关于印发《上海市共有产权保障住房销售差额资金管理办法（试行）》的通知

沪房规范〔2019〕9 号

各区住房保障房屋管理局，市住房保障事务中心、市住宅建设发展中心，各房地产开发企业，各监管银行：

为规范本市共有产权保障住房项目结算价格和销售基准价格之间差额资金管理，加强共有产权保障住房销售差额资金监管工作，根据《上海市共有产权保障住房管理办法》（市政府令第 39 号）、《上海市共有产权保障住房价格管理办法》（沪发改价督[2016]4 号）等规定，制定《上海市共有产权保障住房销售差额资金管理办法（试行）》。现印发给你们，请认真按照执行。

上海市房屋管理局

2019 年 11 月 27 日

上海市共有产权保障住房销售差额资金管理办法（试行）

第一条（目的和依据）

为确保本市共有产权保障住房项目销售基准价格和结算价格之间差额资金及时纳入财政专户管理，结合本市共有产权保障住房销售工作实际，建立共有产权保障住房销售差额资金监管工作机制，并及时归集销售差额资金至住房保障专户管理，根据《上海市共有产权保障住房管理办法》和上海市共有产权保障住房价格管理的有关规定，制订本办法。

第二条（销售差额资金的定义和性质）

共有产权保障住房销售差额资金，是指在共有产权保障住房预销售过程中，经批准的共有产权保障住房项目销售基准价格高于建房协议价格的差额资金。销售差额资金不属于房地产开发企业的可支配资金，房地产开发企业不得挪用销售差额资金。第三条（适用范围）本市共有产权保障住房项目预销售过程中产生的销售差额资金，均应纳入本办法管理范围。

第四条（管理机构）

上海市住房保障事务中心（以下简称“市住房保障中心”）负责本市市属共有产权保障住房销售过程中销售差额资金的管理工作。上海市住宅建设发展中心（以下简称“市住宅建设中心”）负责市属共有产权保障住房建房协议价格确定、销售差额资金的住房保障专户管理和差额资金清算工作。各区住房保障实施机构负责本区筹集的共有产权保障住房房源销售差额资金管理工作。各区住房保障管理机构应当参照本办法制订本区共有产权保障住房销售差额资金管理办法。

第五条（管理方式和管理要求）

销售差额资金采用按比例监管或固定监管额监管两种方式，房地产开发企业可自行选择一种方式。采用按比例监管的，由市住房保障中心委托本市具有共有产权保障住房资金监管业务的银行（以下简称“受托银行”）对纳入共有产权保障住房销售差额资金管理的项目实施资金监管。房地产开发企业应在房源预销售之前，在受托银行建立销售监管账户，监管账户以房地产开发企业名义开户，用于归集项目预销售的全部销售资金，房地产开发企业其他资金不得进入监管账户。市住房保障中心、受托银行和房地产开发企业通过签订三方协议的方式，确定监管事项。市住房保障中心按照（销售基准价格-建房协议价格）/销售基准价格的公式确定监管比例。采用固定监管额监管的，房地产开发企业应在房源预销售之前，与市住房保障中心签订协议，确定销售差额资金（即项目销售基准价格和建房协议价格之差形成的总差额资金）。预销售过程中，销售基准价格调整的，按照调整后的销售基准价格需重新确定监管比例或销售差额金额。项目销售过程中，因购房家庭退房、退款等原因需退回销售差额资金的，待项目差额资金清算时一并结清。

第六条（住房保障专户和销售差额资金归集）

市住宅建设中心负责设立用于归集销售差额资金的住房保障专户，并根据市住房保障中心提供的项目划款清单，在收款后开具对应项目的收款凭证（往来票据）。采用按比例监管的，销售差额资金应按月归集至住房保障专户。房地产开发企业应当按照管理要求，至少每月一次将销售差额资金划转至住房保障专户。房地产开发企业应当按照管理机构的要求办理代收付业务。采用固定监管额监管的，房地产开发企业应在房源预销售之前，将销售差额资金全额汇入住房保障专户。

第七条（差额资金清算和纳入财政专户）

市属共有产权保障住房项目销售完毕并交付使用后，市住宅建设中心根据项目最终的销售价格、建房协议价格、差额税费等情况，与房地产开发企业进行差额资金清算。市住房保障中心配合提供共有产权保障住房项目最终销售总金额（项目中已办妥征收安置住房用途调整手续的房源除外）。经清算后的差额资金，按照《上海市共有产权保障住房价格管理办法》有关规定，纳入财政专户管理。

第八条（有效期）

本办法自 2019 年 12 月 1 日起施行，有效期至 2021 年 6 月 30 日。《关于本市经济适用住房销售差额资金管理的通知》（沪房管保[2011]292 号）同时废止。此前已实行销售差额资金监管，尚未完成清算的项目，应按本办法规定，将销售差额资金归集至住房保障专户。

第四节　房地产税费政策

关于调整本市房产税房产原值减除比例的通知

沪府规〔2019〕5 号

各区人民政府，市政府各委、办、局：

根据《中华人民共和国房产税暂行条例》等的规定，自 2019 年 1 月 1 日起，本市按照房产余值计算缴纳房产税的纳税人，房产原值减除比例调整为百分之三十。

上海市人民政府

2019 年 1 月 19 日

关于印发《上海市城镇土地使用税实施规定》的通知

沪府规〔2019〕6号

各区人民政府，市政府各委、办、局：

现将《上海市城镇土地使用税实施规定》印发给你们，请认真按照执行。

上海市人民政府

2019年1月19日

上海市城镇土地使用税实施规定

第一条　根据《中华人民共和国城镇土地使用税暂行条例》，结合本市实际，制定本规定。

第二条　本市下列区域内使用土地的单位和个人，应当缴纳城镇土地使用税：

（一）外环线以内的区域；

（二）长宁区、徐汇区和普陀区在外环线以外的区域；

（三）外环线以外区政府街道办事处管理的区域、建制镇政府所在区域和经市政府批准征收城镇土地使用税的工业园区等其他区域。

前款第三项规定的建制镇政府所在区域的具体范围，由区政府征求市税务局意见后确定。

免征、减征城镇土地使用税的，按照国家有关规定执行。

第三条　本市城镇土地使用税根据下列不同区域，分为五个纳税等级：

（一）内环线以内区域：一至三级；

（二）内环线以外、外环线以内区域：二至四级；

（三）外环线以外区域：三至五级。

各纳税等级区域的具体范围，由市税务局确定并公布。

第四条　各纳税等级区域的税额标准如下：

一级区域，每平方米年税额15元；

二级区域，每平方米年税额10元；

三级区域，每平方米年税额6元；

四级区域，每平方米年税额3元；

五级区域，每平方米年税额1.5元。

第五条　纳税人实际占有土地的使用权属于专有的，计税土地面积以房地产权证上记载的土地面积为准；无房地产权证或者房地产权证上未记载土地面积的，以建设用地批准文件记载的土地面积为准。

无法按照前款规定确定计税土地面积的，以实际测量的土地面积计税。

第六条　纳税人实际占有土地的使用权属于共有的，以所在宗（丘）地面积为计税依据。

房地产登记中已对宗（丘）地面积按照房屋建筑面积进行分摊的，计税土地面积以房地产权证上记载的分摊土地面积为准。

未经房地产登记或者房地产登记中未对宗（丘）地面积按照房屋建筑面积进行分摊的，计税土地面积依如下公式计算：计税土地面积＝纳税人的房屋建筑面积÷宗（丘）地内所有房屋的总建筑面积×宗（丘）地面积。

前款规定的宗（丘）地面积、纳税人的房屋建筑面积、宗（丘）地内所有房屋的总建筑面积，以房地产权证、建设用地批准文件以及其他房地产登记资料为准。宗（丘）地内有专有土地的，确定宗（丘）地面积时，应当扣除该专有土地的面积。

未经房地产登记或者房地产登记中未对宗（丘）地面积按照房屋建筑面积进行分摊，且无法按照本条第三款、第四款的规定确定计税土地面积的，以实际测量的土地面积计税。

第七条　城镇土地使用税征收管理中以实际测量的土地面积计税的，计税土地面积以所在区的房屋、土地管理部门测量并确认的土地面积为准。

第八条　城镇土地使用税按年计算，实行按月、季度或者半年分期缴纳。具体缴纳期限，由市税务局确定。

第九条　办理税务登记的纳税人，其城镇土地使用税由主管税务机关负责征收管理；其他纳税人的城镇土地使用税，由土地所在区的税务机关负责征收管理。

第十条　市房屋、土地管理部门应当协助做好城镇土地使用税的征收管理工作，并向市税务局提供相关的房屋土地权属资料。

第十一条　自 2019 纳税年度起，本市城镇土地使用税的征收管理，按照《国务院关于修改〈中华人民共和国城镇土地使用税暂行条例〉的决定》和本规定执行。《上海市人民政府关于印发〈上海市城镇土地使用税实施规定〉的通知》（沪府发〔2015〕45 号）同时废止。

关于委托不动产登记部门代办房地产交易登记部分涉税业务的意见

沪自然资源登〔2019〕16 号

市自然资源确权登记事务中心、国家税务总局上海市各区税务局、各区不动产登记事务中心：

为进一步优化本市营商环境，方便企业和群众办事，提升本市不动产登记服务水平，上海市自然资源确权登记局（以下简称“市登记局”）会同国家税务总局上海市税务局（以下简称“市税务局”）研究决定，由国家税务总局上海市各区税务局（以下简称“各区税务局”）委托市登记局代办房地产交易登记部分涉税业务工作（以下简称“委托代办工作”），做到不动产登记业务均按照“四个一”（即一窗、一人、一机、一套资料）的原则，完成受理和发证。现将有关工作意见明确如下：

一、工作目标

在受理环节已由各区不动产登记工作人员统一受理交易、办税、登记业务的基础上，进一步做好受理资料的简并归集、及时流转，后台各部门同步处理、统一办结。同时，将发放房地产交易申报单并辅导纳税人签字确认、使用 pos 机辅导纳税人刷卡缴款、发放税单、发放代开的增值税发票、发放完税证明等工作委托不动产登记部门代办，达成“一窗（当事人只在一个窗口办事）、一人（当事人只面对一名登记工作人员）、一机（每个窗口只配备一台电脑）、一套资料（当事人只提供一套资料）”的工作目标。

二、主要任务

委托代办工作主要包括以下任务：（一）硬件配置。为满足委托代办工作要求，各区登记大厅“发证”窗口应按需求配置工作所需设备。（二）人员配备。各区不动产登记事务中心（以下简称“各区登记中心”）要选派政治素质高、业务能力强的人员负责委托代办工作，确保工作平稳有序。（三）业务培训。市税务局会同市登记局，指导各区税务局对各区从事委托代办工作的人员进行相关培训。（四）风险管控。为防范委托代办工作中可能出现的涉税风险，市税务局和市登记局应共同制定风险防控管理措施，明确委托代办工作操作细则，并对各区登记中心的委托代办工作开展不定期检查。（五）保密安全。涉及操作税务部门信息系统的，各区税务局应按照相关保密和网络安全管理要求，与各区登记中心签订相关协议和承诺书。

三、工作要求

（一）高度重视，提升站位。此次开展的委托代办工作是今年本市不动产登记服务改革的又一次重大举措，各区税务局、各区登记中心务必妥善落实，全力做好这项工作的各项前期筹备，保证委托代办工作顺利开展。

（二）部门协同，整体推进。各区税务局、各区登记中心应通力合作、相互配合，共同推进委托代办工作。要按照市税务局和市登记局的总体要求，共同对业务流程、环节、窗口设置、人员配备、业务培训等进行科学统筹安排，兼顾效率和风险控制，确保改革取得成效。

（三）及时总结，按期反馈。各区税务局、各区登记中心要及时将委托代办工作开展情况、进度、问题等反馈市税务局和市登记局。

（四）系统连通，无缝衔接。在优化流程的同时，市税务局和市登记局将在原信息共享的基础上，尽快完成不动产登记系统和税务信息系统的连通，做到受理环节一次采集，后台无缝衔接，信息交互使用，真正实现后台“无纸化审核”。

为落实好各项具体工作，下一步，各区税务局和各区登记中心要结合实际制定具体实施方案。

上海市自然资源确权登记局
国家税务总局上海市税务局
2019 年 4 月 30 日

第五节　房地产金融政策

关于 2019 年度上海市调整住房公积金缴存基数、比例以及月缴存额上下限的通知

沪公积金管委会〔2019〕1 号

各住房公积金缴存单位：

按照国务院《住房公积金管理条例》、《上海市住房公积金管理若干规定》和《上海市住房公积

金缴存管理办法》的有关规定，结合本市实际，经市住房公积金管理委员会第58次会议审议通过，现就2019年度本市调整住房公积金缴存基数、比例以及月缴存额上下限等有关事项通知如下：

一、缴存基数及其计算口径

各单位应当按照上海市统计局计算职工月平均工资的口径计算职工月平均工资，并以职工月平均工资作为该职工住房公积金缴存基数核定住房公积金月缴存额。各单位应当在核定职工住房公积金月缴存额后一个月内，将核定情况告知职工本人，以维护职工的合法权益。

自2019年4月1日起，本市职工住房公积金的缴存基数由2017年月平均工资调整为2018年月平均工资。2019年1月1日起新参加工作的职工，以该职工参加工作的第二个月的当月全月应发工资收入或以其新参加工作以来实际发放的月平均工资作为其住房公积金缴存基数。2019年1月1日起新调入的职工，以调入后发放的当月全月应发工资收入或者以其实际发放的月平均工资作为其住房公积金缴存基数。

住房公积金和补充住房公积金缴存基数最高不超过2018年本市职工月平均工资的3倍，最低不低于本市2018年职工最低工资标准。

二、调整时间

各单位可以从2019年4月1日起登录上海住房公积金网（www.shgjj.com）的基数调整专栏调整住房公积金缴存基数、比例以及月缴存额上下限。

三、缴存比例

（一）住房公积金缴存比例

2019年度职工本人和单位住房公积金缴存比例为各5%-7%（取整数值）。单位可以在上述比例范围内，自主确定住房公积金具体缴存比例。

（二）补充住房公积金缴存比例

缴存住房公积金的单位可以按照自愿原则参加补充住房公积金制度。职工本人和单位补充住房公积金缴存比例为各1%-5%（取整数值），具体比例由各单位根据实际情况确定。

（三）住房公积金降低缴存比例或缓缴

符合规定情形的企业，可以按照沪公积金管委会〔2018〕7号文的相关规定，申请降低住房公积金缴存比例或缓缴。

四、月缴存额计算

住房公积金月缴存额是缴存基数分别乘以职工本人和所在单位的住房公积金缴存比例之和。

补充住房公积金月缴存额计算方法同上。

五、月缴存额上下限

2019年度月缴存额上下限于2019年4月1日对外公布执行。

六、注意事项

（一）为优化营商环境，方便单位办理，与社保基数调整同步，2019年4月1日起调整住房公积金缴存基数、比例以及月缴存额上下限，各单位应当提前做好经费和预算安排，切实维护缴存职工合法权益。

（二）2019年度基数调整采用网上调整为主的方式，具体可登录上海住房公积金网的基数调整专栏查阅、下载和直接办理。

特此通知，请遵照执行。

上海市住房公积金管理委员会

二〇一九年一月三十日

第六节　物业管理政策

关于开展住宅物业服务价格评估工作的通知

沪房物业〔2019〕28 号

各区住房保障房屋管理局、街镇房屋管理事务机构，市物业管理行业协会、市房地产估价师协会，各物业服务企业：

根据《上海市住宅物业管理规定》和《关于建立住宅物业服务收费市场化价格机制有关问题的意见》等有关规定，为建立“按质论价、质价相符”的住宅物业服务收费价格机制，维护物业服务当事人的合法权益，现将开展住宅物业服务价格评估工作有关事项通知如下：

一、遵循自愿选择的原则。

物业服务企业经市场比较，自愿选择第三方评估机构进行住宅物业管理区域物业服务价格评估，并通过签订书面合同，明确双方权利义务。

二、发挥行业协会专业化作用。

市房地产估价师协会、市物业管理行业协会要联合研究制定住宅物业服务价格评估工作管理规范和住宅物业服务价格评估技术规则，建立物业服务价格评估异议处置机制，并根据第三方评估机构工作实践和反馈意见，不断予以完善。

三、健全完善价格协商机制。

各区住房保障房屋管理局、各街镇房屋管理事务机构应加强宣传引导，督促物业服务企业向业主委员会或者全体业主报告评估结果，并在物业管理区域内予以公告，指导业主大会与物业服务企业根据评估报告、小区建筑物和设施设备实际情况、业主物业服务需求等协商确定物业服务收费标准。

四、有序推动行业自律管理。

鼓励市房地产估价师协会、市物业管理行业协会建设物业服务价格评估信息平台，采集评估工作相关信息；建立评估机构和评估人员的信用档案，对有失信行为的评估机构和人员，给予相应处理，记入信用档案，并对社会公示。

上海市房屋管理局

二〇一九年三月八日

关于持续开展物业服务市场乱象整治工作的通知

沪房物业〔2019〕81 号

浦东新区建设交通委，各区住房保障房屋管理局，市物业管理事务中心，各街房管机构：

为了切实加强本市物业服务市场乱象整治工作，进一步规范物业服务市场秩序，促进行业健康有序发展，根据中央和市委市政府关于扫黑除恶专项斗争的部署要求，市房屋管理局决定在全市范围内持续开展物业服务市场乱象整治工作。现将有关工作通知如下：

一、工作目标

各级房管部门要积极作为并主动配合公安部门，按照“有黑扫黑、有恶除恶、有乱治乱”的工作要求，持续开展物业服务市场乱象整治工作，及时查处物业服务企业及从业人员违法违规行为，进一步规范物业服务市场环境，促进行业健康有序发展。

二、整治重点

各级房管部门应当积极会同配合公安部门，重点查处以下物业服务企业及从业人员涉黑涉恶涉乱行为：

（一）以暴力手段阻碍物业项目正常交接的；

（二）勾结社会闲散人员滋扰业主或者物业使用人的；

（三）利用工作便利或者勾结社会闲散人员，垄断小区装饰装修、敲墙打洞、建筑垃圾短驳清运业务等违法犯罪行为的；

（四）在物业管理项目招投标过程中，存在强揽项目、恶意竞标、暴力围标等行为的；

（五）以恐吓、威胁、暴力等行为破坏他人财产、侵犯人身安全的；

（六）采取贿赂、暴力、欺骗、威胁等手段，干扰破坏业主大会会议或者业主委员会组建、换届，侵吞专项维修资金、公共收益等财产性利益的。

三、工作要求

（一）加强组织领导

各级房管部门要牢固树立群众利益高于一切，治黑治恶治乱责任重于泰山的思想，充分认识物业服务市场乱象整治工作的重要性和必要性，增强做好扫黑除恶工作的责任感、使命感、紧迫感。要切实加强组织领导，明确人员分工，细化工作方案，精心部署、强力推进，确保各项工作任务落实到位。建立物业行业扫黑除恶专项斗争工作小组，请各区房管部门于 5 月 30 日前向市房管局物业处报送工作小组人员名单（见附件 1）。

（二）严格排查处理

各级房管部门要认真对照重点整治工作任务，梳理信访、投诉举报、行政执法等案件线索，对物业服务企业存在涉黑涉恶涉乱行为的，要深入排查分析，形成书面调查报告。经调查存在涉黑涉恶涉乱的案件线索，要及时移送区扫黑办、区公安机关，并同时报送市局。要积极配合公安等相关部门对涉黑涉恶涉乱案件的调查办理，深挖彻查涉黑涉恶涉乱势力背后的“关系网”和“保护伞”，对公安部门已经处理的案件，要按照物业管理有关规定，对相关企业或者个人予以失信行为记分处理。要建立涉黑涉恶涉乱案件移送台账，确保使线索受理登记、领导阅批、调查处理、移送反馈各业务环节形成闭环流程，并做好相关材料归档保管工作。

（三）加强宣传发动

各级房管部门要重视维护人民群众合法权益，畅通群众举报信访渠道，可以利用单位官方网站、服务窗口、住宅小区电子屏、宣传栏等媒介载体，播放、张贴本市统一的扫黑除恶专项斗争工作宣传海报、宣传标语，进一步扩大扫黑除恶专项斗争的宣传发动工作范围，积极策划，精心组织，确保宣传工作取得实效。

（四）加强信息报送

各区房管部门要结合地区实际，制定开展物业服务市场乱象整治工作实施方案，并于 5 月 30 日前报市房局物业处。每月 25 日前，各区房管部门、市物业管理事务中心应填报并书面报送上海市物业服务市场乱象整治工作情况月报表（见附件 2），对市局派发的涉黑涉恶涉乱线索，要及时调查核实并形成书面材料上报市局。市局将通过官方网站、新闻媒体、微信公众号等渠道予以曝光，发布整治工作进展，及时回应市民关切，努力净化市场环境，促进物业服务行业健康有序发展。

上海市房屋管理局

2019 年 5 月 21 日

关于印发《上海市物业服务企业和项目经理信用信息管理办法》的通知

沪房规范〔2019〕1 号

各区住房保障房屋管理局，各街道（镇政府），各物业服务企业：

为了推进物业服务行业信用体系建设，强化信用激励与约束，规范物业服务企业经营行为，构建守法履约的市场环境，促进行业健康有序发展，根据国务院物业管理条例、上海市住宅物业管理规定等相关规定，结合本市实际，制定了上海市物业服务企业和项目经理信用信息管理办法。现印发给你们，请认真按照执行。

上海市房屋管理局

2019 年 5 月 15 日

上海市物业服务企业和项目经理信用信息管理办法

第一条（目的和依据）

为了推进物业服务行业信用体系建设，强化信用激励与约束，规范物业服务企业经营行为，构建守法履约的市场环境，促进行业健康有序发展，根据国务院物业管理条例、上海市住宅物业管理规定等相关规定，结合本市实际，制定本办法。

第二条(适用范围)

本市行政区域内对物业服务企业实施物业服务活动的监督管理，及其信用信息的采集、共享、发布和使用等活动，适用本办法。本办法所称物业服务企业，是指在本市依法设立并领取营业执照从事物业服务活动的企业，包括外埠物业服务企业在上海注册的分公司。本办法所称项目经理，是指由物业服务企业委派，在项目中按照物业服务合同的约定组织实施物业管理活动，并保障物业服务质量符合约定标准的责任人。本办法所称信用信息，是指物业服务企业和项目经理在物业服务活动中形成的能够用以识别、分析、判断其守法履约状况的客观数据和资料，主要包括基本信息、业绩信息和失信信息。

第三条（信用激励惩戒制度）

本市建立全市统一的物业管理监管与服务信息平台，完善物业服务企业及项目经理信用档案库，建立信用激励与惩戒机制，推动形成优胜劣汰、失信失业的市场环境，促进物业服务企业及项目经理依法履约、守信经营。

第四条（管理部门）

市房屋行政管理部门是本市物业服务行业信用管理的行政主管部门，负责物业服务企业及项目经理的信用信息管理工作，对其实施动态监督管理。区房屋行政管理部门接受市房屋行政管理部门的指导和监督，负责对本辖区内的物业服务企业及项目经理的物业服务活动实施监督管理，并将其信用信息及时录入物业服务企业及项目经理信用档案库。街镇房屋管理事务机构接受区房屋行政管理部门的指导和监督，负责对本辖区内的物业服务企业及项目经理的物业服务活动实施监督管理，并配合区房屋行政管理部门开展调查取证等工作。

第五条（管理原则）

信用信息管理应当遵循客观、公正、统一和审慎的原则，确保信息安全，不得侵犯国家秘密、商业秘密、个人隐私。

第六条（信用信息联动共享）

市、区房屋行政管理部门应当与发展改革、市场监督管理、财政、税务、金融、建设、规划、交通、公安、城管执法、应急管理等相关行政管理部门实现信用信息的互通、共享，建立守信联合激励和失信联合惩戒机制，加强行业诚信管理。

第七条（强化行业自律）

上海市物业管理行业协会（以下简称市物协）负责本市行业的服务和自律管理工作，制定和组织实施行业诚信承诺自律性规范，组织开展行业信用信息等业务的培训工作。

第八条（信用信息采集）

信用信息的采集是指对物业服务企业及项目经理的信用信息进行收集、记录、分类和储存，形成反映其经营、执业情况的信用档案的活动。信用信息采集渠道，包括市、区房屋行政管理部门及相关行政主管部门提供和物业服务企业及项目经理自行申报。信用信息的采集应当坚持客观、准确、公正、及时原则。

第九条（信用信息内容）

信用信息主要包括基本信息、业绩信息和失信信息。

（一）基本信息。物业服务企业名称、社会统一信用代码、物业管理规模、雇用员工情况及其他有关企业的基本信息；项目经理姓名、身份证明、所管项目及其他有关项目经理的基本信息。

（二）业绩信息。物业服务企业或者企业法定代表人、主要负责人、项目经理、其他从业人员在从事物业服务活动中受到的省部级以上的奖励、表彰及认定情况的信息；本市政府或者市相关行政管理部门、行业协会关于物业管理方面的奖励、表彰及认定情况的信息。

（三）失信信息。物业服务企业或者项目经理在从事物业服务活动中，因违反本市物业服务企业和项目经理失信行为记分规则而被失信行为记分的信息。

第十条（基本信息的采集）

基本信息由物业服务企业自行申报，已向上海市人民政府一网通办平台申报的信息，无须重复申报。物业服务企业应当在企业名称、统一社会信用代码、注册地址、物业管理项目数量、项目类型、项目建筑面积、企业法定代表人及其手机号、总经理姓名及其手机号等基本信息发生变更后的 10 个工作日内，通过本市物业管理监管与服务信息平台向企业注册地的区房屋行政管理部门申报。

第十一条（业绩信息的采集）

业绩信息由市物协通过本市物业管理监管与服务信息平台向市房屋行政管理部门集中统一提供。

第十二条（失信信息的采集）

失信信息由物业服务企业及项目经理失信行为发生地的区房屋行政管理部门负责采集。区房屋行政管理部门在录入失信信息的同时，应当向本市物业管理监管与服务信息平台报送生效的法律文书及相关查证材料。

第十三条（信用信息的确认）

市、区房屋行政管理部门和市物协对信用信息的确认，应当以已具备法律效力的文书或者其他有效证明文件为依据。

第十四条（信用信息的公示与查询）

物业服务企业及项目经理的信用信息通过市房屋行政管理部门官方网站及其他方式向社会公示。物业服务企业负责人及项目经理应当及时查询失信信息记分情况，并予以改进。

第十五条（失信信息记分制度）

本市实行物业服务企业及项目经理失信信息记分制度。物业服务企业及项目经理的信用评定基本分为 0 分，实行失信信息加分制。失信信息记分有效期限为 1 年，即从记录之日起，每条失信信息在有效期内于本市物业管理监管与服务信息平台上予以显示。记分有效期满，原分值记录仍作为历史数据保存在物业服务企业及项目经理信用档案库中。市房屋行政主管部门依据法律法规相关规定并结合本市实际情况，制定本市物业服务企业和项目经理失信行为记分规则，并适时调整补充。

第十六条（失信记分程序规定）

街镇房屋管理事务机构在日常检查工作中，应当配合区房屋行政管理部门进行调查取证，并作出预记分建议提交区房屋行政管理部门，区房屋行政管理部门按照本市物业服务企业和项目经理失信行为记分规则予以记分，并录入本市物业管理监管与服务信息平台。市房屋行政管理部门在日常工作中，向区房屋行政管理部门提出失信记分工作要求，区房屋行政管理部门应当核实情况、调查取证，并按照本市物业服务企业和项目经理失信行为记分规则予以记分，并录入本市物业管理监管与服务信息平台。

第十七条（守信主体的激励措施）

物业服务企业或者项目经理在一个自然年度内没有失信信息记录且业绩优良的，给予以下激励措施：

（一）在日常监管中，对于符合一定条件的守信主体，优化行政检查频次；法律、法规、规章未明确规定为实地审查或者实质性审查的，可以适用书面审查；

（二）在各类评定表彰、评比竞赛中，予以优先推荐；

（三）在办理行政业务中，根据实际情况给予优先办理、简化程序等便利服务措施；

（四）推荐进入本市各区临时物业服务企业预选库；

（五）在市房屋行政管理部门官方网站及其他相关网站予以推荐性公示；

（六）法律、法规、规章规定的其他激励措施。

第十八条（对失信企业的惩戒措施）

依据失信信息记分结果，市、区房屋行政管理部门对物业服务企业给予以下惩戒措施，并予以公示：（一）企业记分累计达到 9 分时，由企业注册地区房屋行政管理部门对其提出书面警示，责令限期改正。

（二）企业记分累计达到 15 分时，企业注册地区房屋行政管理部门约谈其法定代表人或者主要负责人，予以行政告诫；在日常监管中，将其列为重点监管对象，增加监管频次，加强现场检查。

（三）企业记分累计达到 18 分时，市房屋行政管理部门约谈其法定代表人或者主要负责人，予以行政告诫；在日常监管中，将其列为重点监管对象，增加监管频次，加强现场检查；要求其法定代表人或者主要负责人限期接受市房屋行政管理部门或其委托市物协组织的信用合规培训并通过考试，督促其提升守法意识、职业操守和执业能力。

第十九条（对失信项目经理的惩戒措施）

依据失信信息记分结果，市、区房屋行政管理部门对项目经理给予以下惩戒措施，并予以公示：

（一）项目经理记分累计达到 9 分时，由项目所在地区房屋行政主管部门对该项目经理提出书面警告，责令限期改正，同时书面告知其所属企业。

（二）项目经理记分累计达到 15 分时，由项目所在地区房屋行政管理部门和街道办事处（镇人民政府）约谈该项目经理，予以行政告诫，同时书面告知其所属企业；在日常监管中，将其列为重点监管对象，增加监管频次，加强现场检查。

（三）项目经理记分累计达到 18 分时，由项目所在地区房屋行政管理部门约谈其所任职企业的法定代表人或主要负责人，予以行政告诫；在日常监管中，将其列为重点监管对象，增加监管频次，加强现场检查；要求该项目经理限期接受市房屋行政管理部门或其委托市物协组织的信用合规培训并通过考试，督促其提升守法意识、职业操守和执业能力。

第二十条（对严重失信企业的联合惩戒措施）

对于物业服务企业或者项目经理存在未能履行物业服务合同约定导致自然人身体健康、生命安全受到损害的或严重破坏市场公平竞争秩序或者社会正常秩序的等严重失信行为，市房屋行政管理部门应当将其报送至上海市公共信用信息服务平台，同时会同发展改革、市场监管、财政、税务、金融、公安等相关行政管理部门，依法对相关企业及个人作出相应的联合惩戒措施。市房屋行政管理部门对存在严重失信行为的外埠物业服务企业，可以书面通报该企业注册地所在省级房屋行政管理理部门。

第二十一条（行业协会激励与惩戒措施）

市物协应当加强行业诚信自律机制建设，依据协会章程对守信企业采取重点推荐、提升会员级别等激励措施；对失信企业采取业内警告、通报批评、降低会员级别、取消会员资格、职业禁止等惩戒措施。

第二十二条（市局对区房管局的行政监管）

区房屋行政管理部门实施信用信息管理工作，有下列情形之一的，由市房屋行政管理部门督促改正:

（一）没有法规政策依据实施失信行为记分的；

（二）未依照权限、程序，擅自改变、增删信用信息结果的；

（三）违反信用信息管理工作程序的；

（四）不履行或怠于履行监督管理职责的；

（五）发现违法违规行为不予查处记分的；

（六）对不属实的企业基本信息予以确认的；

（七）其他未执行信用信息管理办法的行为。市房屋行政管理部门每年应当定期对各区房屋行政管理部门的信用信息管理工作情况进行通报。

第二十三条（失信信息录入的告知程序）

对物业服务企业及项目经理的失信行为予以记分的，区房屋行政管理部门应当录入本市物业管理监管与服务信息平台，同时信息平台即时短信推送至该企业的法定代表人、主要负责人手机，并应当自录入失信信息之日起 5 个工作日内，书面告知该物业服务企业及项目经理。

第二十四条（信用信息主体的异议申请）

有下列情形之一的，物业服务企业及项目经理可以在知道或者应当知道之日起 10 个工作日内，向区房屋行政管理部门提出书面异议申请及相应证据材料：

（一）被失信记分，程序错误的；

（二）被失信记分，适用法规政策错误的；

（三）被失信记分，事实认定错误的；

（四）失信信息存在其他错误的情形。异议申请受理后，在市、区房屋行政管理部门核查、复查期间，不影响信用信息记录的效力。

第二十五条（失信信息异议的核查、审查程序）

区房屋行政管理部门应当在受理失信信息异议申请之日起 15 个工作日内完成核查，并将异议核查结果书面告知申请人。市房屋行政管理部门对区房屋行政管理部门的核查过程与结果进行指导与监督。区房屋行政管理部门核查后认为异议不成立的，异议申请人可以自收到其出具告知书的 10 个工作日内向市房屋行政管理部门申请异议复查。市房屋行政管理部门应当自受理异议复查申请之日起的 10 个工作日内完成复查，复查结果由市房屋行政管理部门书面告知申请人，其中经复查异议申请成立的，由市房屋行政管理部门指令区房屋行政管理部门及时变更录入本市物业管理监管与服务信息平台。

第二十六条（施行日期）

本办法自 2019 年 7 月 1 日起施行，有效期至 2024 年 6 月 30 日。原关于印发《上海市物业服务企业和项目经理信用信息管理办法》的通知（沪房管规范物〔2015〕3 号）同时废止。

第二章　管理与服务机构

第一节　政府管理机构

【上海市住房和城乡建设管理委员会】根据《中共上海市委、上海市人民政府关于调整本市城市建设管理机构职能的批复》（沪委〔2015〕725号）和《中共上海市委、上海市人民政府关于设立上海市房屋管理局等有关事宜的批复》（沪委〔2017〕364号）规定，设立上海市住房和城乡建设管理委员会，为市政府组成部门。

一、主要职责

(一)贯彻执行有关住房、城乡建设和城市管理的法律、法规、规章和方针、政策；组织起草相关地方性法规、规章草案，并组织实施有关法规、规章；组织协调住房、城乡建设和城市管理领域综合性、系统性、长远性重大问题研究和重大政策的拟订并组织实施；负责组织行业发展重大改革工作。

(二)根据本市国民经济和社会发展总体规划，拟订城乡建设和城市管理的发展战略、中长期发展规划和年度计划，并组织实施；协调拟订住房、城乡建设和城市管理各类行业发展规划，并组织实施；综合协调与平衡各层面市政基础设施建设管理规划；协调和平衡市政基础设施（除交通工程）年度项目建设计划。

(三)组织编制市级城市维护项目年度预算安排计划，按照职责分工，加强对市级城市维护项目的监督管理；会同有关部门加强对区城市维护资金使用的指导；参与研究城乡建设和城市管理领域财政、价格政策；负责城乡建设和城市管理领域统计管理、经济运行监测和分析；负责监督直属单位的财务管理、国有资产管理和内部审计等工作。

(四)会同有关部门做好城市建设和土地使用管理的衔接工作；会同有关部门组织开展城市基础设施项目实施可行性研究；会同有关部门审批政府投资项目的初步设计；负责建设工程抗震管理；参与确定本市重大工程项目，负责指导、组织、协调、推进重大建设工程的实施和目标考核；负责组织本市重点工程实事立功竞赛活动；综合协调城市基础设施项目建设相关工作；组织指导、综合协调、督促检查黄浦江两岸开发工作。

(五)负责建筑市场综合监管和行业的行政管理；拟订监督管理建筑市场、规范市场各方行为的规章制度并监督执行；负责建筑市场工程报建、招投标监督管理与施工图设计文件审查的监督管理；负责建筑市场各类企业资质、从业人员执业资格的管理以及从业单位与人员市场行为的诚信管理；负责房屋建筑和市政工程(除交通工程)的施工许可管理；负责建筑市场管理信息平台的建设、运行管理；负责建筑市场的稽查工作。

(六)负责建材市场监管和行业的行政管理；制定建筑节能政策并监督实施，负责建筑节能、墙体材料革新和散装水泥发展及管理工作；组织研究制定住宅产业科技进步规划；组织新型建筑材料的认定和推广应用；拟订推进绿色建筑发展行动规划，推动建筑业转型发展，推进建筑工业化工作；协调、推进本市住宅产业现代化及节能省地型住宅产业发展。

(七)组织制定和调整发布工程建设、住房设计标准以及居住区公共服务设施标准、造价、定额和技术规范,组织对实施情况进行监督；组织拟订城市管理相关工作标准定额、技术规范；组织拟订村镇建设相关建设标准、技术规范等。

(八)承担本市建筑行业安全生产监督管理责任(除交通工程),制定建设工程质量和安全生产规章制度并监督实施；监督参建主体建立健全质量和安全管理体系；强化勘察设计质量管理；负责建筑企业安全生产许可管理；负责建筑材料和机械设备现场使用的质量安全监管；负责本市房屋建设质量管理；参与建设工程较大及以上质量、施工安全事故调查处理。

(九)统筹推进城市管理领域相关工作,指导督促市有关部门以及区政府落实城市管理各项任务和各类标准定额；负责指导城市管理综合执法工作；负责城市网格化综合管理推进协调工作，承担城市网格化管理体系建设、运行和管理工作；统筹协调绿化林业、市容景观、环境卫生以及供排水等需要多部门协调联动的工作；综合协调市有关部门和区政府共同推进城乡环境综合治理及城乡生态环境建设和管理等相关工作；负责“世界城市日”事务协调工作。

(十)负责燃气行政管理和行业管理；会同有关部门组织编制燃气专项规划并推进实施；综合协调地下空间使用管理；综合协调地下市政基础设施建设和管理；参与地下管线综合规划平衡协调,负责地下管线项目建设的监督管理;负责道路和公共区域照明设施的行政管理;组织或参与编制市政工程、燃气、综合管线应急预案并实施,组织或参与相关事故调查处理；组织协调住房、城乡建设和城市管理重大事故的应急处置以及综合治理工作。

(十一)参与本市城镇体系规划编制；指导区研究编制郊区城镇和村庄基础设施专业规划及村镇建设计划；协同市有关部门拟订村镇建设相关政策；指导推进郊区城镇化和村庄市政基础设施及人居环境建设；协调推进城镇化建设工作；协调指导农村村民集中居住及住房建设工作；负责历史文化名镇(村)和传统村落保护、利用和开发的政策拟订、指导协调等相关管理工作。

(十二)负责拟订住房公积金管理法规、政策并对执行情况进行监督,承担市住房公积金管理委员会的日常管理工作,监督住房公积金的管理、使用和安全。

(十三)组织指导协调并监督城乡建设和城市管理的行政执法工作；依法对各种违法行为进行行政处罚。

(十四)推进住房、城乡建设和城市管理领域科技进步；指导监督住房、城乡建设和城市管理职业技术教育培训工作；协调推进住房、城乡建设和城市管理信息化建设；负责城乡建设和城市管理综合资料的收集、统计和分析，制订发布城乡建设和城市管理行业发展报告。

(十五)承担有关行政复议受理和行政诉讼应诉工作。

(十六)承办市政府交办的其他事项。

二、内设机构

根据上述职责，上海市住房和城乡建设管理委员会内设16个处室，分别是：办公室、村镇建设处、工程建设处（市重大工程建设办公室）、设施管理处（燃气处）、建筑市场监管处（稽查办公室)、政策研究室、审计处（公积金处）、建筑节能和建筑材料监管处（市建材业管理办公室）、法规处、应急保障处、标准定额管理处、综合计划处、信访办公室、质量安全监管处、综合规划处（市抗震办公室、浦江两岸开发协调处）、城市管理处、科技信息处。

【上海市规划和自然资源管理局】根据《中共中央办公厅国务院办公厅关于印发〈上海市人民政府职能转变和机构改革方案〉的通知》（厅字〔2014〕20号）的规定，设立上海市规划和自然资源管理局，为市政府组成部门。

一、主要职责

（一）履行全民所有自然资源资产所有者职责和所有国土空间用途管制职责。贯彻执行有关自然资源和国土空间规划、城乡规划的法律、法规、规章和方针、政策。研究起草有关国土空间规划及城乡规划的编制和实施、自然资源、测绘、地名等方面的地方性法规、规章草案，拟订相关政策，并组织实施和监督检查。

（二）负责推进主体功能区战略和制度，组织编制并监督实施国土空间规划和相关专项规划。开展国土空间开发适宜性评价，建立国土空间规划实施监测、评估和预警体系。组织划定、实施和管理生态保护红线、永久基本农田、城镇开发边界、文化保护等控制线，构建节约资源和保护环境的生产、生活、生态空间布局。建立健全国土空间用途管制制度。

（三）参与编制经济社会发展与城市建设中长期规划和年度计划，参与长江经济带国土空间规划、长江三角洲区域发展规划。根据国民经济和社会发展规划，组织编制城市总体规划、土地利用总体规划、单元规划、重要地区的详细规划及市政府其他指令性规划，对其他专业系统规划进行综合协调与平衡。指导各区编制职责范围内的各类规划。受市政府委托，依法审核、审批各类规划。

（四）负责历史文化名城、历史文化风貌区、历史文化名镇、历史文化名村、优秀历史建筑和市级以上历史文物古迹的规划管理。负责城市地名、城乡规划设计、城市建设档案等管理工作。负责城乡规划、土地、地质矿产资源、测绘等行业资质资格与信用管理。

（五）负责建设工程项目规划土地管理相关工作，对建设工程项目审批后到竣工验收前规划、土地执行情况实行跟踪监督。

（六）统筹负责自然资源调查监测评价。依据国家自然资源调查监测评价指标体系和统计标准，建立统一规范的调查监测评价制度。统筹推进自然资源基础调查、专项调查和监测工作。组织落实自然资源调查监测评价成果的监督管理和信息发布。指导各区自然资源调查监测评价工作。

（七）负责自然资源统一确权登记工作。制定各类自然资源和不动产统一确权登记、权籍调查、不动产测绘、争议调处、成果应用的制度、标准、规范。建立健全自然资源和不动产登记信息管理基础平台。负责自然资源和不动产登记资料收集、整理、共享、汇交管理等。指导监督自然资源和不动产确权登记工作。

（八）组织拟订并实施土地等自然资源年度利用计划。负责城镇建设用地规模的总量控制和用途管制，并承担监管责任。负责土地等国土空间用途转用工作，负责土地征收征用管理，负责征收集体土地房屋补偿工作。

（九）负责统筹国土空间生态修复。牵头组织编制国土空间生态修复规划并实施有关生态修复重大工程。负责国土空间综合整治、土地整理复垦、矿山地质环境恢复治理等工作。负责政府土地储备等各类建设用地的开垦、整理、复垦管理工作。牵头实施生态保护补偿制度。

（十）负责组织落实最严格的耕地保护制度。牵头拟订并实施耕地保护政策，负责耕地数量、质量、生态保护。组织实施耕地保护责任目标考核和永久基本农田特殊保护。完善耕地占补平衡制度，监督占用耕地补偿制度执行情况。

（十一）负责有关自然资源资产有偿使用工作。依据国家有关全民所有自然资源资产统计制度，统筹全民所有自然资源资产核算，组织编制全民所有自然资源资产负债表。拟订有关全民所有自然资源资产划拨、出让、租赁、作价出资和土地储备政策。组织实施自然资源资产价值评估管理，依法收缴相关资产收益。

（十二）负责有关自然资源的合理开发利用。组织拟订有关自然资源发展规划和战略。拟订有关自然资源开发利用标准并组织实施。依据国家政府公示自然资源价格体系，组织开展有关自然资源分等定级价格评估。负责有关自然资源市场监管。依法负责各类建设用地管理和土地收回、土地储备相关工作。

（十三）负责地质勘查行业和地质、矿产资源管理工作。负责地质灾害预防和治理，监督管理地下水过量开采及引发的地面沉降等地质问题。负责落实综合防灾减灾规划相关要求，组织编制地质灾害防治规划和防护标准并指导实施，承担地质灾害应急救援的技术支撑工作。

（十四）负责测绘地理信息和基础测绘管理工作。监督管理地理信息安全和市场秩序。负责地理信息公共服务管理。负责测量标志保护。

（十五）负责组织指导规划和有关自然资源行政执法工作，依法查处有关违法案件。

（十六）完成市委、市政府交办的其他任务。

（十七）职能转变。上海市规划和自然资源局要落实关于统一行使全民所有自然资源资产所有者职责，统一行使所有国土空间用途管制和生态保护修复职责的要求，强化城市规划在城市发展中的基础性作用。以深化“放管服”改革和优化营商环境为抓手，强化国土空间规划对各专项规划的指导约束作用。弱化微观管理事务和具体审批事项，转变重审批轻监管的行政管理方式，运用信息化手段创新监管模式，切实提高审批透明度和监管效能。

上海市规划和自然资源局下设的上海市不动产登记局更名为上海市自然资源确权登记局，拟订各类自然资源和不动产统一确权登记、权籍调查、不动产测绘、争议调处、成果应用的制度、标准、规范，承担指导监督自然资源和不动产确权登记工作，建立健全自然资源和不动产登记信息管理基础平台，管理登记资料，负责市委、市政府确定的专项登记工作。上海市自然资源确权登记局行政编制 10 名，正副处级领导职数 3 名。

上海市规划和自然资源局所属事业单位的设置、职责和编制事项另行规定。

二、内设机构

上海市规划和自然资源局机关行政编制为 202 名。设局长 1 名，副局长 5 名，总工程师 1 名，正副处级领导职数 60 名。下设十九个处室，分别是：办公室、政策研究与科技发展处、组织人事处、财务与资金管理处、法规处、总体规划管理处、详细规划管理处（城市更新处）、乡村规划处、市政工程管理处、建筑工程管理处、风貌管理处（地名管理处）、自然资源利用处、国土用途实施处、地质资源管理处、测绘与自然资源调查处、信访办公室（公众参与处）、行政服务处（城建档案管理处）、信息化建设处、业务监督处。

第二节　行业协会与学会

【上海市房地产行业协会】成立于 1986 年 1 月（成立之初为上海市房地产业协会），是上海改革开放后最早成立的一批协会之一。2004 年 7 月与上海市住宅产业协会合并为上海市房地产行业协会。

协会的业务范围：房地产开发经营的行业调研，行业培训，行业评比、优秀住宅评选、会展服务、中介咨询、国内外行业信息交流和编辑出版等。围绕“提供服务、反映诉求、规范行为”的办会宗旨，近几年来，协会在提供服务的过程中将“规定动作”和“自选动作”相结合，努力提高为会员企业的服务水平。

【上海市房产经济学会】创建于 1981 年 5 月 3 日。1985 年 1 月 5 日，经中共上海市委宣传部、上海市哲学社会科学学会联合会批准，改名为上海市房产经济学会（以下简称市房产学会）。

学会是依照《社会团体登记管理条例》的规定，由从事房地产经济研究、房地产教育科研以及行业管理、经营管理的单位及专业人员自愿结成的学术性非营利性社会组织。

学会宗旨是以马列主义、毛泽东思想、邓小平理论、“三个代表”重要思想和科学发展观、习近平新时代中国特色社会主义思想为自己的行动指南。坚持“一个中心、两个基本点”，遵守宪法、法律、法规和国家政策，按照“百花齐放、百家争鸣”的方针，探索和研究房地产经济的客观规律，研究房地产业改革发展中的新情况、新问题，为推进和谐社会的建设，促进房地产业持续健康发展，为上海的改革开放和社会主义现代化建设服务。遵守国家的法律、法规、规章和政策，遵守社会道德风尚。

学会的登记管理机关是上海市社会团体管理局，业务主管单位是上海市社会科学界联合会，指导单位是上海市房屋管理局。市房产学会接受登记管理机关和业务主管单位以及指导单位的监督管理和业务指导。

【上海市土地学会】上海市土地学会是上海市从事土地管理、土地科技、土地经济理论研究和土地开发经营等专业人员及相关单位自愿组成的学术性、非营利性的社会团体法人。上海市土地学会成立于 1989 年 3 月 16 日。登记管理机关是上海市社会团体管理局；业务主管单位是上海市社会科学界联合会；挂靠上海市规划和国土资源管理局。学会接受上述单位的业务指导和监督管理。

学会设有办公室、学术部、咨询服务部、《上海土地》编辑部等四个工作部门。本市各区县设有上海市土地学会联络处；根据工作需要，还设立了若干专业委员会等分支机构。

【上海市房地产经纪行业协会】成立于 1996 年 12 月。协会由本市房地产居间介绍、代理营销、咨询策划、金融服务、信息服务等机构，相关企事业单位和在沪注册的中华人民共和国房地产经纪人，依法自愿组成的全市性行业组织，是实行行业服务和自律管理、具有法人资格的非营利性社会团体。协会单位会员基本涵盖全市有一定规模、良好品牌的房地产经纪骨干企业。

2010年10月12日第三次会员大会通过的《章程》第二十二条规定：协会会长由房地产经纪企业经营者或业内专家担任，实行届内轮值制。新一届理事会选出两位轮值会长，同时确定轮值次序，第一位的任期为换届履职之日起两年，第二位的任期为接任履职期到届满。常务副会长、副会长每届四年，驻会常务副会长、副会长连任不得超过两届。《章程》第二十三条规定：协会常务副会长为法定代表人。协会宗旨：发挥提供服务、反映诉求、规范行为的作用，促进房地产经纪行业的繁荣和健康发展。多年来，协会积极发挥“服务、代表、自律、协调”的职能，2005年，被评为上海市先进民间组织，2006年被中国房地产行业协会评为优秀行业协会。为会员单位服务是行业协会应尽的职责。面对新情况，解决新问题，上海市房地产经纪行业协会作了许多努力。

【上海市物业管理行业协会】上海物业管理行业协会于2008年10月22日成立，由原上海物业管理协会与原上海市物业管理商会合并而成。协会简称上海物业协会。英文缩写为SPM。协会依照《社会团体登记管理条例》、《上海市促进行业协会发展规定》等规定，由上海市物业管理企业和相关企事业单位自愿组成的全市性行业组织，是实行行业服务和自律管理的非营利性的社会团体法人。

协会的宗旨是：遵循国家有关法律、法规、规章和政策，引导、培育、发展上海市物业管理市场，为会员提供服务，维护会员合法权益，推动企业互相之间的交流、合作与创新，倡导行业自律和公平竞争，促进本市物业管理行业的繁荣和健康发展。

协会的最高权力机构为会员代表大会，执行机构为理事会。协会下设十七个区工委，并设有白蚁防治、设施设备、资产管理、教育培训和普通住宅专委会，同时还设立了行业党建工作指导委员会。秘书处为理事会的日常办事机构，下设综合管理办公室、培训部、咨询服务部、宣传信息部、会员服务部和行业研究中心六个部门。

【上海市房地产估价师协会】（英文简称：SREAA）是由本市房地产估价行业从事房地产评估活动的执业机构及房地产估价师组成的社会团体，于1997年1月16日成立。依照中华人民共和国和国务院颁布的《社会团体登记管理条例》的规定，协会获准上海市社会团体管理局登记，注册资金10万元，获取社会团体法人登记证书，登记证书号码为沪民社证字第0056号，具备社团法人资格。

协会在市社团局和市住房和城乡建设管理委员会的指导下，遵守国家法律、法规、规章和政策，遵守社会道德风尚；服务国家，服务社会，服务会员；规范房地产评估行为，提升服务质量和水平，维护会员合法权益，促进行业健康发展，协会自身建设也取得了较大进步。

协会设立的工作委员会为：行业发展工作委员会、组织和自律工作委员会、教育培训工作委员会、财务管理工作委员会。设有两个分支机构：专家委员会、研究中心（筹）。

上海市房地产估价师协会是中国房地产估价师与房地产经纪人学会的常务理事单位，是中国土地估价师学会的会员单位。曾受到“中房学”“协会的职能发挥在国内房地产估价行业中处于领先行列”的评价。并获得其颁发的“房地产估价行业贡献奖”。

【上海市装饰装修行业协会】成立于2002年4月，是由原上海市建筑装饰协会和上海市家庭装饰行业协会归并组建而成的行业性、非营利性的社会团体。协会遵守国家的法律、法规，接受政府委托，承担对本市装饰装修行业的行业管理开展行业统计、行业调查、行业评比，发布行业信息、公信证明、价格协调、行业准入资格审核等项活动。

第三章　学术研究机构

【复旦大学房地产研究中心】成立于 1994 年，是国内高校中著名的房地产经济研究机构。中心主要研究我国房地产经济走势及政策，也为各级政府和境内外机构提供决策咨询。中心先后完成多项省部级纵向研究课题和近百项地方政府和企业委托的横向研究课题，为政府决策提供多项咨询报告，出版多部房地产业、房地产金融和房地产政策相关的专著，在报刊发表文章数百篇，经常在新华社、中央电视台、凤凰卫视等境内外主流媒体发表观点和意见，深受各级政府、企事业单位和广大群众的关注和重视，在国内具有崇高的学术地位和影响。中心自成立以来，为各级政府、金融机构和房地产行业输送了大量的人才。它通过组织定期和不定期的内部交流，已经成为圈内联系紧密、公信力卓著、渠道资源专享的圣殿。尤其的，2010 年中心专门成立了分支机构—复旦大学商业地产研究所。目前复旦大学房地产研究中心主任和商业地产研究所所长由复旦大学经济学院尹伯成教授担任。

【华东师范大学东方房地产学院】由华东师范大学、建设部房地产业司、上海市房屋土地管理局、建设银行上海分行、中房上海总公司于 1995 年联合创立。

学院坚持“产学研结合、育人为本、科研领先、紧贴行业、争创一流”的办学理念，经过近二十年的发展，目前学院已经建立了结构完善、层次分明、专业互补的学科研究梯队，聚集了近 20 名教授、副教授或具有博士学位的专业教学和研究人员，并形成了从本科到硕士、博士、博士后的完整的教学体系。在房地产经济理论研究、学科建设、人才培养、为政府决策咨询及行业改革发展服务等方面，均取得了政府部门和房地产界的广泛认可，东方房地产学院已是我国房地产领域内知名的学科名牌。

学院实行董事会领导下的院长负责制。第三届董事单位由华东师范大学、上实城开、中华企业、嘉凯城集团、旭辉股份、复旦复华、西藏城投、中铁置业集团、吴中地产集团、联银恒通基金、易居房地产研究院等单位组成。南极论坛秘书长蔡育天先生出任董事长、张永岳教授出任院长；龙胜平、华伟出任常务副院长、顾志敏、彭加亮出任副院长、谢福泉出任董事会秘书。

【上海财经大学不动产研究所】上海财经大学不动产研究所成立于 1998 年，具有悠久历史，成果卓著。本所以上海财经大学从事房地产领域研究的教师为核心研究人员，有大量国际国内权威房地产专家作为兼职研究人员。创始人、首任所长和荣誉所长为王洪卫教授，现任所长为姚玲珍教授（上海财经大学副校长）、执行所长陈杰教授。研究所设在上海财经大学公共经济与管理学院大楼(凤凰楼)。

【上海易居房地产研究院】2005 年正式成立，院长为张永岳，是本市首家具有独立法人实体地位的民办非企业的专业房地产研究机构。研究院致力于深入探索房地产行业研发系统的创新，不断加强房地产业领域重大理论和应用问题的研究，持续推动房地产产学研一体化的发展，以求建立较为完善的房地产研究运作机制。目前，该院设立了市场研究中心、教育培训中心、技术开发中心、投资咨询中心等四个职能机构。此外，研究院还设立了产业环境、地产营销、建筑产品等研究室及开放式公共服务平台，以便能对一些前沿课题进行专题研究和深入探索，并吸引相关领域的行业专家进行研发创新及教育培训。

【上海社科院城市与房地产研究中心】成立于 1988 年，由上海社会科学院会同政府管理部门和著名房地产企业组成的专业研究机构。研究重点集中在房地产业和房地产市场的重大理论与实际问题。既为政府提供政策研究，也为企业发展与项目决策提供咨询。

【上海大学房地产学院】是由上海大学与上海市房屋土地资源管理局联合组建的专业学院，于 2004 年 5 月正式揭牌，同年首次招收计划内全日制本专科生。学院实行董事会领导下的院长负责制。董事会由上海大学、上海市房屋土地资源管理局及投资企业组成。由上海市房屋土地资源管理局与上海大学主要领导担任董事长，聘请国家建设部副部长刘志峰、国土资源部副部长李元、市人大常委会副主任刘伦贤、市人大城市建设与环境保护委员会副主任姜夔富等领导担任顾问，并将聘请有关知名人士、企业家担任名誉董事。

院长受董事会委托全面负责学院的教学与日常行政管理工作，定期向董事会述职。高校与行业联办的管理体制，对学院培养适合社会经济发展需要的应用型人才以及学院的发展带来了得天独厚的活力。

【上海市房地产科学研究院】上海市房地产科学研究院成立于 1975 年，上海市房屋管理局直属事业单位，是国内房地产行业中创立最早、唯一涵盖房地产经济管理和房屋工程技术的公益类综合科研机构。我院承担住房和城乡建设部委托的房地产技术标准归口管理职能，与建设部住宅产业化促进中心共同主办《住宅科技》刊物，也是上海市建设交通委设立的建筑节能和材料学科中心。

作为上海市科技创新体系的非营利性公益类科研机构，我院主要从事住房保障和房屋管理的科学研究、科技咨询与技术服务等工作。院科研工作依托行业背景和自身实力，突出前瞻性、针对性、应用性，形成了住房保障、房地产市场、物业管理、旧区旧房改造、住宅产业化、建筑节能、历史建筑保护和房屋安全等科研重点和专业特色，接受政府下达的、行业团体和企事业单位委托的决策咨询、行业管理、标准规范、技术研发等方面的科研项目。我院持有多项重要的资质证书，拥有先进的仪器设备，依托科技优势和适应市场运作的体制机制开展科技咨询与技术服务，承担行业和各界委托的业务项目，参与重要的行业管理和重大的城市建设工程项目。

经过 40 多年建设与发展，形成了一支科研力量雄厚的专业技术队伍，累计完成 260 余项科研项目，荣获 120 余项各级政府授予的科技奖项，拥有 20 余项国家专利。大量的科研成果应用于实践，为政府管理决策、房地产业发展和城市建设作出了重要贡献，住房和城乡建设部曾授予我院“十五”

全国建设科技先进集体称号。

进入新的发展时期，我院以引领行业科技创新为己任，以服务政府、服务行业、服务社会为宗旨，锐意进取，追求卓越，努力为社会经济发展作出新贡献。

【上海市房地产学校】毗邻虹桥国际机场，占地面积11.88万平方米，总建筑面积8万平方米，由法国夏邦杰建筑师事务所、上海建筑设计院合作设计。学校布局设计新颖，现代建筑与园林绿化融于一体。学校拥有智能化教学行政楼、先进实验实习设施、多功能会议中心、高标准学生公寓及配套设施、400米塑胶跑道标准体育场、室内体育馆、别墅式专家楼等。其中，学生公寓设施齐全，每套房间设床位四个和独立使用卫生及淋浴设备，每位学生配单独写字桌与衣柜，户户设有阳台，并装备了空调，是目前上海同等学校中最现代化的学生公寓

学校具有满足房地产行业各种人员教育和培训所需要的实验实训设施，是上海市职业教育物业管理开放实训中心，包括全国房地产行业中规模最大，设施最先进的电梯实训工场；完备、先进的房屋安全检测设备；功能齐全的电子电工实验室；新颖的智能化楼宇实验室等十几个先进的实验实训场所。

学校电化教学设施齐全，具有可同时容纳100多名学生上课的多媒体网络教室和多媒体演示教室，有先进的摄录编设备、外语教学语音室、卫星电视接收系统、闭路电视系统、校内广播系统及电子阅览室等。

学校实行学历证书和能力证书、职业资格证书相结合，学生毕业不仅能获得毕业文凭，而且能获得“计算机操作”“CAD绘图”以及“物业公司部门经理和一般人员”等上岗资格证书，大大增强了市场就业竞争力。 学校组织的高复班历年的升学率超过95%，为学生提供了提升学历的平台。该校毕业生供不应求，得到了行业与用人单位的认可。

第四章　优秀企业展示

【上海地产（集团）有限公司】（简称地产集团），成立于2002年，是经上海市人民政府批准成立的国有独资企业集团公司，注册资本42亿元。集团主营业务包括土地储备前期开发、滩涂造地建设管理、市政基础设施投资、旧区改造、房地产开发经营等。截至“十二五”末，集团总资产达2123亿元，旗下拥有5家具有房地产开发一级资质的企业、2家上市公司、 2个国家级开发区。

地产集团成立以来，充分发挥国有企业集团的优势，在土地储备前期开发、滩涂造地建设管理、保障性住房开发建设、国有资产保值增值等方面，出色地完成了市委、市政府交办的任务，较好地完成了服务社会和发展自身两篇文章。

在新的历史发展阶段，地产集团将紧紧围绕市委、市政府工作大局，将集团打造成为上海城市更新的重要运作平台之一，高质量地完成事关上海长远发展的各项重大任务，包括旧区改造及城中村改造、保障房建设、工业园区置换升级、历史风貌区和老建筑保护等，为上海城市的功能完善和社会发展作出新的更大贡献。

【绿地集团】（简称为“绿地”或“绿地集团”）是一家全球经营的多元化企业集团，创立于1992年7月18日，总部设立于中国上海，在中国A股实现整体上市，并控股多家香港上市公司。

成立27年至今，绿地已在全球范围内形成了“以房地产开发为主业，大基建、大金融、大消费以及科创、康养等新兴产业并举发展”的多元经营格局，实施资本化、公众化、国际化发展战略，旗下企业及项目遍及全球五大洲三十多个国家，连续8年位列《财富》世界企业500强，名列2019年榜单第202位。

绿地正不断加快企业创新转型，致力成为一家主业突出、多元发展、全球经营、产融结合，并在房地产、金融、基建等多个行业具有领先优势的本土跨国公司。

绿地先人一步的国际化步伐迸发出巨大能量，广泛布局中国、美国、澳大利亚、加拿大、英国、德国、日本、韩国、马来西亚、柬埔寨、越南等国家，着力塑造品牌国际声望与全球竞争力，并通过参与全球市场竞争，淬炼激发出深化转型的蓬勃活力。未来的绿地将以培育世界级企业为目标，力争在经济全球化背景下，真正成就中国企业的未来无限。

绿地依托房地产主业优势，积极发展大基建、大金融、大消费及科创、康养等新兴产业关联板块集群，实现“3+X”综合产业布局，保障企业平衡经济波动、实现持续增长。

“一业特强、多元并举”的多元产业板块，更有利于绿地充分打通并嫁接各产业板块优势，打造稳健增长、基业长青的“绿地系”企业群。

绿地坚持产业经营与资本经营并举发展，实体产业与金融、投资之间的协同效应日益放大，以实现国内A股整体上市，并控股国家香港H股上市公司，构筑起境内外资源整合的资本平台。

绿地积极推动跨界合作与平台协同，领衔“互联网+地产”创新及资产证券化转型，投资并购成果丰硕。未来，绿地金融将涵盖保险、信托、证券、银行等金融领域，打造“资金+资管”产业链，使产融结合发挥更强发展动力。

绿地在全球投资发展过程中，深入参与城市功能性开发、基础设施建设以及市民服务、公益慈善等领域，对当地城市经济发展、增加税收及就业岗位等都起到了积极的作用，获得了中国及海外各国政府及社会各界的充分肯定与欢迎，树立起了颇具价值的品牌国际声望。

【上海建工房产有限公司】成立于1998年，注册资本金9亿元，是上海建工集团股份有限公司核心成员企业，下辖子公司、合资公司50余家。公司具备国内最高一级房地产开发资质，也是上海房地产行业中最早通过ISO9001质量管理体系认证的企业之一。

上海建工房产坚持以用户为本，以市场需求为导向，贯彻“立足本地，辐射全国，科学布局、深耕市场，集成优势，联动发展”的总体战略布局。经过20多年的发展，产品已涵盖住宅、商业、办公、酒店、酒店式公寓、产业园区等；产品由中低端向中高端转变，经营模式由单一开发销售转为开发销售和置业经营多元化模式转型。公司先后进入徐州、苏州、南京、南昌及天津市场，形成了以南京为核心，辐射徐州、苏州等城市的长三角重点区域市场和以南昌为中心的中原区域市场。

在上海建工集团“和谐为本，追求卓越”的文化理念引领下，上海建工房产以“专攻建筑经典，成就人居梦想”为使命，用心规划、精心建设、尽心服务，不懈追求“建筑、艺术、生活”的和谐相融，实现“放心房、买放心”的品牌境界。公司先后荣获“上海市‘五一’劳动奖状”、“全国住房城乡建设系统先进集体”等荣誉称号。公司开发的楼盘获国家最高质量奖“鲁班奖”、上海市最高质量奖“白玉兰”奖、上海市优秀住宅综合金奖等殊荣。

【上海闵行房地（集团）有限公司】成立于1996年12月，是一家集房地产投资、开发、经营等相关服务为一体，以及股权投资等多元发展的企业集团。上海闵行置业发展有限公司成立于2002年4月，是国家二级资质房地产开发企业，现位列上海房地产开发企业50强。上海闵行置业发展有限公司担负起了上海闵行房地集团房地产开发业务的重任。

作为上海最早从事房地产开发经营管理的房地产企业集团，上海闵行房地集团始终致力于旧城改造和房地产综合开发，从单一住宅区开发到商业综合体开发，从古镇的保护性开发到历史人文建筑的修缮保护，见证了上海西南城区变化的历程，推动城区发展的步伐。在房地产开发经营的核心业务方面，上海闵行房地集团，上海闵行置业发展有限公司已形成城市大型生态社区、古典民族建筑、城市商业体、旅游地产等四大产品体系。住宅地产“凤凰城”“丽都城”“枫桦景苑”，旅游地产“御前街”，古典民族建筑“江南御府”，商业地产“置业广场”“金平广场”，保障性住房“源枫景苑”，旧城改造项目“华夏茗苑”“星河景苑”已成为沪上享有知名度和影响力的房地产项目。

上海闵行房地集团、上海闵行置业发展有限公司拥有一支在房地产开发、经营、管理，以及建筑、规划、设计、景观等方面经验丰富的高素质员工队伍，还有来自高校院所、科研机构等领域具有社会影响力的专家团队，并形成了完整的设计、开发、建设、物业管理产业链。

2014年，上海闵行置业发展有限公司实施海外发展战略，在澳大利亚成立了全资子公司，并以SHMH（上海闵行）品牌命名。目前，已获得悉尼Eastwood 、Elizabeth Bay、 Waterloo,以及Penrith

四城区4个大中型住宅项目，总计可建住宅超过2300套以上。2015年11月10日，位于Eastwood的“Vantage”项目率先破土动工，奏响了上海闵行房地集团、上海闵行置业发展有限公司拓展海外市场的序曲。

上海闵行房地集团秉承“诚信、守法、务实、开拓”的企业宗旨，融汇东西方居住理念，关注和强调人与自然的协调，关注人类生态系统的稳定和发展，重视和珍惜每一次的土地开发活动，不断探索符合社会需求的居住理念并付诸实践，形成了具有自身特点的开发理念和企业发展成功之道。

经过十数年的发展，上海闵行房地集团，上海闵行置业发展有限公司已从当年的以管理经营为主的企业，脱胎成为从事国内和国外房地产开发、经营，以及贸易、投资和科创园区建设，实现跨国经营发展，位列上海房地产开发企业50强的知名房地产开发企业。

【大华（集团）有限公司】成立于1988年，总部位于上海，作为最早起步、最大规模的中国城市更新运营商之一，多年来专注城市更新，超大规模社区建设运营等，为推动中国城市化进程做出积极贡献。长期位居中国民营企业500强，中国房地产综合实力50强。经30余年发展，形成了以房地产开发为主，集房地产投资、开发、建设、物业管理等业务为一体，兼及投资管理和商业运营等多元化经营的企业集团，下属80余家控股、参股公司、分公司，40余家关联企业协作运营。大华集团响应国家“一带一路”发展战略，秉承“全心全力为人居服务”的企业宗旨，以专业化的城市投资、建设和运营商作为发展方向，目前已布局长三角区域、环渤海区域、中西部、西南区域及粤港澳大湾区等五大区、20余座重点城市。并拓展海外市场，目前已在澳洲多个城市深入开发，累计获得约2000公顷土地开发权。

大华集团坚持以地产开发改善居民生活环境，提升区域价值，推动城市功能升级。在成批旧改、新农村建设上配合政府进行道路、管网等大市政基础设施建设；在开发区域内建设幼托、中小学、医院、社区公园等大公建配套；开发区域内整体规划和建设酒店、办公、购物中心等区域配套商业，“嘉年华”系列社区商业和时尚购物中心、城市精品酒店等持有运营的商业面积已逾80万m²大华集团在上海开发的大华社区（占地3.5平方公里）、大华锦绣华城（原浦东六里现代生活园区，占地3.3平方公里），大场老镇改造社区（大华新界，占地2.5平方公里）均已成为欣欣向荣的新城镇，总计约有25万居住人口，逐步树立起推进中国城市化进程的优秀地产品牌。

从2015年开始，大华集团开始探索投资业务，旗下的上海华强股权投资管理有限公司专注于投资国内具有高成长性行业里盈利能力最强的领军企业。截至2016年底，在大健康、大消费和医疗，以及新材料和TMT领域累计已签约投资项目15个，投资金额15.41亿元，并与业内领先的VC/PE投资机构（摩根士丹利、鼎晖投资、华盖资本、启赋资本等）建立起紧密的合作关系。在房地产开发之外，大华集团始终关注产品品质和客户体验。于2001年成立的上海名华工程建筑有限公司，具有房屋建筑工程施工总承包一级资质和建筑装修装饰工程专业承包一级资质；旗下的上海胜迁建筑装潢工程有限公司，具有建筑装饰装修工程设计与施工一级资质；于2000年成立的大华物业，是国家物业管理一级资质企业。

大华集团长期以高度的热情和社会责任投身慈善、公益事业，努力承担企业公民的社会责任，成立30多年来，在慈善和社会公益方面的累计捐赠超三亿元。在陕西省华阴市、岚皋县、宁陕县以及四川盐田县三元乡捐赠了 4 所大华希望小学；在新疆援建了 15 个卫生所。并于 2019 年正式成立大华公益基金会，更加全面深入地投身公益！大华集团积极投身体育事业的发展。为响应国家推进体育事业发展的号召，体现上海城市精神，2014 年 7 月，大华集团与上海体育职业学院、宝山区体育局三方共同组建成立了上海宝山大华女子篮球俱乐部，共同打造规范化、职业化的女子篮球俱乐部，为推动女篮运动的开展和普及，为振兴“中国女篮”，为上海乃至中国篮球事业的发展做出了自己的贡献。

历经多年的发展，大华集团连续多年荣膺“中国房地产百强企业”“上海企业 100 强”“中国房地产开发企业品牌价值 50 强”等荣誉。自 2003-2019 年连续荣获“上海市企业资信等级 AAA-”“上海纳税百强企业”“中国企业纳税 200 佳”“上海市守合同重信用企业”等重要奖项。大华集团作为中国城市更新运营商，伴着人类历史上最伟大的城市化浪潮，与时代并进，不忘初心、砥砺前行，大华将继续积极参与中国城市更新建设，焕新更美好的城市人居。

【复地产业发展集团】是复星生态系统的重要组成，是豫园股份旗下的城市功能产业板块，是兼具产业投资运营和蜂巢城市智造能力的平台型核心企业。

自 1994 年开始房地产业务以来，秉承“以人为蓝图”的经营理念，坚持为城市新兴中产阶层打造高性价比的生活、工作、休闲空间。十数年来，复地已经在上海、北京、武汉、南京、无锡、重庆、天津、杭州、大同等地，成功开发数十个项目。2004 年 2 月，复地在香港联交所 H 股主板上市，成功进入国际资本市场。经过多年的努力与积累，复地在房地产业界逐步形成了自身独特的核心竞争力：准确的产品定位能力、成熟的多项目管理能力、周转快速的资金运作能力以及完善的销售及服务体系。

2002 年，复地成立客户俱乐部--复地会，持续向客户提供不断完善的高品质服务。如今，复地会已在全国拥有了三万余位会员和百余家高品质的精选商家。同时，复地会也以丰富多彩的活动和高到达率的客户服务渠道，使客户与复地能及时进行有效沟通，并持续促进复地产品和服务的改善完美。经过不断努力，复地会已经成为复地与客户、与社会各界沟通交流的平台，通过倾听会员的心声、处理会员的建议，不断提升复地的产品、服务、管理，使"复地"品牌的附加值真正为广大会员所分享。

复地产发坚持复星的“蜂巢城市”理念，以“产城融合”模式与城市共成长，为亿万家庭客户提供持续不断的幸福场景体验和服务，致力于成为全国领先的“蜂巢城市智造家”和“幸福场景营造家”。

【上海东苑房地产开发(集团)有限公司】1993 年创建于上海，业务涉及房地产投资开发、商业资产管理、股权金融投资等多个领域。经过二十多年的发展，东苑集团已经成长为一家多元化的集团公司，产业遍及海内外多个城市及地区。

东苑集团秉承“精专、创新、责任、互动”的核心价值观，着力打造集房地产项目咨询、投资开发、规划设计、工程管理、营销策划和营运管理于一体的一站式解决方案，凭借先进的经营理念和经验丰富的专业团队，坚持为合作伙伴和客户提供高品质的项目服务。

2015 年，公司围绕“向服务型企业转型、向智慧型企业转变、向专业化企业升级”的发展战略，正式提出改革目标。未来，东苑集团将全力打造一个开放、共享、包容的合作发展平台，与体育、教育、文化、健康、旅游等产业有机融合，期望为员工、客户和社会创造更大的价值，继续为实现“做价值资源的整合者、做价值产品的创造者、做价值服务的缔造者”的企业愿景而不懈努力。

【旭辉集团】旭辉集团 2000 年成立于上海，其控股股东旭辉控股（集团）2012 年在香港主板整体上市，是一家以房地产开发为主营业务，定位于“美好生活服务商、城市综合运营商”的综合性大型企业集团。

成立近 20 年来，秉承“用心构筑美好生活”的使命，旭辉始终追求“有质量的发展”，目前集团业务遍布中国内地 80 个大城市及中国香港、日本、澳大利亚，累计开发项目逾 450 个，服务 30 万业主。2019 年合约销售规模突破 2000 亿，跻身中国房地产开发企业 500 强榜单 TOP14。

旭辉围绕着为客户提供美好生活的出发点，开展多元化业务，推动房地产生态圈的打造，借助房地产主业的优势，不断开拓创新，业务和关联公司的业务遍及社区生活服务、长租公寓、教育、养老、商业管理、建筑产业化、基金管理、工程建设、装配式装修等。其中永升服务 2018 年 12 月 17 日在港交所主板上市，聚焦客户满意度，致力于成为值得依赖的智慧社区生活服务商，截至 2019 年底签约面积超过 1 亿平方米，位列中国物业服务百强企业综合实力排名第 14 位。

展望未来，旭辉将以数字构建行业领导力，以科技开启业务创新，以专业匠心与人文情怀，不断为客户创造美好的生活体验，为中国城市发展尽绵薄之力。

【上海新松江置业(集团)有限公司】成立于 1997 年 3 月，最初由原县房管局、土地局的下属企业及有关单位整合而成，当时主要承担松江老城的改造和区级动迁安置房建设任务。2017 年 3 月，上海松江公共租赁住房投资运营有限公司整建制划入集团公司。截至目前，集团公司下属二级公司五家：上海松江公共租赁住房投资运营有限公司、上海市松江第一房屋征收服务事务所有限公司、上海松江住房租赁经营有限公司、上海城凯置业有限公司、上海广源房地产开发有限公司，其中，公租房公司和第一征收公司被区国资委列为重要子公司，城凯置业纳入集团本部统一管理。

公司目前主要承担以下四大工作职能：一是松江房屋经营管理服务，包括区级保障性住房的建设和筹措、全区公有房屋管理、全区公租房和人才公寓的建设管理运行、动拆迁及土地征收服务、住房修缮养护及居住房屋物业管理托底保障等；二是松江老城区的城市更新，包括“城中村”地块改造、历史街区的传承性改造等；三是市场租赁住房及房地产的开发建设；四是区财政性资金公建项目代建。

企业愿景：服务松江城乡建设，改善居民人居环境，履行企业社会责任，实现员工自身发展，与松江经济社会发展共成长。

企业十年目标：到 2027 年，集团公司资产总额达到 100 亿元，松江旧城改造全部完成；开发完成一系列代表松江特色的城市建筑、城市综合体，在松江南部新城等城市新中心拥有核心建筑群，打造“新松江”的全新城市名片，成为在上海市地域特色显著、规模适度、有一定影响力的国有企业集团。

【保集控股集团】成立于 1996 年，总部设在上海，是集地产、贸易、金融、产业为一体的多元化集团企业并在中国香港、日本、澳洲、法国、美国设有分（子）公司。集团以开发建设为基础，以运营和资本运作为两翼，以贸易和金融为驱动的“一体两翼”+金融助推的发展战略，致力于地产、大健康和智能制造产业的开发及运营，成为最值得信赖的城市服务运营商。

地产开发区域以上海、浙江等长三角城市为中心，深耕金华、南昌等城市。2015、2016 连续两年在金华区域，湖海塘项目和外滩项目分别获得区域年度销售冠、亚军；宁波区域保集蓝郡在象山获得区域年度销售第一名。集团在国内已进入 11 个城市，累计已计开发 30 多个项目，多个住宅项目获得省部级以上的奖项和表彰。2007 年，保集首次获评 “中国房地产百强企业”称号，2010-2017 年连续八年获评“中国房地产百强企业”。 2017 年获评中国产城生态运营商 TOP 45。目前，集团正围绕产城融合、产融结合，专注于城市更新和文旅、大健康、智能科技产业一体化的特色小镇建设。浙江武义 pk 竞艺小镇、云南腾冲文旅项目已经落地。

贸易聚焦实体自营贸易和全球化视野的大消费贸易业务，稳健提升中电业务、低风险套利业务；整合澳洲、日本、欧洲、美国等大消费资源，快速推进联盟合作，共同开展跨境电商业务。目前下属共计有 13 家贸易公司，业务涵盖军工、化工、建材等，积极探索互联网时代商业模式，推动贸易板块形成“服务平台+贸易+金融创新”的贸易新格局。

金融投资自 2011 年开始投资上海国和基金，目前已拥有华融、爱建、钜派 、民生、建行和农行等近 50 家合作机构和战略合作伙伴。集团按照“产业+基金+上市公司”的模式，已成立城市更新基金、产业投资基金、大健康产业基金和海外发展基金等四大类基金，大健康板块在香港上市，国内收购一家智能制造上市公司。

产业投资着力发展智能制造和大健康两大明星产业。智能制造围绕产业孵化、产业投资和产业服务，打造智能科技产业生态圈，在打通产学研、做实孵化器、海外收并购和与龙头企业创新合作等方面科学布局，稳步推进，三年内将在上海建成机器人、军民融合、法国中心等特色主题产业园。现已建成落地的保集 e 智谷位于宝山上海机器人产业园内，总占地约 300 亩，以智能制造为产业核心，集科技孵化、产品研发、金融商务服务三位一体，将建成总规模约 28 万方的智能科技产业新城，打造成为“基金+园区+互联网+上市公司”四位一体的上海市最大的智能制造营销集聚中心。保集 e 智谷已被批准为上海市生产性服务业功能区、中国产业互联网实践区、院士专家服务中心，2017 年被评为中国优秀产业园。

大健康产业目前已在香港上市，主要以“美好生活伊甸园”为主题，打造集聚全球顶级水平的健康养生、医养结合的社区、园区和机构，集团已整合瑞士、法国的高端养生资源和日本的养生养老运营公司。目前，位于上海市松江区佘山脚下的保集“富椿佘山”项目一期已经建成，将打造成国内一流、国际知名的高端养生社区。位于上海市闵行区的“椿邻梅陇”医养结合护理中心已正式运营。未来三年，将在腾冲、常德、张家界、武义和澳洲 Byron Bay 等城市进行开发复制，同时成立 50 亿大健康产业投资基金，投资和收购高端智能医疗产业、医疗服务机构和保险机构。

保集根据企业发展的内在需求，把职业教育作为为集团重点培育的战略业务。通过校企合作、政企合作，积极培养大健和智能科技产业优势人才。与上海交通大学国家健康研究院合作成立健康科学研究所，提供专家资源和技术支持以及专业医疗培训。与上海大学、华东师范大学、上海航天工业集团和中科院上海技术物理研究所联合发起成立的“上海创科智能制造研究院”，将打造成为国家级孵化平台和海外技术与国内市场需求对接的纽带。同时，保集在有关部门支持下，恢复上海中华职业指导所，配合双创推动职教的开展，创建国际教育沙龙。携手红狮国际教育集团共同发起成立“一带一路”国际教育联盟，努力打造高等直通车教育和培训平台，为人才强国战略添砖加瓦。

第五章　大事记（2019 年）

1 月

1月7日，上海首场土地拍卖落槌，位于浦东新区的6宗租赁住房用地以底价成交，共揽金22.6亿元。

1月19日，上海市人民政府发布《关于调整本市房产税房产原值减除比例的通知》（沪府规〔2019〕5号）。根据《中华人民共和国房产税暂行条例》等的规定，自2019年1月1日起，本市按照房产余值计算缴纳房产税的纳税人，房产原值减除比例调整为百分之三十。

2 月

2月19日，《上海市人民政府关于对本市增值税小规模纳税人减征部分地方税费的通知》发布。通知明确，从2019年1月1日至2021年12月31日，对增值税小规模纳税人一律按50%的幅度减免资源税、城市维护建设税、房产税、城镇土地使用税、印花税（不含证券交易印花税）、耕地占用税和教育费附加、地方教育附加。新政后，原适用增值税及附加税税率5.55%的区域，增值税及附加税税率调整为5.3%；新政后，原适用增值税及附加税税率5.45%的区域，增值税及附加税税率调整为5.25%。

3 月

3月5日，十三届全国人大二次会议在人民大会堂开幕，听取和审议国务院总理李克强关于政府工作的报告。政府将创新和完善宏观调控，坚持不搞“大水漫灌”式强刺激，稳步推进结构性去杠杆，稳妥处置金融领域风险，防控地方政府债务风险，改革完善房地产市场调控机制。

4 月

4月8日，发改委印发《2019年新型城镇化建设重点任务》的通知。要求各地要“突出抓好在城镇就业的农业转移人口落户工作，推动1亿非户籍人口在城市落户目标取得决定性进展，培育发展现代化都市圈，推进大城市精细化管理，支持特色小镇有序发展，加快推动城乡融合发展，实现常住人口和户籍人口城镇化率均提高1个百分点以上。”

4月19日，中央政治局会议重申“房住不炒”定位，要求落实好一城一策、因城施策、城市政府主体责任的长效调控机制。

5月

5月1日起，崇明开始实行《崇明区绿色建筑管理办法》，要求崇明区的新建商品住宅（三层及以下的低层住宅除外），以及保障性住房中的廉租住房、公共租赁住房应实行全装修交付，打造绿色发展的“上海样本”。崇明成为郊区中第一个告别“毛坯房”的区域，原先“新建商品住宅全装修交付（三层及以下的低层住宅除外）”的规定只适用于外环线以内。未来，全装修有望成为“绿色建筑”的标配。

5月7日，住房和城乡建设部、国家发展改革委、财政部、自然资源部四部门印发《关于进一步规范发展公租房的意见》。意见指出，要分类合理确定准入门槛，针对不同困难群体，合理设置准入条件，采取适当的保障方式和保障标准。

6月

6月13日，财政部、税务总局联合印发《关于个人取得有关收入适用个人所得税应税所得项目的公告》（财政部税务总局公告2019年第74号），公告共五条，其中第二条明确房屋产权所有人将房屋产权无偿赠予他人的，受赠人因无偿受赠房屋取得的受赠收入，按照“偶然所得”项目计算缴纳个人所得税。

7月

7月30日，中共中央政治局召开会议部署下半年经济工作。关于房地产方面，会议次明确“不将房地产作为短期刺激经济的手段”。这意味着对于房地产市场，定位还是要强化居住因素，以及合理的消费需求，而不应该与经济刺激做过多挂钩。这一表态，也对于引导市场行为和预期有积极作用。

8 月

8月6日，国务院印发《中国（上海）自由贸易试验区临港新片区总体方案》，临港自贸新片区正式官宣，并透露临港新片区将支持特殊政策，包括人才“居转户”年限缩短，限购微调等。人才“居转户”（居住证转户籍）年限从原来的7年缩短到5年，核心人才进一步缩短到3年。另外，我们为外国人来新片区工作创造便利条件等，对于非本市户籍人才购房资格，由居民家庭调整为个人。而且，原来的政策是购房需要缴纳个税或者社保年限要有5年，新片区缩短到3年。新政的出台直接导致区域内房地产价格的上涨。

8月26日，中国人民银行发布公告〔2019〕第16号。为坚决贯彻落实“房子是用来住的，不是用来炒的”定位和房地产市场长效管理机制，在改革完善贷款市场报价利率（LPR）形成机制过程中，确保区域差别化住房信贷政策有效实施，保持个人住房贷款利率水平基本稳定，维护借贷双方合法权益。

9 月

9月26日，住房和城乡建设部部长王蒙徽在庆祝中华人民共和国成立70周年活动举办的新闻发布会上表示，我国住房制度改革不断深化，保障性安居工程加快推进，累计建设各类保障性住房和棚改安置住房8000多万套，帮助2亿多群众解决了住房困难，建成了世界上最大的住房保障体系。为了促进实现全体人民住有所居，下一步我国将加快完善住房保障体系和住房市场体系，大力发展和培育住房租赁市场，加快解决城镇中低收入居民，特别是新市民住房问题。

10 月

10月8日，新发放商业性个人住房贷款利率换锚，利率以最近一个月相应期限的贷款市场报价利率(LPR)为定价基准加点形成。而在此之前，按揭利率是以央行公布的一年期贷款基准利率为基础，上浮或下调确定。房贷利率挂钩LPR之后，上海当前执行房贷利率初步为首套个人住房贷款利率不低于相应期限LPR减20基点，二套个人住房贷款利率不低于相应期限LPR加60基点。

10月8日，上海市人民政府关于印发《上海市公有住房差价交换办法》的通知（沪府发〔2019〕19号），对本市户籍家庭拥有2户（套）及以上住房（包括公有住房承租权和住房产权）的，不得再通过差价换房方式，取得公有住房承租权。

10月30日，上海浦东前滩江悦名庭460套房源，认筹数达到980组，“千人摇”再次上演。前滩本是隶属于浦东三林的一块荒地，但正是这块荒地，在浦东新区投入百亿之后，迎来了勃勃生机，前滩的定位，一下成了第二个陆家嘴、世界级的商务中心。

11月

11月19日，上海政府网站公示《关于调整本市普通住房标准的通知》有效期继续延长5年。这意味着，自2014年11月20日起执行的上海普通住宅标准，将延续到2024年。

11月20日，上海市临港新片区管委会发布《中国（上海）自由贸易试验区临港新片区支持人才发展若干措施》，对符合一定条件的非本市户籍人才，购房资格由居民家庭调整为个人，可购买新片区商品房一套。并且，新片区将缩短非本市户籍人才在新片区购房缴纳个人所得税或社会保险金的年线，将自购房之日前连续缴纳满5年及以上，调整为连续缴纳满3年及以上。三是新片区将缩短“居转户”年限。已在新片区工作不少于3年的，“居转户”年限由7年缩短为5年，符合新片区重点产业布局、经新片区管委会推荐的用人单位的核心人才，且已在新片区工作不少于2年的，“居转户”年限由7年缩短为3年。

12月

12月1日，中共中央国务院《长江三角洲区域一体化发展规划纲要》印发，长三角城市群一体化进程加速。人工智能、集成电路、生物医药、高端装备、新能源、新材料、新能源汽车等产业规划，新轨交、新机场、新磁悬浮等交通规划的出台，让长三角的发展前景备受看好，房企也开始在长三角频繁拿地。

12月25日，中共中央办公厅国务院办公厅印发《关于促进劳动力和人才社会性流动体制机制改革的意见》。全面取消城区常住人口300万以下的城市落户限制，全面放宽城区常住人口300万至500万的大城市落户条件。完善城区常住人口500万以上的超大特大城市积分落户政策，精简积分项目，确保社会保险缴纳年限和居住年限分数占主要比例。

第六章　房地产开发企业

一、一级资质

编号	企业名称	法人
1	上海铁路房地产开发经营有限公司	徐益
2	保利置业集团有限公司	张炳南
3	经纬置地有限公司	陈经纬
4	上海嘉宝实业（集团）股份有限公司	张雪和
5	大华（集团）有限公司	金惠明
6	天地源股份有限公司	袁旺家
7	上海城建置业发展有限公司	周松
8	上海景瑞地产（集团）股份有限公司	徐海峰
9	上海万科企业有限公司	王昂
10	旭辉集团股份有限公司	陈东彪
11	上海绿洲投资控股集团有限公司	赵晓波
12	上海城投置地(集团)有限公司	陈晓波
13	上海永业企业(集团)有限公司	戴金梁
14	上海中星（集团）有限公司	卢云峰
15	上海城开（集团）有限公司	黄海平
16	上海中房置业股份有限公司	桂国杰
17	上海中虹（集团）有限公司	徐廉芳
18	绿地控股集团有限公司	张玉良
19	农工商房地产（集团）股份有限公司	沈宏泽
20	上海房地产经营（集团）有限公司	王斌
21	中华企业股份有限公司	朱嘉骏
22	上海西部企业（集团）有限公司	江蕾
23	上海市漕河泾新兴技术开发区发展总公司	张黎明
24	上海中环投资开发（集团）有限公司	胡礼刚
25	上海静安地产（集团）有限公司	刘毅
26	上海实业发展股份有限公司	曾明
27	山东钢铁集团房地产有限公司上海分公司	田发永

二、二级资质

编号	企业名称	法人
1	上海新发展房地产开发有限公司	DING FURU
2	上海宝冶集团有限公司	高武久
3	上海同济房地产有限公司	俞卫中
4	上海外高桥新市镇开发管理有限公司	孙晨胜
5	上海上南房产有限公司	吴玲莺
6	上海周康房地产有限公司	张宏
7	上海亚通置业发展有限公司	沈建良
8	上海罗南房地产有限公司	袁强
9	上海海港新城房地产有限公司	唐浩
10	华鑫置业（集团）有限公司	陈靖
11	上海住联实业（集团）有限公司	朱卫杰
12	上海南房（集团）有限公司	陈椰明
13	上海城申置业有限公司	金惠东
14	上海大众房地产开发经营公司	杨国平
15	上海申能能创能源发展有限公司	姚志坚
16	中国二十冶集团有限公司	樊金田
17	上海飞士房地产开发经营有限公司	赵冲
18	绿地地产集团有限公司	张玉良
19	上海乾首置业有限公司	胡敏
20	上海金外滩（集团）发展有限公司	陈永亮
21	上海华谊集团房地产有限公司	倪永盛
22	上海周房置业有限公司	王翔宇
23	上海康都置业有限公司	金仁友
24	上海金臣房地产发展有限公司	顾备军
25	上海中骏置业有限公司	彭飞
26	上海大发房地产集团有限公司	葛一暘
27	中铁置业集团上海有限公司	刘向前
28	上海奉贤城乡建设投资开发有限公司	曹辉
29	灿辉置业（上海）有限公司	杜利军
30	上海海展实业（集团）有限公司	施建东
31	上海金桥（集团）有限公司	沈能
32	上海浦发租赁住房建设发展有限公司	程刚
33	上海虹房(集团)有限公司	张作理
34	上海鹏欣房地产（集团）有限公司	彭毅敏
35	上海陆家嘴（集团）有限公司	李晋昭
36	上海浦策房地产开发有限公司	李祥
37	上海市外高桥保税区新发展有限公司	张浩
38	上海汉石投资管理有限公司	姚培明
39	上海佳运置业有限公司	沈仁兴

40	上海申昶房地产开发有限公司	盛凤祥
41	阳光城集团上海置业有限公司	江河
42	复地（集团）股份有限公司	王基平
43	上海崇裕置业发展有限公司	徐忠豫
44	上海红星美凯龙房地产集团有限公司	楼超钢
45	上海地产住房保障有限公司	樊惠敏
46	上海信达银泰置业有限公司	李斌星
47	上海凯迪企业(集团)有限公司	钱汉新
48	上海锦绣华城房地产开发有限公司	陈宁
49	上海建工房产有限公司	李昇辉
50	上海新黄浦实业集团股份有限公司	赵峥嵘
51	上海陆家嘴金融贸易区开发股份有限公司	李晋昭
52	上海红星美凯龙置业有限公司	徐国峰
53	上海如垚科技发展有限公司	葛建军
54	上海振龙房地产开发有限公司	刘子英
55	上海汇成房产经营有限公司	韩军
56	上海三湘（集团）有限公司	许文智
57	上海宝恒置业有限公司	王伟
58	上海北蔡房地产发展有限公司	顾桂兴
59	上海贝越实业有限公司	贝秋荣
60	上海张江高科技园区开发股份有限公司	刘樱
61	上海新长宁（集团）有限公司	倪尧
62	上海地产（集团）有限公司	冯经明
63	上海东方明珠房地产有限公司	曹志勇
64	通用地产（上海）有限公司	郭丽强
65	上海张江房地产有限公司	倪伟忠
66	上海张江（集团）有限公司	袁涛
67	万达地产集团有限公司	齐界
68	江南造船集团（上海）房地产开发经营有限公司	杨青海
69	上海建都房地产开发有限公司	万石龙
71	上海来亚达置业发展有限公司	陈国宝
72	上海高屋置业有限公司	沈平
73	上海城投资产管理（集团）有限公司	沈坚
74	上海市龙峰企业集团有限公司	任国龙
75	上海鑫泰房地产发展有限公司	沈际文
76	上海维卓建设发展有限公司	李伟
77	上海奉贤城建（集团）有限公司	唐爱国
78	上海罗店房地产有限责任公司	吴杰
79	上海凯通置业有限公司	程宏利
80	上海华飞投资集团股份有限公司	石骏
81	上海极富房地产开发有限公司	张宁
82	上海乾溪置业总公司	朱红兵
83	上海浦东发展置业有限公司	陶维明
84	上海金山房屋建设集团有限公司	薛国龙
85	上海恒大房产股份有限公司	任军
86	上海南汇房地产开发经营有限公司	周冬
87	上海外高桥集团股份有限公司	刘宏
88	上海海东房地产有限公司	屈国明
89	上海临港新城投资建设有限公司	陆颖青
90	上海张江高科技园区置业有限公司	张雷
91	上海顾村房地产开发（集团）有限公司	沈震宇
92	上海外高桥保税区联合发展有限公司	张浩
93	上海山川置业有限公司	贺方建
94	上海东航投资有限公司	王晓颖
95	上海崇明房地产开发有限公司	陈浪
96	上海市浦东新区房地产交易市场有限公司	高幸奇
97	上海云翔置业有限公司	茅剑冬
98	上海五隆置业发展有限公司	谢金雄
99	上海象屿置业有限公司	胡新立
100	上海信筑置业有限公司	杨鸿
101	上海朱家角房地产发展有限公司	蔡利平
102	上海鑫置置业有限公司	付锦治
103	上海市宝山区房产经营公司	陈燕
104	上海申亚投资控股（集团）有限公司	李忠
105	上海申马房地产实业有限公司	沈家庆
106	上海崇明生态城镇房地产开发有限公司	黄飞荣
107	上海上实城市发展投资有限公司	唐钧
108	上海新富港房地产发展有限公司	郑甫
109	上海中建八局投资发展有限公司	江岩
110	上海颐和置业有限公司	陶唐清
111	上海华伦房地产开发有限公司	黄冲
112	上海明师房地产开发有限公司	蒋利江
113	上海祝桥新镇投资发展有限公司	阮菊明
114	正荣地产控股股份有限公司	刘伟亮
115	上海营巢房产开发有限公司	王新其
116	上海中融置业集团有限公司	倪召兴
117	上海金盘房地产有限公司	胡立新
118	上海江海置业有限公司	谢刚
119	上海祁连房地产开发总公司	朱红兵
120	上海意得实业投资有限公司	林汝琴
121	上海浦程房地产发展有限公司	丁建祖

122	上坤置业有限公司	盛剑静
123	上海泉山房地产开发有限公司	陶基劲
124	上海新崇房地产开发有限公司	张俊
125	上海达安企业股份有限公司	耿毅
126	上海东上海联合置业有限公司	龚晨宇
127	上海嘉定城发置业有限公司	李洪
128	上海千秋置业股份有限公司	杨敏杰
129	上海国际汽车城（集团）有限公司	陈钢
130	上海同丰房地产开发有限公司	袁卫灵
131	上海鑫昌房地产开发经营有限公司	俞长仁
132	上海东方城市花园有限公司	山佳明
133	上海朋大置业有限公司	张卫娟
134	上海通城房地产经营开发有限公司	朱建芳
135	上海地纬（集团）股份有限公司	郁鑫
136	上海浦东星河湾房地产开发有限公司	孙小烈
137	上海吉联房地产开发经营有限公司	陈鹃
138	上海浦东伟业房地产开发有限公司	张建良
139	上海平土实业（集团）有限公司	李彦斌
140	东方国际集团上海外经贸房地产开发经营有限公司	康蹼
141	上海嘉定区住宅建设综合开发有限责任公司	马鸿飞
142	上海昌鑫（集团）有限公司	陈招贵
143	上海三林房地产开发经营有限公司	全晓军
144	上海陆洋经济联合发展有限公司	马友良
145	中廷建设工程有限公司	潘建根
146	上海明兴房地产开发经营有限公司	黄汉兴
147	上海万业企业股份有限公司	朱旭东
148	上海金桥房地产发展有限公司	杨蔷芳
149	上海永和房地产有限责任公司	杨永法
150	上海刚泰置业集团有限公司	王仁忠
151	上海花木房地产开发经营公司	钱向荣
152	农工商房地产集团上海虹阳投资有限公司	张军
153	上海锦江国际地产有限公司	邵晓明
154	上海中福置业控股集团有限公司	胡培毅
155	上海界龙房产开发有限公司	王爱红
156	上海市浦东新区房地产(集团)有限公司	张毅
157	上海金山国际贸易城市场经营管理有限公司	夏灵勇
158	上海华能天地房地产有限公司	陶永生
159	上海永圣房地产有限公司	沈俞
160	上海华鑫股份有限公司	李军
161	上海盛青房地产发展有限公司	陈晓燕
162	上海界龙联合房地产有限公司	王爱红
163	上海丽华投资发展有限公司	郁玉生
164	上海国际汽车城产业发展有限公司	陈钢
165	上海广昊房产集团有限公司	夏品云
166	上海康月投资管理有限公司	金毅
167	上海捷博房地产发展有限公司	沈斌
168	上海金韵房地产发展有限公司	张士忠
169	上海瑞虹新城有限公司	李日清
170	上海港房地产经营开发公司	范长清
171	上海宏润地产有限公司	鲁红兵
172	上海龙仓置业有限公司	陈万磊
173	上海隧峰房地产开发有限公司	郭亮
174	上海西郊庄园企业（集团）有限公司	王树清
175	上海同盛投资集团房地产有限公司	胡晨
176	上海古北（集团）有限公司	凌晓洁
177	上海日月明房地产开发(集团)有限公司	盛卿
178	上海中建申拓投资发展有限公司	何朱意
179	上海环城置业发展有限公司	谢亚文
180	上海弘久实业集团有限公司	洪根云
181	上海蔚蓝置业有限公司	宣卫华
182	上海天歌置业有限公司	陆彦臣
183	上海言青房产开发有限公司	许成旺
184	上海长甲置业有限公司	赵长甲
185	上海蓝印实业有限公司	高幸奇
186	上海东波房地产开发经营有限公司	黄稚燕
187	上海徐房（集团）有限公司	华茂
188	华丽家族股份有限公司	王伟林
189	上海中暨置业有限公司	黄琼华
190	上海绍盛房地产发展有限公司	娄冬虎
191	上海安裕置业有限公司	胡兵
192	上海正阳投资集团有限公司	邹建明
193	上海杨浦置地有限公司	黄坚勤
194	上海外滩投资开发(集团)有限公司	周旭民
195	上海复兴建设发展有限公司	丁兰弟
196	上海百倍置业有限公司	李文新
197	舜元控股集团有限公司	陈炎表
198	上海隽翔房地产开发有限公司	蔡玉芝
199	上海福产置业有限公司	张奕彬
200	上海华门置业有限公司	杨梅
201	中信地产(上海)投资有限公司	齐大鹏
202	上海金工企业发展有限公司	陈晓娟

203	上海金山土地开发服务有限公司	陈江华
204	上海市上投房地产有限公司	钟涛
205	龙盛置地集团有限公司	阮兴祥
206	上海洲海房地产开发有限公司	王军
207	上海莘闵宝铭房地产开发有限公司	王荣铭
208	上海古树园实业集团有限公司	谭文华
209	新保辉企业发展有限公司	林隆彬
210	上海隆宇企业发展有限公司	钱思解
211	上海金镇城镇建设发展有限公司	俞高强
212	上海民强投资（集团）有限公司	杨春
213	上海华拓房地产集团有限公司	孙林珍
214	上海阳光欧洲城投资发展集团有限公司	杨文龙
215	上海市黄浦区房地产开发实业总公司	邓伟民
216	上海原脉房地产开发有限公司	池通林
217	上海江桥城市建设投资有限公司	李劲
218	上海松江新城投资建设集团有限公司	钱锋
219	上海中冶成工置业有限公司	周青平
220	上海国飞绿色置业有限公司	严养龙
221	上海锦威房产开发经营集团有限公司	陈炎荼
222	上海新发展新团房地产开发有限公司	葛建军
223	上海贵来房产发展有限公司	徐桂来
224	上海电子商城有限公司	吴联韬
225	上海徐泾房地产有限公司	邵国旗
226	上海豪都房地产开发经营有限公司	屠海鸣
227	上海汇达建设发展实业有限公司	严建华
228	上海金山新城区建设发展有限公司	吴珺
229	上海海欣建设发展有限公司	冯克宇
230	上海云间房地产开发有限公司	沈利华
231	上海同进置业有限公司	孙益功
232	上海仁杰河滨园房地产有限公司	周铁群
233	上海西上海集团置业有限公司	潘厚泉
234	上海华盛建设(集团)有限公司	陈华
235	上海松江新城建设工程服务有限公司	沈永毅
236	上海枫枫房地产置业有限公司	方国良
237	上海松江方松建设投资有限公司	韩杰
238	上海华业房地产发展有限公司	陆国先
239	上海中惠投资控股有限公司	张剑
240	上海骏丰物业有限公司	衣振涛
241	上海华江建设发展有限公司	李瑞超
242	上海嘉定城市建设投资有限公司	陈晓东
243	中国中建地产有限公司	陈颖
244	上海朋鑫房地产有限公司	汪峰
245	上海张江微电子港有限公司	刘樱
246	上海松腾置业有限责任公司	沈林锋
247	上海中亚城市建设综合开发公司	朱明胜
248	上海兴海房产综合开发有限公司	高鹏
249	上海允申置业有限公司	相迪龙
250	上海金沪投资集团有限公司	黄少荣
251	上海金山卫房地产经营有限公司	蒋国权
252	上海汽车工业房地产开发有限公司	陈德美
253	上海住宅科技置业发展有限公司	钱国忠
254	上海豫园商城房地产发展有限公司	茅向华
255	金大元集团（上海）有限公司	奚复明
256	上海松山房地产开发有限公司	张义才
257	上海莘盛发展有限公司	叶立培
258	上海吉富绅置业集团有限公司	斯朝富
259	上海致达建设发展有限公司	严彭丰
260	上海仓桥房产经营有限公司	唐菊芳
261	上海电力房地产有限公司	盛月桂
262	上海爱建集团股份有限公司	王均金
263	上海证大置业有限公司	陈锋
264	上海保利佳房地产开发有限公司	夏文伟
265	上海盛大房地产开发有限公司	石建极
266	上海爱家豪庭房地产集团发展有限公司	薛萍
267	上海奉贤住宅建设有限公司	蔡立
268	上海天祥华侨城投资有限公司	陈运根
269	智富企业发展（集团）有限公司	严宝明
270	上海联鑫房地产有限公司	蔡材佳
271	上海盛源房地产(集团)有限公司	黄平
272	上海金牛房地产有限公司	陈小军
273	上海巨龙房地产有限公司	戚时明
274	上海中星集团新城房产有限公司	沈伯霖
275	上海诚建建设投资有限公司	王华惠
276	上海东苑房地产开发（集团）有限公司	侯抗胜
277	上海明泉企业（集团）有限公司	王云
278	上海临港松江科技城投资发展有限公司	刘德宏
279	上海总泉置业有限公司	陈立群
280	上海建德企业（集团）有限公司	周志成
281	上海保利建锦房地产有限公司	刘文生
282	上海康妙置业有限公司	任燕洁
283	上海建佳房地产开发有限公司	胡煜
284	上海慧创现代服务园发展有限公司	丁雪祥

285	上海万千投资开发有限公司	范俊贵
286	上海振华房地产开发经营有限公司	莫少幸
287	上海市工业系统房地产联合总公司	陆伟东
288	上海莲森实业（集团）有限公司	马献平
289	上海东紫房地产发展有限公司	邵东明
290	上海晟地集团有限公司	张朝阳
291	上海市机电工业房地产公司	黄承荣
292	上海不夜城联合发展（集团）有限公司	赵茂云
293	上海市机电工业房地产公司	黄承荣
294	上海不夜城联合发展（集团）有限公司	赵茂云
295	上海运杰置业有限公司	陈祖新
296	上海万科长宁置业有限公司	高涵
297	上海华敏置业（集团）有限公司	蔡忠儒
298	上海高远置业（集团）有限公司	高荣成
299	上海市北高新（集团）有限公司	罗岚
300	上海兴城建设发展有限公司	张易
301	上海祥腾投资有限公司	于教清
302	上海众众房地产开发有限公司	吴嘉禄
303	上海维罗纳置业发展有限公司	董希用
304	上海黄浦建设发展（集团）有限公司	李汉林
305	上海陆家嘴东城开发有限公司	徐而进
306	上海友谊集团置业有限公司	浦静波
307	上海三盛房地产（集团）有限责任公司	胡光伟
308	上海新梅房地产开发有限公司	李勇军
309	上海广顺房地产开发公司	钱刚
310	上海大家置业有限公司	刘跃明
311	上海泰宇房地产(集团)有限公司	黄贤芳
312	上海金房置业有限公司	谢鹤鸣
313	上海珠江投资集团有限公司	林海涛
314	上海闵行置业发展有限公司	华允弟
315	上海嘉实房地产发展有限公司	章亦男
316	上海东方金马房地产有限公司	唐阿敏
317	上海金鹏房地产开发有限公司	金维幸
318	上海康发房产经营有限公司	薛晓容
319	上海绿洲房地产（集团）有限公司	陆振华
320	上海高新房地产发展有限公司	蒋国兴
321	上海新城万嘉房地产有限公司	唐云龙
322	上海恒信源置业有限公司	顾仁源
323	上海望源房地产开发有限公司	季宝红
324	上海桥升商贸置业有限公司	陈红
325	上海房地（集团）有限公司	徐国平
326	上海国际汽车城置业有限公司	郭守林
327	上海华纺房地产发展有限公司	朱鑫彪
328	上海石化城市建设综合开发有限公司	周潜
329	上海万临置业有限公司	季鹤圣
330	上海圣陶沙置业有限公司	郭聪聪
331	上海山鑫置业有限公司	吴振来
332	上海浦陈房地产开发经营有限公司	陈帮建
333	上海中通置业(集团)有限公司	袁佳旺
334	上海市嘉定区建设工程（集团）有限公司	朱参参
335	上海山阳房产开发有限公司	朱龙明
336	上海嘉房置业发展有限公司	邵星
337	上海曹峰置业有限公司	王凌霄
338	上海物资集团房地产有限公司	张健
339	上海爱家置业集团有限公司	恭惠琴
340	上海漕河泾开发区高科技园发展有限公司	顾伦
341	上海沙田房地产开发有限责任公司	梁振民
342	上海中盛房地产有限公司	张宗宝
343	上海中建房产(集团)有限公司	李永芬
344	上海静安置业股份有限公司	龚晓栋
345	上海明旺房地产有限公司	唐修旺
346	上海莘松房地产有限公司	陆向军
347	上海莘闵房地产有限公司	王荣铭
348	上海兴盛实业发展（集团）有限公司	张兴标
349	上海联益房地产实业公司	张晓霖
350	上海杨浦滨江投资开发有限公司	左卫东
351	上海青浦房地产有限公司	王家桢
352	上海中汇投资发展总公司	贺英勃
353	上海欣正房地产开发经营有限公司	皋也鸣
354	上海市静安区房地产开发经营有限公司	龚晓栋
355	上海永业股份有限公司	戴金梁
356	上海新申房产建设有限公司	陶月平

三、三级资质

编号	企业名称	法人
1	上海杨浦房地产开发经营有限公司	袁建森
2	上海心圆房地产开发有限公司	潘维慧
3	上海六合房地产有限公司	董建军
4	上海临港泥城经济发展有限公司	黄吉仁
5	上海浦东富成房地产有限公司	唐钟录
6	上海东北明园实业发展有限公司	李松坚
7	上海展博置业有限公司	何小涛

8	上海中建一局集团投资发展有限公司	冯志海
9	上海文基置业有限公司	卢定娣
10	上海海辉房地产有限公司	李滨
11	上海富盛经济开发区开发有限公司	张振飞
12	上海绿庭房地产开发有限公司	俞乃奋
13	上海浦东现代产业开发有限公司	俞勇
14	中电科（上海）置业发展有限公司	孙观茂
15	上海浦东金三角房地产实业有限公司	厉瞬敏
16	上海中建东孚投资发展有限公司	韩文东
17	上海中城企业集团房地产有限公司	赵越莉
18	长城国富置业有限公司	张斌
19	上海鹏欣(集团)有限公司	姜照柏
20	上海康桥实业发展（集团）有限公司	汤柳鹊
21	上海中万置业投资有限公司	任国龙
22	上海富润房地产发展有限公司	徐荣璞
23	上海大豪城乡建设有限公司	徐文华
24	上海真如城市副中心发展有限公司	杜春文
25	上海张江集成电路产业区开发有限公司	何大军
26	上海新高桥开发有限公司	孙晨胜
27	上海龙灶置业有限公司	张玉昌
28	中船置业有限公司	雷凡培
29	上海万源房地产开发有限公司	叶维琪
30	上海甬申置业有限公司	唐志华
31	瑞诗房地产开发（上海）有限公司	肖丽萍
32	上海江兴置业有限公司	邵毅
33	上海玉宇房地产开发有限公司	朱昌言
34	上海筑成房地产有限公司	林希
35	上海新练塘城建开发有限公司	蒋利峰
36	上海恒谷置业有限公司	方刚
37	上海祁华房地产开发有限公司	金建明
38	华侨城（上海）置地有限公司	袁静平
39	上海浦东软件园股份有限公司	谢庆华
40	上海揽海房地产开发有限公司	贾鹏翔
41	上海自贸区联合发展有限公司	孙仑龙
42	上海张江医疗器械产业发展有限公司	楼琦
43	上海东升置业发展有限公司	朱怡
44	上海漕河泾康桥科技绿洲建设发展有限公司	丁桂康
45	上海袭明房地产开发有限公司	冯国良
46	上海一方置业发展有限公司	唐宇游
47	上海富珩置业有限公司	郑辉
48	上海建工东煦房产有限公司	朱立
49	上海秀弛实业有限公司	张燕琦
50	天健置业（上海）有限公司	郭永平
51	览海控股（集团）有限公司	密春雷
52	上海铧发创盛置业有限公司	张正林
53	上海一通置业有限公司	徐金妹
54	上海世博土地控股有限公司	蒋振华
55	上海万宇房地产（集团）有限公司	王素云
56	上海浦发升荣房地产开发有限公司	宋林俊
57	上海汇郡投资有限公司	姚志坚
58	上海金桥出口加工区房地产发展有限公司	王颖
59	上海奉贤正阳置业有限公司	李明宝
60	上海深长城地产有限公司	董子昭
61	上海地杰置业有限公司	任军
62	上海康实置业有限公司	汤柳鹊
63	上海昊川置业有限公司	颜晟
64	上海庙行房地产开发经营公司	朱国忠
65	上海融御置地有限公司	袁俊杰
66	上海临港万祥经济发展有限公司	唐旭波
67	上海贡霄房地产开发有限公司	蔡为超
68	上海安居房产开发有限责任公司	蔡丽萍
69	上海万业企业宝山新城建设开发有限公司	朱旭东
70	上海锦和置业有限公司	郁敏珺
71	上海市城镇建设发展有限公司	游玉云
72	上海凤翔房地产开发有限公司	蔡云
73	绿地集团上海青浦置业有限公司	陈增荣
74	上海三迪房地产开发有限公司	郭加迪
75	上海保利建慑房地产有限公司	傅小君
76	上海康桥房地产开发经营有限公司	沈惠中
77	上海金倍置业有限公司	吴巧龙
78	上海硕诚置业有限公司	蔡立彬
79	上海两港装饰材料城有限公司	胡景荣
80	上海临港经济发展集团资产管理有限公司	顾伦
81	上海临港经济发展(集团)有限公司	袁国华
82	上海龙江房地产开发有限公司	潘维慧
83	上海立地房地产有限公司	陈炎荼
84	上海悦达房地产发展有限公司	何大志
85	上海中金房地产（集团）有限公司	周传有
86	上港集团瑞泰发展有限责任公司	杨智勇
87	上海诚建建设实业有限公司	王华杰
88	上海南方国际购物中心（集团）有限公司	王雁
89	上海市徐汇区城市建设投资开发有限公司	丁建华

90	上海春郭房地产开发有限公司	施跃鸣
91	上海新崇建设发展有限公司	张俊
92	上海九韵置业有限公司	俞建尧
93	上海潼港置业有限公司	徐赐祥
94	上海月浦房地产开发有限责任公司	陈卫
95	上海彩虹房地产有限公司	陈建彬
96	上海尚合物业发展有限公司	彭中州
97	上海金隅大成房地产开发有限公司	周正予
98	上海国际汽车城同济科技园有限公司	戴大勇
99	上海中瀚置业有限公司	唐甬涛
100	上海欧美亚置业有限公司	林国弟
101	上海嘉定区房地产（集团）股份有限公司	陈爱民
102	上海古胤置业有限公司	马达东
103	好一家（上海）投资发展有限公司	赖家程
104	上海漕河泾开发区经济技术发展有限公司	张黎明
105	上海麦格茂置业有限公司	赵向伟
106	上海宝筑房地产开发有限公司	夏锋
107	金茂(上海)置业有限公司	陶天海
108	上海远汇置业有限公司	贾鹏翔
109	上海振河房地产开发有限公司	王良河
110	上海东翼房产有限公司	朱伟
111	中铁房地产集团华东有限公司	马建军
112	上海荣惠置业有限公司	屈国明
113	上海浦东川城房地产经营开发有限公司	杨秋菊
114	上海市银行卡产业园开发有限公司	闵浩
115	上海康德利房地产经营有限公司	林锡跃
116	上海万科投资管理有限公司	张海
117	上海长宁房地产经营有限公司	封汶璟
118	上海川杰置业有限公司	黄永良
119	上海东方明珠置业有限公司	曹志勇
120	冠丰(上海)房地产发展有限公司	查懋诚
121	上海安居晟坤房地产开发经营有限公司	陈谈
122	上海长宁公共租赁住房运营有限公司	左静
123	上海协信远定房地产开发有限公司	冯新彦
124	上海远运投资管理有限公司	冯新彦
125	上海东豫房地产开发经营有限公司	高幸奇
126	上海康桥正阳投资有限公司	张红艳
127	华润（上海）房地产开发有限公司	张红艳
128	上海丰扬房地产开发有限公司	祁彦龙
129	上海品兴房地产开发有限公司	张建国
130	华润超智房地产开发有限公司	王昕轶
131	上海保集置业有限公司	刘文忠
132	上海新湾投资发展有限公司	赵毓蘅
133	上海城投悦城置业有限公司	李尚明
134	上海中江房地产发展有限公司	葛志超
135	上海宝静置业有限公司	王玮
136	上海闵行房地（集团）有限公司	华允弟
137	上海龙锡置业有限公司	谈龙彬
138	上海骏丰置业发展有限公司	关惠勤
139	上海安都房地产发展有限公司	张杏元
140	上海东鹤房地产有限公司	童彬彬
141	上海华神置业发展有限公司	马兴忠
142	上海亿丰置业有限公司	张风良
143	振丰（上海）有限公司	姚征
144	上海陆家嘴城市建设开发投资有限公司	郭嵘
145	上海隆济建设发展有限公司	樊为中
146	上海招商奉瑞置业有限公司	蒋铁峰
147	上海久青房地产开发经营有限公司	金涛
148	上海三友房地产有限公司	沈文辉
149	上海金罗店开发有限公司	任晓威
150	上海九城置业有限公司	侯彬
151	上海恒杰房地产开发有限公司	朱益民
152	上海申东房地产开发有限公司	富心荧
153	上海盛帆房地产开发有限公司	盛明其
154	上海明诸实业有限公司	章巨焕
155	上海复旦软件园建设有限公司	杨顺发
156	上海汇华房地产有限公司	钱荣德
157	上海尚晋实业有限公司	黄奕雄
158	上海祖鼎实业有限公司	范骏
159	上海东扬房地产开发有限公司	高幸奇
160	上海培润实业发展有限公司	邓基秀
161	上海兴吉房地产开发有限公司	郭翼
162	上海禹洲房地产投资有限公司	刘湄煌
163	盛旅置业（上海）有限公司	钟浩
164	上海香溢房地产有限公司	王根宝
165	上海双拥文化园投资开发有限公司	张敏
166	上海万峰房地产有限公司	黄秀文
167	上海海燕房地产经营有限公司	瞿世华
168	长江联合置地有限公司	蒋伟松
169	上海裕生房地产发展有限公司	倪思礼
170	上海新湖房地产开发有限公司	黄立程
171	上海宏城房地产开发有限公司	高国武

172	上海博佳房地产开发有限公司	应立富
173	上海迎博房地产开发有限公司	刘剑安
174	上海嘉城兆业房地产有限公司	陈哲臻
175	上海中地圣世置业有限公司	苏沪光
176	上海众合地产开发有限公司	李昂
177	上海黄浦投资（集团）发展有限公司	郑小灿
178	上海恒成置业发展有限公司	张方明
179	上海建创置业有限公司	汤正华
180	上海远正置业有限公司	贾鹏翔
181	上海鹏航建设发展有限公司	陶允晖
182	上海晟元房地产开发有限公司	杨文龙
183	上海雨润房地产开发有限公司	沈贵鑫
184	上海金高房地产有限责任公司	冯建华
185	上海绿地景汇置业有限公司	段然
186	上海绿地弘途投资发展有限公司	徐荣璞
187	上海顺儒投资开发有限公司	屠德龙
188	上海美郊房地产有限公司	孙忠清
189	上海兴高房地产有限公司	陈美付
190	上海驰华房地产开发有限公司	俞美凤
191	上海星际房地产发展有限公司	陈少东
192	上海康邦房地产开发有限公司	卫平
193	上海歌信置业有限公司	王华生
194	上海龙盟房地产开发有限公司	毛志红
195	上海珠街阁房地产开发有限公司	刘慧明
196	上海明凯实业有限公司	梁鹏飞
197	上海强健房地产开发有限公司	徐瑞平
198	上海欣沁置业有限公司	唐梁
199	上海杨泰房地产开发有限公司	吴涛
200	上海安新华诚实业发展有限公司	陶永生
201	上海万兆房地产发展有限公司	单高平
202	上海康桥半岛(集团)有限公司	李永强
203	上海雅鹿房地产开发有限公司	马志兵
204	上海恒顺远置业有限公司	蔡东巍
205	上海东鼎房地产发展有限公司	邵东明
206	上海浦东陆家嘴置业发展有限公司	鲍殊毅
207	上海兰开房地产开发有限公司	陆惠玲
208	上海浦东新区东集房地产实业有限公司	陈青
209	上海鑫唐置业发展有限公司	黄维梅
210	上海鼎鑫置业有限公司	黄波
211	中海发展（上海）有限公司	刘慧明
212	上海金午置业有限公司	宋文清
213	上海五角场（集团）有限公司	崔勇
214	上海惠格置业发展有限公司	俞燕萍
215	上海瑞明置业有限公司	雷凡培
216	上海金纬房地产发展有限公司	周永兴
217	上海东方金融广场企业发展有限公司	张喆
218	华润置地（上海）有限公司	王昕轶
219	上海漕河泾开发区华港实业有限公司	卫祖晔
220	上海东陆房地产发展有限公司	吴永康
221	上海岭南实业有限公司	高幸奇
222	上海吴淞住宅建设开发有限公司	刘厚生
223	上海久事置业有限公司	臧晓敏
224	上海保利金鹏置业有限公司	夏文伟
225	上海康奕置业有限公司	陶国兴
226	上海绿地嘉定置业有限公司	陆孜浩
227	上海绿地南翔置业有限公司	陆孜浩
228	上海金金置业有限公司	徐新根
229	上海信拓置业有限公司	罗存荣
230	上海市房地产实业有限公司	柴之元
231	上海市金辉工业房地产发展有限公司	孙莹
232	上海绿地源盛置业有限公司	陆孜浩
233	上海荣海房地产发展有限公司	张晓俊
234	上海鸿海房地产发展有限公司	忻鸿良
235	上海汇浩实业集团有限公司	厉惠章
236	上海莎海实业（集团）有限公司	王卫兵
237	上海弘扬房地产开发有限公司	符奇荣
238	上海浦阳置业有限公司	王宏元
239	上海好世置业有限公司	薛晓路
240	上海东方康桥房地产发展有限公司	李永强
241	上海长峰房地产开发有限公司	童锦泉
242	上海庆宁置业有限公司	王玺嘉
243	上海通盛(集团)发展有限公司	潘海飞
244	上海绿地湾置业有限公司	徐峥嵘
245	上海康达房地产实业有限公司	席建华
246	上海新天地置业发展有限责任公司	黄建春
247	上海汇裕置业有限公司	郑晖
248	上海凌港置业有限公司	黄维梅
249	上海华天房地产发展有限公司	黄河清
250	上海恒智房地产开发有限公司	张方明
251	上海广盛房地产开发有限公司	盛凤祥
252	上海陈氏集团有限公司	王曹欢
253	上海景荣置业有限公司	吴宝林

254	上海盈旺房地产开发有限公司	曹继光	295	上海国申房地产开发有限公司	陈伟元
255	上海新景房地产开发有限公司	孟明荣	296	上海美尔置业发展有限公司	孙忠清
256	上海三象房产发展有限公司	丁妍	297	上海东宏房地产开发有限公司	周龙宝
257	上海星腾房产开发有限公司	栾晓军	298	上海连兴经济发展合作公司	马友良
258	上海国际医学园区联合发展有限公司	周永刚	299	上海颛桥房地产有限公司	叶月明
259	上海博捷房地产开发有限公司	任金荣	300	上海汇峰房地产开发有限公司	童锦泉
260	上海公房实业有限公司	汪琦	301	上海浦东唐安房地产开发有限公司	陆忠华
261	上海顺驰方城置业有限公司	施敏	302	上海新虹房产经营开发有限公司	乔鸿魁
262	上海申丰房地产开发有限公司	蒋镇林	303	上海忆龙置业有限公司	梁立章
263	上海西北盛唐房地产有限公司	叶子生	304	上海沪总送变电房地产经营有限公司	丁华仙
264	上海中铁市北投资发展有限公司	张安民	305	上海昕城房地产有限公司	徐宝棣
265	上海平高企业集团有限公司	俞跃良	306	上海北桥房地产有限公司	陈惠民
266	上海上泰置业有限公司	吴世震	307	上海紫勋房地产开发有限公司	吴剑波
267	上海信通浦皓置业有限公司	金亚春	308	上海新耀房地产开发有限公司	王海松
268	上海由由房地产开发有限公司	王福祥	309	上海天治建设发展有限公司	朱银生
269	上海碧橙房地产有限公司	蒋立丰	310	上海强拓房产发展有限公司	庄永华
270	上海佳苑房地产发展有限公司	林振伟	311	上海漕河泾房产开发有限公司	曹莉军
271	上海久阳房地产开发有限公司	李德伟	312	上海多媒体谷投资有限公司	马晓伟
272	上海上投资产经营有限公司	徐有利	313	上海英达莱置业有限公司	任健
273	上海市房屋实业有限公司	陆声和	314	上海源恺城建开发有限公司	李从恺
274	上海沪中房地产联合发展有限公司	龚晓栋	315	上海大柏树房地产开发经营有限公司	王福民
275	上海强生房地产开发经营有限公司	金涛	316	上海意景房地产开发有限公司	严翠霞
276	上海沪中房地产联合发展有限公司	龚晓栋	317	上海兴江房地产开发有限公司	魏洪鹏
277	上海金合房地产有限公司	何晓	318	上海泰日房地产有限公司	曹纳弟
278	上海泰华房地产开发实业有限公司	姚秀凤	319	上海金禧房地产开发有限公司	阮其惠
279	上海兴申房地产经营有限公司	张翼	320	上海泰元置业有限公司	张春泽
280	上海开创企业发展有限公司	严慧明	321	上海人保房地产开发经营公司	王振毅
281	上海航新房地产有限公司	陈素珍	322	上海建浦房地产有限公司	须绍宗
282	上海新青浦置业有限公司	於德明	323	上海源丰投资发展有限公司	王建新
283	上海盛勤房地产有限公司	王亦敏	324	百旌（上海）控股集团有限公司	章引
284	上海怡泰房地产开发（集团）有限公司	杨文军	325	上海平苑房地产开发有限公司	杨永清
285	上海恒舜投资有限公司	邱志宇	326	上海中鹰置业有限公司	芮永祥
286	上海陆发房地产开发有限公司	陶开辽	327	上海泰银置业有限公司	张春泽
287	上海金明投资集团有限公司	卢伟坚	328	上海江湾房地产开发经营有限公司	路治华
288	上海海港国际贸易有限公司	范月闺	329	上海典鹏实业有限公司	张国勇
289	上海长城建设开发有限公司	钱仲明	330	上海优幸投资管理有限公司	张国勇
290	上海大业房地产开发有限公司	袁维	331	上海服装机械城企业发展有限公司	黄建初
291	上海凌桥房地产有限公司	朱晓丹	332	上海中大股份有限公司	沈伯霖
292	上海恒力房地产发展有限公司	顾宝林	333	上海伟立房地产有限公司	吴四荣
293	上海新凯房地产开发有限公司	奚岳峰	334	上海宏伊置业有限公司	郑育健
294	上海万业企业两湾置业发展有限公司	程光	335	上海中星集团振城不动产经营有限公司	徐晓阳

336	上海三新企业发展有限公司	张逸诚
337	上海迪威行置业发展有限公司	白俊平
338	上海景秀置业发展有限公司	江涛
339	上海宝域房地产发展有限公司	薛荣坤
340	上海市北置业发展有限公司	王向阳
341	上海名鹰房地产发展有限公司	芮永祥
342	上海铭源房地产开发经营有限公司	张峰
343	上海军华置业有限公司	陈家泉
344	上海松江工业区房地产开发有限公司	李伟
345	上海华世置地有限公司	林秀芳
346	上海松江建通房地产开发有限公司	李月明
347	上海环龙房地产开发经营有限公司	钱一
348	上海上风科盛投资有限公司	陈继谨
349	上海昌辉企业发展有限公司	陈永生
350	上海慧氏企业发展有限公司	于昌德
351	上海欧筑实业发展有限公司	杨鸿
352	上海九亭房地产开发有限公司	陈天史
353	上海复旦科技园股份有限公司	杨学民
354	上海信盛置业有限公司	刘卫
355	上海梅山房地产开发经营有限公司	黄思德
356	上海锦茸房地产开发经营有限公司	马立峰
357	上海彭浦商品住宅开发总公司	樊革平
358	上海华商房产发展公司	朱云捷
359	上海东苑兆业房地产发展有限公司	侯抗胜
360	上海福乐思特房地产发展有限公司	黄崇圣
361	上海新徐房地产经营有限公司	YeoWenZheng
362	上海群达实业有限公司	赵斌
363	杉恒地产集团有限公司	何青
364	上海平安欣仑物业发展有限公司	沈金荣
365	上海金山土地整理发展有限公司	吴巧龙
366	上海氯碱化工房产开发经营有限公司	余峰
367	上海华夏房地产开发经营有限公司	陈鹰
368	上海谷元房地产开发有限公司	高天国
369	上海环源房地产开发有限公司	邢志浩
370	上海银都实业（集团）有限公司	陈忠
371	上海大闻房地产有限公司	莫启康
372	上海金明房地产开发有限公司	卢泽明
373	上海裕康房地产有限公司	何齐元
374	上海杨浦科技创业中心有限公司	谢吉华
375	上海华邸房地产发展有限公司	黄有志
376	上海欧港置业有限公司	刘昌兴
377	上海颛元置业有限公司	唐惠钢
378	上海锦迪城市建设开发有限公司	李志平
379	上海新和置业管理有限公司	潘亚立
380	上海富友房产有限公司	李恬然
381	上海金廊房地产开发有限公司	陆金光
382	上海菊缘房地产发展有限公司	冯琛
383	上海鸿顺置业发展有限公司	卢福
384	上海新闵房地产联合发展有限公司	林振伟
385	上海衡泰房地产有限公司	朱晓东
386	上海安联投资发展有限公司	孙宇辉
387	上海爱迪房产开发有限公司	杜敏
388	上海静安公房资产经营有限公司	龚晓栋
389	上海东苑利景置业有限公司	侯抗胜
390	中集申发建设实业有限公司	麦伯良
391	上海莘南房地产开发有限公司	段炼
392	上海西郊庄园资产经营管理有限公司	王树清
393	上海博泰房地产发展有限公司	陈爱民
394	上海昌大房地产发展有限公司	蒋元昌
395	上海宝安企业有限公司	代建宁
396	上海富都世界发展有限公司	李晋昭
397	上海锦源房地产有限公司	吴品钧
398	上海东方城乡房地产开发经营有限公司	陆永兴
399	上海科事发房地产有限公司	陈剑
400	上海桑园置业有限公司	姜世良
401	嘉里发展(上海)有限公司	吴继霖
402	上海欣晟房地产开发有限公司	王政
403	上海华闽房地产开发有限公司	李小敏
404	上海索营置业有限公司	贺英勃
405	上海市卢湾区房产经营有限公司	庞立彪
406	上海市公房资产经营(集团)有限公司	姚嘉
407	上海闵行区杜行沿浦房地产经营有限公司	陈帮建
408	上海汇鑫房地产有限公司	曹凌雯
409	上海嘉宝奇伊房地产经营有限公司	陈正友
410	上海行通房地产发展有限公司	范桂元
411	上海嘉乐房地产开发有限公司	武忠兴
412	上海江桥建设开发有限公司	沈明兴
413	上海前晋企业(集团)有限公司	张汉钫
414	上海前晋企业(集团)有限公司	张汉钫
415	上海江东土地房产开发有限公司	邵永飞
416	上海烟草集团房地产开发经营有限公司	周铭

417	上海众众实业发展有限公司	吴嘉禄
418	上海东苑碧贵置业有限公司	侯抗胜
419	上海广源房地产开发有限公司	俞国林
420	上海三和房地产有限公司	顾建国
421	上海闵行公房资产经营有限公司	陈耀辉
422	上海银河房地产经营有限公司	马新高
423	上海联农房产有限公司	施嘉伟
424	上海虹桥房地产有限公司	王缨
425	上海闵行区商业建设有限公司	林亚夫
426	上海闵行城建开发有限公司	邱维桉
427	上海泽隆实业有限公司	奚德龙
428	上海杨树浦置业有限公司	许瑞
429	上海瑞华置业（集团）有限公司	孟明荣
430	上海嘉宏房地产有限责任公司	钱明

第七章　部分物业管理企业

一、五星级

编号	企业名称	法人
1	上海孜诚置业有限公司	朱励
2	上海圆外物业管理有限公司	李俊南
3	上海申大物业有限公司	朱云飞
4	上海启胜物业管理服务有限公司	陈锦辉
5	上海金晨物业经营管理有限公司	王赛
6	上海光明房地产服务集团有限公司	陈万钧
7	保利物业发展股份有限公司上海分公司	何礼
8	上海万科物业服务有限公司	杨光辉
9	上海上安物业管理有限公司	丁世文
10	上海上实物业管理有限公司	朱云飞
11	上海上房物业服务股份有限公司	周超
12	上海丰诚物业管理有限公司	刘广中
13	上海车城物业管理有限公司	崔益飞
14	上海中企物业管理有限公司	朱建华
15	上海中远物业管理发展有限公司	申延财
16	上海中建东孚物业管理有限公司	金忠奎
17	上海中星集团申城物业有限公司	孙膑
18	上海仁恒物业管理有限公司	周轶群
19	上海文化银湾物业管理有限公司	周正东
20	上海古北物业管理有限公司	刘志强
21	上海东方大学城物业管理有限公司	张华
22	上海东方航空物业有限公司	张发荣
23	上海东湖物业管理有限公司	沈信峰
24	上海申能物业管理有限公司	苏月珍
25	上海申勤物业管理服务有限公司	胡雪珍
26	上海生乐物业管理有限公司	柏志成
27	上海汇成物业有限公司	仲勇
28	上海永升物业管理有限公司	梁斌
29	上海永绿置业有限公司	钱杰
30	上海吉晨卫生后勤服务管理有限公司	黄晨
31	上海百联物业管理有限公司	陈宇伟
32	上海同涞物业管理有限公司	翁国强
33	上海延吉物业管理有限公司	周强

34	上海华鑫物业管理顾问有限公司	龙乔溪
35	上海安荣物业管理服务有限公司	ZHU JUN
36	上海陆家嘴物业管理有限公司	蔡宏图
37	上海明华物业管理有限公司	李涛
38	上海科瑞物业管理发展有限公司	张一民
39	上海复医天健医疗服务产业股份有限公司	方强
40	上海复欣物业管理发展有限公司	丁兰弟
41	上海复瑞物业管理有限公司	堵文浩
42	上海保利物业酒店管理集团有限公司	王明礼
43	上海振新物业管理有限公司	吴骞
44	上海高地物业管理有限公司	田佐平
45	上海益中亘泰（集团）股份有限公司	朱春堂
46	上海浦江物业有限公司	傅其昌
47	上海海鸿福船物业管理有限公司	张宇杰
48	上海联源物业发展有限公司	许建峰
49	上海紫泰物业管理有限公司	沈雯
50	上海景瑞物业管理有限公司	陶敏
51	上海锐翔上房物业管理有限公司	王希
52	上海新长宁集团仙霞物业有限公司	李明新
53	上海新世纪房产服务有限公司	朱云飞
54	上海新市北企业管理服务有限公司	王若冰
55	上海漕河泾开发区物业管理有限公司	凌晨
56	上海德律风置业有限公司	陈敏
57	中信泰富（上海）物业管理有限公司	滕涛
58	华润置地（上海）物业管理有限公司	王江江
59	狮城怡安（上海）物业管理股份有限公司	徐新
60	第一太平戴维斯物业顾问（上海）有限公司	朱兆荣
61	港联不动产服务（上海）有限公司	蒋雪琴

二、四星级

编号	企业名称	法人
1	上海外高桥物业管理有限公司	张旭东
2	上海华闻物业管理有限公司	郭军
3	上海安亦物业服务有限公司	张红军
4	上海招商局物业管理有限公司	石寒
5	上海明君物业管理有限公司	许建峰
6	上海春川物业服务有限公司	彭毅敏
7	上海威斯特物业经营有限公司	朱嘉寅
8	上海钰鼎物业管理有限公司	张振武
9	上海瑞创物业管理有限公司	姚炯
10	进华物业服务集团有限公司	潘赵来

11	绿城物业服务集团有限公司上海分公司	茆惠俊
12	大华集团上海物业管理有限公司	周酉
13	上海三湘物业服务有限公司	张涛
14	上海上勤物业管理有限公司	陶巍
15	上海上勤高级楼宇管理有限公司	陶巍
16	上海中山物业有限公司	陶纹
17	上海中心大厦置业管理有限公司	刘昌
18	上海中环陆家嘴物业管理有限公司	顾伟文
19	上海中房物业管理有限公司	卫永建
20	上海中海物业管理有限公司	叶翔
21	上海六角物业管理有限公司	郑书坦
22	上海东渡物业管理有限责任公司	茆春梅
23	上海禾泰物业管理有限公司	施丽苹
24	上海乐道物业管理有限公司	徐军
25	上海地铁东方置业发展有限公司	刘耀民
26	上海同进物业服务有限公司	杨德林
27	上海同济物业管理有限公司	成斌
28	上海仰宏物业管理有限公司	徐伟
29	上海兴桥盛物业有限公司	洪文辉
30	上海安得物业管理有限公司	黄振荣
31	上海沙田物业管理有限公司	赵小凤
32	上海宏阳物业有限公司	徐定进
33	上海良友物业管理有限公司	沈国辉
34	上海证大物业管理有限公司	付磊
35	上海奉房置业有限公司	张珠健
36	上海松开物业管理有限公司	潘菊华
37	上海国际汽车城物业管理有限公司	郭守林
38	上海金陵投资有限公司	陶力
39	上海宝月物业管理有限责任公司	张建明
40	上海诚信中宁物业服务有限公司	罗登科
41	上海轻工物业管理有限公司	朱汎
42	上海虹达物业管理有限公司	朱有荣
43	上海虹桥经济技术开发区物业经营管理有限公司	万竞军
44	上海虹桥临空经济园区物业管理有限公司	施敏
45	上海恒联物业有限公司	忻智发
46	上海晟新物业经营管理有限公司	龚昔峰
47	上海徐房物业有限公司	龚燕
48	上海航天实业有限公司	王少东
49	上海益镇物业管理有限公司	刘文洋
50	上海浦东房地产集团物业管理有限公司	倪峥
51	上海海运物业管理有限公司	张振华

52	上海润美物业管理有限公司	马腾标
53	上海营巢物业管理有限公司	吕翔
54	上海淮海商业集团置业发展有限公司	刘金红
55	上海深长城物业管理有限公司	冯涛
56	上海惠乐物业有限公司	贾晓霞
57	上海强生物业有限公司	马良
58	上海锦日物业管理有限公司	王国平
59	上海锦龙物业管理有限公司	许经锡
60	上海锦江物业管理有限公司	蔡湧钧
61	上海锦润物业管理有限公司	赵卫东
62	上海锦宾物业管理有限公司	王亚华
63	上海新张江物业管理有限公司	马立雄
64	上海嘉城物业管理有限公司	陈日甫
65	上海嘉隆物业管理有限公司	陈卫东
66	上海德一置行物业管理有限公司	曹富国
67	上海鑫源物业经营管理有限公司	康文华
68	仁恒物业服务管理（中国）有限公司	陈耀玲
69	嘉里建设管理（上海）有限公司	王励哲

三、三星级

编号	企业名称	法人
1	上海一建投资发展有限公司	胡建华
2	上海卫事康卫生管理服务有限公司	张卫成
3	上海公益物业管理有限公司	郭惠明
4	上海世博会有限公司	陆俊毅
5	上海叶城物业管理有限公司	孙紫杰
6	上海申松物业管理有限公司	张华
7	上海汇绿绿地管理有限公司	于雪皓
8	上海汉仁置业集团有限公司	陈绪治
9	上海民逸物业管理有限公司	郭文斌
10	上海华寿物业管理有限公司	吴伟民
11	上海金地物业服务有限公司	冯浩
12	上海脉动物业服务有限公司	张登金
13	上海振鹄物业管理有限公司	陆添翼
14	上海爱仁物业有限公司	周金龙
15	上海浦钦物业管理有限公司	刘家兴
16	上海悦佳物业管理有限公司	沈峥
17	上海崇明房屋物业服务有限公司	钱彬
18	上海铭弘物业管理有限公司	朱海煜
19	上海智仕物业管理有限公司	熊越英
20	上海港仓物业管理有限公司	宋华明

21	上海尊德物业管理有限公司	庄继平
22	上海锦能物业管理有限公司	郁敏珺
23	上海新电后勤服务有限公司	刘志杰
24	上海新翠生物业管理有限公司	施忠海
25	上海静安置业物业管理有限公司	瞿英
26	上海衡复物业有限公司	俞晓洁
27	成都嘉诚新悦物业管理集团有限公司上海分公司	孙殿锋
28	华侨城物业（集团）有限公司上海分公司	丘学梅
29	重庆新东原物业管理有限公司上海分公司	唐盛伟
30	保利（上海）城市建设服务有限公司	吴兰玉
31	福建世邦泰和物业管理有限公司上海分公司	孙伟
32	融创物业服务集团有限公司上海分公司	吕小昌
33	上海九海金狮物业管理有限公司	谢骅
34	上海大桥物业管理有限公司	陆松桥
35	上海万涓物业有限公司	张团胜
36	上海上工物业发展有限公司	梅喜连
37	上海千亿物业有限公司	沈川
38	上海川北物业有限公司	颜志奇
39	上海元嘉物业管理有限公司	张斌怡
40	上海文广物业管理有限公司	姚远
41	上海世德物业管理有限公司	董雪春
42	上海东方欣迪商务服务有限公司	袁剑
43	上海东泰物业管理有限公司	张艳
44	上海东慧庄原物业管理有限公司	侯新娟
45	上海申华物业有限公司	张宝林
46	上海用为物业管理有限公司	董宏超
47	上海乐居物业管理有限公司	许海东
48	上海市北高新集团物业管理有限公司	王若冰
49	上海汇虹物业管理有限公司	汪术华
50	上海永乐物业有限公司	胡文虎
51	上海永佳物业管理有限责任公司	卫永强
52	上海永理置业管理有限公司	沈建
53	上海永嘉置业管理有限公司	周文忠
54	上海地矿物业管理有限公司	许锋
55	上海地铁物业管理有限公司	黄凯
56	上海朴越物业管理有限公司	仪兴国
57	上海西部物业有限公司	朱嘉寅
58	上海达益物业发展有限公司	李文昌
59	上海至诚环境服务有限公司	凌永富
60	上海同科物业管理有限公司	沈田华
61	上海华仕物业管理有限公司	郭忠

62	上海华欣物业管理有限公司	刘代伟
63	上海企福物业管理有限公司	张建军
64	上海安必盛物业管理有限公司	陈峥
65	上海安锐盟企业服务有限公司	刘伟
66	上海孙林物业管理有限公司	吴孙林
67	上海阳光投资（集团）物业管理有限公司	高伟
68	上海阳厦物业管理有限公司	赵文伍
69	上海杨房物业管理有限公司	戴建冬
70	上海辰展物业管理有限公司	朱刚
71	上海辰鼎物业管理有限公司	曹培凤
72	上海闵碧物业管理有限公司	马传宝
73	上海良宇物业管理有限公司	王晓峰
74	上海青浦青房物业管理有限公司	王妙林
75	上海现代建筑设计集团物业管理有限公司	江立新
76	上海国际贸易中心有限公司	高文伟
77	上海明达物业服务有限公司	李志兰
78	上海欣周物业管理有限公司	毛逸清
79	上海宝房（集团）大楼物业管理有限公司	沈国斌
80	上海城开商用物业发展有限公司	朱云飞
81	上海城建物业管理有限公司	钱林
82	上海临南物业经营管理有限公司	吴建明
83	上海临港新城物业管理有限公司	冯擂天
84	上海虹叶物业管理有限公司	赵玮
85	上海复乐物业管理有限公司	陈戈
86	上海保集物业管理有限公司	戴升波
87	上海素斯盟物业管理有限公司	余皓
88	上海真如物业有限公司	张亮
89	上海殷行物业管理有限公司	王承华
90	上海浦东华油实业有限责任公司	王海军
91	上海海尚物业管理有限公司	程栋
92	上海海港新城物业服务有限公司	唐艳琳
93	上海悦聘物业管理有限公司	陆月美
94	上海捷艾尔物业管理有限公司	沈汇沁
95	上海曹杨物业有限公司	万家明
96	上海盛宇物业经营服务有限公司	彭勇
97	上海盛源物业有限公司	毛蔚雯
98	上海深和平物业管理有限公司	赵迎莉
99	上海绿岛物业发展有限公司	徐文渊
100	上海联讯物业管理有限公司	李建超
101	上海奥菲思房产经营管理有限公司	黄忠和
102	上海富宁物业管理有限公司	赵力

103	上海富都物业管理有限公司	毕海琳
104	上海颐景园物业管理有限公司	马玉凯
105	上海新长宁集团大楼物业有限公司	沈洪辉
106	上海新长宁集团华阳物业有限公司	封志云
107	上海新古北物业管理有限公司	李奕
108	上海新驰物业有限公司	张爱华
109	上海新青浦物业管理有限公司	朱强
110	上海新诚物业管理有限公司	周法彪
111	上海新黄浦资产管理有限公司	朱亦锋
112	上海意晟物业管理有限公司	陈根深
113	上海磊成物业管理有限公司	高品良
114	上海鑫铭物业管理有限公司	李兵
115	申杰环境发展（上海）有限公司	陈升
116	仲量联行测量师事务所(上海)有限公司	吴允桑
117	家利物业管理（上海）有限公司	徐建东
118	戴德梁行房地产咨询（上海）有限公司	赵锦权

四、二星级

编号	企业名称	法人
1	上海万润物业管理有限公司	张美
2	上海上坤物业管理有限公司	陈舟
3	上海山湖秀物业管理有限公司	吴晓军
4	上海开伦物业管理有限公司	奚云波
5	上海中心大厦世邦魏理仕物业管理有限公司	马文静
6	上海贝成物业发展（集团）有限公司	韩俊杰
7	上海公惠置业有限公司	陈礼民
8	上海月星环球港商业中心有限公司	丁佐宏
9	上海玉星物业管理有限公司	周明
10	上海吉兴物业管理有限公司	郁建华
11	上海西房物业管理有限公司	毛妮娜
12	上海乔爱物业管理有限公司	尉燕青
13	上海名人苑物业管理公司	杨敏
14	上海齐佳物业管理有限公司	翁南进
15	上海玖利物业管理有限公司	赵国林
16	上海杏花楼（集团）股份有限公司鸿祥置业分公司	陈喆
17	上海杨行物业管理有限公司	顾七妹
18	上海谷城物业管理有限公司	夏登
19	上海冶金物业管理有限公司	耿峰
20	上海宏途物业服务有限公司	缪瑞
21	上海纺原物业有限公司	李红兵
22	上海松茂物业管理有限公司	周阳

23	上海国顺物业管理有限公司	谭景胜
24	上海明之物业管理有限公司	施龙平
25	上海鸣安物业管理有限公司	王伟
26	上海凯晨物业管理有限公司	吴登林
27	上海凯德置地物业管理有限公司	CHINPHEI CHEN
28	上海佳国物业管理有限公司	王建存
29	上海佳信物业管理有限公司	杨广庆
30	上海金伟颐家物业管理有限公司	李建
31	上海金勤实业有限公司	裴伟权
32	上海宝正物业管理有限公司	林秀珠
33	上海宝房通河物业管理有限公司	曹锦根
34	上海诚立物业服务有限公司	陈天翔
35	上海荣域物业服务有限公司	钟青山
36	上海星跃物业管理有限公司	耿式训
37	上海重望物业管理服务有限公司	公彦宝
38	上海恒茂物业管理有限公司	裘孟钢
39	上海泰灵物业管理有限公司	陆毓康
40	上海航新物业管理有限公司	陈素珍
41	上海高力国际物业服务有限公司	邓懿君
42	上海高博物业管理有限公司	王巍
43	上海海顿物业管理有限公司	王志康
44	上海家佳物业有限公司	徐允连
45	上海菁泓实业有限公司	罗强
46	上海硕雅物业管理发展有限公司	夏雨生
47	上海铭杰物业管理有限公司	李花
48	上海鸿兆物业管理有限公司	王淑平
49	上海琮元物业管理有限公司	裘俊浩
50	上海锋颖实业有限公司	陈荣
51	上海富陈物业管理有限公司	朱小法
52	上海蒙阳物业管理有限公司	王中华
53	上海路利物业管理有限公司	王义贵
54	上海新长宁集团天山物业有限公司	朱健健
55	上海新寓物业管理有限公司	屠云
56	上海嘉朱物业管理有限公司	丁惠娟
57	上海德政物业服务有限公司	陈振华
58	上海瀚泰物业管理有限公司	高志明
59	无锡九龙仓物业管理有限公司上海分公司	张震亚
60	中远酒店物业管理有限公司上海分公司	刘金侠
61	中海物业管理有限公司、上海海昶商业管理分公司	黄博巨
62	正荣物业服务有限公司上海分公司	施雷
63	龙湖物业服务集团有限公司上海分公司	陶亮

64	北京戴德梁行物业管理有限公司上海分公司	钱滨强
65	西藏新城悦物业服务股份有限公司上海分公司	李兴成
66	江苏路劲物业服务有限公司上海分公司	高大鹏
67	阳光城物业服务有限公司上海分公司	余海波
68	佳兆业物业管理（深圳）有限公司上海分公司	俞来龙
69	金融街物业股份有限公司上海分公司	赵文成
70	南京朗诗物业管理有限公司上海分公司	蒋兴才
71	南都物业服务集团股份有限公司上海分公司	余剑义
72	临客嘉物业经营管理（上海）有限公司	陈当恩
73	禹洲物业服务有限公司上海分公司	林聪辉
74	浙江开元物业管理股份有限公司上海松江分公司	朱淑莉
75	深圳市明喆物业管理有限公司上海分公司	李兆海
76	深圳德诚物业服务有限公司上海分公司	戴辉
77	福建省中庚物业管理有限公司上海分公司	陈本英
78	上海一百第一太平物业管理有限公司	丁斌
79	上海大至物业管理有限公司	任鹏
80	上海大柏树物业有限公司	黄培东
81	上海万欢物业服务有限公司	叶卫兵
82	上海马桥物业管理有限公司	顾志兴
83	上海天伟物业管理有限公司	曹耕
84	上海巨星物业有限公司	杨锡荣
85	上海长风物业有限公司	万家明
86	上海方达物业经营公司	梁振伟
87	上海龙邸物业管理有限公司	周雪春
88	上海龙湖物业服务有限公司	陶亮
89	上海平凉物业管理有限公司	许国强
90	上海东方物产物业管理有限公司	骆国芬
91	上海东宁物业经营管理有限公司	吴粉强
92	上海东滩物业管理有限公司	成琦勇
93	上海北方物业管理有限公司	商建萍
94	上海永乐股份有限公司	陈若颖
95	上海永民置业管理有限公司	乐勇达
96	上海协沁物业管理有限公司	徐善庆
97	上海百特物业管理有限公司	胡国柱
98	上海优联物业管理有限公司	陈立军
99	上海兴盛物业有限公司	张兴标
100	上海阳光工联物业管理有限公司	袁玉俊
101	上海芸绮物业管理有限公司	冯浩
102	上海闵华物业管理有限公司	郑必春
103	上海闵勤物业管理有限公司	施建章
104	上海汽车工业物业有限公司	田颖颖

105	上海沪中物业管理有限公司	周建秀
106	上海奉浦物业管理有限公司	蒋新荣
107	上海青浦第一物业管理有限公司	黄胜贤
108	上海枫宇物业管理有限公司	徐月秀
109	上海易达物业管理有限公司	瞿洪飞
110	上海和迅物业管理有限公司	杨锦塑
111	上海欣茂物业管理有限公司	倪云珠
112	上海欣赛物业管理服务有限公司	古钦
113	上海金维邦物业管理有限公司	杨兵
114	上海怡东物业管理有限公司	梁兵
115	上海怡德明华物业管理有限公司	刘志强
116	上海宝地仲量联行物业服务有限公司	黄道锋
117	上海宝灵物业管理有限公司	王军
118	上海房地集团物业服务有限公司	刘志强
119	上海南翔物业有限公司	沈军
120	上海临源物业有限公司	金元宝
121	上海界龙浦东彩印有限公司	费屹立
122	上海美丽华物业管理有限公司	邓日燊
123	上海前卫投资管理有限公司	张万祥
124	上海恒润物业管理有限公司	黄邦玲
125	上海恒臻物业管理有限公司	王治兵
126	上海艳华物业管理有限公司	姜玲玲
127	上海振乾伦物业管理有限公司	黄清伦
128	上海莘闵物业发展有限公司	陶亮
129	上海莘旺物业管理有限公司	姜桂品
130	上海真贤物业管理有限公司	吉建平
131	上海索尼美实业发展有限公司	顾健强
132	上海爱心物业有限公司	王春根
133	上海朕华物业管理有限公司	崔凤梅
134	上海浦园物业管理有限公司	朱国新
135	上海浦原实业有限公司	彭志雄
136	上海海存物业管理有限公司	郑善挺
137	上海诸翟物业管理有限公司	陈永平
138	上海菊苑物业管理有限公司	肖建新
139	上海逸思曼企业管理服务有限公司	孙新忠
140	上海绿宁物业管理有限公司	茆惠俊
141	上海博嘉物业管理有限公司	王坚
142	上海联工实业有限公司	燕飞
143	上海掌心物业管理有限公司	丁跃峰
144	上海舜苑华物业管理有限公司	平磊
145	上海普陀物业有限公司	金正宾

146	上海登丰物业管理有限公司	杨正辉
147	上海瑞运物业管理有限公司	孟明荣
148	上海路劲物业服务有限公司	高大鹏
149	上海新长宁集团新华物业有限公司	王海明
150	上海新长宁集团新程物业有限公司	胡文虎
151	上海新竹物业管理有限公司	徐荣明
152	上海新城物业有限公司	孙膑
153	上海静安地产集团物业有限公司	张眉
154	上海德英物业管理有限公司	赵玉宝
155	上海鑫洪物业管理有限公司	金爱群
156	中观物业管理（上海）有限公司	黄怡菱
157	申杰物业服务（上海）有限公司	陈升

五、一星级

编号	企业名称	法人
1	上海九福物业管理有限公司	翟启海
2	上海大飞物业管理有限公司	王建国
3	上海开祥物业管理有限公司	沈秋荣
4	上海天傲物业管理有限公司	王文江
5	上海巨垄物业管理有限公司	潘伟良
6	上海中西物业管理有限公司	张明亮
7	上海中宜物业管理有限公司	郁维欣
8	上海龙事物业管理有限公司	黄钟鸣
9	上海永开置业有限公司	董连云
10	上海吉和物业管理服务有限公司	毛本和
11	上海成泰物业管理有限公司	刘忠
12	上海吕峰物业管理有限公司	潘磊
13	上海伟莱物业有限公司	孙傲
14	上海华府天地物业管理有限公司	宋家妹
15	上海众凯物业管理有限公司	何诚
16	上海旭鼎会展服务有限公司	张柏轩
17	上海旭程物业管理有限公司	朱鸣鸣
18	上海齐锦物业有限公司	陈昕
19	上海兴虹物业管理有限公司	关丽敏
20	上海远基物业管理有限公司	刘金侠
21	上海吾义物业管理有限公司	蔡爱军
22	上海辰开物业管理有限公司	赵根仙
23	上海张堰物业发展有限公司	沈玉莲
24	上海奉工物业管理有限公司	蔡平辉
25	上海青浦徐泾房产物业管理有限公司	徐向阳
26	上海松云物业管理有限公司	包永新

27	上海松江仓桥物业管理有限公司	罗军
28	上海杰安物业管理有限公司	徐荣元
29	上海国光物业管理有限责任公司	韩瑾
30	上海昕联物业管理有限公司	周建忠
31	上海凯尚物业管理有限公司	侯文伟
32	上海和宝物业服务有限公司	片冈 幸和
33	上海欣通物业管理有限公司	丁宁宁
34	上海泖港物业管理有限公司	王秀娥
35	上海怡馨物业管理有限公司	陈列
36	上海诚远物业管理有限公司	陈辉祥
37	上海居逸源恒物业管理有限公司	吴振来
38	上海柏泽房地产咨询有限公司	张路明
39	上海威尼佳物业服务有限公司	杨鲁明
40	上海星际物业管理有限公司	唐艺
41	上海首禧物业管理有限公司	费丽娟
42	上海夏利文物业管理有限公司	徐耀祥
43	上海海上明珠物业管理有限公司	张旭
44	上海海泰物业管理有限公司	杨泽鸿
45	上海宾泉物业管理有限公司	朱澄
46	上海乾溪物业管理有限公司	张建兴
47	上海跃盛物业管理有限公司	潘海飞
48	上海康万物业有限公司	彭小云
49	上海隆良物业管理有限公司	赵良材
50	上海绩湖物业有限公司	胡伟
51	上海维翔实业有限公司	李玉
52	上海联美品悦物业管理有限公司	王维新
53	上海雁思物业管理有限公司	段其根
54	上海御境物业管理有限公司	宋建芳
55	上海御潮物业管理服务有限公司	阮娟华
56	上海普务物业管理有限公司	卢兴普
57	上海蓝宏物业管理有限公司	吴军贤
58	上海锦顺物业管理有限公司	张皋
59	上海新臣物业管理有限公司	蔡懿超
60	上海新贵盛物业管理有限公司	梁珊珊
61	上海新展物业管理有限公司	汪梅华
62	上海新湖绿城物业服务有限公司	严明
63	上海源灵物业管理有限公司	赵莲耘
64	上海瑶瞻医院管理有限公司	唐彬
65	上海嘉真物业管理有限公司	王全富
66	上海酷效物业管理有限公司	刘小妹
67	上海豪家物业管理有限公司	陈浪

68	上海澄方物业服务有限公司	唐盛伟
69	广东中奥物业管理有限公司上海分公司	梁兵
70	广州天力物业发展有限公司上海分公司	张宁
71	中化金茂物业管理（北京）有限公司上海分公司	蔡云
72	中航物业管理有限公司上海杨浦分公司	邹民
73	长城物业集团股份有限公司上海分公司	李斌
74	世茂天成物业服务集团有限公司上海第二分公司	吴懿
75	华而萌泰物业管理（上海）有限公司	蒋建萍
76	江苏金奥天地资产管理有限责任公司上海分公司	杜运铎
77	尚物博物业服务有限公司上海奉贤分公司	仇涛山
78	浙江绿升物业服务有限公司上海分公司	顾明
79	深圳市天健物业管理有限公司上海第一分公司	聂晓春
80	蓝光嘉宝（上海）物业管理有限公司	曾义勇
81	上海天为物业管理服务有限公司	王焕余
82	上海天呈物业管理有限公司	洪丛梅
83	上海五角场物业管理有限公司	赵振华
84	上海长瑞物业管理有限公司	张纷飞
85	上海双泉物业管理有限公司	徐欢良
86	上海市奉贤区育秀物业管理有限公司	杨秋红
87	上海尘卫物业管理有限公司	邵宁芳
88	上海华城物业有限公司	魏仲豪
89	上海兴苑物业管理有限公司	黄志华
90	上海吾诚物业管理有限公司	陈锦兰
91	上海轩宇物业管理有限公司	梁珊珊
92	上海轩鑫物业管理有限公司	沈军
93	上海闵旭物业管理服务有限公司	任景玉
94	上海启沅物业管理有限公司	唐嘉戒
95	上海劲源物业管理有限公司	陈明友
96	上海奉贤双建置业有限公司	张杰
97	上海奉缘物业服务有限公司	葛伟琦
98	上海青住物业管理有限公司	周国强
99	上海茂捷物业管理有限公司	张伟
100	上海金榜物业有限公司	孙立伟
101	上海居上物业管理有限公司	安江
102	上海香梅物业管理有限公司	顾伟伦
103	上海奕彤物业管理有限公司	卢玉榕
104	上海昶仰物业管理有限公司	陈官睿
105	上海徐体物业管理有限公司	黄丽芳
106	上海浦文物业有限公司	徐华
107	上海润物物业管理有限公司	陆德润
108	上海银顺物业管理有限公司	丁彦伟

109	上海象屿物业管理有限公司	胡新立
110	上海维欣物业管理有限公司	吴忠华
111	上海靓兴企业管理有限公司	李凌伟
112	上海博威物业管理有限公司	毛公华
113	上海奥林匹克物业管理有限公司	甘木荣
114	上海瑞永投资有限公司	孙金祥
115	上海新明星物业管理有限公司	周辉明
116	上海新凯物业管理公司	胡文龙
117	上海新泾物业发展有限公司	杨杰
118	上海新巷物业发展有限公司	柳慧涛
119	上海新品建设发展有限公司	徐洪权
120	上海静安新成物业有限公司	潘丹伦
121	上海嘉伊房产物业有限公司	陆耀光
122	上海嘉安物业管理有限公司	车星杰
123	上海黎平置业有限公司	刘志田
124	上海馨城物业管理有限公司	朱晔
125	中舰物业管理（上海）有限公司	刘洋

第八章　部分房地产经纪企业

编号	企业名称
1	上海链家房地产经纪有限公司
2	上海新联康投资顾问有限公司
3	上海中原物业顾问有限公司
4	同策房产咨询股份有限公司
5	上海聚超房地产经纪有限公司
6	上海策源置业顾问股份有限公司
7	上海三湘房地产经纪有限公司
8	上海亚业房地产经纪有限公司
9	上海我爱我家房地产经纪有限公司
10	上海金丰易居房地产顾问有限公司
11	上海经佳文化产业投资股份有限公司
12	上海华燕房盟网络科技股份有限公司
13	上海信义房屋中介咨询有限公司
14	上海晏子房地产策划咨询有限公司
15	上海仁丰房地产经纪有限公司
16	上海市浦东新区房地产交易市场有限公司
17	上海易居祥悦房屋销售有限公司
18	魔方（上海）公寓管理有限公司
19	中国建设银行股份有限公司上海市分行
20	上海佳歆房地产投资顾问有限公司
21	上海泊寓企业管理有限公司
22	上海云房数据服务有限公司
23	北京拓世寰宇网络技术有限公司上海分公司
24	上海自如资产管理有限公司
25	上海巧房信息科技有限公司
26	上海鸿跃物业管理有限公司
27	上海精稳房地产咨询有限公司
28	上海易居房地产交易服务有限公司
29	上海万间信息技术有限公司
30	上海徐汇房地产市场管理有限公司
31	易居企业（中国）集团有限公司
32	上海原萃信息技术有限公司
33	北京五八信息技术有限公司上海徐汇分公司
34	上海太平洋房屋服务有限公司

35	上海赢佳房地产经纪有限公司
36	上海徐汇商用物业有限公司
37	上海城市房地产估价有限公司
38	上海徐房（集团）有限公司
39	上海汇成房产置换有限公司
40	上海静安置业房屋置换有限公司
41	上海全程房地产经纪有限公司
42	上海地衡房地产投资顾问有限公司
43	上海鼎铭房地产经纪有限公司
44	上海星火测绘有限公司
45	上海地产优家房屋租赁管理有限公司
46	上海房地产专修学院
47	上海新长宁房产销售有限公司
48	上海恒福房地产经纪有限公司
49	上海卫百辛房地产经纪有限公司
50	微领地创客空间运营管理集团股份有限公司
51	上海力江房地产经纪有限公司
52	上海青客公共租赁住房经营管理股份有限公司
53	上海房多多网络科技有限公司
54	上海汉宇房地产经纪有限公司
55	上海志远房地产经纪有限公司
56	上海德佑物业顾问有限公司
57	上海中睿房地产经营有限公司
58	上海申展房地产经纪有限公司
59	上海住商房地产经纪有限公司
60	威联房地产咨询（上海）有限公司
61	上海菁英房地产经纪有限公司
62	上海家营物业管理有限公司
63	上海康开房产经纪有限公司
64	上海明明房产经纪有限公司
65	上海市普陀区房屋置换服务有限公司
66	上海网上房地产投资管理有限公司
67	上海市房地产市场有限公司

第九章　部分房地产估价企业

编号	企业名称	资质	法定代表人
1	上海博乐房地产估价有限公司	一级	卢俊华
2	浙江博南土地房地产评估规划有限公司上海分公司	一级	杨日春
3	上海万千土地房地产估价有限公司	一级	刘卫国
4	北京仁达房地产土地资产评估有限公司上海分公司	一级	顾骏
5	上海天平房地产估价有限公司	一级	李平
6	建银（浙江）房地产土地资产评估有限公司上海分公司	一级	王伟
7	上海八达国瑞房地产土地估价有限公司	一级	胡亮
8	江苏苏信房地产评估咨询有限公司上海分公司	一级	孙正宏
9	上海立信中诚房地产土地估价有限公司	一级	朱莹政
10	中财宝信（北京）房地产土地资产评估有限公司上海分公司	一级	卫红
11	深圳市世联土地房地产评估有限公司上海分公司	一级	张勇
12	上海申杨房地产土地估价有限公司	一级	马军
13	上海友达土地房地产评估有限公司	一级	陈峰
14	上海国城土地房地产资产评估有限公司	一级	龙浩
15	上海国衡房地产估价有限公司	一级	谈勇
16	上海加策房地产估价有限公司	一级	徐刚
17	上海联城房地产评估咨询有限公司	一级	许军
18	上海耀华房地产估价有限公司	一级	占迎喜
19	上海建经房地产估价咨询有限公司	一级	施瑞麟
20	上海万隆房地产土地估价有限公司	一级	伍伟斌
21	上海国众联土地房地产咨询估价有限公司	一级	时磊
22	上海金虹房地产估价有限公司	一级	王宇
23	深圳市国策房地产土地估价有限公司上海分公司	一级	忽树佳
24	中城联行（上海）房地产土地评估有限公司	一级	应恩杰
25	上海财瑞房地产土地估价有限公司	一级	孙鸣红
26	上海大雄房地产估价有限公司	一级	胡耀清
27	上海信衡房地产估价有限公司	一级	杨云林
28	上海仲衡信银房地产评估有限公司	一级	李翠华
29	上海地维房地产估价有限公司	一级	徐智芬
30	上海富申房地产估价有限公司	一级	龚道刚
31	河南凯业房地产估价咨询有限公司上海分公司	一级	王利凯
32	上海上资房地产估价有限公司	一级	张新杰
33	上海东洲房地产土地估价有限公司	一级	周佩祥
34	上海申房房地产估价有限公司	一级	朱石敏

35	上海同信土地房地产评估投资咨询有限公司	一级	严秋霞
36	上海安大华永房地产土地估价有限公司	一级	许蓓
37	上海沪宁房地产估价有限公司	一级	沈玲
38	上海港城房地产土地估价有限公司	一级	施正官
39	上海科东房地产土地估价有限公司	一级	王伟
40	博文房地产评估造价集团有限公司上海分公司	一级	高岚
42	上海百盛房地产估价有限责任公司	一级	丁光华
43	广州第一太平戴维斯房地产与土地评估有限公司上海分公司	一级	蒋岚雷
44	上海城市房地产估价有限公司	一级	王常华
45	上海上睿房地产估价有限公司	一级	金琦
46	江苏金土地房地产评估测绘咨询有限公司上海分公司	一级	左伟
47	上海房地产估价师事务所有限公司	一级	贾明宝
48	山东三鑫房地产不动产评估咨询有限公司上海分公司	一级	张浩
49	上海申价房地产评估有限公司	一级	王方
50	江苏苏地行土地房产评估有限公司上海分公司	一级	林鹏杰
51	深圳市戴德梁行土地房地产评估有限公司上海分公司	一级	顾悦如
52	深圳市鹏信资产评估土地房地产估价有限公司上海分公司	一级	吴婷
53	上海涌力土地房地产估价有限公司	一级	林平
54	上海沪港房地产估价有限公司	一级	常宝君
55	上海方圆房地产估价有限公司	一级	周之仁
56	上海大儒房地产估价有限公司	二级	张纪文
57	上海同测中鉴房地产评估咨询有限公司	二级	张斌
58	上海纬临房地产估价有限公司	二级	金晓卿
59	上海城乡房地产估价有限公司	二级	黄勤廉
60	上海申威房地产估价有限公司	二级	冯郁芬
61	上海德大房地产估价有限公司	二级	陆丽华
62	上海乐岛土地房地产估价有限公司	二级	陈曼飞
63	上海达亚沪中房地产估价有限公司	二级	俞昂
64	上海博沃房地产估价有限公司	二级	李秋贵
65	上海美联房地产估价有限公司	二级	缪姝颖
66	上海瑞汇房地产土地估价有限公司	二级	徐慕颖
67	上海宏大房地产估价有限公司	三级	朱宁宇
68	上海上审房地产估价有限公司	三级	查剑锋
69	上海道宜房地产估价有限公司	三级	陈建军
70	上海东方房地产估价有限公司	三级	倪军
71	上海兆涛行房地产估价事务所（普通合伙）	三级	姜涛
72	上海欣瑞房地产估价有限公司	三级	殷晓玲
73	上海琳方房地产估价有限公司	三级	张静
74	上海宏贤房地产估价有限公司	三级	孙健
75	深圳市融泽源资产评估土地房地产估价有限公司上海分公司	分支机构	余荣生